趙冬梅 著

破解百年大宋由盛轉衰的關鍵真相，
還原北宋政爭君臣
在歷史大時局的命運與選擇

1063—1086

大宋之變 1063－1086

作　　者　趙冬梅
文稿編輯　何維德
責任編輯　何維民

版　　權　吳玲緯
行　　銷　吳宇軒　陳欣岑　林欣平
業　　務　李再星　陳紫晴　陳美燕　葉晉源
副總編輯　何維民
總 經 理　陳逸瑛
發 行 人　涂玉雲
出　　版　麥田出版
104台北市中山區民生東路二段141號5樓
電話：（886）2-2500-7696　傳真：（886）2-2500-1967
發　　行　英屬蓋曼群島商家庭傳媒股份有限公司城邦分公司
104台北市中山區民生東路二段141號2樓
書虫客服服務專線：(886)2-2500-7718；2500-7719
24小時傳真服務：(886)2-2500-1990；2500-1991
服務時間：週一至週五09:30-12:00；13:30-17:00
郵撥帳號：19863813　戶名：書虫股份有限公司
讀者服務信箱E-mail：service@readingclub.com.tw
麥田部落格：http://blog.pixnet.net/ryefield
麥田出版Facebook：http://www.facebook.com/RyeField.Cite/
香港發行所　城邦（香港）出版集團有限公司
香港灣仔駱克道193號東超商業中心1樓
電話：852-2508-623
傳真：852-2578-9337
馬新發行所　城邦（馬新）出版集團【Cite (M) Sdn Bhd.】
41-3, Jalan Radin Anum, Bandar Baru Sri Petaling,
57000 Kula Lumpur, Malaysia.
電話：(603) 9056-3833 傳真：(603) 9057-6622
Email：service@cite.my

印　　刷　前進彩藝有限公司
電腦排版　浤譜創意設計股份有限公司
書封設計　陳文德

初版一刷　2020年12月
初版二刷　2022年2月
定　　價　480元
I S B N　978-986-344-843-3

國家圖書館出版品預行編目資料

大宋之變1063－1086 / 趙冬梅著. -- 初版. -- 臺北市：
麥田出版：家庭傳媒城邦分公司發行, 2020.12
496面；15×21公分
ISBN 978-986-344-843-3(平裝)

1.北宋史
625.1　　109016322

目次

第三部　風雲初變，一〇六九—一〇七一　177

第四部　長安不見使人愁，一〇七一—一〇八五　257

第五部　黃葉在烈風中，一〇八五—一〇八六　313

前言

一、細節．真實．偶然性

本書所講的，是北宋政治家司馬光和他的時代的歷史，敘事時間上接《司馬光和他的時代》（生活．讀書．新知三聯書店，二〇一四年）。那本書從司馬家世一直講到仁宗朝結束，是以司馬光的成長為主線的真、仁兩朝政治史。本書從仁宗養子英宗委屈糾結的即位開始，一直講到哲宗初年司馬光含恨離世。

英宗荒唐的四年給北宋政治造成了深度傷害，財政困難加劇，官僚集團裂隙橫生。作為英宗之子，血氣方剛的神宗因而背負了為父親和血統「正名」的責任，必欲「大有為」。開疆拓土、治禮作樂都是題中應有之義，然而財政困窘其奈何？王安石「乃能趨赴，以向聖意所在」，[1]施展理財之術，創為青苗、免役諸法，以朝廷而行商賈之事，與富民爭利，多方斂財，乃使國庫充盈，有效配合了神宗的拓邊事業。王安石與神宗先後相繼，變本加厲，「一道德」「同風俗」，斥「異見」「人言」為「流俗」，棄「祖宗之法」於不顧，自熙寧二年（一〇六九）二月王安石參政至元豐八年（一〇八五）三月神宗駕崩，十六年間，「靡然變天下風俗」，把仁宗朝獨立思考有擔當的士大夫改造成為工具性十足的官僚。理想主義在消逝。北宋前中期朝堂上「異論相攪」的寬容風氣，君主體貌大臣、存恤「大體」的「和氣」氛圍，宰相大臣、侍從臺諫敢爭是非的獨立精神，都在崩解消散。「危辱時代」即將來臨。司馬光抗爭不得，自熙寧四年（一〇七一）起，退居洛陽十五年，成就了偉大的《資治通鑑》。

神宗駕崩後，哲宗少年即位，神宗之母太皇太后攝政，邀請司馬光還朝主政，更化調整。司馬光對於「神宗的官場」缺乏基本認識，對追隨者毫無約束意願，對國家的實際狀況缺乏調查研究，對政策調整缺乏通盤考慮，無班底，無手段，無能力，無經驗，空懷一腔熱血，以皎皎之身投諸滾滾濁流，執政十六個月即抱憾而終，徒留一曲失敗英雄的悲歌。

司馬光身後，官僚集團的矛盾白熱化，陷入「惡性分裂」，宋朝政治跌入「危辱時代」。士大夫因內鬥自我消耗，集體迷失方向，失去了制衡皇權的力量。皇帝和宰相將個人私欲與派別利益置於王朝整體利益之上，朝有弄權之相，國無「大忠」之臣。大宋朝廷失去了調節社會矛盾、應對內外打擊的能力。最終，女真人兵臨城下，結束了這個可恥的時代。

是的，我要講的，是一個有關衰亡的故事，是北宋政治文化由盛轉衰的歷史，而司馬光是貫穿其中的敘事線索和核心人物。

宋朝歷史中的很多事件和人物，貌似盡人皆知、題無剩義，實際上人們所了解的，只是一個從開頭到結尾的簡單輪廓，至於特定開頭是如何走向了特定結尾的，中間過程如何，「相關各方」的選擇如何，彼此間是如何互動的，我們即使不能說是一無所知，也是知之甚少。現時代史學研究者的任務，我以為，就是透過扎扎實實的研究，盡可能地揭露細節，透過細節展現過程，接近真實。

十六個月的「司馬相業」，導致了後世對司馬光評價的兩極分化，愛之者視之為悲劇英雄，不吝讚美；惡之者斥之為頑固保守，大張撻伐。認識分歧巨大、冰火不容的雙方，卻擁有共同的認識前提：那便是，這十六個月裡，司馬光得到了太皇太后的絕對信任，擁有呼吸之間成禍福、改變一切的洪荒之力。

然而，「細節」卻告訴我們，在執政的最初九個月當中，司馬光其實是「什麼也做不了」的。首先，中央領導集體人員構成新舊力量對比懸殊，司馬光一派處於絕對弱勢。其次，神宗元豐改制後的「三省宰相制」給司馬光所提供的施政空間極其有限。元豐新制仿照《唐六典》把宰相府一分為三——門下、中書、尚書三省，三省長官俱為宰相，按照政務處理程序分工，中書取旨，門下複核，尚書監督執行。三省宰相中，中書省長官負責上奏皇帝聽取最高決策，穩定擁有議政權，實際上把握著「政治的權柄」；而司馬光只是門下省的第二把手，他的盟友呂公著是尚書省的第三把手。在「三省宰相制」中，根本輪不到他們說話。最後，司馬光和太皇太后都缺乏拋開體制、另起爐灶的能力和意願——太皇太后是政壇新手，初學乍練，缺乏經驗；司馬光骨子裡尊重體制，缺乏像王安石那樣的魄力。這就是「司馬相公」的體制困境（本書第三十一章）。

九個月之後，神宗舊相中最具影響力的蔡確、章惇外放，高層人事調整結束，理應提倡和解，打破新舊間的芥蒂，從思想上解放在神宗時代成長起來的絕大多數官僚，集中力量致力於政策調整。然而，大宋朝廷卻無力完成這一轉變。在「政治實習」的過程中，太皇太后與臺諫官之間建立了更為緊密的信任關係。臺諫官的年輩和職務特徵讓他們更傾向於從教條出發，非黑即白，誇大對立，鼓吹仇恨。在臺諫官的引導下，太皇太后的核心關切轉向了對自身權威的維護；對於身居高位、更具全局眼光的宰相大臣，她已經不再信任無間。司馬光的健康狀況江河日下，日益陷入有心無力的境地。呂公著、范純仁極力主張和解，卻無法左右太皇太后。「和解詔書」終於頒布執行，卻刪去了最關鍵的內容，實際上等於一紙空文。在政策調整方面，司馬光的政策主張漏洞百出，章惇的批評合情合理，可是，被「政治正確」矇住了眼睛的朝廷卻選擇「站在司馬光一邊」。被政治糾葛高度扭曲的政策選擇，已經無法因應政府和社會所面臨的真實問題。北宋政治，除了可恥地墮落，不可能再有其他結局。

以上種種，唯有進入細節，才能「看見」。然而，進入細節之後，我們難免會由衷感嘆「偶然」對歷史發展的塑造力。比如，仁宗與英宗的關係，倘若英宗是仁宗親子，或者倘若仁宗對英宗的承認來得不是如此艱難被動，那麼，英宗朝及以後宋朝政治的走向很可能是另外一種樣子。再比如，倘若張方平的父親不是那樣長壽，偏偏在兒子被任命為副宰相之後離世，那麼，以張方平的能力，他一定能擔當起整頓財政的責任來，而王安石也就未必會獲得神宗的信任和重用。仁宗無子是偶然，張方平喪父是偶然……無數偶然的碰撞，最終鑄成了實然，這便是我們看見的歷史。

二、北宋政治的法家轉向

倘若只是揭露細節、展示「偶然」，本書傳遞給人的信息則未免太過悲觀，彷彿人只能做「偶然」的奴隸——當時人逆來順受，後來者徒呼奈何。「偶然」的背後，還存在著非偶然的結構性因素，這便是政治制度與政治文化。

北宋政治是皇帝制度下的王朝政治。皇帝制度之下，王朝政治以一姓統治的長治久安為最高目標，追求一個「穩定」——整個社會生產生活秩序的穩定，兩個「安全」——朝廷國家的統一與安全和皇權的安全。為達此目標，王朝政治的「理想狀態」應當包括下列內容：第一，國家制度的設計傾向於地方、部門、機構、個人的分權制衡，以確保皇帝和中央的集權。第二，政策制定要避免對社會的頻繁騷擾和過度壓榨，以「不擾」為善政，皇帝與朝廷國家必須承認並敬畏社會所具有的「可載舟亦可覆舟」的集體力量。第三，在政治運作中，一方面，皇帝應當保持其超越性，克制私欲，不受制於任何利益群體（比如後宮、外戚、宦官、權臣、勛貴、強藩），並具有良好的判斷力，兼聽獨斷；另一方面，士大夫要能夠有效地輔助皇帝治理國家，這種「有效的輔助」不僅僅是作為行政官員承擔治理功能，更重要的是要及時糾正皇帝的錯誤缺失，提醒皇帝統治中可能存在的治平隱患，防患於未然，弭患於已發，消除小矛盾，避免大衝突。

以上述標準衡量，截止到仁宗朝的北宋政治，已接近於「理想狀態」，取得了皇帝制度下王朝政治的「最好成績」：第一，國家制度設計精良，近乎完美地實現了分權制衡，基本消除了強藩、宦官、權臣、外戚等因素對國家統一和皇權穩定的干擾，做到了「百年無內亂」。第二，政策制定顧及社會的承受能力，在國家利益與社會利益之間尋求平衡，避免過度擾民，所謂「出政發令之間，一以安利元元為事」。[2]第三，批評糾錯機制實施有效，這套機制包括複雜精密的輿論、監察、信息溝通制度，以及包容批評的思想基礎和政治風氣——「最好成績」的政治不等於沒有問題，而是有問題能夠被及時指出，加以糾正。

北宋政治的三項核心特徵——分權制衡的制度設計、追求國家——社會平衡的政策傾向以及實施有效的批評糾錯機制——之中，制度設計具有較強的穩定性或者說惰性；政策傾向與批評機制的穩定性則是脆弱的，影響其穩定性的主要是人的因素，可以分為皇帝因素、宰相大臣因素和士大夫因素。

第一，皇帝因素，包括皇帝的思想、道德和心理因素。皇帝制度之下，皇帝「享有至高無上，超越一切制度、法律的權力。來自臣下的任何限制，如果他想拒絕，都有權拒絕；他的任何荒謬決定，只要堅持，臣下都不得不執行」。[3]只要不打破君臣秩序，就沒有任何力量可以對皇權實施強制性約束。作為皇權的行使者，「皇帝」具有雙重性。一方面，作為時間序列中「列祖列宗」的延續，和空間秩序中「代天理物」的人間統治者，皇帝代表著包括朝廷國家和社會在內的「江山社稷」的整體利益和長遠利益，他應當做出符合上述利益的選擇和決定——這是「抽象的皇帝」。另一方面，皇帝又是一個有血有肉、有情有欲的人，巨大的權力讓他可以任意妄為、打破一切制度和傳統的約束；當然，這樣一來，皇帝本人、朝廷國家以及整個社會，都將付出慘重代價——這是「具體的皇帝」。「抽象的皇帝」透過「具體的皇帝」來表達，行使皇權。如何讓「具體的皇帝」更接近於「抽象的皇帝」，是皇帝制度的最大挑戰。在北宋政治中，「抽象的皇帝」應當尊重政策制定中的國家與社會利益平衡原則，避免個人私欲的過度膨脹；「抽象的皇帝」還應接納士大夫對皇權的約束，對批評採取開放態度，承認這是一種正向的力量。那麼，怎樣才能讓「具體的皇帝」做到這些呢？歸根究柢還是要靠教育，包括本朝傳統的薰染、儒家經典的學習和士大夫集團特別是宰相大臣的引導。當然，教育不是萬能的，「具體的皇帝」的具體遭遇所造成的具體心理狀態，會影響甚至逆轉政治的方向。

第二，宰相大臣因素。宋朝以樞密院分掌軍政，宰相府只管民事，宰相府與樞密院合稱「二府」，二府長官構成了廣義的宰相群體。宰相「佐天子而理大政」，「入則參對而議政事，出則監察而董是非」，同時擁有參與最高決策的權力和監督百官執行的權力。[4]因此，不管是對於國家政策的制定，還是對於批評機制的維護，宰相的想法、說法與做法都具有風向標的作用。作為士大夫集團的領袖，宰相代表群臣引導、規諫皇帝；作為政府首腦，宰相大臣本身也要有容納批評的雅量。

第三，士大夫因素。以儒家思想為核心的意識形態賦予了士大夫教育、引導、規諫皇帝的權力與責任，士大夫引用儒家經典、天意人心與祖宗法度對皇權施行約束。這種約束，就其本質而言，屬於非強制性的道德約束。因此，作為一個整體，士大夫必須展現出較高的道德水準；或者更確切地說，集體的道德敗壞會使士大夫喪失約束皇帝的力量。衡量士大夫集體道德敗壞的標準，不是個別人物的道德水準，而是這個群體是否陷入「惡性分裂」。[5]所謂「惡性分裂」，指士大夫群體分裂成為利益集團，集團利益超越朝廷國家的整體利益，成為影響個人與群體政治選擇的決定性因素，集團之間黨同伐異，互相攻擊，甚而至於水火不容、你死我活，其表現形式包括政治清洗、政治黑名單等。一旦陷入「惡性分裂」局面，「忠義廉恥」必然變成虛偽的口號，士大夫必將跌下道德制高點，淪為權勢的奴僕；而皇帝也將失去超越性，不得不與更善於玩弄權勢的集團結合。一個王朝也就距離滅亡不遠了。

王安石變法導致了北宋政治的逆轉。當然，這一切不能只歸咎於王安石，逆轉的根源在英宗朝就已經埋下。漫長而艱險的即位過程造成英宗心理扭曲，行為失當。神宗少年即位，力圖為父雪恥，「大有為」之心呼之欲出。皇帝因素發生變化，王安石作為宰相，只不過是逢君之欲，順勢而為。

首先，王安石變法改變了北宋朝廷國家的政策傾向。「出政發令之間，一以安利元元為事」，在朝廷國家的目標與社會利益之間追求平衡的政策傾向消失了。[6]不管變法派如何標榜「摧抑兼併」

「凡此皆以為民，而公家無所利其入」，[7]但是神宗的府庫裡積攢下來的錢物是事實俱在的。哲宗即位之初，戶部尚書李常算過一筆帳，「今天下常平、免役、坊場積剩錢共五千六百餘萬貫，京師米鹽錢及元豐庫封樁錢及千萬貫，總金、銀、穀、帛之數，復又過半，」[8]總計達一億貫以上。而這是在神宗對西北用兵、開疆拓土、長期消耗之後剩下來的錢物。變法的斂財本質不容否認。至於新法推行人員的違規操作對當地社會造成的損害，王安石的態度基本上是置之不理，只問其「實利」多少，「功狀」如何。處理程昉圩田「廣害民稼」案，處理王廣淵在京東強制推行青苗貸款案，皆如此類。

其次，王安石破壞了寬容政治共識，釜底抽薪，撤掉了批評糾錯機制得以發揮作用的思想基礎。北宋士大夫群體的「惡性分裂」出現在哲宗親政以後，然論其根源，則必上溯至王安石變法。王安石本人反對「異論相攪」，主張「一道德，同風俗」。在王安石的縱容鼓勵下，神宗不再承認批評是一種正向的力量，斥之為「流俗」，理直氣壯地拒絕約束。王安石提出「天變不足畏，祖宗不足法，人言不足恤」的「三不足」之說[9]：天變沒什麼可怕的，「祖宗」也不再值得效法，而一切反對變法的言論都是流俗，不值得留意。那還有什麼是可以約束皇帝的呢？王安石還告訴神宗，「上身」即「祖宗」（第十七章），「活著的皇帝本人」就是「祖宗」，可以自我作古，而不必聽命於太廟中的死人牌位——神宗被徹底「解放」了，皇權被從無形的籠子裡放出來，北宋政治從寬容走向了專制。

神宗朝的專制，按照時序，首先表現為「皇帝支持下的宰相的專制」；然後表現為「皇帝的專制」，宰相淪為高級祕書。南宋政治中特別突出的「權相」現象，即濫觴於此。這兩種專制在本質上都是皇權的專制。正如劉子健先生觀察到的，「從北宋末到南宋，原本分享的權力逐漸被皇帝和權相集中起來，官僚參議朝政的空間近乎於無，沮喪越來越普遍地成為士大夫的典型心態」。[10]

最後，以逐利為目的的政策傾向，斤斤計較的賞格罰條，過度依靠法度、忽略道德、抹殺官員個人能動性的用人方針，培養出工具性極其突出的「新官僚」，他們服從、高效、無心肝，只關心上之所欲，不關心下之所苦，其極端典型是神宗御筆親題的「內外理財之臣未有出其右者」[11]的吳居厚。如學者指出：「官僚像商人追逐利潤一樣將新法推廣到帝國的每一個角落。他們日常所面對的正是利益的算計和官位的升遷。在這種背景下，一種新的士風開始形成。」[12]仁宗朝歐陽修那種「但民稱便即是良吏」的為官理念，和「不見治跡，不求聲譽，以寬簡不擾為意」的行政作風[13]一時煙消雲散。

神宗與王安石相得「如一人」的千古君臣知遇，被當時的宰相曾公亮嘆為天意。這天意的背後，是君臣間共同的思想基礎——王安石與神宗都受到法家的深刻影響。南宋的李燾作北宋編年史《續資治通鑑長編》，記錄了一個耐人尋味的細節——即位之前，神宗曾親自抄寫《韓非子》。從某種意義上說，是王安石和神宗共同造成了北宋政治的法家轉向。

我希望讓學術的回歸學術，以樸素的歷史學態度來觀察「王安石變法」——把它「回放」到當時的歷史情境中去，看做法，看結果。王安石的新法中有很多從「現在」看過去顯得非常「先進」「具有現代性」的做法，比如青苗法像小額信貸、免役法像現代稅制，然其本質卻是似是而非的。倘若「混淆了歷史時代的界限，任意地把古今中外的事物拉扯在一起」，所得的解釋就必然是「不倫不類」的。[14]把新法中的某些做法從特定的歷史情境中「抽提」出來，用現代的邏輯去解釋、包裝，這種做法，是打著歷史的旗號反歷史，必須警惕。新法是由朝廷制定的國家政策，政策要實現，必須作用於社會。因此，要評價新法，必須看它在當時的實施效果，包括對朝廷和對社會兩方面的效果。總體而言，新法具有強大的斂財功能，與民爭利，「富國強兵」。但是，綜合目前已知的材料和研究成果，似乎仍難斷言新法在多大程度上對宋朝經濟造成了毀滅性破壞；個人認為，王安石和神宗的做法對於宋朝最大的損害不在經濟方面，而在政治文化方面。北宋政治走向了皇帝和宰相的專制，士大夫參政空間被極度壓縮，批評糾錯機制失效，腐敗橫行，朝廷國家因而喪失了因應內外打擊的能力。國破家亡的慘劇雖然發生在徽宗——蔡京治下，根子卻在王安石與神宗。

三、作為「文字」的史料

北宋政治的法家轉向隱藏在諸多偶然事件的背後，這些偶然事件和活動於其間的各色人等推動著北宋政治的走向，人物、事件構成了本書的主體。選取不同代際的代表性政治人物，以人物故事為線索探尋和描述北宋政治的演變軌跡，這是我為自己選定的北宋政治史研究路徑。北宋的政治代際可以粗略地分為五代：與太祖共同創業者為零代，趙普是其中的代表；掌政於太宗、真宗朝的政治家為第一代，代表人物為寇準和他的同年們；范仲淹及其同輩政治家為第二代，他們活躍於仁宗、英宗兩朝；司馬光、王安石屬於第三代，在神宗朝接掌大政，主導了國家的命運；再往下是第四代，包括了著名的蘇軾、蘇轍兄弟和「奸臣」們——章惇、曾布、蔡京。我選擇的第一個研究和寫作對象是屬於第一代的寇準（已出版《千秋是非話寇準》，電子工業出版社，二〇一一年），第二個就是司馬光（已出版《司馬光和他的時代》，生活．讀書．新知三聯書店，二〇一四年）。在寫作方面，我為自己設定的寫作目標是：第一，吸收融納既有的專題研究成果，體察「當時常識」，力圖構築整體性的歷史場景。第二，盡可能同情地理解、平實地敘述人物選擇及其命運。第三，文字敘述力求「光滑」順暢，內容的選擇則堅持「有一分材料說一分話」的史學基本原則，史料依據、學術討論部分埋入注釋，以免影響普通讀者的閱讀感受。以上三原則，本書繼續貫徹。相較於前兩部，本書正文用了較大篇幅對「史料」進行辨析處理，因為這些辨析處理，直接關係到我們對那個時代、那群人物的理解。

研究宋代，所依靠的「史料」當然以宋人所遺留的「文字」為首選。本文所引的宋人「文字」，可以粗略地分為三類：第一類，南宋人編纂的北宋史，比如李燾的《續資治通鑑長編》、王稱的《東都事略》。這類文字，雖今人以「史料」目之，在古人卻是史學撰述。第二類，宋代官私歷史記錄，官方記注比如皇帝的「實錄」、宰相的「時政記」、史官所修的「起居注」等，多已不存；大量存世的是各種私人記錄，比如行狀、墓誌銘、神道碑。比如最早的司馬光傳——《司馬光行狀》是司馬光的學生蘇軾在司馬光死後不久受司馬家委託所作。相較於第一類，這類文字更接近「事發現場」，理應存留更多的「原始信息」。第三類，當時人的詩文奏議，這類文字產生於「事發當時」，即便後來或有刪改，仍然保留了最多的「原始信息」。原則上，生產時間越靠前，保留的「原始信息」越多，便越能傳遞真實。然而，事實上，「文字」與真實之間的關係卻要複雜得多。在很多時候，「字面所展現的」與「實際所發生的」甚至可以南轅北轍。堪破「文字」，方能接近「真實」。

作為「文字」的生產者、主要消費者和「文字」意義的闡釋者，宋朝的士大夫了解並重視「文字」的力量，「文字」是他們抒發情感、表達思想、謀取功名、干預現實的工具。「文字」還是士大夫之間政治鬥爭的武器和戰場。哲宗朝以後，伴隨著士大夫的「惡性分裂」，「文字」中的戰鬥也越發慘烈。《神宗實錄》在太皇太后攝政時期已經修成。元祐六年（一〇九一）三月四日，舉行進讀典禮，首相呂大防「於簾前披讀。未久，簾中慟哭。止讀，令進」，[15] 場面感人。然而，哲宗親政之後隨即推翻重修。紹聖元年（一〇九四）四月，王安石的女婿蔡卞以為「《實錄》所紀，類多疑似不根」，請求重修；舊錄「盡書王安石之過」，新修則「請以王安石《日錄》載之《神宗實錄》」。[16]「《舊錄》本用墨書」，紹聖年間重修，在《舊錄》上刪改，「添入者用朱書，刪去者用黃抹」，由此形成「《神宗實錄》朱墨本」[17]——原本清楚的墨跡上朱書黃抹縱橫，就像是一場大戰之後屍橫遍野的戰場。南宋高宗時，在「朱墨本」的基礎上，再次重修了《神宗實錄》。三種《神宗實錄》，今皆不存。然而，透過李燾的《續資治通鑑長編》，我們仍然可以清晰感知到「文字」中的刀光劍影。

我們所接收和使用的，就是這樣一批帶有強烈意圖的「文字」。我試圖穿透「字面」去努力接近真實。蘇軾的《司馬光行狀》《司馬光神道碑》《王安石贈太傅制》，蘇轍的《亡兄子瞻端明墓誌銘》，書中都做了不同以往的解讀。執政初期即具呼風喚雨能力的司馬光，即出自蘇軾筆下，而那顯然是一個天大的誤會。蘇軾特別強調的神宗對司馬光的特別知遇，同樣也無關事實，而是蘇軾的「建構」，這大概是蘇軾最具政治敏感力的文字了。《王安石贈太傅制》表面上看充滿了讚美，但仔細閱讀並與蘇軾同期的其他文字比對，便會發現蘇軾的皮裡陽秋。《亡兄子瞻端明墓誌銘》刻畫了一個剛愎自用、拒不接受不同意見並試圖打擊異議人士的「司馬相公」的形象，深刻地影響了後人對於晚年司馬光的認識，然而，聯繫寫作時間，便會發現蘇轍的真實用意——他要盡力撇清兄長與司馬光的關係，以求自保。排除「書寫」的偏見，才能接近真實。

是為序。

二〇一九年十二月九日

第一部

● 父子君臣 1063—1067

英宗朝短短四年，以皇位交接始，以皇位交接終，仁宗—英宗的皇位交接一波三折，委曲迴環，占據了太多的篇幅，以至於英宗朝的歷史已很難容納其他。那是一場暗傷不斷、摧折無數的大戲，情感與理智、道義與權勢、死者與生者、皇帝與太后、宰相與臺諫，你來我往，激烈爭鋒。看似簡單的皇位傳遞，開啟了一段曲折的擾攘紛爭，現實權勢挑戰禮法秩序，重建何如打破易？國有憂兮君有疾，鷸蚌相爭誰之利？

一、父死子繼

新皇帝瘋了

嘉祐八年三月二十九日（一〇六三年四月三十日）的半夜，仁宗皇帝突然駕崩。第二天，四月初一，宰相韓琦（一〇〇八—一〇七五）宣讀大行皇帝《遺制》，命皇子趙曙（一〇三二—一〇六七）即位，尊皇后曹氏（一〇一六—一〇七九）為皇太后。

《遺制》就是皇帝的遺囑，它的主要功能和核心內容當然是交代後事。儘管如此，仁宗《遺制》的一頭一尾還是流露出強烈的個人情感。《遺制》的開頭簡單地回顧了仁宗的帝業：「我繼承大統四十二年來，一度擔心自己資質淺薄，不足以擔當祖宗留下的宏圖大業。幸而戰亂平息，百姓安居樂業，我何德何能，得以致此?!……」在結尾處，仁宗感嘆：「當死亡與生命交界，只有聖人才能參透它的奧祕，幸好我大宋天命不墮，後繼有人，更要仰賴各位文武大臣悉心輔佐，補充新皇帝的不足。我還有什麼可遺憾的呢？」[1]

這篇《遺制》當然不是仁宗的親筆，而是仁宗去世之後翰林學士王珪（一〇一九—一〇八五）的代筆之作。然而，如果仁宗在天有靈，應當也會同意《遺制》中所表達的不捨得與不甘心。作為一個皇帝，仁宗十三歲即位，在位四十二年，撇開劉太后攝政的十年，仁宗親掌大政三十二年，他和宰相大臣們一起，領導宋朝擺脫了西北邊疆的危機，保衛了國家安全，重建了宋—遼—西夏間的國家關係平衡；對於宋朝建國以來在官僚特權、行政體制等方面積累下來的弊端，仁宗有著清醒的認識和強烈的改革意願，經過慶曆新政的演練磨合，仁宗與改革派之間最終達成了更深刻的信任與默契，在仁宗晚年，改革派重返朝廷，各項改革措施穩健推行；對於列祖列宗以來所形成的寬容的政治風氣，仁宗身體力行，他尊重士大夫，容忍並鼓勵批評，在仁宗的朝堂上，始終存在著不同的政見和爭論的聲音，對於國家的各項政策措施，官員們各抒己見，激烈討論，最終得到更加符合國家利益的決定。仁宗不是一個英明果斷、雄才大略的君主，但是，在他的治下，宋朝也稱得上國泰民安、百姓富足。嘉祐（一〇五六—一〇六三）作為仁宗最後一個年號，在宋朝人的歷史記憶中，將會散發出越來越迷人的光彩。

如今，新皇帝上臺，開封的宮闕換了主人，大宋王朝的歷史即將翻開新的一頁。

新皇帝趙曙，史稱英宗。新皇帝的作風如何？開封政壇翹首以待。開封人都聽說，這位皇帝陛下，從小喜歡讀書，受過良好的儒學教育，衣著簡樸，為人謙和有禮，看上去就像是個讀書人。況且，他即位的時候已經三十二歲，有足夠的社會經驗了。所謂「國賴長君」，看起來，大宋王朝也算是所託得人。

最初的四天，一切安好。

英宗是四月初一即的大位。初二日，他頒布詔令，大赦天下，百官普加一級，厚賞三軍。初四日，他任命首相韓琦擔任仁宗的山陵使，負責先皇的喪葬事務。一應政務都在有條不紊地進行著，新皇帝顯得謙虛老到，他尊重先帝留下來的各位宰相大臣，從不直呼其名，宰相報告任何事情，他都要詳細詢問來龍去脈，然後再做決定，而對於他所做的決定，大臣們私底下都表示讚賞。其間發生的一件事情甚至讓宰相們感到了一絲惶恐。按照慣例，那些在最後關頭為先皇治療的倒楣的御醫要受到處分。其中的兩位，是在三月初二才從外地調過來的，奉御日淺，有人便為他們求情說：「先帝最初服用這兩位的藥，還是有療效的。不幸到了這個地步，這是天命，不是醫官能決定的。」沒想到年輕的皇帝頓時變了臉色，問道：「聽說這兩位是各位大臣推薦的，對嗎？」宰相們說「是」。新皇帝又說：「那我就不敢說什麼了，還是請諸公親自裁決吧。」最終，在十二名受到處分的御醫中，只有這兩位被貶到了偏遠地區。[2]這件小事讓宰相們心下悚然，再不敢輕看剛剛上任的皇帝——他知道他的權力是什麼、有多大、在哪裡。皇帝雖然是新的，但是並不嫩，所作所為符合他的年齡。

權力交接平穩，新皇帝政務實習及格，一切平順，諸事大吉。然而，誰都沒有想到，這種狀態只持續了四天。到了四月五日，事情忽然發生了大逆轉——新皇帝瘋了！

這一天，天還沒亮，宰相大臣們正在待漏院等待上朝，忽然接到宮中消息：皇帝突染重病，朝會取消，先皇的治喪活動暫由宰相代理主持。皇帝究竟怎麼了呢？宰相們得到的密報是，皇帝頭天晚上忽然發了狂症，不認識人了，說話顛三倒四，語無倫次。前一日在朝堂上好端端的皇帝，怎麼進宮去睡一覺就變成了這般模樣？這中間究竟發生了什麼？皇帝受到了怎樣的刺激？還有，更重要的是，皇帝的病還要持續多久？

整個外朝都在打探，在猜測。就這樣，從初五捱到了初八。按照禮官選定的日子，初八是仁宗大殮，遺體正式移入棺木的日子，[3]這是作為兒子的新皇帝必須親自主持的儀式。皇帝病情是否能夠好轉，到時自見分曉。

結果又怎樣呢？更糟了！英宗皇帝病情加劇，當著眾臣的面，「號呼狂走，不能成禮」。情急之下，宰相韓琦丟掉手裡的哭喪棒，拉起簾子，衝上前去，牢牢抱住皇帝，這才穩住了局面。接下來，韓琦叫來宮人，讓她們把皇帝扶進宮去，小心看護。安頓了皇帝，韓琦又率領著兩府大臣覲見太后，經過一番緊張的商量之後，最終商定，以英宗的名義下詔請求太后「權同處分」政事。根據太常禮院擬定的規矩，屆時太后會和皇帝一起出現在內東門小殿，垂簾聽政。

時隔四十一年，大宋王朝再一次出現了太后垂簾聽政的局面，只不過，上一次皇帝十三歲，而這一次皇帝三十二歲；上一次是奉了先皇的遺制，而這一次卻是皇帝病狂，太后不得已出來主持局面。活了三十二歲都好端端的趙曙，怎麼做了皇帝反倒發起瘋來？難道是壓力太大，不勝負荷？還是別有隱衷？還是說曹太后對於英宗的即位心存保留，所以她有意逼瘋英宗，以便自己掌權？一時之間，疑雲籠罩宮城，英宗的皇位乃至開封的穩定都成了變數。

仁宗的不甘心

太后的態度的確可疑。新皇帝已經即位九天了，可是告哀使者還沒有出發。什麼是告哀使者？自從景德二年（一〇〇五）宋遼簽訂澶淵之盟、結為兄弟之國以來，每逢老皇帝去世、最高權力易主，雙方都要互派使者通報消息，這就叫「告哀」。仁宗的告哀使者，早在四月初二就已經任命，然而，直到初九，七天過去了，卻還沒有出發。原因卻也簡單——「上面」尚未明確訓示「使者對答繼嗣之辭」，即向契丹方面通報新皇帝的即位消息的外交辭令。難道說，「上面」

有意滯留告哀使者，想要改弦易轍，另立新人嗎？而在皇帝「上面」，只有太后。遭此大喪，理當及時遣使告哀。況且契丹在宋朝有的是眼線，如今天下縞素，契丹焉能不知？而政府的告哀使臣卻遲遲不能送去正式的訃告，那麼，契丹方面會怎麼想，怎麼可能不心生猜疑，以為宋朝發生了特別的變故?!「國有大故，正是鄰敵窺伺之時」，萬一處置不當，豈不白白造成兩國猜疑，自找麻煩?!

諫官們坐不住了。四月九日，司馬光（一〇一九—一〇八六）代表諫官上疏，提出兩點主張：第一，告哀使必須立即上路，「晝夜兼數程進發」；第二，至於「使者對答繼嗣之辭」，則應「盡以實對」，坦誠相告。萬萬不能推說「不知道」，更不能編造謊言，自取其辱。

父死子繼，天經地義，這還需要解釋嗎？難道說英宗的即位在合法性上存在爭論？司馬光當然認為沒有，然而，他卻不能不擔心別有用心的人會拿著此事做文章。

奏札最核心的部分，就是解釋英宗即位的合法性以及實話實說的必要性：

> 自古以來，如果嫡系長房沒有兒子，那麼就從旁支過繼男性後裔作為繼承人，這一原則，儒家禮典裡記載得清清楚楚，對於國家怎麼會有損害?!如果契丹人問起，實話實說，又有什麼不對的？倘若契丹人問起，而使者回答說「不知道」，那又有什麼好處呢?!陛下剛剛成為皇子的時候，詔書已經布告天下，契丹人那邊怎麼可能不知道？如果現在編造一套謊話來搪塞契丹人，那麼不但騙不了他們，反而會讓契丹人看了我們的笑話。[4]

英宗不是先帝的親生兒子，儘管先帝過繼了他，可是他跟先帝之間終歸沒有直接的血緣聯繫。這就是一切猶疑的根源！

英宗的生父名叫允讓，封濮王，四年前過世。英宗的祖父名叫元份，封商王。元份和仁宗的父親真宗是親兄弟，都是太宗的兒子，真宗行三，元份行四。也就是說，英宗的父親濮王和仁宗是堂兄弟，英宗是仁宗的再堂侄，他們的共同血緣要向上數四代追溯到太宗——而這已經是仁宗所能找到的血緣關係最近的男性繼承人了。

誠如司馬光所言，「如果嫡系長房沒有兒子，那麼就從旁支過繼男性後裔作為繼承人，這一原則，儒家禮典裡記載得清清楚楚，對於國家怎麼會有損害？」宗法制度的核心就是維護大宗的綿延不絕，小宗可以無後，大宗則必須保證傳承，皇帝更沒有「絕戶」的道理，過繼兒子，合情合理，實在沒什麼大不了的。問題是，仁宗對英宗的過繼，卻是一波三折，這中間，纏夾著仁宗太多的無奈、太多的不甘心，而英宗也因此蓄積了滿懷的委屈和壓抑。

仁宗正式過繼英宗為皇子，是在嘉祐七年（一〇六二）八月，也就是他去世七個月之前。而早在嘉祐元年（一〇五六），仁宗的繼承人問題就已經成為朝野內外關注的焦點。這一年的大年初一，四十七歲、還沒有兒子的仁宗突然中風，一度宣告病危，後來雖然死亡的警報解除，但是仍然長時間——連續幾個月——無法正常處理政務。大宋王朝後繼無人的危機暴露無遺，一時之間，各種猜測、謠言滿天飛，皇室大家族內部有人蠢蠢欲動、躍躍欲試，眼見得是黑雲壓城、山雨欲來。而仁宗卻是諱疾忌醫，竭力迴避繼承人問題。

當此之時，司馬光還只是一個小小的并州通判，正在遙遠而寒冷的邊城太原。然而，「人臣不以疏遠忘忠愛」，身處僻遠江湖，心憂社稷君主，司馬光從并州連上三狀，「手書緘封而進之」，引經據典，剖陳利害，勸說仁宗直面現實，及時選定繼承人。并州三狀石沉大海之後，司馬光又把自己的奏稿謄抄了一份寄給老同年、諫官范鎮（一〇〇七—一〇八八），希望范鎮「因進見之際，為明主開陳」。[5]其實，同樣心憂社稷的范鎮又何待老友催促？他「凡章十九上，待罪百餘日，鬚髮為白」，為了勸說仁宗立儲，一共上了十九道奏章，看到仁宗不聽，乾脆在家中閉門待罪，愁得頭髮、鬍子都白了。到最後，范鎮面見皇帝，「至泣以請」，哭著請求仁宗撇開個人私利，為江山社稷著想。范鎮哭，仁宗也哭，仁宗說：「朕知卿忠，卿言是也，當更俟三二年！」[6]我知道你忠心耿耿，你說得很對，可是，你讓我再等個三兩年，行嗎?!等什麼呢？五年之後，宰相韓琦再度提起立嗣的事情，仁宗回答說：「後宮一二將就館，卿且待之！」[7]「就館」，意思是分娩。宮裡邊又有女人懷孕了，萬一生出來的是兒子呢？仁宗等的就是自己萬一生出來的兒子！

仁宗就這樣努力著、祈禱著、盼望著。根據《續資治通鑑長編》和《宋史》的記載，在生命的最後時光，仁宗迎來了又一次後宮生育高峰。從嘉祐四年（一〇五九）到嘉祐六年（一〇六一），短短三年時間裡，後宮一共誕育了五個孩子，只可惜，這五個都是公主。伴隨那些肚子不斷鼓起來又癟下去的，還有「誕育皇嗣」的希望。

仁宗的不甘心簡直是明擺著的。嘉祐六年六月，宰相富弼（一〇〇四—一〇八三）因母親去世，丁憂離職。他臨去告白，推心置腹，對仁宗殷切相囑，表達了三點希望。第一，富弼說，陛下臨朝四十年，刑法寬平，仁慈愛民，是這樣難得的好皇帝，上天應當會垂憐，聖嗣早晚會來的，陛下且放寬心；第二，請陛下節制娛樂、飲食，「動風發氣之物」不要吃——陛下曾經中風，一定要保養；第三，請陛下愛惜身體，節制性生活，「聖嗣既繫天命，自有天時，不可以人力強致」。[8]富弼說這話的時候，董貴人的肚子還是鼓的，仁宗的希望也是滿的。到了七月間，董貴人誕下仁宗最小的孩子，皇十三女。而這個小女孩只活了六十一天。[9]從此之後，仁宗的後宮就再也沒聽到過新生兒的啼哭。

就這樣，從嘉祐元年中風算起，在跟老天僵持了六年零八個月之後，嘉祐七年八月，仁宗宣布立再堂侄趙宗實為皇子，並為他改名趙曙。[10]但是，直到嘉祐八年三月突然去世為止，仁宗也沒有再進一步，正式立趙曙為皇太子。也許，在仁宗的內心深處，一直到死都是心存僥倖的，他還是希望能生出自己的兒子來。

可以說，儘管仁宗還是正式過繼了英宗，但是在內心的最深處，他從頭到尾、一直到死都排斥、拒絕這個不是親生的兒子。或者更準確地說，仁宗排斥、拒絕的並不是英宗這個人，而是自己生不出兒子的命運。

仁宗太不甘心了。作為個人，仁宗的生命之中充滿了無奈。首先，作為人子，他自從剪斷了臍帶就從母親身邊被抱走、被當作劉皇后的兒子撫養，從未享受過親生母親的愛撫——這是他的終生之憾。其次，作為丈夫，仁宗的感情生活並不如意，他廢黜了養母劉太后為他選擇的郭皇后卻又與她藕斷絲連，最終導致了郭氏不明不白地死亡；他寵愛張貴妃，甚至願意為她暫時墮落成一個昏君，違反制度和原則，可惜，這個美麗可愛的女人只活了短短的三十一歲。最後，作為父親，他竟然沒有兒子。仁宗一生一共生過十六個孩子，其中，三個兒子，一個都沒有活下來；十三個女兒，活到成年的只有四個，這四個當中，還有三個是老來得女。所以，真正陪伴在仁宗生命中的，其實只有一個女兒。而這個女兒的婚姻，在仁宗的包辦之下，卻是萬分的不幸——她嫁了一個相貌醜陋、舉止粗俗的駙馬，離過一次婚，後來勉強復婚，也過得極為慘淡，而這位可憐的公主也只活了短短的三十三歲。[11]

一個沒有兒子的皇帝，必須把皇位傳給別人的兒子。仁宗死不瞑目！

從嘉祐元年第一次中風到嘉祐七年八月立皇子，這中間的曲曲折折，對於仁宗來講，是生理與心理上的雙重折磨。對於他所最終選定的皇子、未來的英宗來說，又何嘗不是一場更殘酷的心理折磨？

濮王府「老十三」的奇遇

英宗趙曙，本名趙宗實，宗是他的排行字。跟仁宗生不出兒子來正好相反，英宗的生父濮王允讓大約可以算得上是最高產的天潢貴冑，如果《宋史》沒有記錯的話，他一共生了二十八個兒子。宗實排行第十三，不前不後，這是個很容易被忽略的位置。宗實的生母任氏是濮王一個不起眼的妾。所以，這個孩子本來應該過的是富貴閒人的平淡生活。誰都沒有料到，到四歲上，這濮王府的老十三突然交了好運。

這一年，仁宗因為沒有兒子，就派了內夫人（宮中女官）到濮王府來，想要挑一個孩子養在宮裡「招弟」。這種做法在趙宋王室已經不是第一次。濮王允讓也曾因此入宮，後來仁宗出生，允讓「招弟」成功，真宗用「簫韶部樂」把允讓禮送回家，此後也一直另眼相待。[12]到宮裡去住，這是多大的榮耀啊！濮王府裡誰也沒拿這老十三當回事兒，這樣的好事兒，根本就沒有推薦他。可是，內夫人在濮王府的「推薦人選」中挑來挑去，一個都沒看上。眼看著天色已晚，內夫人準備上車回宮了。就在此時，老十三從屏風後邊爬出來，自顧自地玩兒上了。內夫人一看，就笑了，拍手說道：「獨此兒可耳！」據說，此言一出，圍觀的人都覺得好笑——這樣的好事兒，怎麼可能輪得到老十三呢?!沒想到那位內夫人抱起老十三就上了車，進了宮。[13]

這個故事在老十三成為皇帝之後傳為美談，成了老十三天生奇相的標誌。其實，一個四虛歲的娃娃能有多奇呢？事情的真相大概是，宮裡想找的是個不大不小、養著好玩兒的小男孩，而濮王府推薦的都是些年齡更大的小人兒精。

這一進宮，濮王府老十三頓時高貴起來，四年之後，仁宗的親生兒子出世，八歲的宗實「招弟」成功，又回到了濮王府。宗實給仁宗招來的那個兒子只活了三歲，這個兒子之後，仁宗又生過一個兒子，可惜也只活了三歲。自從慶曆三年（一〇四三）正月之後，仁宗的後宮裡就再也沒有男孩出生。於是，曾經養在宮裡的宗實的地位就變得越發醒目。仁宗對他「問勞賞賜不絕，諸宗室莫得比」。[14] 如果皇帝要過繼一個兒子，那再也沒有誰比宗實更合適的了。

皇帝的恩寵、眾人的期待，宗實怎麼可能不知道？既然知道，就必然有壓力。化壓力為動力，宗實對自己採取了高標準、嚴要求。他喜歡讀書，穿著打扮就像是個普通讀書人，每次去見老師，總是穿著正式的朝服，以示尊重。這在當時的宗室子弟當中是很不一般的。

憂懼抑鬱終成疾

一〇五六年仁宗中風的時候，二十五歲的趙宗實曾經被推到前臺。當時仁宗命懸一線，後繼無人，宰相文彥博、富弼、劉沆在第一時間想到的皇位繼承人選便是宗實。為了防止仁宗突然駕崩可能造成的恐慌，他們私下草擬了讓宗實即位所必須的奏議和詔書，仁宗一旦撒手塵寰，便一手奏議、一手詔書，讓宗實順理成章地以仁宗的遺願接掌大位。[15] 這其實已經接近「陰謀」，只不過，它是一個有利於江山社稷穩定的好陰謀。此事絕密，參與策劃的只有文彥博、富弼、劉沆三位宰相、副宰相王堯臣等少數幾個人，[16]沒有任何史料表明宗實也參與了策劃，但是，作為這個「陰謀」的最關鍵因素，他怎麼可能毫不知情?!至少，他是「被參與」了。這項擁立計畫，由於仁宗病情好轉，並未實施，直到仁宗去世、英宗即位，這才披露出來，並最終傳為美談。而在此之前，它卻像是頭髮絲上吊著的一把利劍，高懸在文彥博、富弼、劉沆、王堯臣以及趙宗實的頭上，萬一走漏一點風聲，那就不只是掉腦袋那麼簡單的事情了。

要麼當皇帝，要麼掉腦袋。宗實的神經長期處於高度緊張、高度分裂的狀態。嘉祐七年（一〇六二），當仁宗終於下定決心給他皇子的名分時，宗實的表現就已經有一點兒失常。

仁宗認兒子的詔書是八月初五頒布的。在此之後，仁宗首先召集宗室開會宣布決定，而後又命人給新兒子安排住房，又是賞衣服又是賞錢，還鄭重其事地向天地和祖宗報告此事，態度誠懇。可是宗實呢，一直拖到二十七日才肯進宮。足足耗了二十二天。為什麼要拖？難道是擺姿態嗎？宗實對親信、王府記事（祕書）周孟陽說：「非敢徼福，以避禍也！」那麼為什麼最終又肯了呢？因為周孟陽反問他：「皇帝陛下為了江山社稷立您為皇子。您堅持不肯，如果皇帝准了，許您回去接著當一個普通宗室，您覺得從此就可以高枕無憂了嗎？」所謂「一語驚醒夢中人」，聞聽此言，宗實「撫榻而起」，[17]立刻就騎上馬乖乖地進宮了。

嘉祐七年（一〇六二）八月，宗實入宮。這時候他已經有了三兒三女，一妻一妾，全家九口再加上僕人，不滿三十口，「行李蕭然，無異寒士，有書數櫥而已」，簡樸之中，透著無法言說的寒酸與壓抑。[18]

從此之後，趙宗實獲得了皇子地位，改名趙曙，但仍然是一個「備胎」皇子。隨著年齡和閱歷的增長，他的野心不可能不增長，他已經在觀察、在學習怎樣做一個皇帝了。可是，萬一後宮裡「哇」的一聲有了新生男嬰，他還是會被打回原形，回去做個賢德的宗室。而且，萬一發生了這種事情，他能不能再全身而退、他的生命安全能否得到保障，恐怕都難說。由於仁宗的態度，宮中管事對待宗實一家十分刻薄，甚至一度「飲食悉皆缺供」。[19]很多人，包括從前的老朋友老部下，為了自身安全，也跟宗實拉開了距離。

就這樣，皇子趙曙的心情與命運在仁宗的不甘心裡顛沛流離，在極度希望與極度失望之間搖擺動盪。嘉祐八年仁宗去世，備胎皇子終登大寶，總算塵埃落定，可是長期當「備胎」積累下來的委屈卻使得新皇帝疲倦而脆弱。英宗的瘋病，多半由此而起。而司馬光的奏札直指英宗心結，說出了英宗無法自己表達的心意。英宗怎麼能不感激？那麼，英宗的瘋病可就此好了嗎？遠遠沒有。

二、帝后・母子・天下

皇帝的怪病

英宗的病看起來真的是很嚴重。從嘉祐八年（一〇六三）四月初四犯病，到二十四日，整整二十一天，皇帝都沒有離開病榻。「喪皆禮官執事」，仁宗喪禮的一應事務都是禮官在操持舉行。按照禮儀，英宗是孝子，是整場喪禮中那個最悲傷的人，所以，群臣要向他表示慰問，這叫「奉慰」。奉慰儀式倒是舉行了，實際情況卻是「群臣奉慰，則垂簾不坐」。[1]群臣向皇帝的寶座表示慰問，寶座前垂著簾子，簾子後面、寶座上頭卻沒有坐著皇帝。這是英宗第一次「病休」。

四月二十五，仁宗大祥，英宗終於親自出來行了禮，還讓人捲起簾子，接受百官的慰問，並且在三天之後「臨朝聽政」。司馬光本來以為，英宗從此就可以正常履行皇帝的權力和責任了。但是，誰都沒有想到，到了六月初三，「上復以疾不出」，再次病休。正常的朝會、聽政活動再次中斷，國家大事又只好靠皇太后隔著簾子跟宰相大臣們商量決策。皇帝跟外界的唯一聯繫就只剩下了與兩府大臣的例行會面。

根據宮裡傳出的消息，英宗是個奇怪的病人——他拒絕吃藥，「傳聞太醫所上湯劑，鮮用服餌」，[2]基本不吃。

宰相韓琦當面領教了英宗的怪症。韓琦奉召進宮覲見曹太后和英宗，正趕上英宗的服藥時間。發病之後，英宗搬到了柔儀殿東閣的西室居住，而太后住在東室，以便監督英宗服藥。[3]英宗在榻上半躺半臥，緊閉雙脣，看都不看藥杯。曹太后坐在一旁，冷著臉，氣急無奈。韓琦見狀，只好「親執藥杯以進」，親自拿著盛藥的杯子餵給英宗。英宗「不盡飲而卻之」，沒喝完就推開藥杯。這一推顯然是用了力的，杯子裡的藥湯灑了，灑在了韓琦的官袍上。曹太后趕緊命人取出袍服來讓韓琦換上。宮裡的男人衣服，多半是仁宗的舊物，韓琦哪裡敢穿？

正推辭間，曹太后忽然嘆道：「相公實在是太不容易了。」

相公不易，太后豈不是更難？如此說來，皇帝實在是不講道理極了。太后這話，分明是謀求共識的意思。韓琦低著頭，以沉默作答。藥杯推擋之際，他與英宗剎那目光交會，分明看見英宗眼底的委屈、隱忍和不安——皇帝不信任太后的宮廷為他煎的藥，換言之，皇帝對自己的人身安全心懷憂懼！

從韓琦那裡沒能得到響應，曹太后又轉向了英宗的長子、十六歲的仲針，對他說：「你為什麼不自己勸勸你爹呢？」

仲針當然就聽話地拿起藥杯，繼續勸進。可是英宗連眼皮都不肯再抬起。[4]

英宗的病是對內不對外的。面對太后，他癲狂、無禮，「時出語頗傷太后」；[5]對於那些在仁宗後期跋扈一時的宦官，他的態度極不客氣，「其遇宦官尤少恩，左右多不悅者」[6]。於是乎，宦官們成群結隊跑到曹太后跟前說他的壞話，曹太后與英宗的關係越來越僵。

有關英宗行為失當的流言蜚語不斷越過宮牆，流向開封的茶樓酒肆、橋頭街市。越來越多的人開始懷疑英宗南面為君的能力。本朝以孝治天下，這樣一個病懨懨、連自己的行為都無法控制的悖逆之子，又怎能擔當起治理天下的重任？

嘁嘁喳喳的竊竊私語甚至蔓延到了朝堂之上，大臣之中也出現了懷疑和搖擺。面對質疑的聲浪，韓琦說：「豈有殿上不曾錯了一語，而入宮門即得許多錯！固不信也！」[7]這一句話，聲音不大不小，語氣坦然堅定，一時之間，解了很多人的惑。

韓琦可以在外面維護皇帝的形象，卻無法深入後宮去緩解皇帝與太后的關係。曹太后對英宗的耐心越來越少，甚至竟然對著宰相大臣出口抱怨了。該怎樣應對？

韓琦絲毫沒有猶豫，開口就說：「臣等只在外見得官家，內中保護，全在太后。若官家失照管，太后亦未安穩。」皇帝在宮裡面好不好，全靠太后保護周全。不把皇帝照顧好，只怕太后也難以安穩吧！這是什麼話?!韓琦竟然這般犀利露骨，曹太后的心理準備顯然不足。她像是小孩子碰到了滾水，慌忙回應道：「相公是何言！自家更切用心。」

不想韓琦步步緊逼，竟又接口道：「太后照管，則眾人自然照管矣。」眾人，指的是宮裡的宦官、女官。這一下，輪到曹太后沉默以對了。

這番對話，讓所有在場的大臣都為韓琦捏了一把汗。退下來之後，有人問他：「跟皇太后這麼說話，不是太過分了嗎？」韓琦回答：「不如此不得。」[8]

泥塑皇帝

英宗的第二次病休，從六月初三開始，一直延續到七月十三，共計四十天，比第一次長了一倍。

七月十三，英宗初次駕臨紫宸殿，接見文武百官，舉行起居大典。[9]這是英宗自六月初三發病之後第一次與百官相見。除二府大臣之外的大多數官員，包括諫官司馬光都是自六月初三之後第一見到皇帝。這四十天來，流言漫天，人們甚至懷疑皇帝的生死。此番重見，君臣雙方都是百感交集，皇帝流了淚，司馬光也是淚眼朦朧。

七月十三，起居大典結束之後，英宗轉入垂拱殿，輪流接見宰相府、樞密院等重要機構負責人，討論政事。五天之後，英宗首次接見契丹使者，並且恢復接見新任及離京中高級官員。這些雖然都是禮儀性的活動，但是禮儀之中從來都蘊含著權力。皇帝在向鄰國契丹和掌握實權、實際管理國家的中高級官員展示自己的存在和權力。進入八月，英宗的辦公時間延長到午後。[10]表面上看起來，英宗基本上已經開始正常辦公，履行皇帝之職。從首都開封到河北邊境，聞知此事的官員百姓都鬆了一口氣。可是，作為諫官的司馬光卻越發不安了，因為，他離皇帝很近，能夠看到更真實的細節，而他所看到的英宗皇帝的實際情況，距離正常履職實在還差得太遠。

司馬光發現，英宗雖然已經開始正式視朝聽政，但是卻不肯說話，「群臣奏事，一無可否」，「獨於萬幾，未加裁決」。[11]人是一本正經地坐在寶座上了，可是什麼主意也不拿，什麼判斷也不做。簡直像泥塑木胎一般！

這樣的皇帝，實在是讓人感到不安。它讓司馬光很容易就聯想起仁宗晚年的情形。可是，那究竟是不一樣的。仁宗晚年的沉默，是因為身體狀況不允許，中風之後言語艱難。眼下，當今聖上「御殿聽政，已遵舊式。出入起居，皆復常度」。明明是可以正常工作了，為什麼卻不肯拿主意，行使權力？司馬光上疏直言，「臣竊惑之」。[12]同樣察覺到英宗狀況異常的，還有御史中丞王疇，他的表述方式比司馬光更為直接，王疇反問，難道皇帝是「有所畏忌而不言」嗎？[13]

司馬光的「竊惑」之嘆，王疇的「畏忌」之問，表面上是在追問皇帝，實際上劍指後宮，直逼曹太后。臺諫官與兩府大臣在打配合，敦促曹太后調整態度。母子失和已經不是傳說，作為兒子，特別是過繼兒子，英宗在孝道倫理中處於下風，無法直接對太后表達不滿。他的沉默即是抵抗。

詐孕奇案

九月間，宮中又傳出一樁奇案。

九月二十一日，皇太后下旨，宮中貴婦永昌郡夫人翁氏降一級，她的「私身」（女奴）韓蟲兒發配到尼姑庵帶髮修行。這則看似簡單的處分決定背後所隱藏的離奇案情，則令開封政界目瞪口呆。

翁氏降級是因為受了韓蟲兒的牽連，而韓蟲兒這個卑微的女奴究竟能犯下什麼樣的過錯，值得皇太后親下教旨處分，甚至震驚開封政界呢？

在此之前，韓蟲兒一直宣稱，她肚子裡懷了仁宗皇帝的龍種！她說，有一次，她去打水，仁宗皇帝看見有一條小龍沿著拴水桶的繩子爬了上來，這條小龍只有仁宗看見，旁邊的人都沒看見。仁宗覺得這是生兒子的吉兆，就召幸了韓蟲兒，又留給她一個金釧做表記。然後，韓蟲兒就懷孕了——至少是她覺得自己懷孕了。到得九月，仁宗皇帝已經駕崩五個月，韓蟲兒肚子裡的龍種也早該呱呱墜地了。可是，竟然一點動靜也沒有！九月十七日，太后下旨，傳召產科醫官十人、產婆三人入宮驗看，並將韓蟲兒身邊的三名宮女送內侍省盤問，真相終於大白。

調查的結果很簡單，打水的故事是韓蟲兒想像出來的，仁宗根本沒有召幸過她。就像大部分幽閉宮中的女子一樣，這個可憐的小女奴做著被皇帝臨幸的美夢，她用想像做大了肚子——很可能是得了某種怪病，比如心包炎、肝部腫瘤，[14]騙過了別人也騙過了自己，結果是鏡花水月一場空忙。韓蟲兒撒了這樣一個彌天大謊，理由卻簡單得可憐。她想要不捱打，每天都有好吃的！[15]

韓蟲兒詐孕事敗露之後，曹太后通報了宰相。宰相們都主張處死這個不知天高地厚的女奴。曹太后反對，她說：「把蟲兒安置在寺姑庵裡，目的就是要消除宮裡宮外的懷疑。如果殺了蟲兒，那些不知情的人必定會以為她真的生過皇子！」[16]

毫無疑問，在韓蟲兒的處置問題上，曹太后的方案更穩妥。但是，當司馬光等人仔細回想韓蟲兒事件的整個過程時，卻不能不為英宗捏了一把冷汗。韓蟲兒懷孕是得到了曹太后肯定和保護的，自從蟲兒自稱有孕，太后就派了宮女專門照顧她，還每天撥給二千銅錢讓她購買可口的食物。[17]換言之，在詐孕被揭露以前，曹太后、翁夫人以及所有的知情人應當都認為，韓蟲兒的肚子裡仍然保留著仁宗最後的骨血。也就是說，如果那是個男孩，他就應當是仁宗的獨生子，是仁宗當之無愧的繼承人！說得再直白一點，從四月到九月，在英宗即位這五個多月的時間裡，韓蟲兒的肚子裡一直隱藏著對英宗皇位最大的威脅，而那個威脅是曹太后所允許的！曹太后究竟意欲何為?!當然，也許曹太后絕無惡意，她只是作為仁宗的妻子和仁宗大家庭倖存的女性家長，本能地保護仁宗的龍裔。然而，當英宗與曹太后的關係惡化之後，就不由人不做邪惡的猜想了。

詐孕奇案所引發的邪惡猜想，很快就在現實中得到了可怕的印證。

十月末，昭陵復土，仁宗入土為安。[18]山陵使韓琦使命已畢，從鞏縣趕回開封，在政事堂裡還沒有坐穩當，太后就派宦官送來了一包密封的文書。韓琦打開一看，裡面全是英宗所寫的流露著怨氣的歌詞，以及一封長長的英宗所犯過失的清單。當著來人的面，韓琦面無表情地把這些東西全都燒成了灰，然後對來人說：「請你覆奏太后，太后常常說官家現在心神不寧，所以，他有些出格的語言、舉動，又有什麼好奇怪的呢！」

第二天，太后隔著簾子痛哭流涕、一五一十地數落英宗的不是，最後說：「我老太太簡直沒有活路了，相公得給我做主啊！」韓琦回答得極乾脆：「這是因為生病的緣故，病好了，就不這樣了。兒子生病，母親怎麼可以不容納他呢?!」這番話把老太太噎得很是不高興，倘若沒有參知政事歐陽修（一〇〇七—一〇七二）從旁勸解，讚美曹太后一貫大度，非尋常婦人可比，只怕曹太后真要當面翻臉。然而，歐陽修也只是話語柔軟，態度卻是跟韓琦一樣，絲毫不肯退縮。他接下來的一席話，又說得老太太無言以對了。歐陽修說什麼？「仁宗皇帝在位時間久，恩德潤澤，天下信服。所以仁宗皇帝晏駕之日，天下秉承他的遺命，尊奉愛戴他所選定的皇子繼承大統，沒有人敢說一個『不』字。如今太后深居宮中，我們也不過是五六個措大（讀書人），一舉一動如果不符合仁宗的遺意，天下又有誰肯聽從？」[19]這就等於向太后明言，宰相支持皇帝，皇帝不可以動搖！

帝后・母子・天下

在宰相那裡得不到安慰，曹太后就轉向了樞密院。樞密院和中書是分班奏事的，所以，曹太后有機會跟樞密使們單獨接觸。老太太哭訴說：「無夫孤孀婦人，無所告訴。」她說自己是一個沒了丈夫、也沒有兒子的可憐的寡婦，滿心的委屈不知向誰訴說。堂堂太后，天子之母，以天下養，竟然像一個普通寡婦老太太一樣抹著眼淚。富弼、胡宿、吳奎幾個聽了，都覺得鼻子發酸，[20]可是除了勸老太太放寬心，也更無他辭——在維護英宗皇位的原則問題上，他們和宰相們並無二致。

為了維護政權的穩定，二府大臣選擇了維護皇帝，結果是冷落了太后。而太后則牢牢地把持著垂簾聽政的權力，不肯撒手。親情無處著落，老太太怎麼捨得放棄這最後的護身符?!可是，皇太后與皇帝的關係終歸不是普通母子，也不是尋常對手。他們的關係實在不同一般。對此，司馬光有著最到位的闡述：

> 臣愚竊惟今日之事，皇帝非皇太后無以君天下，皇太后非皇帝無以安天下，兩宮相恃，猶頭目之與心腹也。

這是六月二十三日，英宗第二次病休二十天之後，司馬光給皇太后及皇帝的上疏中的文字。這段話道出了英宗與皇太后之間關係的真諦：第一，「皇帝非皇太后無以君天下」，若沒有皇太后的支持，皇帝就沒辦法君臨天下——選擇皇帝為繼承人的是先帝，在先帝死後扶助皇帝登上皇位的是皇太后。皇帝繼承大統的合法性來源於先帝和皇太后，而皇帝的繼續統治則需要皇太后的持續支持。因此，皇帝應當感恩，勉力做先帝和太后的孝子，此外別無他途。第二，「皇太后非皇帝無以安天下」，若沒有皇帝，皇太后也不可能安定天下。皇帝已經即位，其合法性受到大宋列祖列宗的承認和天下臣民的擁戴，皇太后想要拋開皇帝另起爐灶，是不可能獲得承認的！皇太后必須接納皇帝這個兒子，此外亦無他途。最後，綜上所述，「兩宮相恃，猶頭目之與心腹也」，皇帝和皇太后之間，是相互支撐的關係，只能改善，不能惡化。這封奏札，司馬光是同時上給皇帝和皇太后兩個人的。他希望他們勘破利害，從大局出發，盡釋前嫌，和衷共濟。

皇帝與皇太后兩下裡糾結撕扯的，是個人情感。而司馬光所說的，是道理，是形勢，是格局。形勢比人大，個人若不肯委屈情感，服從於形勢格局，到頭來只能是兩敗俱傷。問題是，人在傷心時，哪裡還顧得上形勢格局？

英宗的病不是無源之水，曹太后的傷心也有根有據，理由充足。

曹太后實在想不通，英宗為什麼會這樣對她。他們本來淵源至深，有過短暫的母子情分。景祐二年（一〇三五），四歲的英宗入宮時，曹太后二十歲，是前一年仁宗剛剛以盛禮冊封的皇后，仁宗的一生至愛——張貴妃還沒有出現，仁宗和皇后關係融洽，曹皇后在盡力掌管後宮，也盼望著自己能為仁宗誕下一子。對於這個進宮「招弟」的小男孩，曹皇后心裡喜歡，照顧有加。[21]

曹太后更想不通，英宗的高皇后（一〇三二—一〇九三）為什麼竟然也冷待她。她們可是如假包換的至親骨肉。高皇后的母親是曹太后的親姐姐，她是曹太后的外甥女兼養女——這個跟英宗同歲的女孩，小名滔滔，同樣也是四歲入宮，養在姨媽的身邊，長大之後才出宮。

英宗和高皇后的婚姻大事，更是曹太后與仁宗一力操持的。那時候，英宗還是濮王府的老十三宗實，高家的滔滔還是一個聰明溫順、不解世事的小女孩，曹太后還是曹皇后，仁宗和曹皇后的關係也還融洽。仁宗和曹皇后對坐閒談，宗實和滔滔在旁玩耍，活脫脫是一雙好兒女。仁宗看著有趣，對曹皇后笑說：「將來一定把這兩個小的配成一對兒！」曹皇后微笑頷首。這樣的話，仁宗說過好多次，直說得滔滔羞紅了臉，直說得宗實的眼睛再也不好意思望向滔滔。

轉眼到慶曆七年（一〇四七），宗實和滔滔滿了十六，大家都以為仁宗早已忘記了當日的戲言。

可是，有一天，他忽然對曹皇后說：「咱們夫婦都老了，也沒個兒子。從前養在宮裡的十三和滔滔都長大了，我為十三，你為滔滔主婚，就讓他們男婚女嫁，做成一對吧！」仁宗的恩典和情義，讓曹皇后偷偷哭溼了兩方繡帕。差不多七年了，張貴妃寵遇長盛，驕橫跋扈，曹皇后隱忍避讓，處處小心，簡直恨不得把自己裹藏起來。如今，仁宗舊事重提，踐行前諾，這對她，對曹家和高家，是多麼厚重的恩典，而這一番榮耀，是張貴妃怎麼樣也奪不去的。曹皇后甚至覺得，之前再多的冷落寂寞，也都是值得的了。

曹皇后打點起十二分的精神，操辦了宗實與滔滔的婚禮。英宗和高皇后婚禮的盛況，司馬光當時在開封國子監教書，親眼所見。多少年之後，開封人還在津津樂道。那是「天子娶婦、皇后嫁女」，哪怕是公主皇子的婚禮，也沒有這樣的風光體面啊！[22]

人們都說，仁宗和曹太后選擇過繼英宗，那是「聖意素定」的，要不然，為什麼要把他養在宮裡，又為什麼曹太后要把外甥女嫁給他？「此殆天命，非人力也。」[23]曹太后沒有親生子女，自小養在身邊的高皇后就等於是她的女兒，是她的至親骨肉！

可是，就是這樣的一對好兒女，竟然在登上皇帝、皇后的寶座之後這樣待她，英宗出語傷人，高皇后也不冷不熱，他們憑什麼？難道這就是人們所說的，過河拆橋，人心難測?!

萬般委屈之下，為了自衛，曹太后的本能反應便是握緊權力，唯有那道簾子垂著，能夠直接過問政事，代表著皇權的皇帝「符寶」還在手裡，才能讓她感到安全。[24]

三、強撤簾

曹太后的權力欲

在韓蟲兒詐孕案之後，英宗與曹太后之間的矛盾已經是公開的祕密。而士大夫集團的態度明顯傾向於皇帝一邊，韓琦和歐陽修早已向太后明示，皇帝是絕不能換的。英宗皇帝的病，在獲得士大夫集團的明確支持之後，也漸漸好轉，從嘉祐八年（一〇六三）秋天起，他已經可以做到隔天辦公，早起在前殿跟宰相大臣處理大事，吃完飯之後在後殿處理其他事務。

皇帝已經表現得像是一個能力完整的皇帝，可是，皇太后的簾子還在內東門小殿的御座前掛著。兩府大臣退朝之後，還要到內東門小殿去，隔著那道半透明的簾子，向太后彙報情況。太后對於具體政務，其實並沒有多少實質性的干預。只是，這一道手續——哪怕只是一道手續的存在，卻分明讓皇帝不像個囫圇皇帝。英宗的不耐煩是顯而易見的；多數大臣也感到氣悶。那麼，太后的簾子何時能撤？又如何撤法？

《宋史．曹皇后傳》所描述的曹太后，權力欲是非常淡泊的。她雖然迫不得已出面主持大局，但是非常尊重大臣，每當大臣奏事遇到意見不能統一、有疑義的，曹太后就會說「你們幾位再商量商量」，從來沒有自己拿過主意。後來，英宗的病好起來，她立刻下令撤簾還政，倒是英宗皇帝捨不得她，「持書久不下」，從夏天一直拖到秋天，才實行撤簾。[1]

這當然是後來的粉飾。史書當中多的是這樣的謊話，有時候甚至一篇之內都不能自圓其說，比如，《宋史．曹皇后傳》在「她從來沒有自己拿過主意」的後面，緊接著就說「曹太后對於經書和史籍涉獵頗多，常常引經據典來決策。朝廷內外每天奏上來的報告有幾十篇，她每一篇都能記得大概」。[2]這哪裡是「從不拿主意」的樣子?!

論家世背景、論個人經歷，曹太后都應該懂一點政治。這位曹皇后是仁宗的第二任皇后，開國元勛曹彬（九三一—九九九）的親孫女。曹彬何許人也？宋朝最成功的武官之一，職位最高做到樞密使，還獲得了節度使兼名譽宰相的頭銜。此公為人，謙虛低調，懂得藏鋒。宋朝消滅南唐小朝廷（就是著名的「春花秋月何時了」李煜的政權）戰役的總指揮就是曹彬。他滅了南唐回開封來向太祖皇帝覆命，那麼大的功勞，報告書上的署銜卻只寫七個大字「奉敕江南幹事回」！[3]——奉皇帝的命令到江南出差回來了！低調務實，謹慎到極致，這就是曹氏家風。

論個人經歷，曹太后是經過真磨礪的。她十八歲入宮，十九歲被仁宗以盛大典禮冊封為皇后。這是宋朝開國以來第一次舉行皇后冊典，多年以後，宮中老人還在津津樂道它的無限風光。可是，這風光的皇后日子並不如意，她跟仁宗做了二十九年夫妻，卻沒有一次生育記錄，而仁宗身邊一直是內寵不斷。仁宗最寵愛的張貴妃甚至曾經當面向曹皇后借華蓋，要打著皇后的華蓋出去玩。華蓋是什麼？那是皇后的儀仗，是皇后身分地位的標誌！而張貴妃竟然敢開口來借。更令人意想不到的是，曹皇后竟然就大大方方地同意了。到最後，還是仁宗覺得不妥，攔住了張貴妃。[4]曹皇后的心胸，曹皇后的克制，可以想見。

只是這樣大度、樸素、懂道理的女人，仁宗卻未必喜歡。仁宗晚年，和曹皇后之間的關係是非常緊張的。嘉祐元年（一〇五六）正月中風之後，仁宗曾經有一次突然跑出來，大叫「皇后與張茂則謀大逆！」張茂則是個宦官，跟曹皇后關係很好，而仁宗則一向不喜歡他。聞聽此言，張茂則立刻找了根繩子往房梁上一拴，要上吊自殺，還好被人及時發現，沒有死成。宰相文彥博（一〇〇六－一〇九七）聞知此事，咬著牙根兒對張茂則說了一句話：「你要是死了，讓皇后還怎麼活?!」聽到這個話，不單是張茂則，所有在場的人都嚇出了一身冷汗。自此之後，一直到嘉祐八年（一〇六三）初仁宗去世，在超過八年的時光裡，曹皇后再也不敢隨隨便便到仁宗跟前去了，[5]她只是名義上是後宮之主。

家傳的低調務實，加上二十九年宮中磨礪所養成的隱忍頑強，造就了曹太后。出來垂簾聽政也許只是偶然，只是出來之後，則難免戀棧。尤其是當母子、婆媳關係都變得高度緊張之後，曹太后當然不願意輕易放棄權力。

士大夫的選擇

可是這件事情，卻由不得曹太后。士大夫集團的方向是明確的，皇帝不能動搖，太后必須撤簾，只是此事急不得，必須尋找合適的契機。當務之急，是確立皇帝的領導地位——皇帝必須表現得更像一個皇帝。

嘉祐八年（一〇六三）十二月，在司馬光的勸說下，皇帝的御用讀書會——經筵正式開講，他在跟最優秀的儒家學者學習、討論儒家經典和歷史經驗。同月，皇長子仲針（已經改名「頊」）正式出閣，搬出宮城單住，這是建立太子的預備步驟。其目的，是明確英宗一系的正統地位，「以固根本，旁絕窺覦」。[6]就這樣，在士大夫的擁護庇佑之下，到了治平元年（一〇六四）四月，英宗平穩度過了即位週年。皇帝已經履新滿週歲，按照常規在殿上接見朝臣、處理政務了，而皇太后卻仍然坐在簾子後面，重要決定仍然需要宰相大臣們到簾前稟告。雖然皇太后通常並不干預決策，但是這道手續對於皇帝的最高領導人形象，畢竟是一種損害。如何才能進一步確立皇帝的領導人形象呢？

四月十一日上朝的時候，權御史中丞王疇（一〇〇七—一〇六五）提出建議，讓皇帝出宮，在開封城裡公開露面。這個主意讓英宗感到十分興奮，他立刻下令太常禮院制定相關服裝、儀仗——畢竟，仁宗的三年喪期未滿，還是要謹慎從事的。禮院的建議很快開始執行，隨駕人等不得穿錦繡、紅色，一應器物都用淺淡顏色。一時之間，整個朝廷都迷上了這個想法，宰相大臣、還有司馬光等幾位諫官紛紛附議。就在這個時候，英宗突然想起來：「這事應當跟太后商量商量。」

聽到韓琦的報告，曹太后在簾子後頭沉吟了一會兒，說：「皇帝的病剛剛好一點，恐怕不方便出去吧。」這擺明是不願意皇帝出去的意思。

韓琦大大方方地回答說：「皇帝自己覺得出去沒問題了。」

太后又沉默了一會，說：「現在那些素色的儀仗都不齊全，還是再等等吧。」

韓琦說：「這是小事，不難辦的。」[7]

曹太后很不願意英宗出去，可是，又實在不能直接反對，只好下令有關部門挑幾個好日子來選看。於是乎，英宗的出巡計畫就懸在那裡，三天不出，五天、六天，還未出來。有人覺得這事兒恐怕是要泡湯了，畢竟，太后的態度是不願意的。

說起來，這也怪王疇的建議太模糊，他並沒有明確建議究竟以何種名義出去。

七天之後，四月十八日，司馬光上疏，打破了沉默。他首先重申了英宗出巡的必要性和重要性：「陛下即位已過週年，京城百姓還沒聽到過皇帝的聲音，之前聖體不安，遠方之人無知妄說，謠言未息。倘若聽說皇帝出巡，所有的疑惑都會釋然冰消，天下必然歡欣鼓舞。」

接下來，司馬光為英宗的出巡提供了一個具體的目標——求雨。「何況今春少雨，麥田枯旱，播種困難，倉儲空虛，百姓飢愁。陛下為民父母，應當憂百姓之憂，苦百姓之苦，向眾神祈禱，求天降甘霖，怎麼可以安然漠視百姓的飢愁，而不感到愧疚呢?!」祈雨，是天子的責任。皇帝不得不出，皇太后不得不放！

最後，司馬光乾脆利落地捅破了「擇日出行」這層窗戶紙：「皇帝只是短暫出行，而且近在京城之內，又何必死守瞎子術士的話，非要挑個好日子，卻忘了萬民朝夕之急，這恐怕不符合古代聖王的遺意。我願陛下從聖心出發，做出判斷，就在這一兩天之內，及時出巡，為民祈雨，以順應天下萬民的敬仰期待！」[8]

司馬光上疏十天之後，四月二十八日，英宗終於出得宮來，到相國天清寺和醴泉觀祈雨，開封「士庶歡呼相慶」。[9]

強撤簾韓琦逞擔當

英宗出巡，接受開封士庶的歡呼擁戴，以具體而形象的方式表現了「君臨天下」的能力和氣度。

曹太后的簾子沒有理由不撤了。

然而，按照正常的政治倫理，撤簾的話絕不能由英宗來說，也不能由宰相大臣來說。最體面的方式，是要老太太親自開口，主動求退。只是，怎麼樣才能讓老太太主動說出「撤簾」的話來？

韓琦自有妙計。在慶曆一代的政治家中，韓琦的政治執行力絕對是第一流的。他先考了英宗一場，一口氣拿了十多件事情來請英宗裁斷，英宗「裁決如流，悉皆允當」。

拿到了英宗漂亮的答卷，韓琦對另一位宰相曾公亮（九九九—一〇七八）和兩位副宰相歐陽修、趙概（九九六—一〇八三）說：「仁宗皇帝入土為安之日，我本來就應當請求退居的，可是當時皇帝的身體欠佳，所以才拖到了現在。如今皇帝能夠這樣孜孜不倦地應對處理軍國大事，實在是天下的福澤。我也可以放心求退了。等一會兒到了太后簾前，我要先稟明太后，請求回河北老家去當個地方官。此事，還要請各位大人贊助成全。」

首相求退，慰留是必須的，次相曾公亮與兩位參政歐陽修、趙概交換了一個眼色，曾公亮代表大家說：「朝廷怎麼可以沒有韓相公呢？您是朝廷的中流砥柱，先帝托孤顧命之臣，您可萬萬不能退啊。」

話雖這麼說，他們還是痛快地答應韓琦，以請求退休的名義，給他一個和皇太后單獨談話的機會。

三位宰執都隱隱地感到了興奮和不安，韓琦怕是要有所行動了。

到了約定的時辰，中書的四位領導人集體來到太后簾前。見禮已畢，韓琦隔著簾子呈上了英宗批示的文件，又隔著簾子解釋，英宗的處理是如何的妥當。太后也是一邊看一邊連連說好，聽起來心情似乎不錯。時辰已到，按照事先的約定，曾公亮、歐陽修、趙概退出，韓琦單獨留下來，向太后請求退休。

內東門小殿裡出現了短暫的沉默，只有風吹動簾子的聲音。

太后當然明白韓琦的用意，她說：「相公安可求退？老身合居深宮，卻每日在此，甚非得已，且容老身先退。」在此之前，類似「且容老身先退」的話，太后也是說過的，但是每次，只要皇帝、宰相客氣兩句，太后也就收回成命，「勉為其難」地繼續垂簾了。照道理，就算是太后親筆詔書求退，皇帝、宰相也是要適當挽留的。太后求退、皇帝慰留，這就是政治的禮文，是必須的虛文。

可是，讓曹太后萬萬沒有想到的是，她的話音還沒有落地，韓琦立刻穩穩地接住話茬，頌揚太后不貪戀權勢，比歷史上那些著名的賢后都要賢德。例行的頌歌唱完，韓琦話鋒一轉，說道：「其實早有臺諫官上疏請求皇太后還政給皇帝了，所以太后此心也是順應眾意。只是不知道太后打算哪天撤掉簾子呢？」

這最後的一句話，每一個字都像是一記重槌敲在鼓面上，曹太后只覺得心慌耳震，頭暈目眩。按照李燾（一一一五—一一八四）的記載，聞聽此言，「太后遽起，琦厲聲命儀鸞司撤簾，簾既落，猶於御屏微見太后衣也」。[10]儀鸞司是負責宮廷陳設布置的機構。

太后突然站了起來，而就在太后起身的一剎那，韓琦厲聲命令儀鸞司撤簾。簾子落下去之後，還能從屏風後面看見太后的裙角！

這一幕該怎麼解讀？「遽」的意思可以是「急，倉促」，還可以是「慌張」。太后突然站起來的本意，是打算接受韓琦的建議撤簾呢，還是對韓琦的冒犯感到緊張憤怒？不管怎麼說，太后站起來了。

而韓琦則在太后起身的那一瞬間對於「太后遽起」這個動作做出了「太后決定撤簾」的解釋，然後立即厲聲下令撤簾。

看到儀鸞司的官員真的動手拆簾子了，太后驚呆了，或者說嚇傻了，她怎麼也不會想到，韓琦竟敢如此，當真是無禮之極。可是，沒有了簾子的遮擋，皇太后一個女子，怎好在男人面前拋頭露面？羞愧讓皇太后本能地逃向了屏風，尋求安全的遮擋。

就在簾子落下來的那一刻，太后還沒有完全繞過屏風，韓琦還有在旁邊侍奉的官員、宦官都能看見她的裙角。[11]

問積弊英宗展抱負

就在韓琦逼迫曹太后撤簾的第二天，治平元年（一〇六四）五月十三日，宮中傳出太后手書，宣布還政於帝。從這天起，曹太后不再與聞軍國事務，退居後宮，頤養天年。[12]然而，仁宗皇帝傳下來的皇帝符寶，太后卻遲遲不肯交出。「符寶之重，與神器相須」，是皇權的象徵。「久而未還，招惹議論，臣等私心為太后感到惋惜。太后應當告誡管事太監，盡速歸還御用之寶，不可緩也！」御史們對皇太后曉之以理，動之以情，「符寶未歸於皇帝，這定然不是皇太后殿下的本意。何以見得？太后於國政尚且不願久掌，又哪裡會眷戀淹留符寶呢?!」還政手書頒布二十多天後，在御史們的咄咄追逼下，太后這才交出了符寶。[13]

帝位、決策權和符寶合為一體，英宗終於實現了對皇權的全面掌握，而這時，距離他即位已經過去了一年零兩個月。

開封的老百姓最是消息靈通，任店的羊羔美酒一時銷量大增；南城的清風樓賓客盈門，青杏和酒都供不應求了；鞭炮聲一宿都沒有停歇，吵得人無法入睡；武成王廟前海州張家胡餅鋪的夥計們早起幹活的時候，一個個都是哈欠連天，而又滿臉興奮。

太后還政三天之後，五月十六日，英宗問宰相大臣：「積弊甚眾，何以裁救？」[14]這是英宗皇帝的第一問，這一問中蘊含的政治信息是豐富的。它讓很多人立刻想到了慶曆新政未完成的改革事業，以及嘉祐時期富弼、韓琦等人的積極努力。看起來，長期壓抑、謹言慎行的「備胎皇子」終於獲得自信，就要大幹一場，清除積弊，革新政治了！天下宋人翹首以待。

司馬光的隱憂

就在英宗發出「積弊甚眾，何以裁救」之問、眾人歡欣鼓舞要迎接新氣象的當口，司馬光卻對新皇帝的修身治國之道表達了隱憂。五月十八日，司馬光上書，提醒皇帝「治身莫先於孝，治國莫先於公」，[15]修身當以孝道為先，治國當以公正為先。所謂孝道為先，說的是皇帝、皇后對待皇太后的態度——皇太后把權力交出來，心中已難免有失落感，太監宮女最是小人勢利，萬一有人望風承旨，對皇太后侍奉懈怠、供給有缺，那麼天下之人必然會誤以為這是皇帝陛下的旨意，以皇帝陛下為不孝。因此，司馬光建議：「陛下不如將管理宮中的權力交給皇太后，禁廷之內，取捨賜予，不管大事小事，都稟報過皇太后再辦，陛下與皇后絕不自作主張。」[16]

所謂公正為先，是要英宗撇開個人恩怨，超越舊日擾攘，做一個公正的皇帝。司馬光說：「陛下發跡於宗室，入繼大統，從潛龍躍起，到飛龍在天，這中間歷經艱辛，飽受磨難，舊恩宿怨，豈能完全沒有？然而陛下如今已是皇帝了，就不能再把這些恩怨放在心裡，以免有損思慮的純正。」皇帝必須公正，才能依憑理智作出相對正確的判斷，這是皇位對皇帝個人的要求。然而，眼前的這位皇帝，卻是受盡了委屈壓抑，從暗夜的塵灰泥淖中爬出來的，他能否仍然保有一顆公正豁達之心？司馬光心懷隱憂。

事實證明，司馬光的擔憂絕非無根之水。新頒布的皇太后待遇詔書竟然明確規定：皇太后如需調用任何物資，都要經過皇帝批准，有關部門必須看到皇帝的御寶，才能供應。也就說，萬一管事的懈怠，有關部門辦事不靈活，那麼只怕皇太后情急之下，想要些藥品果餌、日用器皿之類不值錢的小東西，都不能及時獲得。如此一來，必然讓太后傷心，損害陛下以天下奉養太后的情義。在儒家「修身齊家治國平天下」的倫理秩序當中，「修身」是起點、是基礎，「治身莫先於孝」。英宗已經遭遇「疏母棄妹」的批評，實在不能再犯此類錯誤了。見此詔書，司馬光再上一札，懇請皇帝給予皇太后最高級別的物資調用自由，「皇太后要取用什麼，就讓太后宮裡管事的直接行文給有關部門，讓他們限時辦理，不得延誤；就像陛下本人取用物資一樣」。然而，司馬光的這項請求，卻並未得到英宗的有效回應。[17]

對於已經過世的仁宗和仍然在世的太后，英宗的心裡已經積怨成毒，怨毒攻心，難以紓解。太后撤簾，英宗從此不管在形式上還是內容上都享有了完全的皇帝權力，國家秩序恢復正常。這是好事。可是，這整件事情的進行方式，卻讓司馬光感到了深刻的不安。

首先，在司馬光看來，韓琦的做法，固然果斷而有效，卻始終不夠厚道。對於皇太后，有失尊重，有失公正。畢竟，皇太后是先帝的皇后、是今上的母親！作為臣子，韓琦未免霸道了！宰相位高權重而行霸道，絕非大宋之福。而在這場政治變故當中，英宗又何嘗沒有損失？皇太后以這種方式被撤簾，怎麼會甘心？縱然皇太后無力也無心反抗，可是母子關係繼續惡化，對於皇帝的孝子身分終歸有損。而拋卻英宗是皇太后的孝子這一身分，皇帝有什麼資格統治？

其次，司馬光注意到，韓琦的做法在元老重臣之間看法並不一致。樞密使富弼初聞此事的第一反應是大驚失色。他對親近的人抱怨說：「我也是皇帝的輔佐之臣。中書和樞密院各有分工，中書其他的事情，我不敢打聽。這樣的大事，韓公都不能跟我商量一下嗎？」

有人傳話過去，韓琦隔空回應說：「此事當時出太后意，安可顯言於眾！」撤簾是太后臨時起意，怎麼可能對眾人明說呢？

這話傳回來，富弼心中的憤怒簡直無以復加。什麼叫「眾人」呢？富弼對韓琦，那是樞密使對宰相，大臣對大臣，論資歷論交誼，怎麼就泯然於「眾」了？仁宗晚年，富弼是首相，韓琦為次相，共掌國政。宋朝制度，是宰相府與樞密院分掌民政與軍事，彼此互不相知，各自對皇帝負責。但在當時，遇有大事，富弼、韓琦還是會私下裡與樞密院溝通商量。後來富弼丁憂離職，韓琦升任首相。仁宗過世之後，富弼服滿還朝，出掌樞密院。韓琦卻是大事小事，從來都不與他商量，讓富弼很不舒服。如今韓琦獨斷專行，以如此手段逼太后撤簾，萬一有不測，將使富弼何以應對？

這口氣，富弼嚥不下，他追思往事，甚至對韓琦的人品產生了質疑。韓琦的首相位置，是富弼丁憂之後騰出來的。宰相丁憂，如果國事需要，是可以奉皇帝的命令移孝為忠，奪情起復的。可是韓琦早早地揚言「此（起復）非朝廷盛典也」，適用於戰時，不適用於承平，這道理，富弼也同意。所以，儘管仁宗再三下令奪情，富弼還是堅持為母親服喪三年。富弼去職之後，皇帝要升韓琦做首相。有人提醒韓琦，應當盡力推辭、虛位以待富弼服闋還朝。韓琦回答說：「此位安可長保？等到富公服喪結束，誰知道我韓琦在哪裡啊？若是辭了這首相的位子來等待富公，那才是想要長保此位呢！況且，你讓我用什麼理由來說服皇帝呢？」這個話，聽到的人都覺得在理。富弼當時也覺得可以接受，可是看看韓琦現在的表現，富弼忽然發現，他還是認錯了人！看起來，韓琦不止是性格果斷，不拘小節，他是步步為營，處處為自己打算啊！[18]

大宋王朝的兩位元老重臣，富弼與韓琦，從此心生芥蒂。宰相專權，一人獨大，士大夫內部分裂，絕非國家之福。這一點，不僅司馬光，當時的很多臺諫官都有所警覺。他們睜大了警惕的眼睛，密切關注韓琦、歐陽修的動向。臺諫與韓琦、歐陽修之間，必將有一場正面交鋒。當然，這是後話。對於司馬光來說，當務之急，還是要促使皇帝改善與皇太后之間的關係。

為了幫助英宗調整與曹太后之間的關係，司馬光連上三札，彈劾大宦官任守忠，其中最具體的罪名是「擅取奉宸庫金珠數萬兩」賄賂英宗皇后，「教中宮為不順，陷陛下於不義」；而更關鍵性的罪名是「交構兩宮」——離間太后與英宗。最終，任守忠被英宗趕出了京城，蘄州安置。任守忠絕非良善之輩，但是，這個時候把他揪出來，多多少少還是有一些尋找替罪羊的味道。[19]

可是，替罪羊抓出來，英宗、高皇后跟曹太后之間就能夠冰釋前嫌、和好如初了嗎？難！最易傷的是人心，最難愈的是心傷。英宗、高皇后去看望曹太后，幾句場面話說完，老太太就要「送客」

了。那麼多的前塵往事、齟齬過節橫在中間，兩下裡其實都已經很難捧出真心和熱情。老太太其實是有理由埋怨的，英宗對待仁宗留下來的五位公主——他名義上的妹妹並不好，甚至讓她們把房子騰出來，「易其所居，以安己女」，給自己的女兒住！[20]

權力已經讓出，皇宮真的已經換了主人，曹太后所能做的，只能是繼續隱忍，就像她在仁宗朝做皇后時一樣。當然，按照禮法制度，曹太后仍然是皇帝的母親，是皇帝孝順的對象，是全天下最有福氣的老太太。曹太后徹夜難眠，睜眼望向層層帷幕外雪白窗紙上透進來的微光，心裡會想起誰？想到什麼?!

失去了權力，曹太后到底意難平；得到了權力，英宗的心底又何曾得片時安穩?!司馬光彈劾任守忠的第三札，總結了「任守忠十大罪狀」。其第七、第八兩罪，英宗默記於心，後宮無人之際，喃喃自語，反覆吟誦，以致淚落沾襟。其第七罪云，「陛下既為皇子」，守忠每日於先帝之前離間百端，「使先帝為陛下之父，不得施為父之恩；陛下為先帝之子，不得展為子之親」。其第八罪曰，陛下即位之後、皇太后聽政之時，守忠「交構兩宮，遂成深隙」，使皇太后雖有大慈之心，卻不免對陛下心生疑慮；陛下雖懷大孝之意，卻遭受了忘恩負義的毀謗。[21]英宗追思往事，從「備胎皇子」的冷落淒涼，到即位一年以來所遭受的種種危險冷遇屈辱，一幕幕，縈繞腦際，揮之不去。區區守忠何能為？說到底，還是先帝心懷猶疑；說到底，還是太后信任不堅。對於仁宗和曹太后，英宗的心是冷到底了，死灰不能復燃。

四、「式微」歌

式微式微不得歸

治平二年（一〇六五）三月，司馬光終於再次踏上了涑水故園的土地。此番重來，距離上次還鄉，中間隔了整整十五年！

上一次探家，是在皇祐二年（一〇五〇）。那一年，司馬光三十二歲，初入「館職」，剛剛進入大宋王朝的高級人才儲備庫，身體充滿活力，內心充滿希望。在贈給同鄉後輩的詩裡，他寫道：「況今有道世，穀祿正可干。勖哉二三子，及時張羽翰。力學致顯位，拖玉簪華冠。」[1]司馬光認為他所處的是一個有道之世，是值得大幹一場的時代，他是樂觀的，向上的。那個假期很長，時間寬裕，司馬光優哉游哉，從春天一直住到夏天，甚至有時間親自督造了一座新宅。在新居寬敞的書齋裡，他讀經閱史，神交古人，養精蓄銳，憧憬著新的出發。

如今，十五年過去，一切都發生了改變──「青松敝廬在，白首故人稀。外飾服章改，流光顏貌非。」[2]院子裡親手栽下的松樹已經亭亭如蓋，當年寬敞明亮的書房卻透著老舊寒磣。身上的官服更加高級，鏡中的容顏卻日漸衰老。故友凋零，黑髮斑白，牙齒脫落，身體不再結實，生命的活力就像是岸邊的沙，被歲月的流水悄悄帶走──除了遠處巫咸山的輪廓，一切都不復從前。

變化最大的，是司馬光的心境。

此番還鄉，司馬光請的是「事假」，事由是「焚黃」。由於司馬光的地位，皇帝給他父母追贈了更高級別的榮譽頭銜，發放了告身，焚黃就是把用黃紙抄好的告身副本，到墳前去燒送給先人。焚黃假期很短，只有十幾天，所以，此番還鄉，他是匆匆而來，匆匆而去，一路奔波，備極辛苦。

在司馬池墓前，司馬光親手擦拭著父親的墓碣，泣不成聲——他已經有十年沒能為父親掃墓了。嘉祐元年（一〇五六），司馬光做并州通判的時候，曾經有一次因公出差到夏縣附近。涑水故園近在咫尺，可是按照制度規定，因公出差者不得私自還鄉。所以，司馬光並未還家，也沒有通知涑水父老，只抽空拜祭了父母的墳墓。[3]如今將近十年過去，他這才又得著機會再次為父親斟一杯水酒，坐下來跟母親說說心裡話：下一次再來，又會是什麼時候呢？自己也已經四十七歲了，還有下一次嗎？這樣的念頭，想起來真是讓人感傷。

此番重回，司馬光的心情只能用「沉重」來形容。「十六載重歸，順途歌式微」，[4]在司馬光的心中迴盪著的，是「式微」的歌。

「式微」，語出《詩經．邶風．式微》：「式微，式微！胡不歸？微君之故，胡為乎中露！」[5]說的是臣子為國事奔忙，不得與妻子團聚。「式微」歌中隱藏的，是一個歸隱田園的夢。陶淵明《歸去來兮辭》說：「田園將蕪，胡不歸！」儒家講究「學而優則仕」，以修身、齊家為立身根本，以治國、平天下為至高理想，歸根究柢，是要出來服務社會的。然而，又有哪一個讀書人的心底不藏著歸隱田園的夢？哪怕是春風得意之時，聽到漁歌互答，也不免有「式微」之嘆。十五年前返鄉，到硤石山中拜會隱士魏閒，看到老大哥那麼悠閒自在的山居生活，司馬光也羨慕過，讚嘆過，腦海裡閃過

「式微」的歌。[6]只是，這一次，司馬光歌「式微」的心情顯然不同。他歌「式微」，更多的不是要歸去，而是嘆凋敝。

首都開封以外的大宋王朝，狀況遠比他想像的更為嚴重。中央官出京，不管公差還是私事，地方上迎來送往是免不了的。司馬光是皇帝侍從、諫官，又是中生代政治家中的代表人物，儼然未來宰輔，想要結交他的人多如過江之鯽，各種遊山玩水、宴會雅集的邀請紛至沓來，對此，司馬光一概謝絕，毫無商量。可是，不接受招待不等於自命清高、閉門自鎖，相反，司馬光抓住一切可能的機會密集走訪、密切接觸沿途官民，因為他深知，開封不等於大宋王朝，各種文書報告裡的地方也不可能是真實的地方，只有親身探訪才能深入了解地方政情、民情，了解宋朝的實情。這一路探訪下來，司馬光「式微」歌的調子越發沉重而嚴峻了。

讓司馬光歌「式微」、嘆凋敝的是三件事。

財力屈竭國堪憂

第一樁讓司馬光感到不安的，是地方政府的財政狀況。

真實情況的了解是從面對面的交流開始的。本州的光榮——司馬諫官賞光屈臨官舍共進晚餐，讓陝州知州感到既榮幸又侷促。按照司馬光的要求，知州大人為司馬諫官準備的是一葷三素，最簡單的麵飯，酒還是有的，是當地官府酒務裡自釀的酒，味道雖然不壞，可是籍籍無名，哪裡比得上開封府的瑤泉佳釀、羊羔美酒！聞道司馬諫官為人樸素，可是拿這樣的席面來招待尊客，知州大人還是心中不安。

見過了毫無架子、一言一行透著真誠的司馬諫官本人，三五杯入肚，寒暄的套話說過，知州的狀態鬆弛下來。說到本州財政，他的臉色頓時從恭敬客氣轉成了焦慮愁苦：「倉庫都是空的，沒錢，也沒有糧食。官員工資怎麼發？軍人的糧餉怎麼發？只能臨時現湊。一個月一個月地湊。軍糧是不敢拖欠的，湊足了先發軍人的，再發官員的。實在湊不出，就只好欠著……」[7]

對於國家的財政狀況，司馬光早有擔憂。三年以前，他上疏仁宗皇帝，就說：「我擔心國家未來最大的災患，不是別的，而是財力屈竭。」[8]可是，地方的實際狀況竟然如此糟糕，卻是他始料不及的。那麼，陝州的情況究竟是個別，還是一般？一路看來，州州如此！

錢都到哪兒去了呢？被中央拿去了。中央的錢又都到哪兒去了呢？養兵，養官，還有賞賜。大宋朝什麼多？官多，兵多。真宗皇帝的時候，在冊官員總數是九千七百八十五，現在是多少？二萬四千多，[9]五十多年淨增一萬四千二百一十五人。太祖的時候全國總兵力二十萬，現在是一百一十六．二萬，八十年淨增九十六．二萬人。[10]官多不辦事，兵多要吃飯。再加上一〇三八－一〇四四年間，宋和西夏開了一戰，耗費巨大，契丹又趁機勒索，到仁宗晚年，國家財政已經是不堪重負。而英宗上臺之後，在仁宗的喪事上大肆鋪張，更是把家底兒都折了進去。

仁宗的陵墓規格，完全是比照著真宗的定陵來做的，而定陵的豪華程度遠超太祖的昌陵和太宗的熙陵。可是，修定陵那時候宋朝什麼家底兒？「帑藏充積，財力有餘」。如今又是什麼家底兒？「國用空乏，財賦不給，近者賞軍，已見橫斂，富室嗟怨，流聞京師」。[11]很多官員上疏反對，禮院編修蘇洵（一〇〇九－一〇六六）給韓琦寫信，甚至引用了「華元不臣」的典故來責備宰相。春秋時候，宋國大臣華元厚葬其君，君子以為「不臣」。韓琦的臉都氣白了，但是卻固執地堅持厚葬仁宗。[12]

為了修築仁宗的陵墓，一共動用了四萬六千七百八十名軍人，調動錢、糧五十萬貫、石。雖然英宗下詔說：「山陵所用錢物，并從官給，毋以擾民。」可實際情況卻是，「詔雖下，然調役未嘗捐也」。三司使蔡襄親自充當定陵工程的財物主管，按照他的預算，整個工程需要耗費錢、糧五十萬。可是，國庫裡明明是不夠的。怎麼辦？有人想出聰明主意，挪用陝西緣邊的入中鹽——那是軍需物資，這樣的歪腦筋竟然也有人敢動！陝西的財政主管——轉運副使薛向極力反對挪用，但他同時保證獻出同樣數額的錢和糧。薛向的錢糧哪裡來？當然還是陝西的戰備物資！[13]蔡襄要求，定陵的石材、木料都要用最好的。在蔡襄的調度下，運抵工地的物料，超出實際需要量的幾倍。而這些耗費了大量人力、物力、財力，千難萬險運抵鞏縣的物料，後來很多都沒有用上，又得耗費人力、物力、財力把它們運走。[14]「累歲備邊，一日費之」，[15]為了埋葬一個死去皇帝的屍體，整個國家多年積累的戰備物資，一時間消耗殆盡！

高層辦理仁宗喪事的揮霍態度，讓司馬光感到憂心忡忡。事實上，仁宗剛剛去世，定陵工程還沒有動工，高層大手大腳的作風就已經開始暴露。按照傳統，新皇帝上臺之後，會以分享先帝「遺愛」的名義賞賜高官近臣。遺愛賞賜的內容應當以先帝遺物為主，重要的不是財物，而是感情。可是，仁宗的遺愛賞賜顯然偏離了這一主旨，「所賜群臣之物，比舊例過多幾倍」。司馬光一個諫官，所得賞賜絕非最高，可是所得黃金、珍珠加起來也值一千貫。司馬光是個窮官兒，一生清貧，這些錢足夠他置個宅子、買上一個小花園的了。然而，這些錢卻讓司馬光感到恐懼：遺愛賞賜，首都是直接從宮裡、庫裡拿，外地卻是只有政策沒有撥款的，有的地方，倉庫裡根本沒錢，沒錢也要賞，怎麼辦？向有錢人借！拿不出怎麼辦？你有錢財，我有權力！官府借錢，誰敢不借，誰敢拖延?!司馬光擔心，遺愛厚賜，再加上後續的定陵工程，以及向契丹報喪的禮儀往來費用，最終會導致財政狀況極度惡化。到那個時候，國庫裡沒錢，必然要從重搜刮老百姓。老百姓的日子已經夠苦的了，拿什麼來應付？萬一再遭遇水旱災害，那就只有鋌而走險，去當強盜了！

「因公家之禍，為私室之利」，這樣的事，司馬光斷不肯為。他上疏請求朝廷允許侍從之臣自願捐款，「以助山陵之費」。如此一來，先帝得展其遺愛，近臣得效其忠心。這個法子是司馬光反覆斟酌，想了又想才提出來的，他以為兩全其美了。可是，皇帝、宰相卻並不領情。司馬光又和幾個志同道合的臺諫官專程跑到有關部門去捐款，結果當然是遭到拒絕。於是，司馬光乾脆把珍珠留在諫院充作辦公經費，把黃金送給了岳父張存，以示「義不藏於家」。[16]

潔身自好，不義之財分文不取，維護私德的高尚，司馬光能夠做到，但他卻無法說服當政者改變政策，緩解財政危機。英宗不是仁宗的親生兒子，所以要特別標榜孝道，這一點，他能夠理解，但無法接受。孝道的關鍵是真誠，錢堆不出孝道來。皇帝要做孝子，只須正心誠意，侍奉太后、愛護百姓，看顧好先帝和列祖列宗留下來的江山社稷，就都有了。如此鋪張浪費，揮霍無度，又豈是孝順之道?!

這番道理，司馬光曾經向宰相、向皇帝反覆陳說，可是，英宗半病半裝，韓琦一意孤行，高層根本不予理會。一個小小的諫官又有何能為？每念及此，司馬光憂心如焚。現在看來，地方的狀況如此惡劣，竟然連工資都發不出來了，再這樣下去，只怕真的要天怒人怨、傷及根本了。這樣想來，司馬光如何能不悚然心驚?!

增兵擾民民可憫

第二件讓司馬光感到不安的，是強制徵發「義勇」對老百姓正常生產和生活的干擾。

去年十一月，朝廷下令在陝西強制徵發「義勇」。「義勇」簡單地說就是民兵。宋朝實行的是職業兵制度，軍人與普通老百姓完全分離。軍人（禁軍和廂軍）在臉上刺字，完全脫離農業生產，終身服役，由國家財政養活。跟軍人相比，義勇仍然保留農民身分，只在手背上刺字，不脫離農業生產，無須國家財政撥款，每年十月集中訓練一個月，其餘時間仍然在家中務農。宋朝打仗靠的是職業兵，原則上老百姓對國家並無服兵役的責任。「義勇」是特殊地區的特殊做法，之前只存在於河北、河東兩個與契丹、西夏接壤的前線路。宋朝與契丹、西夏接壤的是三路，河北、河東之外，還有陝西，而陝西此前並無「義勇」。韓琦提出在陝西徵發「義勇」的理由就是：「河北、河東、陝西三路，都是宋朝抵禦西北強敵的邊防前線，事當一體。」那麼，既然事當一體，為何遲至今日方有此議？

原因很簡單，西北邊境又不安生了。仁宗中期，原本臣服於宋朝的党項人在宋朝西北崛起，謀求獨立，宋夏戰爭爆發，從一〇三八年到一〇四五年，經過長期戰爭之後，雙方簽訂和議，西夏向宋稱臣，宋給西夏歲賜（經濟上的好處）。此後，西北邊境基本無戰事，直到英宗即位。仁宗晚年的不甘心，與英宗即位之後的突然發病、遷延不愈，使得宋朝高層政治出現了諸多不穩定因素。情報傳入西夏，國主李諒祚以為有機可乘，擴張野心死灰復燃，摩拳擦掌，躍躍欲試，公開招納宋朝的叛逆，攻打堡寨，掠奪宋朝邊民，殺害歸附宋朝的少數民族，不斷製造邊境摩擦。西夏方面的挑釁導致了宋朝中央對於西北局勢的高度緊張。韓琦的主張就是在這種背景之下提出的。

司馬光得知消息，立即上疏表示強烈反對，理由如下：第一，陝西路雖然沒有「義勇」，但是，一〇三八—一〇四四年宋夏戰爭期間，陝西曾經三丁選一徵召「鄉弓手」（民兵），後來這些鄉弓手又直接刺面、轉成了士兵。而當時河北、河東兩地形勢相對緩和，所以，當地的鄉弓手只刺手背，充作「義勇」。也就是說，陝西人為國防所做的犧牲，比河北人、河東人更大、更慘烈。第二，宋夏戰爭期間，陝西、河北、河東三路曾經臨時強徵民兵幾十萬，可是哪裡有一個是能打仗的呢？實踐已經證明，民兵唯一的作用就是虛張聲勢。第三，按本朝制度，兵民分離，朝廷已經徵收了農民的糧食布帛來贍養軍人，現在又要強徵他們本人來當兵，那麼，一戶農民就要承擔兩戶的責任了。如此一來，農民的財力怎麼能不打折扣？農業生產如何能不受干擾？[17]強徵「義勇」，有百害而無一利。第四，司馬光擔心，朝廷早晚會背信棄義，就像當年對待「鄉弓手」一樣，把這些「義勇」刺面為兵。

司馬光連上六道札子，反對強徵陝西「義勇」，而首相韓琦態度強硬，絲毫不肯動搖。最後，司馬光直接跑到中書，求見韓琦，當面理論。

一開始，韓琦還試圖解釋：「兵貴先聲，現在李諒祚驕狂桀驁，他聽說陝西突然增加了二十萬軍隊，肯定會受到震懾。」

司馬光毫不領情：「等敵人知道了實情，先聲奪人這招就不好用了。即使我們今天增兵二十萬，可這些兵根本就不可用，十天之後，西夏人就明白了，您以為他們還會害怕嗎？」

韓琦是領兵打過仗的人，司馬光所言，句句事實。他不吱聲了。

司馬光懷疑，雖然朝廷有承諾，但是早晚還是會讓這些「義勇」充軍戍邊，離開家鄉。當著司馬光的面，韓琦拍著胸脯保證：「只要我在宰相府，你就不必擔心朝廷不守承諾。」

「是嗎？」司馬光直視著韓琦的眼睛，一字一句地說：「我還是不敢信，不但我不敢信，只怕相公也不能自信吧？」

這是什麼話來！韓琦怒了：「你就這樣輕視我嗎？」

司馬光搖搖頭，繼續直視著韓琦的眼睛說：「我絕不敢輕視相公。如果相公能永遠在這個位子上，我信。可是萬一別人上來，就著相公現成的兵士，派他們運糧、戍邊，那是易如反掌啊！」[18] 沒有人能永遠做宰相，也沒有人能保證朝廷政策永遠不變。而仁宗中期以來朝政的一大弊端便是朝令夕改，朝廷信譽掃地。司馬光說的都是實情，韓琦沉默了。

這一場激烈的衝突，並未改變陝西人的命運。事實上，就在司馬光提出反對之時，強徵「義勇」的命令早已下達，而中央的督辦大員也到了陝西。上面的命令，又與邊防有關，自然是急於星火。一個月之間，十五萬六千八百七十名二十五至五十歲的陝西青壯年被刺上手背，變成了「義勇」民兵。

司馬光的老家陝州，按現在的行政區劃屬於山西，但在當時屬於陝西路。此番還鄉，司馬光的耳朵裡灌滿了家鄉父老的哭訴與抱怨。十五萬「義勇」簡直是在一夜之間就變成了軍人的模樣，遠遠望去，旌旗招展，服裝整齊。可是，招兵過程之中又有多少敲詐勒索、心酸血淚！而這些「義勇」和他們的家庭未來如何，又有誰能預料？

政風頹壞君有疾

司馬光為陝西鄉親心痛，更為大宋王朝心痛。強徵「義勇」，很多地方官在私底下也認為除擾民外別無一用，可是，他們又能怎麼辦？只要在地方官的位置上，就得勉力完成中央交下來的任務。要不然，遭殃的就是他們自己了。遠的不說，看看河北就明晰了。陝西是新徵「義勇」，河北則是補召，要填滿舊額。誰願意當兵呢？哪怕是只刺手背的「義勇」民兵。老百姓逃的逃，跑的跑。地方官完不成任務，幾乎被全員罷免。大宋朝最不缺的是什麼？官員！舊的撤了，新的換上來接著招兵，效果仍然不理想。朝廷以為辦事不力，下令河北都轉運使趙抃審查治罪，結果怎樣？應當處以兩年徒刑的就有八百多人！還要再換一撥人上來嗎？幸好，趙抃明智，頂住壓力向中央求情，這八百多人才得以留用並最終完成了任務。[19]任務是怎樣完成的，那就只有天知道了。在這種時候，是非對錯不重要，重要的是績效，是要上峰滿意！大宋朝官僚組織的良心和操守就這樣一點一點在半推半就中流失了。

官員喪失操守、社會風氣衰壞、禮義秩序面臨土崩瓦解，便是讓司馬光感到不安的第三件事。對於司馬光來說，這才是宋朝統治的致命傷。如果說大宋王朝會重蹈歷史上那些王朝的衰敗命運，那只能是因為秩序崩壞。

司馬光認為「國家之治亂本於禮，而風俗之善惡繫於習」。禮是禮義，上下尊卑等級秩序；習就是社會風氣，它決定了人們喜歡什麼、不喜歡什麼，以何為是，以何為非。社會風氣與禮義秩序相一致，國家就是和諧的、穩定的；社會風氣背離了禮義秩序，國家就會陷入混亂。儘管社會風氣最終體現在街頭巷尾、匹夫匹婦，但是，影響、塑造社會風氣的力量卻來自上層，來自皇帝，所謂「上行下效」。

司馬光把歷史上的國家治理分為兩種形態：一種是禮義政治，一種是強權政治。禮義政治的基礎是共同的信仰，對責任、權力邊界的遵守。在禮義政治中，上下尊卑，等級分明，各守其本分，所以可以長治久安。強權政治的基礎是武力，最典型的強權政治話語就是「天子，兵強馬壯者得為之」，強權政治之下的社會風氣，「叛君不以為恥，犯上不以為非，唯利是從，不顧名節」，「在上者惴惴焉畏其下（攘奪），在下者睽睽焉伺其上」。你爭我奪，成王敗寇，「不復論尊卑之序，是非之理」，無復長治久安可言。

司馬光認為，西周是典型的禮義政治，「自魏晉以降，賤守節、薄儒術，唯利是從，不顧名節，下坡路一滑到底至五代，莫知禮義為何物矣」。本朝建立之後的最大成就是恢復了禮義政治，重建了上下尊卑的等級秩序。[20]司馬光的認識，與現代學者對宋朝文化的觀察是吻合的。宋代文化的一大進步就是試圖擺脫強權政治的影響，重建儒家禮義。

可是，司馬光悲哀地發現，本朝政治也開始出現了秩序瓦解、風氣敗壞的先兆，而這其中最大的問題就出在了皇帝的身上。「君有疾在腠理，不治將恐深」，可是，皇帝的病又如何治得？

五、濮議：父親名義戰

難產的報告

治平二年（一〇六五）四月九日，一場討論在太常禮院舉行。主持討論的是翰林學士王珪，參與討論的二十幾位，除了太常禮院的禮官，就是皇帝的文學侍從官，都是飽學之士。[1]討論進行得很順利，一番引經據典的論證之後，很快便就中心議題達成一致。按照事先約定，討論結果將會形成報告，以文字形式呈送給皇帝，以供決策參考。照理，起草報告的責任屬於翰林學士，輪不到旁人。書吏磨好了墨，鋪開了紙。寬敞的大廳裡漸漸安靜下來，眾人的目光集中到幾位翰林學士的身上。然而，翰林學士王珪、范鎮等人卻是面面相覷，無人開口，更無人動筆。大廳裡的氣氛迅速降到冰點，跟討論時的熱火朝天形成了鮮明對照。就在這個時候，司馬光奮然起立，穩步急行，走向桌前，拿起了那桿無人敢動的千鈞之筆。他走過的時候，在旁的人分明感到了一陣凜然之氣。

他們討論的究竟是什麼問題，又達成了怎樣的一致？既然意見一致，卻又為何無人敢執筆立議？討論的中心議題是，應當給皇帝的生父濮王怎樣的名分和禮遇。問題是宰相韓琦提出來的，韓琦說：「禮不忘本，濮安懿王德盛位隆，所宜尊禮。」[2]根據韓琦的提議，英宗下令，禮官、文學侍從集體討論，以便達成共識，為濮王尋求合乎禮義與感情的名分待遇。

司馬光一直懸著的擔心終於重重地落到了實處，他不幸言中了。作為一個過繼子，英宗有兩重父母，生父母濮王和他的夫人們，過繼父母仁宗和曹太后。按照禮制，旁支既已入繼大統，就是嫡系長房的兒子，應當用侍奉父母的禮儀侍奉過繼父母，對於親生父母，就要降低崇奉規格——這是大義、公道，是儒家所主張的倫理秩序。然而，誰不愛自己的親生父母？旁支之子，一旦登上帝位，大權在握，則難免想要尊崇親生父母——這是私心。人人都有私心，唯有克制私心，服從大義，秩序才能得到維護。孔子說：「克己復禮為仁。一日克己復禮，天下歸仁焉。」然而克己復禮，談何容易?!想當年，仁宗無子，克己復禮，為天下安危計，選立宗室是唯一的出路。可是，在私心與公義之間，仁宗硬是掙扎了七年多，到死都不肯給英宗皇太子的名義。如今英宗歷盡委屈，「備胎皇子」終於獲得了最高權力，原本極度壓抑的私心獲得了舒展、伸張、膨脹的機會，克己復禮，只怕是更大的難題。

自從英宗即位以來，司馬光就把防止皇帝以私害公作為自己的責任，時刻盯防，一毫也不肯放鬆。

兩年以前，嘉祐八年（一〇六三）四月二十七日，英宗第一次病休剛剛結束，司馬光就曾經上疏討論此事。他為皇帝列舉了歷史上從旁支入繼大統的兩種做法：一種，比如在漢昭帝之後即位的漢宣帝，是漢武帝的曾孫，但是，他的祖父衛太子、父親史皇孫都沒有當過皇帝，宣帝雖然愛自己的祖父和父親，卻始終不敢為他們加上任何過分的尊號。另一種，比如兩漢的哀、安、桓、靈四帝，也是自旁支入繼大統的，卻都給自己明明沒有當過皇帝的父親加上了「某某皇」的頭銜。這兩種做法，司馬光說，前一種符合大義和公道，「當時歸美，後世頌聖」，後一種侵禮犯義，「取譏當時，見非後世」。他希望英宗以後者為鑑，杜絕過度追尊親生父母的想法。在那封奏疏的最後，司馬光表達了深切的擔憂：

（臣）誠懼不幸有諂諛之臣，不識大體，妄有關說，自求容媚。陛下萬一誤加聽從，聖言一出，布聞於外，則足以傷陛下之義，虧海內之望。[3]

司馬光的擔心，就當時的形勢而言，為時尚早，其時，太后尚在垂簾，皇帝立足未穩，縱有其心，亦無其力。然而，此後英宗的表現卻讓司馬光的心始終無法放鬆。

不管有過怎樣的前情往事，對於皇太后和仁宗，英宗實在是孝道有缺的。

英宗不虞司馬怒

讓司馬光最感痛心的一件事，是英宗拒絕親自主持仁宗的虞祭典禮。

什麼叫虞祭？就是對死者木主也就是牌位的祭祀儀式。「虞，安也」，透過對木主的祭祀來安慰死者的靈魂。《禮記》說：「送形而往，迎精而反。」[4]按照華夏族的葬禮，將死者遺體送到墓地安葬之後，還要將死者的靈魂迎回家中。承載著死者靈魂的木主在墓地製作，運回家中供奉。一路之上，「孝子為防其彷徨，三祭以安之」，[5]需要每天祭祀，以安其神。宋朝皇室的墓地在河南府永安縣（鞏縣），從鞏縣到開封，路途遙遠，再加上皇家禮儀以繁複為高貴，所以，從墓主離開墓地到進入太廟，一共要舉行九次虞祭。[6]

仁宗是十月二十七日在鞏縣的永昭陵下葬的，五天之後，也就是十一月初二，他的木主抵達開封。在此之前的五次虞祭，因為是在路上，所以都是由官員代行其禮。十一月初三，「木主已達京師，近在內殿」，明明就已經跟皇帝的居所近在咫尺了，可是，英宗竟然還是沒有親行其禮，仍然派宗正卿代勞！

聞知此事，司馬光震驚之餘，當即上疏，提醒英宗「虞者孝子之事」，是不能找別人代替的。從初四到初六，還有三虞，「欲望自來日以後，陛下親行其禮」。[7] 英宗收到奏疏，立即下令禮官準備皇帝親虞的儀仗。這讓司馬光感到十分安慰。

可是，結果又怎樣呢？

第二天早晨，按照儀式要求，文武百官都穿著祭服，在殿庭裡列隊肅立，準備侍奉皇帝親虞。然而，時辰已過，英宗卻仍然不見蹤影。最終，宮中還是傳來了令人沮喪的消息：「皇帝病情突然加劇，出不來了。今日虞祭，仍命宗正卿代行！」

消息傳開，所有人都呆住了，很多人在搖頭，發出無聲的嘆息。司馬光則簡直要怒髮上衝冠。皇帝究竟意欲何為?!勉強跟隨宗正卿行了虞祭之禮，司馬光回到諫院，憤然上疏，質問英宗：「如果說之前有關部門沒有為陛下設置親祭之禮，那還可以說是有關部門的錯。可是今天的事情，您已經答應親祭了，有關部門也按照親祭準備儀仗了，那又該誰來承擔責任呢？這都是因為我愚蠢，非要建議陛下親祭，結果反而彰顯了陛下的過失，我的罪過太大了，請陛下裁處！」[8]

這樣激烈的言辭，在以溫和理性著稱的司馬氏奏疏中，實屬罕見。司馬光心中的憤怒，可以想見。

只可惜，司馬光的憤怒對於英宗並不奏效。英宗「竟以疾故，迄九虞不能出也」。[9]

英宗不虞的本質，就是拒絕履行一個孝子應盡的義務。明眼人都看得出，正如從前仁宗在內心深處拒絕承認英宗這個兒子一樣，英宗在內心深處也拒絕承認仁宗這個父親。這一對幽冥永隔的過繼父子，積怨太深了。

不願意承認過繼父親，則必然過度尊崇生父。思前想後，司馬光憂心殷殷。他擔心，一旦皇太后撤簾，英宗完全掌握最高權力之後，會越過禮法的束縛，做出違背禮法的事情。他更擔心，朝中會有諂媚之臣拿此事做文章，慫恿英宗。果真如此，權勢壓倒禮義，必然人心大壞，實非江山社稷之福。所以，一有機會，司馬光就勸說英宗、提醒英宗。他提醒英宗「治身莫先於孝，治國莫先於公」。[10]對於英宗而言，做仁宗和曹太后的孝子，既是修身之道，也是治國之要，是公義；而過度尊崇親生父母則是私愛，有悖公義。

讓司馬光萬萬沒有想到的是，尊崇英宗生父的提議竟然來自他素來尊敬的老一輩政治家韓琦；更讓他想不到的是，韓琦首建此議的時間竟然是在治平元年（一〇六四）五月太后撤簾之後。這便等於是前腳用詐計逼迫曹太后撤簾，後腳便教唆皇帝倚仗權勢敗壞禮義，對先帝的皇后步步緊逼，對在位的皇帝阿諛諂媚，韓琦是何居心?!司馬光當時的憤怒是難以言表的。幸好，英宗不算太糊塗，把韓琦的提議壓了下來，批示說：「等過了仁宗的大祥再討論。」[11]大祥，也就是兩週年祭典。

治平二年三月二十九日，仁宗大祥。第二天，司馬光就和諫院同事傅堯俞（一〇二四—一〇九一）一起前往中書，面見韓琦、曾公亮、歐陽修、趙概等四位宰相，申明「為人後者不得顧私親之意」（過繼子不得過度尊崇親生父母）。[12]四位宰相當時不置可否。一個月之後，韓琦還是再度拋出了這個問題，而英宗也順水推舟，隨即下令侍從、禮官集議，討論濮王的尊崇問題，於是，就有了本章開頭所描述那一場討論。

英宗與諸位宰相的意圖，是不言自明的。他們當然希望這場討論能達成對英宗的生父濮王更為有利的結論。可是，在司馬光等人的主導下，二十幾位侍從、禮官幾乎沒費什麼周折，就達成了一致：維護仁宗的宗法地位，反對過度尊崇濮王。這種意見合乎禮制的精神，有利於秩序的穩定，然而，它不符合英宗的私心，也悖逆了宰相的意思。如何措辭，煞是為難。臨到落筆，眾人面面相覷，無人敢動。這中間甚至包括了司馬光最為尊重的老同年、當時主管禮院的翰林學士范鎮。

子曰：「當仁不讓於師。」關鍵時刻，司馬光毅然提筆，略加思索，便成就了一篇辭明理暢、言簡意賅的奏議。眾人讀罷，均表佩服，王珪隨即命令書吏謄抄，以討論組的名義上報。這場討論，王珪是召集人，奏議簽名，王珪領銜，所以，這篇奏議也收在王珪的文集當中。[13]但是，毫無疑問，它出自司馬光的手筆。

司馬光寫文章從來不以「思如泉湧」著稱，而這一篇奏議卻是倚馬立就，一氣呵成。

奏議首先引經據典，指出按照禮法制度，一個人不能同時為兩個父親服最高級別的斬衰之喪，「聖人制禮，尊無二上」，這是原則；而歷史上，那些自旁支入繼之後尊親生父母為帝為后的皇帝，都受到了當時和後世的嘲笑，不足為法。接下來，奏議指出，前世的旁支入繼，多半發生在皇帝死後，由別人選定；而仁宗之選定英宗，是在生前，所以，仁宗之於英宗有超乎一般的大恩大德，不可辜負。最後，奏議提出，對於英宗的生父濮王「宜一依先朝封贈期親尊屬故事，高官大國，極其尊榮」。[14]「期親」，也就是需要服一年喪期的親屬，包括祖父母、伯父、叔父、兄弟等等。

對於這樣的結論，英宗和宰相們當然不滿意。只是，作為直接當事人的英宗卻不方便出面言說。於是，英宗以「內降」（皇帝親筆批示而非正式詔書）的形式把這一結果「轉發」了中書，而宰相們很快發公文給討論組，要求他們明確英宗對於濮王「當稱何親，名與不名」[15]。也就是說，英宗在任何場合提到他的生父濮王允讓的時候，究竟該用什麼樣的親屬稱謂，能不能直呼其名。

侍從、禮官再度會議，很快達成一致，按照本朝崇奉尊屬的「故事」（先例），英宗是仁宗的兒子，濮王是仁宗的兄長，所以英宗對濮王「合稱皇伯而不名」，稱皇伯，不直呼其名以示尊重。在正式落筆之前，有人提出來，是不是在「皇伯」的後面加一個「考」字，好歹安慰一下皇帝那顆渴望舒展的私心。考，指死去的父親。這個提議，讓天章閣待制、判太常寺呂公著（一〇一八－一〇八九）一句話就給堵回去了。呂公著說：「皇伯考這個稱呼是真宗用來稱呼太祖的，不能加在濮王的頭上！」[16]——濮王有什麼資格跟開創了本朝帝業的太祖皇帝相比?!

對自己的親爹竟然要稱伯，英宗如何能忍得？英宗一紙內降，中書再度發文，一代文宗歐陽修親自執筆，引經典，據法令，提出英宗應當稱濮王為父，要求召開中央中級以上官員集議，[17]擴大討論範圍，以便爭取支持。

消息一經傳出，開封政壇議論譁然，支持中書的意見顯然不占上風。若再舉行大規模集議，只能是自取其辱。這個時候，皇太后也發出手詔，詰責執政，質問中書。[18]無奈何，英宗只得親自出面，取消擬議中的大規模集議，將問題發還禮官重審。表面上看，皇帝和中書證據不足，又缺乏輿論支持，已呈敗象。於是乎，侍從、禮官乘勝追擊，紛紛上奏，希望皇帝發布詔書，明確支持稱濮王為皇伯的意見。眾人所持論據，基本不出司馬光當初所奏。

呂誨（一〇一四—一〇七一）明確指出皇帝的意思「就是想給濮安懿王加上『皇考』的名號，與仁宗皇帝使用同樣的稱呼。倘若如此，那就是一個人有兩個父親，服兩次斬衰之服，於禮文、律文，都是相違背的！」[19]治平二年（一〇六五）八月十七日，司馬光以個人的名義再度上奏，重申前議，復發新問：

如今陛下是以仁宗之子的身分繼承大業的。《傳》曰：「國無二君，家無二尊。」倘若再尊濮王為皇考，則將置仁宗於何地呢?!……假使仁宗還在治理天下，而濮王也頤養天年，當此之時，若仁宗命陛下為皇子，則不知陛下當稱呼濮王父親，還是伯父?

這一問如高手出招，直擊要害。如果仁宗和濮王都在世，那麼，毫無疑問，英宗必須稱仁宗為父親，稱濮王為皇伯。而如今仁宗沒了，英宗卻稱呼濮王為父，那豈不是小人之行、反覆無常了嗎？「若先帝在則稱伯，沒則稱父，臣計陛下必不為此行也」。[20]這一問，即使歐陽修在對面，只怕也是啞口無言。

「父親」名義爭奪戰

濮王的尊崇問題，史稱「濮議」。濮議最核心的議題就是英宗該怎樣稱呼他的生父濮王，具體說來，便是英宗究竟應當稱呼濮王「父親」，還是「皇伯」。

圍繞著英宗對濮王的稱呼問題，宋朝中央展開了一場曠日持久的大論戰，一場有關皇帝父親名義的爭奪戰。論戰的一方是歐陽修、韓琦等宰相大臣，另一方則是以司馬光為首，以臺諫官為核心的禮官、侍從群體。歐陽修派主張英宗對濮王應當保留父親的稱呼和名義，司馬光派則主張英宗應當稱呼濮王「皇伯」。雙方各持己見、相持不下。

濮王的稱呼問題真的有這麼重要，值得大宋王朝精英中的精英如此連篇累牘、大動干戈地論戰？對於當時的人來說，「濮議」當然重要，論戰必須進行，勝負關乎國運。在傳統中國，稱呼即名義，每一個稱呼之中都蘊含著相應的權力、義務和責任。父親應當嚴肅而慈愛，盡可能關照子女的利益；子女應當孝順，但卻不必事事盲從；兄長擁有權威，愛護弟妹，弟妹對兄長恭敬，兄弟姐妹團結友愛。臣子要忠誠地侍奉君主，而君主也必須按照禮義來對待臣子，一旦君主荒淫無道，臣子可以選擇拋棄他……所有這些稱呼連結在一起，構成一張秩序之網，每個稱呼都是其中的一個結點，不能孤立存在。儒家相信，只要每個人都遵循稱呼的要求，踐行稱呼所規定的責任和義務，社會就會和諧、穩定，國家就能長治久安。這就是稱呼在傳統中國的意義。曾經有學生問孔子：「如果你有機會得到治理國家的權力，你會先做什麼？」孔子說：「必也正名乎！」「正名」就是「使名正」，讓所有人的行為符合稱謂的規定，父慈，子孝，兄友，弟恭，君主公正，臣子忠誠。

當然，即使是在傳統中國，名不正，或者不太正的時候還是比名正的時候多。而有能力破壞名義秩序的，總是那些高高在上、手握權勢的人。比如說，「妻子」和「母親」的這一對稱呼，中國的傳統的婚姻制度，是一夫一妻多妾制，丈夫的妻子是家庭中所有子女的母親，妾可以生孩子，但卻不能獲得母親的稱號。這就是秩序，是事情應有的樣子。而唐代後期的實際情況卻是，庶出的皇子當上皇帝之後就可以把自己的生母尊奉為皇太后，並且把她送進太廟裡去做先帝的皇后——也就是說，兒子可以憑藉權勢為死去的父親指定妻子。這就是對名義秩序的破壞。類似的情況到宋代就行不通了。與唐代相比，宋朝思想文化的一大特徵就是對於名義秩序的特別堅持，主張用禮義來抵禦權勢，使在上者屈服，克己復禮。比如，在宋朝，只有先帝的皇后才有資格做太后，生了皇帝的那一位，不管從前受寵與否，都沒這資格。[21]

誰可以做皇帝的母親很重要，那麼，誰可以被稱為皇帝的父親就更重要了——這是從傳統名義秩序的角度理解濮王的稱呼問題。即使對於現代人來說，這也不是一個簡單的利益問題。

英宗對濮王的稱呼問題，關係社會正義、現實權勢與個人情感。長期「備胎皇子」所鬱積的委屈，讓英宗在情感上本能地抗拒仁宗，疏離太后，從而更傾向於濮王——濮王生前必定是極重視這個兒子的。濮王對英宗的愛重，其實在很大程度上應當感謝仁宗——若不曾被仁宗接進宮裡養過，老十三不過是普普通通的濮王庶子，在二十八個兒子當中，濮王未必會多看他一眼。可是，在仁宗那裡遭受冷遇之後，此中細節，英宗哪裡還會在意？在他的內心深處，濮王才是他的父親，是真正給了他關懷、器重和愛的父親。不錯，他繼承的是仁宗的皇位，他的皇位繼承權與統治合法性均來自「仁宗之子」這一身分。但是，賦予他生命的是濮王，沒有濮王就沒有他。那麼現在，當他已經牢牢地掌握了皇權，憑什麼不可以順從自己的心願，稱呼那個賦予自己生命的男人一聲「父親」？給予濮王「父親」的稱呼，不符合通常的禮義秩序，但是，如果歐陽修能夠論證它的合理性，英宗當然樂見。

那麼，歐陽修是怎樣論證的呢？歐陽修的主要理論依據是《儀禮》當中的那句「為人後者為其父齊衰杖期」。這句話說的是出繼子為生父服喪的規定，直譯過來，就是「出繼子為其生父服齊衰杖期之服」——正常情況下，子為父服最高級別的斬衰三年喪，出繼子已經成為了別人的兒子，所以降等，為生父服齊衰一年之喪。此處「父」的確切含義，無疑指「生父」。古漢語行文崇尚簡單，確切含義透過上下文達成；一旦拋開上下文，隨心所欲地加以解釋，是很容易被歪曲的。歐陽修所做的，正是拋開上下文，斷章取義。他從這句話中推出了如下結論——儒家經典贊成「為人後者」對生父保留「父親」的稱呼。更進一步，歐陽修指出，出繼子保留對生父母的「父母」稱呼，符合天性，是一種誠實的行為，因而是高尚的，是值得推許的。他在《新五代史》的修訂中反覆重申了自己的看法，比如這一段：

> ……喪服的等級，是身外之物，（出繼子對生父母）可以降等；然而「父母」的稱呼卻是不可更改的——這就是禮經上說的「為人後者為其父母服」。自三代以來的帝王沒有不這樣做的，可惜晉朝的皇帝不用古制。晉出帝不稱呼他的生父敬儒為父親，以敬儒為臣子而給他爵位……這都是因為五代是一個干戈賊亂的世道，禮樂崩壞，三綱五常之道斷絕！……[22]

歐陽修的論證，老實說，很不經學，也很不歷史，但是符合他的性格。歐陽修是樂於創造的，並且為自己的創造性思維而驕傲。後來，他對老部下蘇頌（一〇二〇—一一〇一）說：「我這一輩子，哪兒讀過《儀禮》啊，偶然有一天散步到孩子們的書院中，看見桌子上正好放著一本《儀禮》，拿起來一看，就看到了『為人後者為其父齊衰杖期』這句話，跟我的想法不謀而合，因此才打破了種種不同意見。我自己覺得這個收穫是很大的。」[23]

濮王的父親名義爭奪戰，從表面上看是有關禮義的學術爭論。論辯雙方所持的依據不外乎三類：一是儒家經典的論述，二是現行的法令條文，三是歷史上前代帝王的做法。文人打仗，武器是文章，拚的是學問。雙方你來我往，一篇篇宏文橫空出世，引經據典、論議皇皇，至今讀來仍然是字句鏗鏘、文采飛揚。但「濮議」絕不是學術研討會，而是政治事件，是權力鬥爭。皇帝想要打破禮義秩序、尊崇自己的親生父親，這心思誰不明白？既然明白，那麼，每一個局中人都要權衡，是站在禮義秩序這邊違拗皇帝，堅持濮王只能是「皇伯」？還是站在皇帝這邊幫助他打破禮義束縛，為濮王爭取「皇考」的父親名義？一邊是「皇考派」，一邊是「皇伯派」，對立已經形成，每個人都得「選邊兒站」了。宰相府高舉著「皇考派」的大旗，歐陽修大力鼓譟、韓琦堅定支持，慶曆一代的政治家，除富弼以外，多半站在了這邊。選擇皇考派，就等於和最高權力站在了一起，榮華富貴，滾滾而來。而站在「皇伯派」這邊，違背皇帝的心意和宰相的意願，跟掌握著自己前途命運的最高權力公開叫板，簡直是在拿著自己的政治前途開玩笑。

追隨正義，還是屈從權勢？這是一個問題。

八月十七日，司馬光的錐心之問，問得「皇考派」無言以對。面對巨大的輿論壓力，英宗採取了拖延戰術，濮王的父親名義爭奪戰進入靜默相持狀態。然而，誰都知道，眼下的沉默只是暫時的，英宗對濮王究竟該稱呼什麼，如何待遇，這是大宋王朝無法迴避的禮義問題。如果英宗一意孤行，如果宰相們堅持濮王的「父親」名義，那麼，禮官侍從，特別是臺諫官就必須做出最後的選擇，要麼屈從權勢，要麼準備為心中的正義犧牲個人前程。暴風驟雨必將到來。可是就在這個時候，身為「皇伯派」主筆的司馬光卻離開了諫官職位。

六、把名字刻入石頭

司馬諫官逃跑了？

司馬光離開諫官職位的起因，是一道提級命令。

治平二年（一〇六五）十月初四，朝廷發布任命，把司馬光的級別從天章閣待制升到龍圖閣直學士，[1]他的職位則仍然是知諫院——專門負責批評的官。

天章閣待制、龍圖閣直學士都是榮譽頭銜，沒有實際職權，但是無比榮耀，帶上這類頭銜就意味著成為皇帝的文學侍從，進入了高級文官的行列。這類頭銜只要帶上，除非犯嚴重錯誤，終身不摘，而大宋朝廷的很多重要職位，不帶這類頭銜，是沒有資格染指的。司馬光的父親司馬池生前就是天章閣待制。嘉祐七年（一〇六二），司馬光初除天章閣待制，[2]進入皇帝侍從的行列，獲得了與父親同樣的職名，「名參侍從，身踐世職」，悲欣交集。而他當時的職務已經是諫官，不能請假還鄉，所以只得在開封寓所的小院裡灑淚遙祭，面向涑水故園的方向，告慰父親的在天之靈：「甘旨之養，已無所展。忠直之風，庶幾不墜！」[3]

如今，司馬光自天章閣待制遷龍圖閣直學士，在文學侍從的行列中排行更前了。他的天章閣待制是先帝給的，而龍圖閣直學士則是當今皇帝的恩典。既蒙先帝恩寵，又得今上眷顧，端的是前途無量！然而，司馬光對這個龍圖閣直學士的反應卻是相當冷淡，他上奏給英宗說：

我在諫官的職位上已經幹了五年，是本朝任職時間最長的諫官。一直以來，我只知道竭忠報國，從不為自己考慮，所以立敵太多，常常擔心自己和子孫他日會沒有容身之地。現在朝廷又給我加官晉級，我怕受了這番恩寵待遇之後，更加無法離開諫官的職位，而只要我在這個位置上，就免不了要得罪皇帝，招致殺身之禍。

在這封奏狀的最後，司馬光請求皇帝收回成命，讓自己離開首都，到老家附近去做一個地方官。英宗接到奏狀之後，並沒有收回龍圖閣直學士的頭銜，而是免去了司馬光的諫官職務。所以，我們最後看到的結果就是，在濮王的父親名義爭奪戰決戰之前的關鍵時刻，「皇伯派」的主筆、議論最有力、聲音最響亮的司馬光離開了諫官職位，退出了爭論！而且，辭諫官是司馬光的主動行為，他主動放棄了言職，放棄了高舉「皇伯派」旗幟，衝在最前面引領輿論的位置。若事實果真如此，那麼，司馬光就背棄了和他一起對抗皇帝私欲、宰相權勢的禮官侍從群體，這是中道變節、背信棄義！司馬光怎麼會做出這種事情？這不像是司馬光的作風。但不是嗎？他自己說的，做諫官已經得罪了太多的人，再做下去只怕會招致殺身之禍，所以他寧願到外地去做一個知州！這難道不是在主動請辭嗎？司馬光卸任諫官，真相究竟如何？

離職真相

常言說，「耳聽為虛，眼見為實」。其實眼睛所見的，也未必都是事實。真實往往蘊含在細節之中，歷史必須細讀。與司馬光離開諫官職位相關的，有三通文書，也就是他拒絕接受龍圖閣直學士恩寵的三通奏狀。[4]反覆誦讀這三通奏狀，仔細玩味司馬光的文中真意，司馬光離開諫官職位的全過程豁然展現。

十月四日，朝廷發布了給司馬光龍圖閣直學士的任命，同時得到龍圖閣直學士頭銜的還有同為天章閣待制的判太常寺（禮官）呂公著。這兩位都是皇伯派的核心人物。呂公著的態度和司馬光一樣強硬，有人想在濮王的「皇伯」後面加個「考」，把「皇伯」變成「皇伯父」，呂公著一句話就給徹底否決了。恩典突如其來，卻非毫無鋪墊，肯定有人私底下找司馬光和呂公著吹過風——當然，這類祕密遊說在文字上不會留下任何痕跡。英宗和宰相的意圖實在不難猜，他們想要用更高級的侍從頭銜來收買司馬光和呂公著。如果這兩位最強硬的皇伯派改變了態度，那麼，剩下的人就好辦了。

接到龍圖閣直學士的敕告（任命文書）之後，司馬光於十月六日上了第一狀，表示不能接受，請求皇帝收回成命，「所有除龍圖閣學士敕告，不敢祗受」。在這封奏狀之中，司馬光表示，自己不是一個合格的諫官，「曾無絲毫裨益聖德」，他為自己的失職表示不安，並請求外任。這是什麼意思？我做諫官，就要盡職，裨益聖德，勸說皇帝克己復禮；陛下可以把我調走，我不怕外任。換句話說，只要我在這裡，在諫官的位置上，濮王就只能是「皇伯」，沒商量。

這封奏狀，讓英宗領教了司馬光的強硬。然而，他仍然不死心。對於司馬光不接受任命文書的做法，英宗乾脆採取了不予理睬的態度。於是，司馬光又上了第二狀，這一狀引用了真宗時候一則有關諫官職責的詔書，詔書規定：「諫官任職滿三年，如果公認不能稱職，則要予以降級處分，調任地方基層小官。」司馬光說：「我從嘉祐六年七月進入諫院供職，到現在已進入第五個年頭……（我幹得極不好）現在給我處分都算晚的了，沒想到陛下竟然還要提拔我，讓我帶著更崇高的侍從頭銜繼續做諫官。我自己想想都慚愧，更不要說別人怎麼看了。所以，如果朝廷寬大，不肯依據真宗年間的規定處罰我，那麼，就請讓我去外地當個知州吧。」這第二狀的結尾，仍然是那句「所有除龍圖閣學士敕告，不敢祗受」。

連著兩狀上去，再不理睬，未免說不過去。英宗只好授意中書，讓宰相出面，下了一道札子（文書）通知司馬光，「聖上有旨，龍圖閣直學士任命不許辭免，相關文書，即命接收」。皇帝都說了「不許」，司馬光還能怎樣？照辭不誤！司馬光又上了第三狀。這第三狀同樣以「所有除龍圖閣學士敕告，不敢祗受」結尾。第三狀最核心的內容，前面已經引過，讓我們把它回放到司馬光當時的心境當中，再看一遍，細心體味其中真意。司馬光寫道：

我在諫官的職位上已經幹了五年，是本朝任職時間最長的諫官。一直以來，我只知道竭忠報國，從不為自己考慮，所以立敵太多，常常擔心自己和子孫他日會沒有容身之地。現在朝廷又給我加官晉級，我怕受了這番恩寵待遇之後，更加無法離開諫官的職位，而只要我在這個位置上，就免不了要得罪皇帝，招致殺身之禍。

這是什麼意思？司馬光想要傳達給皇帝的，究竟是怎樣的信息？「只要我在諫官的位置上，就一定不會退縮，即使陛下要治我的罪、砍我的頭，我的立場絕不改變，濮王只能是『皇伯』！」

話說到這個份上，司馬光堅持不退，英宗就只能自己退了，不能讓諫官司馬光改變立場為自己代言，那就只能把司馬光調離諫官的職位！這才是司馬光離開諫官職位的真相。司馬諫官沒有逃跑，是他的皇帝把他推開了。

「臣有事業，君不信任之，則不能成。」[5]這是司馬光十七歲時寫下的文字。沒有皇帝的支持，臣下想做什麼都不可能。關於君臣關係，司馬光早已勘破。當然，作為臣子，卻還可以有最後一招——轉身離去。只是，英宗皇帝畢竟還沒到昏庸暴虐的地步，合作是可行的，也是必須的。除此之外，作為諫官，司馬光還有一個祕密武器——豁出去在朝堂上公開叫板，跟皇帝和宰相當面理論。這樣的諫官，宋朝不是沒有先例的。祖宗家法，不殺大臣不殺言事官，提意見再尖銳也不犯死罪，而那些敢於當面頂撞皇帝、公開跟宰相叫板的言官，往往會贏得不畏強權、勇於堅持真理的美名，為自己積攢下豐厚的政治資本，縱然當時遭到貶黜，後來卻往往官至高位。只是這樣的公開叫板卻並不真正解決問題，一個或者一群言官站出來高調挑戰皇帝、宰相的權威，老鼠要跟大象比賽拳擊，這場面本身就極富刺激性，它會轉移人們的注意力，讓人們忘記言官是為了什麼站起來的，忘記真正的問題，轉而看起熱鬧來。然而熱鬧和看熱鬧都於事無補。這樣的做法不符合司馬光的理想。所以，他寧可冒著被誤解的危險，默默接受升任龍圖閣直學士的命令，離開了諫院。

把名字刻入石頭

聲震朝野的諫院，其實規模很小，小小的院子，樸素的辦公室，當時只有兩名諫官——司馬光、傅堯俞，以及一塊石頭。這塊石頭就是「諫院題名碑」。碑是四年多之前司馬光初任諫官時親自主持樹立的。碑文的最前面是司馬光親手寫下的一段文字：

……居是官者，當志其大，舍其細，先其急，後其緩，專利國家而不為身謀。彼汲汲於名者，猶汲汲於利也。其間相去何遠哉！

做諫官的人，應當抓大事，先急務，一切行為以國家利益為指歸，不計個人得失。汲汲於求名，與汲汲於求利，二者看似不同，其實並無本質區別。這就是司馬光對諫官職責的理解。諫官肩負著發現問題的責任，所以，一個諫官必須時刻保持清醒和敏銳，堅持國家利益至上，諫官應當審慎地對待名聲，「彼汲汲於名者，猶汲汲於利也」。這段話，司馬光絕對是有感而發的。在進入諫院以前，他耳聞目睹了某些臺諫官員為了自己出名、專攻宰相大臣隱私的做法，他的恩師龐籍（九八八—一〇六三）就是因為此類攻訐跌下宰相高位的。對於受過良好儒家教育、有著崇高理想的士大夫而言，安貧樂道、拒絕金錢的誘惑也許並不難，難的是拒絕名聲的誘惑。好名聲，本身就透著清高，比金錢美女「高級」多了。但是，如果把名聲本身作為對象，不擇手段地追逐它，那麼，求名跟求利也就沒有什麼區別了，都是欲望的泛濫。

在這段文字的後面，是歷任諫官的名字和任職時間，這是題名碑最核心的內容。為歷任長官樹立題名碑，是中國傳統。為什麼要把長官的名字刻在石頭上？有一句詩，家喻戶曉，「把名字刻入石頭的，名字比屍首爛得更早」，意思是說，刻石的目的是想追求徒勞的不朽。其實，古人把名字刻入石頭，在追求不朽之外，還有一重更現實，也更重要的意圖。司馬光說：「這些名字刻在這裡，後來的人會一個一個指著這些名字議論說：這個人忠誠，這個人狡詐，這個人正直，這個人奸邪。嗚呼，這怎麼能不讓人感到恐懼呢?!」[6]

題名碑就是公示牌，名字刻入石頭，就是要讓為官者知道公道自在人心，忠誠正直、盡忠職守的好官不會被人忘記，狡詐奸邪、瀆職腐敗的官場敗類也無法逃脫道德的審判，官員必須對自己的職務行為及其後果負責。宋代最有名的題名碑是《開封知府題名碑》，上面刻著一百八十三人次歷任知府的名字。其中，應當刻著第九十三任知府名字的地方是一個光滑的凹坑，那個消失的名字，就是大名鼎鼎的包拯。包拯的名字到哪裡去了？被人們的手指撫平了、又摸沒了，刻到人們的心裡去了。當刻入石頭的名字深入人心，不朽才得以實現。

臨別之際，面對題名碑，司馬光肅立良久，他默唸著每一個名字，直到最後一行，這是他自己：「司馬光，嘉祐六年七月，同知諫院。」現在，這後面可以加上一行了：「治平二年十月，離職。」

自省無愧，顧國有憂

從嘉祐六年（一〇六一）七月到治平二年（一〇六五）十月，司馬光在諫院供職四年零三個月，是宋朝歷史上任職時間最長的諫官。按照他自己立定的標準，一個諫官應當「志其大，舍其細，先其急，後其緩，專利國家而不為身謀」，司馬光對照自省，問心無愧。此刻，即將離開諫院之際，他的心中更多的是擔憂，對國家的擔憂。

在司馬光的眼裡，大宋王朝就像是一艘朽畫船，它的「船板是用膠粘起來的，槳是用土捏成的，帆是破布做的，纜繩已經腐朽，可是卻畫著五彩的紋飾，陳設著繡花的帳幔」。華麗得不能再華麗，破敗得不能再破敗，外表與實質嚴重分離。「這樣的船，讓木偶人駕駛著它，在平地上放著，是會讓人眼前一亮，道一聲好看的！可是，要想用它來渡江過河，對付風浪，那豈不是岌岌可危了嗎？」[7]

這艘朽畫船的致命傷，在司馬光看來，是社會風氣的頹壞與禮義秩序的鬆動。在這個社會中，是非對錯已經變得不再重要，人們背棄禮義，崇尚權勢，荒廢責任，唯利是圖。而造成這種風氣的根本原因是上行下效。君主對風氣具有示範、引領的作用，想要一掃頹風、重振士氣，必須靠皇帝以身作則。而英宗本來是有機會表率群倫的——他是養子即位，這是他的劣勢，但也可以成為他的優勢——如果他遵守禮義、妥善處理對生父濮王的尊崇問題，那麼，他就給天下人做了一個好榜樣。從此之後，官員人等，誰敢不遵禮義，違反原則，朝廷就可以理直氣壯地按照法令加以懲處，人們也可以按照道德加以譴責。這就是司馬光堅持濮王只能稱皇伯的原因。

專任侍講，究心史學

退出諫院之後，司馬光被安排到經筵專職擔任皇帝的侍講。經筵是皇帝的御用讀書班，這項制度是宋代的創造，其目的就是要透過讀書幫助皇帝提高理論修養、學習治國方略。經筵設有侍講和侍讀兩種職位，但通常都是兼職，皇帝日理萬機，真正能用來讀書的時間不會太長，除非是尚未親政的小皇帝，否則並不需要專職的侍講。司馬光被罷免了諫官職位之後，成了專任侍講，其實就等於被體面地「掛」了起來。英宗對司馬光還是手下留了情的。

享受著龍圖閣直學士的優厚待遇，卻又沒有什麼具體職責，司馬光成了開封政壇的富貴閒人。當然，一貫勤奮的司馬光才不會讓自己真閒著，他開始把大部分精力投注到史學上。他想要寫一部貫穿古今的大通史，為皇帝、為大宋王朝提供一部有價值的歷史教科書。這個念頭在他心裡放了很久了。在司馬光的眼裡，「治亂之原，古今同體」，從古到今，導致政治穩定或者混亂的原因都是類似的。

所以，古代可以作為今天的鏡子；了解古代的治亂得失，方可「知太平之世難得而易失」，讓皇帝建立憂患意識，避免重蹈覆轍。這就是治國者學習歷史的意義。可是，現有的歷史著作顯然不能滿足這一需要：篇幅浩大、內容繁雜、主題分散，一般讀書人成年累月地讀，都很難抓住要領，更何況是公務繁忙的皇帝了！司馬光想要做的，就是寫一部主題明確、內容集中、篇幅適當的歷史教科書。這個想法，司馬光在仁宗晚期就已經產生，並且開始付諸實踐。公務之餘，他完成了一部八卷本的《通志》，並且在英宗初開經筵之時，進獻御覽。[8]

《通志》是一部編年體通史，上起周威烈王二十三年，下至秦二世三年（前四〇三—前二〇七）。不用說，大家都知道，這就是史學鉅著《資治通鑑》的開頭八卷。但是，當司馬光進獻《通志》的時候，他本人也還不清楚這部書未來的樣子和命運，司馬光唯一肯定的，是他一定要寫一部書來呈現宋朝建立以前政權興衰的脈絡，作為本朝統治的借鑑。之前擔任諫官，公務繁忙，正愁沒時間專心寫作；如今專任侍講，正好有大把的時間可以投入到自己所喜愛的史學寫作當中。司馬光終日伏案，讀書寫作，直到夫人把蠟燭點上，這才抬起頭來，伸個懶腰。看著這一整天讀過的書、做過的筆記，他的幸福感隨著燭光蔓延開去。在那一瞬間，司馬光簡直要感謝英宗把他的諫官職位拿掉了。

當然，這只是一句玩笑話。司馬光轉向史學不代表他要退出政治，這跟魯迅從醫學轉向文學的性質完全不同。魯迅轉向文學就拋棄了醫學，司馬轉向史學，卻還在宋朝政治的核心區，他的史學是對政治更深層次的介入，他仍然保有皇帝侍從的名義，有侍講經筵、常常可以見到皇帝的便利。他仍然密切關注著大宋政壇高層的一舉一動，這個「烏鴉嘴」的預警人，從未打算放棄說話的權力。

司馬光不是英宗罷免的第一個言官。第一個被拿掉的，是同知諫院蔡抗（一〇〇八—一〇六七）。蔡抗當過宗室學堂的老師（睦親、廣親宅講書），跟英宗有故交。治平二年（一〇六五）五月，英宗親自提拔蔡抗同知諫院，本來是希望他在濮王的稱呼問題上助自己一臂之力。可是，沒想到蔡抗卻態度堅決地站在了禮義一邊，反對過度尊崇濮王。八月間開封發大水，蔡抗又上疏痛陳濮王尊崇不當導致天譴，結果被罷免了諫職，成了第一個因為濮王稱呼問題遭罷的諫官。[9]到十月，司馬光又免諫職。整個諫院就剩下了傅堯俞一員諫官，而傅堯俞又被朝廷派了外交差使，正在出使契丹的路上——這一去一回，真正回到諫院來上班恐怕是明年春天的事了。御史臺的情況也沒有好到哪裡去。長官御史中丞的位置已經空了好幾個月，朝廷一點兒也沒有任命新人的意思，存心讓這個引領輿論導向的重要位置空著。當時在職的五名御史，有三位被派了長差，出門在外。整個御史臺，就剩下副長官知雜侍御史呂誨和兩名御史苦苦支撐。宋朝政治體制中一度與皇帝、宰相鼎足而立的輿論監督機構——臺諫變成了一個空架子。為了給自己的生父濮王贏得父親的名義，英宗可謂是費盡了心機，甚至不惜破壞體制與傳統。「皇伯派」與「皇考派」未來必有一場惡戰。皇考派的陣勢已經排開，他們利用權勢，造成了「皇伯派」的嚴重減員。「皇伯派」還能有何作為？他們是否會偃旗息鼓？退出了諫官行列的司馬光又將作何反應？

七、沒有贏家的戰爭

進入八月，開封遭遇了罕見的水災。大雨從八月三日開始下，四日早朝，連宰相在內才來了十幾個人。宮裡邊積滿了水，只好打開西華門放水，大水奔湧而出，瞬間吞沒了西華門前的殿前侍衛營房。根據官方統計，水災導致萬餘間軍營和民房倒塌，「死而可知者，凡千五百八十八人」。[1]而這場水災只是離皇帝最近的，卻不是最慘的。去年夏秋，開封東南的十幾個州已經被大水淹了一次，「妻兒之價，賤於犬豕」，冬季氣溫異常偏高，又颳起了黑風。到得今夏，瘟疫大起，數千里之間，家家有垂死之人，送葬的行列在道路上哭得有氣無力。幸好地裡的莊稼長勢還不錯，人人都以為秋天應當來一場大豐收，以補償人們所受到的折磨。卻沒想到，八月的這一場大雨最終沖垮了房屋，淹沒了田地，也破滅了人們的希望。

按照當時流行的政治思想，災害是上天示警，其根源是人間統治不當。英宗慌忙下詔，罪己求言。「皇伯派」以此為契機，指責英宗過度尊崇生父、背棄禮義，喪失民心人望；宰相專權惑主，堵塞言路。大災當前，皇帝和宰相只好偃旗息鼓，將濮王的尊崇議題暫時押後。

在所有的應詔上疏之中，司馬光最是直言不諱，他批評英宗在萬眾歡呼中登上帝位，即位之後的所作所為卻不斷地喪失人心，「不意數月之後，道途之議，稍異於前，頗有謗言，不專稱美。逮乎週歲之外，則頌者益寡，謗者益多」。司馬光說，英宗有三件事令天下人大失所望：第一，身為過繼之子，對先帝留下的皇太后和幾位長公主失於照顧，「疏母棄妹，使之愁憤怨嘆」，「此陛下所以失人心之始也」。第二，置國家大事於不顧，凡事不肯拿主意，「凡百奏請，不肯與奪」，導致「大臣專權」，「此天下所以重失望也」。第三，聽不進不同意見，把臺諫官的批評意見完全交給大臣去處置，使天下忠誠之士喪氣結舌，失去了批評的動力，「此天下所以又失望也」。[2]司馬光還建議取消原定於十一月舉行的南郊典禮，改為皇帝在宮內恭謝天地，以節約開支，昭示畏天之志，安撫大災之後動盪的人心。[3]

這樣的建議，英宗當然不會聽從。十一月初四，英宗舉行了即位以來的第一次南郊大典。[4]南郊祭天，每三年舉行一次，是最高規格的常規祭祀。南郊之後，例行大赦，普天同慶，官民人等，雨露均沾。令人感到奇怪的是，在南郊赦書長長的恩賜名單上，唯獨漏了英宗的生父濮王。難道說英宗已經幡然悔悟，決心謙抑自持，要以仁宗的皇統為重，放棄過度尊崇濮王了嗎？聽到這樣的猜測，司馬光只是苦笑。如果英宗決定謙抑，那就應該遵從禮義，接受侍從禮官的提議，大大方方地給濮王「皇伯」的稱呼和大國的封號。如今南郊赦典竟然避濮王而不談，顯然英宗還是要打破禮義，過度尊崇濮王。「皇伯派」和「皇考派」必將有一場決戰。

問題是，誰來打破僵局？

「皇伯派」與「皇考派」的較量

「皇伯派」決定主動出擊。南郊大典之後，御史臺的副長官知雜侍御史呂誨上疏，「乞早正濮安懿王崇奉之禮」。也就是說，按照侍從禮官議定、司馬光起草的意見：第一，尊濮王為皇伯，以明確英宗作為仁宗過繼之子與濮王之間的宗法關係；第二，給濮王贈高官封大國，以表達英宗對濮王生育之恩的感激之情。相同訴求的奏疏，呂誨前前後後一共上了七道，而這七道奏章，全如泥牛入海。英宗方面，毫無反應。沒奈何，呂誨祭出了言官的殺手鐧——辭職，然而他的四道辭職奏章也遭遇了同樣的命運。[5]

呂誨的滿腔怒火燒向了宰相，他把矛頭對準了首相韓琦，彈劾他專權擅政，「在重要職位上安插自己的黨羽，破壞、紊亂朝廷法度」。呂誨說：「朝廷每提拔一個官員，人們都說這人必是韓琦的親朋故舊，朝廷每罷免一個官員，人們都說這人肯定是韓琦的冤家仇敵。」長此以往，「天下只知琦之恩仇，而不知陛下之威福也。」陛下如此信任韓琦，殊不知韓琦卻在偷偷盜竊、轉移陛下的權柄！至於濮王尊崇事件，呂誨認為，是韓琦把皇帝引導上了一條越禮非法的路，「仁宗永昭陵土未乾，玉几遺音猶在，而韓琦的忠心已改，以為上天是可以欺騙的，搞得皇帝、皇太后兩宮嫌隙日生，引惹天下人怨怒，讓皇帝遭受不仁不義的指責……我們還能說韓琦忠誠嗎？」[6]結黨營私、專權不忠，這是對一個宰相最致命的攻擊。呂誨在啟發、誘導英宗對韓琦的憤怒。

從這個角度攻擊韓琦，的確是非常有力的。韓琦於嘉祐六年（一〇六一）接替富弼擔任首相，至今已經五年。仁宗晚年中風，不能親理朝政。一應朝廷大事，皆由韓琦主張。英宗的即位本就得益於韓琦力挺，即位之後旋即發病，諸事不理，其皇位又曾遭遇質疑和危機，若非韓琦掌舵，英宗只怕自身都未必能夠保全。逼迫皇太后撤簾，扶植英宗重掌大寶，韓琦的功勞是第一位的。然而，正因如此，韓琦的權勢和作風也越來越遭到質疑。韓琦逼迫太后撤簾的霸道做法，讓司馬光齒冷。他曾經上疏提醒英宗，要防止大臣專權，要保護本朝以臺諫監督朝政的優良傳統。[7]儘管如此，對於呂誨的做法，司馬光還是感到了一絲擔憂。

果然，呂誨的重炮不僅沒有擊落韓琦，反而傷到了同屬「皇伯派」的翰林學士范鎮。范鎮被免去了翰林學士之職，外放陳州知州。皇伯派又少了一員大將。為什麼會這樣呢？

遭到呂誨的彈劾後，韓琦立即上表，請求罷相離京。英宗當然不答應，於是命令翰林學士范鎮代筆批示。范鎮寫了一句話：「周公不之魯，欲天下之一乎周。」據說，這句話讓英宗很不高興。周公的封地在魯，可是周公沒有到魯地去，而是留在王都輔佐成王，維護大周天下的一統。把韓琦比作周公是什麼意思？難道說，他老人家走了，天下人的讚美謳歌、國家的司法行政也要跟著走嗎？你的眼裡還有沒有朕?!英宗一時著惱，范鎮因此罷職。也有人說英宗本來沒那麼敏銳，是歐陽修挑撥離間，過度闡釋，撥動了英宗敏感的神經。歐陽修說：「范鎮用周公來比擬韓琦，那麼就是用小孩子成王來比擬陛下呀！」[8]

不管觸因如何，司馬光的好朋友、老同年，「皇伯派」的一員大將范鎮被趕出了開封。皇伯派出師不利。這是治平三年（一〇六六）正月初的事情。

數日之後，呂誨集結了在京的所有臺諫官員，再度上疏，言辭犀利，對中書全體宰相、副宰相提出彈劾。彈章的措辭可以說是刀光劍影、殺氣騰騰，對於宰相府的總體狀況，用了「豺狼當路」「奸邪在朝」八個字。四名宰相、副宰相，每一個都罪責難逃：參知政事歐陽修，「首開邪議」，「欲累濮王以不正之號，將陷陛下於過舉之譏」，罪在「不赦」，人神共棄。首相韓琦，明知故犯，文過飾非。次相曾公亮、參政趙概，苟且依違，不負責任。彈章的最後放出了狠話：「議論既然不能統一，照理難以同朝並立。我們和歐陽修，怎麼可以都留在朝堂之上呢?!」

這篇氣勢洶洶的彈章，背後的力量其實很弱小。所謂的全體臺諫官員，一共多少人?只有三個：知雜侍御史呂誨、侍御史范純仁（一〇二七—一一〇一）、監察御史里行呂大防（一〇二七—一〇九七）。這就是當時在京的臺諫官員總數。宋朝諫院定額六員，御史臺官的人數最高曾達到二十人，一般情況下也要維持在十人以上。而當時的諫院實任諫官二員，「司馬光遷領他職，傅堯俞出使敵廷」，只剩了一間空房子。御史臺長官御史中丞出缺數月，空置不補；連同副長官知雜侍御史呂誨在內，在任御史共計六員，三員奉旨外出公幹，在臺供職的只有三員。不由得呂誨不感嘆：「言論官只差沒有徹底取消了，自古以來，言路的壅塞，沒有像今天這樣嚴重的！」[9]而這種情況，正是皇帝和宰相喜聞樂見，一手造成的。他們想要的是幫助皇帝實現尊崇生父的意願，至於言路是否堵塞，在他們眼裡，都是不重要的，或者說是可以暫時放下的。

宰相府當然是毫不相讓。臺諫與宰相，「皇伯派」與「皇考派」劍拔弩張，雙方已經擺出了勢不兩立的態勢，雙方都等待著英宗的最後決定。

皇太后成了棋子

以司馬光對英宗的認識，他絲毫不懷疑英宗會站在宰相府一邊。但問題是，皇帝將怎樣突破禮義的束縛、破解眼前的僵局？

這天上午，剛剛散朝，一個消息就傳到了司馬光的耳朵裡。據說，宰相們要請皇太后親自出面來化解僵局。首先，皇太后會親筆寫一封信來表達善意，提出尊濮王為皇，濮王夫人為后，建議皇帝稱呼濮王為父親。然後，皇帝會表示謙讓，拒絕給濮王及其夫人皇、后的尊號，但接受稱濮王為父親的建議。如此一來，英宗稱生父濮王為父親，則是奉了皇太后的慈命，不但不是越禮非法，反而是孝道行為了！真真的兩全其美！

這樣的「好主意」，究竟是誰想出來呢？韓琦，還是歐陽修？曹太后會配合嗎？不配合又能怎樣？英宗的皇位已經穩固，大權在握的宰相們支持他。而曹太后，撤簾之後，退居深宮，無權無勢，真就成了「無夫孤孀婦人」了，還能怎樣？再說，以韓琦逼迫曹太后撤簾的絕決、霸道，他必然有辦法逼迫老太太配合行動。這簡直是欺人太甚！這般行為，將置英宗與曹太后的母子恩義於何地？仁宗皇帝的在天之靈又怎能安生？這是陷英宗於大不義！

想到這裡，司馬光坐不住了，他雖然已經不是諫官，但還是皇帝侍從，此事關係綱常倫理，是國家的「大得失」，他無法保持沉默。司馬光上疏，質問英宗：「我實在不明白陛下的心意，這麼固執地堅持尊崇濮王，究竟是為了榮譽呢，還是為了利益？又或者是認為這樣對濮王有益處？」接下來，他正告英宗，以旁支入繼而尊生父為皇帝，是漢代昏君的做法，實在談不上榮譽；仁宗的恩澤深入人心，百姓之所以愛戴英宗，是因為他是仁宗的兒子、繼承仁宗的大統，過分地尊崇濮王，只會傷害百姓的感情，實在無利可圖；而把非禮的「皇帝」虛名強加到濮王頭上，對濮王又有什麼好處?!無榮、無利又無益於濮王，可是陛下卻偏偏要這麼做，為什麼？無非是宰相大臣們文過飾非，一意孤行。對於中書的行徑，司馬光表示了強烈的憤怒。他說，就算他們搬出皇太后來，縱然百般巧飾，卻終歸辜負了先帝深恩，陷陛下於不義，違背禮制，喪失民心。「政府之臣，只能自欺，安得欺皇天上帝與天下之人乎？」[10]

司馬光把奏狀送到閤門的時候，正當正午時分，太陽高掛在天頂，卻並不讓人覺得暖和。就在同一時間，太后的使者抵達中書，奉上密函一封。兩名參政，歐陽修看看趙概，趙概看看歐陽修，二人相視而笑——太后終歸是女中俊傑，識時務！

第二天，兩道敕書幾乎同時降下。第一道敕書的主要內容是宣布皇太后的親筆手書：「我聽說群臣建議皇帝尊崇封贈濮王，至今還沒有結論。我再次翻閱前代史書，才知道這本來是有前例可循的。濮王和三位夫人，可令皇帝稱『親』。另請尊濮王為『皇』，三位夫人為『后』。」第二道敕書，則是皇帝在接獲皇太后手書之後的手詔批示：「朕剛剛繼承（仁宗的）大統，唯恐德行與地位不能相稱。稱『親』之禮，謹遵皇太后慈訓。至於尊濮王為『皇』、夫人為『后』的禮典，就難以從命了。」[11]

鷸蚌相爭誰之利

兩道敕書一經頒布，宰相們自以為圓滿地解決了濮王稱呼的難題，可以舒一口氣了。然而，在「皇伯派」看來，這兩道敕書雖然看上去十分美滿，卻無法自圓其說。正如司馬光所說，這就是欺騙，赤裸裸的欺詐！上欺天，下欺人！

呂誨率領著他只剩了三個人的可憐的御史臺，首先站出來高聲質疑，皇太后的行為前後矛盾：想當初，濮王的尊崇問題剛剛提出來的時候，中書想要擴大影響，提出要舉行中央官大討論，皇太后都不願意，親下手書斥責宰相，如今才過了半年，卻忽然提出這樣的建議來，「與初衷如此背離，實在讓人感到震驚駭怕，疑惑重重」。[12]

除此之外，侍御史范純仁還單獨上了一奏。這一奏與司馬光諫書風格相類，語言平實、態度冷靜，然而卻鞭辟入裡、直指要害。范純仁說什麼？「皇太后自從撤簾之後，深居九重，不再干預外廷事務，又怎麼會再度降下詔令？而權臣想要做不同尋常的事情，往往會假稱母后的詔令，威逼脅迫，用母后來掩飾自己的私欲。陛下是成年君主，應當自行處理政務。對皇太后孝順就可以了，不必再煩勞皇太后操心外朝事務。今天濮王的事情由皇太后出面解決了。這個口子一開，麻煩就大了。以後萬一有權臣假託皇太后的命令行其非常之事，恐怕會對皇帝不利。」這分明是在暗指宰相操弄權柄，威脅皇權了。

所有這些彈劾、批評宰相的奏章，英宗閱後，都轉給了中書。別的奏章倒也罷了，范純仁的這封卻讓韓琦感到了無比的心寒。范純仁是誰？范仲淹（九八九—一〇五二）的兒子！韓琦又是誰？范仲淹的同僚、戰友加兄弟。他們曾經一起在陝西抗擊党項人的侵擾，又曾經一起主持慶曆新政。韓琦拿著范純仁的奏章，對曾公亮、歐陽修、趙概說：「我跟希文，恩如兄弟，我一向把純仁當自己的親侄子，沒想到，他竟然如此惡毒地攻擊我！沒想到啊！」

韓琦覺得匪夷所思的，從范純仁的角度看來卻很正常。范純仁比司馬光小八歲，正當四十，血氣方剛，敢於堅持原則。想當年，他做知縣的時候，境內有一塊屬於軍方的牧地，士兵放馬常常踐踏老百姓的田地。宋朝軍民分治，縣太爺不敢惹當兵的，此類事件，之前時有發生，而知縣大人通常都撒手閉眼，聽之任之。范純仁可不管這一套，立刻抓來為首的士兵按律懲處，結結實實打了一頓棍子。事情鬧到中央，范純仁據理力爭，提出「募兵必須依靠農民來養活，體恤軍人應當首先體恤農民」。最終，范純仁贏了，這塊牧地也劃歸地方政府管理。[13]作為范仲淹的兒子，范純仁在乎的是正義和真理。所以，當他上疏的時候，並沒有意識到自己是在跟父親的朋友韓琦作對，在他看來，自己只是在糾正皇帝的過失、提醒皇帝警惕權臣亂政，儘管他所說的這個權臣的的確確指向了父親的朋友韓琦。

到這個時候，濮王的父親名義爭奪戰已經演變成了臺諫官與宰相之間、或者說兩代政治人之間的對峙。臺諫官彈劾宰相姦邪，要求罷免宰相，呂誨、范純仁、呂大防交出了御史臺官的任命狀，居家待罪，表示「甘與罪人同誅，恥與奸臣並進」。宰相則針鋒相對，毫不退讓，歐陽修說：「如果陛下認為我們有罪，那就應當挽留御史；如果認為我們無罪，那麼，請陛下自行決定。」最終，英宗做出決定，免去呂誨、范純仁、呂大防的御史職務，呂誨出知蘄州，范純仁出知安州，呂大防出知休寧縣。

在宰相和臺諫官的對立中，英宗做出了選擇，站在了宰相一邊，宰相的態度更趨強硬。按照制度，御史臺副長官解職，在詔書之外，還應當有正式的官誥，這封解職文書應由知制誥起草。而值班的知制誥韓維（一〇一七—一〇九八）與呂誨政見相同，宰相們擔心韓維會拒絕起草呂誨的罷官文書，乾脆違反制度，取消了解職文書這一環節，直接讓人把罷官外任的敕書送到了呂誨家裡。韓維強烈抗議，而宰相不予理睬。

司馬光上疏英宗，為呂誨、范純仁、呂大防申辯，祈求英宗收回成命，同樣沒有得到任何回應。

到了三月，三位出使契丹的臺諫官同知諫院傅堯俞和侍御史趙鼎、趙瞻（一〇一九—一〇九〇）回到開封，[14]立即採取了與呂誨共進退的立場，居家待罪。最終，這三個人也遭到了罷職出京的處分。

當年一起上疏反對濮王稱親的七位臺諫官員，六位罷官離京，唯一沒有受到處分的就剩下了司馬光一個。司馬光奮起營救傅堯俞等人，連上四狀，英宗均不予理會。這讓司馬光感到了一種似曾相識的孤單與憤懣。九年之前，屈野河西地事件爆發，恩師龐籍以藏匿文書為代價保全了司馬光，讓他成為所有當事人中唯一沒有受到處分的幸運兒。而司馬光卻覺得自己背棄了恩師和同僚，獨自苟活，那種無以名狀的道德恥辱感曾經折磨了司馬光很久。[15]如今九年過去，司馬光更加成熟，而且這一次，他沒有遭受處分只是因為偶然——英宗提前免去了他的諫官職位。所以，對司馬來說，孤單與憤懣都不難克服。

最讓司馬光感到難過的，是朝廷風氣、制度的隳壞。宰相用詐計逼迫太后出面促成濮王稱親，權勢用卑鄙的手段戰勝了正義。老一輩政治家在濮王名義問題上表現出極端的固執、蠻橫與破壞性，他們親手破壞了自己參與建立的臺諫制度和諫諍傳統：所有敢於唱反調的臺諫統統被趕出了首都，而臺諫的作用本來就是挑毛病、找問題，「唱反調」是臺諫的本分。呂誨、傅堯俞他們被趕出去之後，在濮王名義上有過「正確」表態的人進入了臺諫，而這樣只會跟風的臺諫官，你怎麼能指望他們發現問題呢?!

宰相犯了嚴重錯誤，臺諫官也不是沒有問題的。他們太極端，太容易激動。在濮王名義的問題上無法說服宰相，便轉而攻擊宰相，對韓琦，對歐陽修，臺諫官的攻擊可以說是無所不用其極。這樣的攻擊，已經偏離了討論的初衷，嚴重跑偏。對於這場濮王名義爭奪戰，南宋學者呂中的看法值得重視。他說，這本來是一場「不為苟同」的「君子之爭」，「然臺諫爭之不得，氣激詞憤，遂詆為小人；而歐陽修不堪其忿，亦以群邪詆之。即一時之禮議，而遂誣其終身之大節」。[16]臺諫據理力爭而不得，就把宰相詆毀為小人；宰相不勝其憤，就辱罵臺諫官是奸邪。為了一時的禮義之爭，就汙衊對方的終身名節！呂中認為，宰相與臺諫之間相互攻擊的惡習，就是從這個時候開始的，它直接影響了後來王安石變法時期的政治生態。

濮王名義之戰，宰相與臺諫官兩敗俱傷，宋朝政治風氣嚴重受損。那麼，這場戰鬥究竟有沒有贏家呢？

我的同行冀小斌先生認為，英宗還是有所收穫的。首先，他成功地為自己的父親取得了「父親」的稱號，滿足了私人感情的需要。第二，他在這場政爭中練習了做皇帝的權術。本來，爭論的標的是他父親的稱呼問題，但是，英宗卻自始至終立於「仲裁人」的不敗之地。他高高在上，看著宰相欺壓臺諫，臺諫攻擊宰相；他順著宰相的意思，尊崇了父親、罷免了臺諫，又把臺諫攻擊宰相的奏札批轉給宰相，警告他們切勿專權營私。最終，臺諫被轟了出去，宰相雖然還在位，但是聲望大損，變得容易控制。英宗的皇位便愈加牢靠。而司馬光在英宗的帝王養成術中發揮了引導教練的作用。[17]

這樣的分析不無道理。但是，宰相與臺諫兩敗俱傷之後，皇帝真的能成為贏家嗎？宋朝政治中最寶貴的傳統，就是臺諫對宰相、對皇帝的監督批評糾錯機制，這種機制的存在可以發現問題、解決問題，避免社會矛盾激化，從而保證宋朝統治的長治久安。這種機制其實是相當脆弱的：臺諫與皇帝有君臣之分，不可逾越；臺諫跟宰相相比，是小官且無實權；臺諫敢於抗衡皇帝、宰相的力量完全是精神性的，他們的武器是社會正義。正常情況下，皇帝對臺諫必須盡力扶植，才能維持這個脆弱的糾錯機制。而濮王名義一戰，英宗默許、宰相赤膊上陣，破壞社會正義，驅趕臺諫，臺諫機構為之一空，糾錯機制暫時癱瘓，縱然重建，又如何能恢復元氣？沒有了臺諫的監督批評，宋朝的統治很容易陷入一邊倒的危險境地。這對於皇帝來說，又有何好處可言?!

除此之外，濮王名義之爭還導致了英宗的自我膨脹，他看透了宰相大臣的真實面貌，漸漸生出輕視之心來。英宗說：「我從前沒當皇帝的時候，望著侍從大臣們，覺得他們都是天下之選，百裡挑一。現在才知道不是這樣的。」[18]一個皇帝能自立當然是好事，但是如果這個皇帝在骨子裡輕視他賴以統治的宰相大臣，那絕不是社稷之福。

不管怎麼說，英宗心情不錯，他決心徹底結束濮王名義之爭所帶來的紛擾，「洗心自新」，從新開始，做一個負責任的好皇帝。三月，英宗發布詔書，「四海之內，獄訟冤煩，調役頻冗，與夫鰥寡孤獨死亡貧苦，甚可傷也。轉運使、提點刑獄分行省察而矜恤之，利病大者悉以聞」。英宗的注意力終於從家事轉向了國事。此時，距離他的親政第一問「積弊甚眾，何以裁救？」[19]已經過去了將近兩年。近兩年的寶貴時光都浪費在了濮王名義這樣的事情上。但是不管怎麼說，英宗畢竟還是要「洗心自新」，裁救積弊了。進入五月，一系列的改革措施開始推行：五月十五日，英宗下令中書將那些有章可循的常規瑣細政務交由相關部門處理，只保留審批權，中書從此成為更加純粹的議政兼決策機構，集中力量抓大事。當然，從某種意義上講，此舉也可以理解為皇帝在削弱中書事權。十七日，英宗再下詔旨，規定每月初一、十五，中書、樞密院在南廳合署辦公。[20]六月十一日，宋朝出現了第一例因為績效考評劣等降職的官員，論資排輩混年頭升級的制度雖然沒有取消，但考核變得更加嚴格。[21]

司馬光感到振奮，他仍然是專任經筵侍講，英宗沒有委派他任何重要職務，卻給了他一項具體工作，編修「歷代君臣事蹟」，也就是接著他那八卷《通志》往下繼續修通史。皇帝特批，允許司馬光自選助手，朝廷開支俸祿，司馬光的修史事業得到了皇帝支持，正式立項了！

一切看起來都在朝著好的方向發展，即位四年，英宗先是被生理和心理的病痛糾纏，而後被尊崇生父的心結所占據，現在，他終於可以集中精力做一個好皇帝了，一個新時代即將開始。

第二部

舊邦新命 1067—1069

三十六歲的英宗齎志而歿，二十歲的神宗即位。青春的血液在年輕皇帝的身體裡奔湧，他要開疆拓土、制禮作樂，做一個像堯舜一樣偉大的君主，以此來為父親和血統正名。聰明的皇帝當然知道時機未到——首先，他必須學習操控這無邊的權力；而祖宗法度和財政困難這兩條繩索，一虛一實，一軟一硬，也在束縛著他的手腳。王安石的理財方針贏得了神宗的傾心相許，也遭到了主流輿論的強烈反對。除了財政，司馬光與王安石還在司法領域發生了激烈交鋒。這場交鋒展示了神宗初年北宋朝廷的包容大度、士大夫思想的自由活躍，以及傳統中國司法解釋的進步，活力無限，彷彿回到了仁宗中期。

八、新皇帝二十歲

故物新枝

新時代終將到來，只是，這新時代卻註定與英宗無關。

治平四年（一〇六七）正月初八，英宗撒手塵寰，得年三十六歲，在位三年零九個月，刨除曹太后垂簾的一年零一個月，親政時間兩年零八個月，而在這兩年零八個月當中，有關濮王尊崇問題的大討論就占據了近兩年的寶貴時光。在私人感情與倫理大義之間，英宗終歸還是做不到司馬光所要求的純粹的克己復禮，他想要做的是先利己、後復禮——「就這一次」，先滿足私人感情，以後一定認認真真地做一個遵守禮制的好皇帝。「就這一次」，這樣的念頭、這樣的做法，我們每個人可能都有過。只不過，皇帝「就這一次」的社會成本太高、太高了。

英宗的辭世並不突然。他的身體狀況，從治平三年十月就開始急劇惡化，只不過在當時仍然處於高度保密狀態，「近臣多不知也」。司馬光就是不知道的。因此，他在十一月的時候還在勸說英宗不要接受群臣上尊號。尊號就是一串讚頌的詞語，英宗的這一串是「體乾應曆文武聖孝」。司馬光說尊號不過是虛名，而眼下的形勢實在應當檢討悔過，而不是歌功頌德。[1]司馬光的建議，英宗並未接受。

病中的英宗充滿了緊迫感：他頒布法令，把科舉考試的時間間隔從兩年一次改成了每三年一次，從此之後，中國的科舉就都以三年一次的頻率舉行，這是一個很合適的頻率，「士得休息，官以不煩」。[2]他跟歐陽修討論人才問題，提出要重新充實館閣，選拔儒學修養較高者，以改善人才的能力結構。對於西夏，他採納韓琦的建議，採取了有原則而不姑息的態度。國事之外，英宗的家事也有大進展。十一月，他的長女徐國公主出嫁了[3]——儘管是庶出公主，但畢竟是英宗夫婦頭一次嫁女兒，高皇后和皇長子頊（即後來的神宗）親自送公主過門，皇后第二天才回宮，好生的繁華熱鬧。只可惜，權力榮譽、責任理想和富貴繁華，都無法挽留生命。英宗的生命一點一滴，無可挽回地走向了衰亡。在經歷了濮王府老十三、「備胎皇子」、病狂皇帝、濮王孝子的種種起落、糾結、顛沛之後，英宗的生命之船即將告別此岸，抵達永恆之港。

大宋王朝也將再度面臨皇位交替的風險——幸好，英宗是有兒子的。然而，就像我們在太宗晚年曾經看到的那樣，[4]每一個皇帝都是重度的「權力依戀症」患者，即使是對親兒子，交權也如割肉般不捨。十二月二十一，韓琦在御榻之前建議早立太子，以安人心。英宗已經喪失語言能力，只得點頭表示同意，又在韓琦的請求下顫巍巍親手寫下了「立大王為皇太子」七個字。「大王」當然應該指皇長子潁王趙頊。只是這樣的大事，又豈能憑著「想當然」含糊了事？韓琦再次請求英宗御筆明示，於是，可憐的垂死之人又吃力地拿起筆，補寫了「潁王頊」三個字。第二天，朝堂上當眾宣讀了立潁王頊為皇太子的詔令。御榻之前，潁王連連叩頭，按禮義表達應有的謙讓之意；御榻之上，英宗神色泫然，眼角流下了兩行濁淚，流露出內心真實的不捨之情。[5]

按照計畫，皇太子的冊封典禮應當在正月十九舉行。只是英宗根本就沒有等到那個時候，而趙項，則跳過皇太子冊封大典，直接做了皇帝。治平四年正月初八（一〇六七年一月二十五日），二十歲的趙頊繼承皇位，史稱宋神宗。

新皇帝趙頊手上有三樣東西：通常只屬於二十歲的雄心壯志，與二十歲年紀不相稱的無邊權力，以及父親留下爛攤子。「古者二十而冠」，二十歲行成年禮，正式成為完全的社會人。進入社會之前的雄心壯志，幾乎人人有過。它在二十歲以前得到培植，不斷壯大，在二十歲時抵達峰值，入社會之後，雄心壯志在與現實的碰撞中不斷調整、衰減，我們認識不足、看到差距、探測邊界，長大、成熟。趙頊的二十歲是一樣的，更是不一樣的——他是皇帝，有著天下最大的權力。權力最大，責任也最大。而神宗接手的大宋朝廷，情況實在不容樂觀。英宗留下的這個爛攤子，首當其衝的是兩個問題：第一是中央財政狀況的繼續惡化，第二是人心亂了，把人心攪亂的，正是濮王的尊崇問題。二十歲的年紀，無邊的權力，積弊叢生的天下，神宗將如何處置？

閉門聽風雨

就在神宗即位十七天之後，正月二十五日，司馬光被任命為本屆科舉主考官。[6]按照宋朝制度，科舉考試的考官班底並無固定人選，每榜臨時任命，而一旦任命公布，考官隨即進入貢院封閉居住，直至發榜，以避免作弊。司馬光被「關起來」了，這一關就關了將近兩個月。[7]神宗初政的很多事蹟，司馬光都是在貢院裡聽說的。

有兩件事很讓司馬光感慨。第一件是年輕皇帝對待財政問題的務實態度。國家財政本就吃緊，

「四年之內，兩遭大故」，連續為仁宗和英宗兩個皇帝操辦喪事，如何能夠不拮据！財政部門給神宗的建議很實在，「不以小嗇為無益而弗為，不以小費為無傷而不節」[8]——不要因為小節約省不下多少錢就不幹，不要因為小開支花不了多少錢就不省。宰相韓琦提出，英宗皇帝給近臣的遺愛賞賜，「才足將意便可」，心意到了就好。而神宗，則沒有一點扭捏就承認了「公私困竭」的現狀，削減了英宗的皇陵預算規模和遺愛賞賜額度。他還為父親當年在仁宗喪事上的大手大腳做了解釋，說：「仁宗的喪事，先帝是過繼之子，要避嫌疑，所以不敢裁減，那麼，現在就沒那些顧慮了——該裁的裁，該省的省。」[9]神宗的表現，讓司馬光感到踏實。[10]

第二件是神宗廢除了「駙馬升行」制度。駙馬爺升一輩兒，做自己爺爺的兒子、父親的兄弟，這就叫「駙馬升行」。「駙馬升行」可以避免公主殿下紆尊降貴向公公婆婆行大禮。這種用現實權勢扭曲人倫秩序的做法，儘管匪夷所思，倒也事出有因——本朝的第一個皇帝太祖跟第二個皇帝太宗是親兄弟，兄弟倆相差十二歲，他們的女兒輩分相同而年齡差距極大，能夠嫁到的丈夫根本就不是一輩人。因此，為了保證太宗公主與太祖公主倫理地位的平等，就只好改變駙馬爺的輩分。「駙馬升行」極盡荒唐，然而此事卻從未見禮官臺諫批評過。按照神宗的詔書，廢除駙馬升行，是英宗的遺願。詔書說，英宗曾經提起這件事，覺得憤憤不平，認為「怎麼可以因為富貴的緣故，扭曲人倫長幼之序」呢？這番話神宗代父立言、以英宗的口吻說出來，簡直有一石三鳥的功效。第一，替英宗挽回了面子，表達了英宗對倫理秩序的原則性尊重；第二，順帶批評、諷刺了包括司馬光在內的侍從禮官——皇帝要叫生父一聲爹，你們反對；可是公主把公公婆婆當哥哥嫂子，你們卻視而不見？這是實情，司馬光只有感到慚愧。第三，更重要的是，表明了神宗撥亂反正、維護倫理秩序的態度。這讓司馬光感到欣慰。

貢院得閒，三位考官常常聊的，便是新皇帝。韓維、邵亢（一〇一一—一〇七一）都是神宗的東宮舊僚，廢除駙馬升行是邵亢的建議，[11]韓維跟神宗的關係尤其近密，他最了解神宗的心思。[12]神宗親身經歷了父親與祖母（曹太后）的冷戰，感受過宮中充滿猜疑、危機重重的高壓氛圍。不管是從個人情感的角度，還是從朝廷政治的角度，神宗對於「濮議」、對於父親的做法，都有所保留。即位之前，他無法改變父親，只有努力做好自己，做曹太后的孝順孫子。神宗的努力沒有白費——老太太跟孫子的關係相當不錯。[13]現如今，神宗剛剛正式聽政，就廢除了「駙馬升行」的陋習，可謂出手不凡。[14]三人私底下猜測，接下來，對於「濮議」，神宗恐怕還會有大動作。當然，神宗不會推翻父親的決定，但是，對於推動「濮議」、攪亂人心的宰執們，神宗恐怕就不會那麼客氣了。

開鎖見是非

果然，三月二十四日，中央領導層出現了大變故——參知政事歐陽修罷政，出知亳州。而在兩天之前科舉發榜，司馬光才出得貢院，重獲「自由」。[15]對於歐陽修的罷政，司馬光並不感到太過驚訝，卻在心裡萌生出一層深刻的不安。早在鎖院期間，他就聽聞御史彭思永（一〇〇〇—一〇七一）、蔣之奇（一〇三一—一一〇四）對歐陽修的瘋狂攻擊——他們誣衊歐陽修與長媳吳氏私通，以如此禽獸不如的惡行來詆毀大臣，卻拿不出一點確實的證據，逼得極了，就說御史可以「風聞言事」、沒有義務提供信息來源，到最後，實在無法抵賴了，竟然轉而攻擊大臣朋黨專政！在司馬光看來，用這樣難以言說、無法辯白的隱私之事攻擊大臣，是臺諫官的大忌。尤其讓司馬光感到不齒的，是蔣之奇。此人在「濮議」的問題上違反公論、附和歐陽修，這才得到歐陽修的推薦，當上御史。神宗上臺之後，他聽風辨色，立刻迫不及待地跳出來對歐陽修反戈一擊。小人之行，唯利是從，反覆無常，令人齒冷。而這就是英宗、韓琦、歐陽修他們在「濮議」之後提拔上來的臺諫官！因為誣衊大臣，彭思永和蔣之奇都受到了降職外放的處分。只是，人言可畏，經此一事，歐陽修在朝裡也待不下去了。神宗對歐陽修的罷政處理得很客氣，對外宣稱的理由，是歐陽修因病主動請辭，去意堅決，神宗一再挽留不得，這才惜別老臣。歐陽修的級別也被提高到刑部尚書。

歐陽修是神宗親政之後離開中央的第一位老臣。他於嘉祐五年（一〇六〇）出任樞密副使，六年升任參知政事，在中央領導職位上共計八年。歐陽修才高志大、心胸豁達、光明磊落，「性直不避眾怨」，[16]他是勇於任事的，敢於堅持自己認為正確的一切東西，包括在「濮議」中支持英宗稱呼濮王為父親。可是他萬萬沒有想到，逼迫他離開中央的，竟然是這樣一個卑鄙齷齪、且讓人無從辯白的誣告。「敢辭一身勞，豈塞天下責？風波卒然起，禍患藏不測。」[17]人事已盡，天命如此。歐陽修開始認真作歸田之計，他為自己選擇的歸老之所，不是故鄉吉州，而是潁州。知亳州是他主動申請的，原因就是亳州「去潁最近，便於營私」，他獲得神宗的批准，在上任之前，先繞道回潁州，「修葺故居」。

「上馬即知無返日，不須出塞始堪愁」，[18]歐陽修心知，他的政治生命結束了。既然如此，他盼望獲得自由，越早越好。在給老下屬新知道州張器的贈別詩中，歐陽修預言說：「（閣下）三年解組來歸日，吾已先耕潁水頭。」[19]到達亳州之後，歐陽修先後六次上表請求退休，而這一年，他剛剛六十一歲，距離正常退休年齡還有九年。然而神宗還需要他，四年之後（熙寧四年，一〇七一），神宗終於批准了歐陽修的退休申請。歐陽修在潁州只享受了一年田園生活，便溘然長逝，享年六十六歲。[20]

以如此卑劣的手法攻擊、驅逐大臣，是司馬光一貫反對的，但是，他卻沒有上章替歐陽修說話。歐陽修知開封府時，他是開封府推官，歐陽修賞識他，推薦他，認為他是可以做宰輔的人。那麼，為什麼司馬光在歐陽修的問題上採取了沉默態度？也許他是想說卻不便說——司馬光已經不是諫官，沒有言責，而他出貢院的時候，兩名向歐陽修潑髒水的臺官已經受到處分，歐陽修是以身體原因自請退休體面下臺的，再翻舊案，等於把歐陽修剛剛癒合的傷疤再度撕裂，所以，他不便說。當然，也許司馬光根本就不想說，在濮王的尊崇問題上，他和歐陽修是兩大對立陣營的議論領袖，就算激烈的爭論不傷感情，但是宰相們挾權勢放逐反對派——七名臺諫六人遭處分外放，卻是實質性的傷害，司馬光焉能不感痛心?!如今歐陽修被他自己提拔的臺官攻擊誣衊，正是自作自受！司馬光惟有報以一聲長嘆！

說到底，歐陽修下臺，還是因為「濮議」。歐陽修下臺之後，神宗新任命的參知政事是前任樞密使吳奎（一〇一一—一〇六八）。在有關濮王尊崇問題的大討論過程中，樞密院一直置身事外。吳奎履新之後，神宗跟他談的第一件事就是仁宗與英宗的關係，吳奎心領神會，當即表示「先帝（英宗）入繼大統，天下欣然擁戴……實在是由於仁宗親自選立先帝，過繼為皇子……這是天大地大的恩德，絕不可忘，追尊濮王，其實牽涉私人恩德」。神宗表示完全同意，又說：「這都是讓歐陽修誤導的。」吳奎接口說：「在這件事情上，韓琦的做法也不得人心。韓琦多次推薦過我，對我有私恩。可是，天下公論如此，在陛下面前我不敢隱瞞。」[21]

司馬光還聽到了一個耐人尋味的傳言。據說，神宗想要獎勵蔣之奇，就是那個誣衊歐陽修的御史。為什麼獎勵這個小人呢？神宗對吳奎說：「蔣之奇敢言，而所言曖昧，既罪其妄，欲賞其敢。」[22]也就是說「蔣之奇這個人敢說話——當然，他說的事情的確曖昧不清，他的造謠誣衊行為已經受到了懲罰——我還是想獎勵他的敢說話。」神宗想要獎勵的，就是蔣之奇這種敢於攻擊大臣的精神。這跟唐朝武則天鼓勵告密有什麼區別？此風一開，必定是秩序大亂。吳奎還算清醒，及時制止了神宗。然而這個話能傳出來，已足以表明神宗的態度——他要清除「濮議」的負面影響，必然要整肅高層。歐陽修已去，韓琦也離去不遠了。

新皇帝的劍

那麼，皇帝就能夠為所欲為、心想事成嗎？當上皇帝並不等於具備了掌控一切的能力，國家機器如此龐大，皇帝必須依靠宰相大臣來治理天下，由於歷史原因形成的各種政治勢力盤根錯節，即使手握皇權，也須謹慎行事。皇帝有玉璽，老臣有勢力、威望、經驗和手腕。皇帝也是要在與各種勢力的周旋中求發展的。想要在短時間內擺脫韓琦等一干老臣的影響，談何容易？

四月間，新任御史中丞王陶（一〇二〇—一〇八〇）對宰相府發起了攻擊。王陶攻擊宰相的起因，是一個冠冕堂皇而又無關緊要的問題：宰相「常朝」是否「押班」？常朝就是我們普通人想像當中的早朝，皇帝在正衙殿——文德殿上正襟危坐，文武百官在下邊行禮如儀、山呼萬歲。所謂正衙殿，相當於大禮堂。照制度，宰相應當出席常朝，率領文武百官向皇帝行禮，這就叫「押班」。常朝的架勢很大，但是沒什麼實際意義，早就變成了一個空架子，皇帝很少出席，宰相也基本上不露面。

皇帝和宰相、近臣另有一套會面機制，在正衙殿以外的其他地方，通常是垂拱殿舉行。可是，常朝也沒有取消。每天一大早，應當參加常朝的官員，通常都是些沒什麼太要緊事的閒官兒，就到文德殿外邊候著，皇帝則在垂拱殿接見宰相及其他重要官員、處理政務。通常情況下，政務商量完，時候也不早了，皇帝就會派個人到正衙殿去宣布「今日常朝取消」，然後，那幫閒官兒就散了。如今，王陶卻提出來，宰相應當恢復常朝押班。王陶的報告是直接打給中書的，中書未予理會，於是，王陶再上一狀，指出皇帝剛剛即位，不應廢弛朝廷禮儀——禮儀問題開始具有政治意味了。中書還是不理。王陶於是第三次上疏，指責韓琦、曾公亮兩位宰相有不臣之心——到此為至，無關緊要的禮義爭論變成了對宰相的攻擊。兩位宰相上表待罪，以示抗議。而王陶則加大了攻擊的力度，並且以辭職為籌碼逼迫神宗做出選擇。與此同時，韓琦開始請病假，以示抗議。

很多人私底下猜測，王陶是想把韓琦趕走，為自己進入中央領導職位做鋪墊。但是，這種分析，韓琦方面至少是不能完全接受的。僅憑一個王陶哪有這個膽量？讓王陶如此「敢說話」的，只怕正是神宗本人。這兩個人的關係實在非同一般，王陶是神宗非常信任的東宮舊臣。神宗剛上臺，由於擔心英宗陵墓預算超標，曾經想把王陶派到洛陽去替自己盯守，後來又擔心身邊力量不足，臨時變卦把王陶留在了開封。王陶就是新皇帝的劍，新發於硎，鋒芒畢露。這樣想來，宰相大臣們是不能不感到寒心的。

年輕的神宗感到了壓力。為了平息老臣的憤怒，他打算把王陶從御史中丞調任翰林學士，讓閏三月底剛剛就任翰林學士的司馬光[23]接任御史中丞。在離開諫院一年零六個月之後，司馬光再度進入臺諫官群體，並且成為御史臺的領導者。在這種激烈對抗的形勢之下接任御史中丞，一般人會畏縮，而司馬光則以為義不容辭，只是，他提出了一個條件：等宰相押班然後正式接受任命。這是對禮義的尊重，而尊重禮義就是尊重皇帝。

讓神宗沒有想到的是，宰相府對他的處置並不買帳。王陶的翰林學士任命被宰相府攔截了。王陶做御史中丞之前是樞密直學士，現在改成翰林學士，這哪裡是懲罰，分明是獎賞！參知政事吳奎上疏，批評王陶仗著是皇帝的東宮舊臣，羅織罪名，處心積慮，陷害大臣，吳奎甚至還言辭激烈地提醒神宗不要做昏君，以免取笑於後世。吳奎說：「不處分王陶，陛下就沒有資格要求內外大臣為國盡忠！」這樣一篇奏疏遞上去，會有什麼樣的效果，吳奎當然知道，他在提交奏疏之後，乾脆一不做二不休，稱病不出，請求罷政，以實際行動繼續向神宗示威。

盛怒之下，神宗把吳奎的奏疏轉給了王陶。王陶隨即上章，彈劾吳奎依附宰相欺罔天子，有六大罪狀；又舊事重提，指責韓琦當年違背正義、打擊臺諫、極力尊崇濮王是為了保全自己的位子，韓琦是自私的，而英宗是無辜的，「後來追悔不已，可是因為韓琦掣肘，不敢改變，以致憂鬱成疾，抱憾而死」。[24]這實在是極其惡毒的攻擊。

而這樣惡毒的文字，作為受攻擊一方的韓琦竟然目睹了。把王陶的彈章轉給韓琦的，正是神宗本人。這也是中國皇帝常用的做法，給你看，看你怎麼辦？韓琦的回答非常簡潔：「我不是跋扈的人，陛下派一個小宦官來，就可以把我綁了去。」[25]韓琦所言確是實情，神宗為之動容。退一步想想，英宗能上臺，他自己能當上皇帝，又多虧了誰呢？又何必為了一點小事跟宰相們鬧到這般劍拔弩張、烏煙瘴氣。

神宗想到了退卻，可是怎樣退，才是體面的退法？退兩步，把王陶降到他就任御史中丞之前的級別樞密直學士？還是退一步，把王陶從翰林學士改成翰林侍讀學士，調到經筵給皇帝當家教？退兩步，宰相府肯定更容易接受，可是神宗又明明捨不得王陶。神宗在權衡，在猶豫。他找來商量的人，正是司馬光。

此事非同小可，它關係到皇帝的威望、宰相的面子以及高層的團結。司馬光當時沒有作答，而是回家想了整整一宿，第二天，他書面向神宗建議「還（王）陶未作御史中丞時舊職」，也就是樞密直學士。司馬光說：「翰林侍讀學士跟翰林學士級別基本相同，給王陶這個頭銜，恐怕吳奎未必肯結束抗議，起來上班。陛下剛剛即位，歐陽修就外放了，很多大臣都感到不安。吳奎一向有質樸直率的名聲，萬一因為這件事鬧起來，出現更過分的舉動，到時候陛下的處境會更困難：如果陛下立即罷免吳奎，則會讓士大夫深失所望；而如果陛下反覆勸諭吳奎都不肯罷休，則會進一步損害陛下的威嚴。」26

神宗接受了司馬光的建議，但是，吳奎卻不肯讓步。神宗一怒之下，決定把王陶和吳奎兩個人同時外放，王陶以樞密直學士知陳州，吳奎以資政殿學士知青州。命令頒布下去，神宗心裡鬱積的惡氣出來，舒坦了。可是，開封城的大小衙門裡卻炸了鍋。輿論一邊倒地感慨或者說指責新皇帝偏袒東宮舊人，對老臣刻薄寡恩。輿論不能減少皇帝的權力，卻會貶損皇帝的威望；更糟糕的是，皇帝可能會因此喪失宰相府的支持，造成政局的動盪。神宗終歸還是缺乏經驗，他太年輕了！

見此情景，司馬光建議神宗主動收回成命，把吳奎留在宰相府。這樣做，雖然有朝令夕改的嫌疑，但總比將錯就錯要強。而且，藉著對吳奎的一放一收，還可以展示皇帝的獨斷之權：貶斥吳奎，是因為他違反詔令，冒犯皇帝的威嚴；最終決定把吳奎留在政府，則是嘉許他的質樸直率。27

這就是典型的司馬光態度，他主張君主至上，強調皇帝的權威，但希望透過溫和理性的方式來樹立皇帝的權威。透過各方的妥協達成高層的和諧共治，這才是司馬光理想的政治狀態。自從「濮議」以來，宰相府與臺諫官屢有衝突，而司馬光一直是臺諫官的領袖。儘管如此，司馬光卻從來沒有把自己當做臺諫官這個小集團的代言人，當他開口說話、下筆寫作的時候，他考慮的是皇帝——國家，是大宋王朝的整體利益。

司馬光的建議，讓神宗感到非常不愉快。但是，不止司馬光一個人主張神宗挽留吳奎，向老臣示好。最終，年輕的皇帝極不情願地收回了吳奎罷政外放的文書，甚至還接受建議，給吳奎提了一級。然而，誰若以為神宗從此就甘心和他父親英宗一樣，繼續讓老臣們主導政局，那就太不了解這個二十歲的青年了。

九、「大有為」鋒芒初露

對於初登大位的神宗而言，司馬光有著獨特的價值，他就像一個循循善誘的好老師，引導著年輕的皇帝逐漸熟悉權力的運作方式，建立權威，學著做一個各派勢力之上的仲裁人。

為帝師司馬教用權

神宗之劍王陶公然與宰相作對，被外放到陳州之後，仍然寄來酣暢淋漓的文字，長篇大論，快意恩仇，詆毀宰相。王陶的文章的確寫得漂亮，其中警句，比如「方幸幼君之足凌，豈思天威之可畏」，「元臺（指首相韓琦）高臥而有要，次輔（指參知政事吳奎）效尤而愈悍」，「轉主心易於拳石，奪君命輕若鴻毛」，[1]鏗鏘凌厲，句句都是見血封喉的狠招。神宗擊節嘆賞，愛不釋手，反覆捧讀，以致成誦。宰相們則恨得咬牙切齒，一心想要再給王陶新處分。若依著神宗本人的性子，難免要跟宰相們正面衝突。

幸好有司馬光教給他兩全其美的應對之策。第一，當宰相們提出責罰王陶的建議時，神宗須先表明態度：「王陶就是個狂躁的人，不值得過分懲罰，他已經受到外放處分了，又沒犯什麼新錯，就是說話不好聽而已，怎麼能再施懲罰呢？」第二，如果宰相們不依不饒，那麼皇帝就可以把臉板起來，告訴他們王陶做御史中丞時也拿過分的話批評過我，我都不生氣，願意容忍他以開言路，憑什麼你們非要再三責罰他才高興呢？難道是要逞意氣嗎?!第三，如果這樣說還是不行，那麼乾脆不理他們，時間長了，他們自然也就退了。司馬光的這個主意替皇帝想得很周到，保全王陶也就保全了批評之路，同時，還向其他臣僚表明皇帝英明神武，是可以依靠的，萬一將來有一天宰相大臣犯下欺罔朝廷的大罪，也會有臣僚敢於揭發！[2]

司馬光在教導皇帝，也是在維護皇帝。他的御史中丞「就職演說」（《作中丞初上殿札子》），主題就是「論皇帝的修養」（「人君修心治國之要」）。司馬光認為，皇帝的「修心之要有三，一曰仁，二曰明，三曰武」，[3]皇帝應當是仁慈的、智慧的、堅定的，具有判別安危、賢愚、是非的最敏銳判斷力，和堅持正確道路的最堅定決心，惟其如此，才能做到政治清明、社會安定、百姓安樂，實現一個皇帝的仁慈。對於御座上的青年，司馬光充滿了期待。他理想中的皇帝是這樣的——大權在握，尊重既有秩序，維護朝堂上的異論相攪，能夠不帶偏見地傾聽各種聲音，並做出公正的最後決斷；皇帝不屬於任何派別和勢力，因而得以掌控一切派別和勢力，超脫小群體利益，因而獲得最大利益。這樣的皇帝是可以垂衣拱手而天下治的。而想要做到這些，皇帝就必須克制自己的私心。

對於一個二十歲的青年來說，這些要求實在是太苛刻了。神宗做不到，也不想做！神宗跟司馬光是完全不同的兩種人。他性格中有張揚的一面，所以，他才那麼欣賞、縱容王陶的犀利。神宗需要一個明確的方向，或者說一個能夠給他明確方向、果敢行動的人。

秉原則終惹神宗厭

在神宗眼裡，司馬光實在是太一本正經，太中庸，太四平八穩了。對於司馬光的政治傾向，神宗也不太有把握。神宗已經決心對高層實施換血，之所以提拔司馬光，恐怕也是想利用他和宰相之間的舊有矛盾。但是，當神宗一怒之下，罷免了參知政事吳奎時，司馬光卻上疏勸他尊重輿論，收回成命。這讓神宗很不高興，他甚至考慮收回司馬光的御史中丞任命。當時，司馬光的御史中丞官誥已經制作完畢，正在閤門司放著，等待下發。神宗讓人取回了官誥，在宮裡頭擱置了三天，這才發付閤門下發。這三天的猶豫，已足以表明神宗的態度。

神宗這三天的猶豫，司馬光應該是知道的。那麼，他是否會調整姿態，改說皇帝愛聽的話，或者盡量保持沉默呢？司馬光做不到，也不想做！「寧鳴而死，不默而生」[4]這是本朝名臣范仲淹的話。司馬光願意用行動去踐行它。

從四月到九月，御史中丞司馬光與神宗之間發生了一系列碰撞。

第一件事是彈劾王廣淵，這件事甚至惹得神宗大哭一場，傷透精神。那麼，王廣淵究竟是何許人？與神宗又有著怎樣的淵源？

此人也是進士出身，仁宗朝的時候在宰相府幹過一段時間的文件整理工作，他創造性地把蒐集到的太祖、太宗、真宗「御筆」批示彙編成一千多冊，因而得到仁宗的嘉獎。之後，王廣淵又把注意力投向了未來的英宗，他以文為贄，博得了英宗的好感。[5]請注意，此時的英宗還只是一名可能的皇位繼承人，名分未正。所以，這算是戰略投資。

王廣淵的戰略投資在英宗即位之後立刻得到了豐厚回報，英宗要提拔他做館職。司馬光就是這個時候盯上他的。當時還是諫官的司馬光批評王廣淵文才之外，別無他長，惟善鑽營，「於士大夫之間，好奔競，善進取，稱為第一」。[6]可是英宗根本不予理睬，仍舊把王廣淵拉進了館閣，還不斷提拔，讓他做了經筵官——侍讀學士。在英宗的庇護下，王廣淵變本加厲，自誇是皇帝的潛邸故舊，結交宦官，氣焰囂張。如今，神宗上來，司馬光又任御史，職在糾彈，自然不能放過王廣淵。按照司馬光的意見，神宗就應該解除王廣淵的館職、侍讀，把他趕到偏遠地方去看倉庫！批評王廣淵的不止司馬光一個。最終，神宗同意，讓王廣淵離開首都，到齊州去做知州，原有職銜不變，還另有賞賜。顯然，放走王廣淵，神宗並不情願。而司馬光卻再度提出了批評。這下，神宗接受司馬光的教導，乾脆不予理睬。

出京之前，王廣淵到宮裡來告辭，神宗「哀慟久之」，[7]傷心地哭了很久，周圍的衛士受到感動，也都落了淚。

神宗為何如此傷心？他是真的捨不得王廣淵——王廣淵和英宗、神宗父子兩代是真有感情的。英宗的即位之路走得坎坷，一度就是個「備胎皇子」，日子過得很艱難，敢於跟他親近的人不多，而王廣淵卻一直不離不棄。就算起初是投機，患難之中也處出真情來了。英宗病重，王廣淵「憂思忘寢食」，英宗甚至親筆寫下「朕疾少間矣」去安慰他。[8]對於神宗來說，王廣淵就像是家人，他們之間的關係有著濃厚的感情基礎。

關於王廣淵之事，還有另外一種說法。說王廣淵反對宰相專權，極力主張神宗收回威權，樹立皇帝的獨尊地位。宰相們忌憚他，於是就慫恿司馬光彈劾王廣淵。[9]換言之，司馬光是被人利用了。

這種說法全無道理。司馬光本人就是宰相專權的堅定反對派。宰相權力過大的現象是從仁宗晚年開始的，仁宗中風，言語困難，無法親執權柄，只能依靠宰相；英宗上臺之後先鬧病、後鬧心，糾纏於親生父親的名分問題，精力有限，威望受損，也是靠著一班宰相維持政局。而司馬光最重視等級秩序，在他看來，君弱臣強，宰相權力過大，即使宰相們目前還沒有出現明顯的謀私行為，長期來看也是危險的，因為它破壞了君臣之間應有的權力分配法則。司馬光憂心忡忡，念茲在茲，多次上疏，請求皇帝振作精神，收回威柄，換句話說，也就是警告宰相切勿輕舉妄動。神宗即位之後，罷免副宰相歐陽修，縱容王陶攻擊韓琦，表現出削弱宰相勢力的明確意圖，司馬光一直是支持的。要不然，他也不會給神宗出主意保護王陶。王廣淵那麼囂張外露的一個人，如果真有如此崇高的政治理想，司馬光不會全然不知。司馬光彈劾王廣淵的原因其實很簡單——此人來路不正，心術不正，讓這樣一個人接近年輕的皇帝，是危險的。目標正義，達成目標的途徑也須正義，這是司馬光一貫秉持的要求，對人對己，都是如此。就像我說過的，司馬光是一個有「道德潔癖」的人。[10]

然而，不管司馬光彈劾王廣淵的行為如何正當，最終還是導致了神宗「哀慟久之」。它傷害了神宗的感情，也便傷害了神宗與司馬光之間的君臣關係——神宗仍然尊重司馬光，卻不會太親近他了——這個年輕人是記仇的。比如，他聽說英宗病危之際，邵亢曾經建議太后垂簾，立即大發雷霆，指示御史彈劾。邵亢是神宗的東宮舊臣，當時跟司馬光一樣，在貢院裡鎖著主持考試，聞聽此事，嚇得半死，出來之後，立即上殿辯白，當面賭咒，「如果能在宮裡找到我主張垂簾的奏章，我甘願受死」。[11]幸好，神宗後來明白自己受騙，原諒了邵亢，後來還提拔他做樞密副使。

八年之後，王廣淵在渭州去世，終生未能再度回到皇帝身邊。王廣淵的行政能力不強，所到之處均無突出政績，在西北邊境的慶州做地方官的時候，還因境內發生軍人叛亂受到降兩級處分。[12]可見司馬光沒有彈錯人，他只是忘記了保護自己。這是司馬光和神宗的第一次碰撞。

窮究竟潛存破壁意

彈劾御藥院宦官事件則讓司馬光與神宗再度發生劇烈碰撞，這一次，神宗雖然沒哭，卻十分不痛快。御藥院是宋朝最重要的內廷機構之一，是皇帝的御藥房，同時還具有接收外界信息、溝通內外的功能，是皇帝的耳目，所以說「最為親密」。按照宋朝制度，掌管御藥院的宦官幹到一定年數，升到一定級別之後，就必須要調離，其目的就是要防止資深宦官依仗皇帝的信任弄權，出現唐代後期那種宦官亂政的局面。[13]可是神宗上臺之後，卻留了四位資深宦官在御藥院繼續供職，其中，最得神宗恩寵的是高居簡。這種做法顯然嚴重違反本朝的制度與傳統。作為御史中丞，司馬光是不可能聽之任之的。

在司馬光之前，已經有人對高居簡提出批評。神宗的回答是「這人有功」。有什麼功呢？英宗嚥氣之後，高居簡是第一個跑出去給神宗報信的。神宗是英宗的嫡長子，並且已經被正式立為太子，皇位還能跑得掉嗎？可是，神宗還是把高居簡當成了功臣。這就再度證明了神宗是個恩怨分明、快意恩仇的人——最好別得罪他。

然而司馬光卻打定主意違拗神宗的心意，維護傳統與制度，他連上數章要求神宗驅逐高居簡。七月間，神宗在延和殿接見司馬光，司馬光又當面提出驅逐高居簡的要求。神宗的回答是：「等英宗皇帝的神主祔廟儀式完畢，自當讓他走。」這話簡直要讓司馬光冷笑，他質問神宗：「一個小小的宦官，跟皇帝的喪事有什麼關係呢？而且，讓一個明知就要被趕走的人留在皇帝身旁，實在是不合適的。」

司馬光的話總是對的。神宗無言以對，只好叫司馬光把彈劾高居簡的札子留下，而司馬光則請求把札子直接交給樞密院——宋代的宦官在制度上是歸樞密院管的。神宗只得聽從。

第二天，高居簡的調令還沒出來，司馬光又再次上殿，面見神宗，申明立場：「如果陛下認為我正直，那麼高居簡就是奸邪；如果陛下認為高居簡是忠良，那麼我說的就是讒言。我和高居簡勢難兩留，必須有一個離開！要麼外放高居簡，要麼我去外地，請陛下決斷！」[14]這簡直近乎要挾了。而神宗竟然答應了，他告訴司馬光，已經罷免了高居簡的勾當御藥院，只是手續上還沒弄完。皇帝終於從善，司馬光滿意地離開了。在他的身後，神宗搖搖頭，露出了複雜的笑容。

神宗的笑容，司馬光看不見。司馬光同樣沒有看見的，還有他進來之前在這延和殿裡發生的一幕：在司馬光之前覲見神宗的，是樞密副使呂公弼（一〇〇七—一〇七三）。他看見司馬光神情嚴肅地站在那裡，就知道中丞大人這是要拚了。同樣，呂公弼也反對高居簡繼續留任。於是，談罷了樞密院公務之後，呂公弼主動提起了司馬光彈劾高居簡一事，勸神宗退一步，不要為了一個宦官驅逐御史中丞。這樣做政治成本太高了。呂公弼建議神宗「罷免高居簡的御藥院職位，在級別上加以優待」，既平息了輿論批評，又照顧了私人感情。呂公弼真不愧是呂夷簡（九七八—一〇四〇，仁宗朝宰相）的兒子，很會照顧各方利益。神宗同意了，但是又擔心給高居簡特殊優待司馬光會挑理，說：「司馬光不會再爭吧？」呂公弼教他：「等司馬光上殿，您只告訴他已經把高居簡趕出去了，司馬光自然就罷休了。」[15]果然，司馬光中計，聽說高居簡離開就閉嘴了。神宗也算扳回點面子。

高居簡走了，但是御藥院還有三位「超期服役」的高級別宦官，特別是高居簡的繼任者王中正。此人雖名中正，其實奸詐狡猾，頗好招攬權勢。這就好比是「去了一個高居簡」。司馬光只有繼續戰鬥，舉報王中正怙恃弄權。王中正去陝西出差，地方官劉渙等人曲意奉承，百般巴結，而在邊防軍中工作的宦官吳舜臣卻得罪了王中正，後來，劉渙等人受到提拔重用，吳舜臣卻受到降級處分。司馬光的這封奏札是早晨遞上去的，「晡後」也就是日落時分，神宗就降下手詔責問司馬光的信息來源。司馬光立即上奏應答，答案卻不是神宗想要的：「此事，臣得知於賓客，前後後，不止一個人這樣說。我實在擔心王中正的行為會玷汙拖累了公正的朝廷，所以才做此論諫。」換言之，誰告訴我的並不重要，重要的是，「王中正說沒說過這些話，只有陛下知道。我在宮外，哪有辦法了解宮中虛實？……只是外面有這種議論，我卻不敢不讓陛下知道。」[16]那麼，究竟王中正是否曾經干預陝西官員的獎懲呢？關於宦官吳舜臣的降級問題，神宗後來做了解釋，說是自己的決定，與王中正無關。但是，關於劉渙等人的提拔，神宗卻沒做任何解釋。換句話說，王中正顯然還是做了些什麼的。司馬光所言，絕非無根之水。

而且，神宗跟這些宦官討論的，恐怕還不止陝西人事。在這封奏札當中，司馬光還說道：「我聽說陛下喜歡讓宦官打探宮外的事情，還向他們詢問臣僚的能幹與否。……外間議論紛紛，說大行皇帝的葬禮完成之後，首相韓琦必定會請求引退，屆時宰相府和樞密院必然要出現大調整。我擔心高級官員之中萬一有無恥之人，為了當宰相入樞密，可能會私下勾結這班宦官。……請陛下認真考慮我說的話，欲知天下之事，應當諮詢外朝官員而不是身邊宦官。如果發現官員奸邪狂妄，想走宦官的路子，巧取兩府職位的，則一定不要任用。」[17]

神宗有意對中央領導層實施大換血，他在依靠宦官蒐集外界信息，而宦官也趁機積極參與人事討論。司馬光說的沒錯。正因如此，神宗才感到緊張。他擔心司馬光是否有特殊的管道窺探宮中之事，還擔心司馬光的立場。對於神宗的質疑，司馬光的回答有過於簡單草率的嫌疑，他心中無鬼，一心為君，光明磊落，覺得無須多做解釋。而神宗卻未必這麼看。王中正的問題就此不了了之，司馬光與神宗之間又多了一分距離。本朝臺諫官可以「風聞言事」，無須上報信息來源，神宗追問御史中丞的信息源，已經違背了傳統和常規，流露出打破舊制的危險傾向，而這一點，司馬光在當時卻並不敏感。

親拓邊初展有為心

讓司馬光和神宗發生碰撞的第三件事有關邊防策略問題。早在英宗朝的時候，陝西轉運使薛向曾經上疏，提出了一套全新的對夏戰略：第一，以邊將為主導，不惜手段，對西夏實行反間計，讓夏國君臣反目，自相殘殺；第二，主動出擊，聲東擊西，對西夏實行騷擾戰，讓夏國疲於奔命，消耗其戰鬥力；第三，改變邊防軍的構成，以陝西當地土人為主重建西北國防，增強軍隊戰鬥力，減少開支；第四，停止給西夏每年二十五萬的歲賜，斷絕邊境貿易，禁止西夏產青白鹽的進口，對西夏國實行經濟封鎖，摧毀西夏經濟；第五，改變過去那種臨時隨意徵發的政策，讓老百姓得到休息，鞏固國家之本。[18]這是一套全新的戰略思想。之前宋朝對外戰略的主流思想，不管對契丹還是對西夏，都是被動的，以維護邊疆穩定為最高追求。而薛向的新戰略則是主動的，充滿著進取的精神。主動出擊的策略，讓人想起了雄才大略的周世宗經營淮南的做法。經濟封鎖的辦法，仁宗朝的時候龐籍在陝西也用過，只不過龐籍的目的只是逼迫西夏人回到和平路線上來。而現在，薛向想要用它來掉轉宋夏關係。可行嗎？至少令人激動。宋朝是當時世界上最發達的農業經濟體，百業興旺。而夏國是半農半牧經濟，它的兩個糧食產地，一個在寧夏平原，另外一個在宋夏邊境，常常遭到戰爭破壞，國家財政的主要來源就是對宋食鹽出口，「夏賊洎諸戎視之猶司命也」。[19]英宗被深深地打動了，他把薛向的奏疏留在身邊，時時翻看。神宗也被深深地打動了，他接見了薛向，厚加賞賜。並且，很有意思的是，「凡（薛）向所陳計策，上皆令勿語兩府，自以手詔指揮」，[20]神宗要求薛向對宰相府和樞密院保密，他要親自主持西北拓邊。

年輕的皇帝絕不甘心只是簡單地保守祖宗基業，他要乾綱獨斷，力排眾議，大有作為了。神宗的決心，中央領導班子裡的這群老臣，只有一個人看明白了，那便是次相曾公亮，他「獨贊之」，而主持軍政的樞密使文彥博「執不可」。[21]

神宗打算接納一位西夏邊境將領的投誠，此舉若成功，就意味著宋朝方面主動破壞了宋夏和議，宋夏雙方必將進入敵對狀態，戰端可能因此開啟。司馬光連上兩疏，又上殿面君，表示堅決反對。司馬光所持的理由有三：第一，宋朝方面並不具備投入戰爭的條件：皇帝剛剛即位，政局未穩，政府財政緊張，民間的物資儲備也不足，軍隊長期缺乏訓練，戰鬥力根本不行；第二，主動挑釁有失大國之體，違背正義；第三，就戰略思想而言，與開疆拓土相比，司馬光更重視百姓的生計與內部的安寧。司馬光理想的「王政」是「王者之於戎狄，或懷之以德，或震之以威，要在使之不犯邊境，中國獲安，則善矣」。[22]這種戰略思想上的衝突才是最根本性的衝突，如果雙方都堅持己見的話，矛盾必將無法調和。司馬光與神宗，註定很難共事。而且，神宗還對司馬光獲取信息的能力產生了猜疑。他責問樞密使文彥博：「招納西夏叛將的事情，屬於機密，司馬光是怎麼知道的呢？」這一次，神宗發了很大的火，他對著文彥博批評司馬光脾氣急躁，甚至放話說要嚴厲責罰司馬光。可是司馬光究竟做錯了什麼呢？就算招納西夏叛將的事情司馬光不該知道，可是洩露機密的卻不是司馬光。神宗恨就恨在，這老頭說的全然不符合他的心意，可是連他自己都知道，這老傢伙說的偏偏全在理上！

當然，神宗絕不會因為司馬光說什麼而改變既定想法，他和他父親很像，骨子裡都是執拗而重感情的人，只不過，英宗身體弱，來不及多做什麼，而神宗只有二十歲，身強體壯，他有足夠的時間，去實現自己的想法。宰相府、樞密院的人事變動是遲早的事情，對西夏動兵也在他計畫之內，他需要更合適的人來幫助自己實現這一切。這個人是誰？王安石是最初的人選嗎？接下來的人事變動與政策調整又會對司馬光產生怎樣的影響？

十、一朝天子一朝臣

二府大換血

從各個角度來看，治平四年（一〇六七）九月都是一個特殊的時間節點。九月十日，英宗的神主升祔太廟。站在神宗的角度來看，祔廟意味著父親葬禮的正式完成，哀悼告一段落。

九月二十三日，神宗下詔徵王安石入京擔任翰林學士，王安石痛快地接受了。站在後來人的立場回看神宗朝乃至北宋後期的全部歷史，這項任命是神宗與王安石之間君臣遇合的開端，因而具有里程碑式的意義。詔書稱讚王安石「學為世師，行為人表」，[1]表示用王安石做翰林學士絕不只是想用他來起草詔敕，而是希望他「在朕左右前後，用道義來輔佐朕」，的確對王安石寄予了超出一般的期待。當然，如果說神宗在這個時候就已經決定要「大用」王安石，恐怕也是不合實際的。

在當時，真正震動了開封城的，是神宗最終實現了「二府」的大換血。「二府」是宋人對中書與樞密院這兩大中央領導班子的合稱。九月二十六日，神宗罷免了首相韓琦以及參知政事吳奎，任命張方平（一〇〇七—一〇九一）、趙抃為參知政事；任命樞密副使呂公弼為樞密使，罷免樞密副使陳昇之，任命韓絳（一〇一二—一〇八八）、邵亢為樞密副使。經過這番大力調整之後，中書的班子是新舊相參，二舊二新，比較聽話識相的舊相曾公亮、副相趙概，[2]再加上張方平、趙抃兩名新人。樞密院的新班子是一舊三新，這一舊是樞密使文彥博，三新是新任樞密使呂公弼和兩名副使韓絳、邵亢。

新君新臣，必有新政。在新晉的兩位副宰相當中，神宗最為屬意的，毫無疑問是張方平。神宗非常信任張方平，比如，韓琦的安置方案，就是神宗夜召張方平密商的結果。而在此之前，當神宗試圖罷免副宰相吳奎的時候，也是跟張方平商量的。[3]神宗對張方平的欣賞來源於英宗。英宗即位之前就讀過張方平的文章，很是佩服；即位之後初見張方平，聽他縱論天下事，脫口嘆道：「學士怎麼可以離開朝廷呢？」第二次跟張方平談話，英宗甚至覺得之前接觸的宰相大臣都是平常人，說：「聽學士一席話，才知道本朝還是有人才的！」[4]

那麼，這張方平究竟是「何方神聖」呢？

張方平現年六十一歲，比韓琦大一歲，跟歐陽修同歲，他是富弼在應天府學的同學，范仲淹的學生，很年輕時就被譽為「天下奇才」，得到范仲淹等人的讚許，仁宗朝就已經當過翰林學士、知開封府、御史中丞和三司使——這四個職位俗稱「四入頭」，宋朝的宰相副宰相和樞密使副使大多數是從這四個職位提拔的。進入樞密院和中書，這叫做「大用」。在仁宗朝，張方平已然「盡歷四職」，只差「大用」了。[5]

張方平是難得的財政專家，有想法，能推行，有著第一流的創造力和行政執行力。他第一次做三司使，疏通汴河，整頓漕運，卸任之時，為京城積攢了足夠三年食用的糧食，和足夠六年使用的馬料。等他第二次到任的時候，由於前任工作不力，京城糧食只夠一年半的，馬料才夠一年使用。而張方平就任之後，不到一年，京城就有了五年的糧食儲備。宰相富弼為仁宗朗讀張方平的漕運十四策，讀了足足一百五十分鐘（十刻），旁邊的侍衛站都站不穩了，而富弼讀得投入，仁宗聽得由衷讚嘆，連連稱善。富弼說：「這可不是一般的奏疏，它關係到國家財政的根本。」

神宗用張方平為副宰相，顯然是為了解決財政問題。這是國家面臨的迫切問題。要帶領國家走出財政危機，張方平是不二人選。張方平的很多政策主張，其實跟司馬光很接近。比如，他們都反對政府單純依靠增兵來加強軍力，認為這是徒勞的；他們都主張改善財政狀況，必須從節流入手，而不能一味增收稅費壓榨老百姓。這兩個人最大的差異，是司馬光並不懂財政，他只是有原則性的看法，而張方平是真正的財政專家，他了解本朝財政制度的歷史和現狀，清楚弊端所在，因而具備改革的能力。

然而，張方平的任命甫一提出，就遭到了司馬光的強烈反對。

君子小人張方平

九月二十六日，中央領導班子的調整方案剛剛公布，司馬光即奏對延和殿，強烈反對張方平出任參知政事。神宗與司馬光君臣之間因此爆發了一場激烈的言語衝突。

司馬光說：「張方平文章之外，更無所長，為人奸邪，貪婪猥瑣，人所共知，實在不宜擔任兩府大臣，懇請陛下收回成命。」

神宗不以為然，反問道：「你說張方平這麼多壞話，可有什麼具體事蹟嗎？」

司馬光說：「張方平的劣跡，很多人都說過，只不過事情都發生在大赦以前。特別細節的不敢說，就我所知……」

這只是一個開頭，神宗卻不打算讓司馬光說下去了，他打斷司馬光，厲聲喝道：「每次朝廷有人事變動，總會有人說東道西，這可不是朝廷好事！」

神宗怒了！司馬光卻絲毫沒有退讓的意思，他不慌不忙地說：「臣卻以為這正是朝廷好事！上古聖王堯帝都認為了解一個人是最困難的事。更何況陛下剛剛即位，如果誤用奸邪為相，而臺諫官卻一言不發，陛下又怎麼可能知道呢？那才不是朝廷的好事呢！」

司馬光所言從來在「理」，神宗頓時語塞，他立即掉轉話題，反守為攻繼續質問司馬光：「郭逵（一〇二二—一〇八八）當樞密使也不合格，怎麼沒見你批評？還有人說他私生活不檢點，你怎麼也不理會呢？」這件事發生在神宗即位以前，郭逵是軍人出身，一介武夫。按照宋朝制度，軍人不可干政，當宰相更是想都不要想的，入得樞密院的前前後後也只有兩個，一個是狄青，另一個就是郭逵，可是郭逵的軍功顯然又不如狄青。[6]郭逵入樞，理由相當勉強，是首相韓琦力排眾議的結果，頗有人懷疑韓琦是在藉機培植個人勢力。當時司馬光已經被趕出諫院，專任侍講，不是臺諫官員，沒有言責。神宗拿郭逵說事兒，其實是在暗指司馬光依附韓琦。

神宗突然拐到郭逵的事情上去，司馬光被打了個措手不及，匆忙之中，他大概忘了自己當時並無言責，只好含糊地回答說：「當時批評郭逵任命的人很多，用不著我說。」這個回答很不漂亮。神宗暫時占了上風，心中暗喜。可是，讓神宗沒有想到的是，接下來，司馬光竟然藉機對他展開了教育：「說郭逵私生活不檢點，這是讒言。用曖昧的事情來中傷大臣，讓人百口莫辯，反抗無力。蔣之奇攻擊歐陽修也是這個路數。希望陛下明鑑，根據郭逵的才幹來安置他，不要聽信讒言。」

司馬光重提歐陽修的事，點醒了神宗。神宗立刻想到了剛剛罷免的參知政事吳奎，五個月以前，吳奎與御史中丞王陶互相攻擊，他就想罷免吳奎，而司馬光強烈反對。想到這裡，神宗話鋒一轉，問司馬光：「吳奎依附宰相嗎？」

司馬光答：「我不知道。」這個回答很得體。的確，另外兩個人之間的關係，若無明確跡象，第三者又如何知道？

神宗不依不饒，改變了問法：「你覺得吳奎有罪嗎？」

對此，司馬光回答：「吳奎批評王陶，言過其實，怎麼能說無罪呢？只是，輿論支持吳奎，不支持王陶。」[7]

這一番脣槍舌劍，摩擦之劇烈，簡直要迸出火花來。二十歲的皇帝倚仗優勢地位，不斷轉換話題，咄咄逼人，盡顯爭強好勝之心。年近五十的司馬光沉穩對答，語氣不慍不火，態度不卑不亢，曾無一語相讓。在旁的人都捏了一把冷汗。

片刻冷場之後，神宗再度開口，問了一個原則性的問題：「結宰相與結人主，孰為賢？」結，意思是結交、結緣，也可以是巴結。

司馬光略略抬高了聲音，清清楚楚地回答道：「結宰相為奸邪，然希意迎合，觀人主趨而順之者，亦奸邪也。」[8]結交宰相是奸邪，然而處處順著皇帝的意思來，也是奸邪！

這是一段非常有意思的問答，神宗的問題裡包裹著小聰明，司馬光的回答裡卻展現了大智慧。神宗所問的雖然是一般性的處事原則，所關心的卻是當下，是具體，實際上是在逼迫司馬光在他本人和以韓琦為首的舊宰相之間做出選擇。而司馬光的回答，則超越具體，直指士大夫的行為準則。皇帝代表著江山社稷的長久利益，但皇帝也是普通人，有著七情六欲愛憎好惡。作為個人的皇帝同樣可以危害到江山社稷。因此，一個臣子的忠誠，既要超越官僚集團的派別利益，又必須幫助皇帝克服個人情感對國家事務的干擾，要做到「從道不從君」，這才是「大忠」之道。

只可惜，司馬光的這番深意，神宗在憤怒爭勝之時，未能領會。神宗所糾結的，還是他的領導班子調整方案，特別是張方平的副宰相任命。他又問了最後一個問題：「你覺得兩府大臣，哪個該留，哪個該走？」

這是司馬光不便回答的問題，他說：「這是陛下的威權，應當由陛下自行採擇。小臣怎敢指手畫腳？然而，『居易以俟命者，君子也；由徑以求進者，小人也』。陛下用人，應當用君子，不要用小人。」[9]

說來說去，司馬光反對張方平出任副宰相的理由其實很簡單，方平小人，不可用。說張方平是小人的，不止司馬光一個。司馬光提醒神宗：「仁宗朝的包拯，是最有名的直臣，陛下如果不信我的話，可以把包拯彈劾張方平的章奏調出來看。」司馬光列舉的張方平的主要劣跡，是八年前的劉保衡案。

根據李燾的記載，劉保衡是開封城裡的一個富民——有錢但是沒有官位。劉保衡開設釀酒作坊，欠下了官府一百多萬貫的酒麴錢。三司追債，為了還債，劉保衡只得變賣家產，這其中，就包括了一爿貨棧。而買下這爿貨棧的，正是時任三司使張方平。這一買一賣，本來也並無違法之處。可是沒想到，接下來，有個老太太跑到開封府擊鼓鳴冤，狀告劉保衡本非劉氏之子，侵吞敗壞劉氏產業。[10]經開封府查明，老太太是劉家的親生女兒，所告屬實。御史中丞包拯於是彈劾張方平「身為國家的財政首長，憑藉權勢賤買轄下富民客棧，毫無廉恥，不可處大位」。張方平因而失去了三司使的職位和進一步上升的機會，遭到了外放處分。張方平歷盡「四入頭」而不得大用的原因，就在於此——他有明確的劣跡。

這就是我們所知道的關於劉保衡案的幾乎全部信息。[11]張方平顯然是德行有虧的，他貪財並且有利用職權斂財的事實。一百多年以後，有學生問大儒朱熹（一一三〇—一二〇〇）：「張方平為人如何？」朱熹回答得很簡單——「不好」。朱熹還說到另外一件事，張方平託人幫忙買妾，那人花了幾百吊錢才買得美人來奉上，張方平欣然接受，卻絕口不提付錢的事。朱熹最後總結說「其（方平）所為皆此類也」，[12]用司馬光的話來說，張方平就是貪婪猥瑣的小人，不可當大任。

張方平的問題暴露出神宗與司馬光在人才觀念上的差異。司馬光主張道德至上，在官員的任免問題上給道德以「一票否決權」。而神宗主張能力至上，他要解決財政問題、邊境問題等當務之急，當然要用「知錢穀及邊事」的財政軍事專家。在德才不能兼備的情況下，用德還是用才，在中國歷史上，其實是老生常談了。曹操就曾經發布教令，說：「如果非得是廉潔之士才可以用，那麼齊桓公怎麼可能稱霸呢？（他用的管仲就是一個道德上很有問題的人。）請各位助我明揚仄陋，唯才是舉，我得而用之！」[13]曹操、神宗以及大多數試圖有所作為的統治者通常會做出「唯才是舉」的選擇——是否廉潔自愛不重要，重要的是能幹；換句話說，使用什麼手段並不重要，只要能達到目的就好。這是一種實用主義的選擇，它可以迅速起效，只是代價高昂。道德是什麼？它看上去空空洞洞，實際上卻滲透一切、覆蓋一切。它決定對錯，判斷當否。它是最軟的，也是最硬的。若無道德堤防，欲望的洪水必將湮滅一切。統治者帶頭否定道德，必然會造成整個社會價值觀的混亂以及底線缺失，而一個價值觀混亂、沒有底線的社會是不可能長治久安的。其中的每一個人都將付出代價。堅守道德可能會暫時犧牲部分效率，但是必定更能長久。而更為現代的做法，則是起用有能力的人，建立約束制度，防止他們做出不道德的事情。

九月二十六日這場火花四濺的交鋒，再加上司馬光擔任御史中丞五個月以來與神宗之間的種種碰撞，最終讓神宗下定決心，不能讓司馬光再幹御史中丞了。

御史臺的大門倒了

九月二十八日，神宗發布調令，權御史中丞司馬光改任翰林學士兼經筵侍講。御史中丞與翰林學士向上都是可以攀升到宰相的，中丞權重而翰林清貴，地位聲望恰在伯仲之間。神宗自以為顧慮周全，照顧到了方方面面的利益。可是，這通調令卻遭遇重重梗阻，耽擱了五天，到十月二日才為司馬光所接受。

按照制度，這樣重大的任命文書在形成之後、下達之前，要先送到通進銀臺司進行審核，審核無誤，方可送到閤門司，再由閤門司送達官員本人。閤門司只是收發室。而通進銀臺司則是審核機關，審核的重點不是文字，而是任命本身是否合乎制度、人選與職位是否匹配。設置通進銀臺司的目的，就是要盡可能保證重大人事任命公平合理。[14]當時的通進銀臺司主管是呂公著——仁宗朝宰相呂夷簡的兒子，現任樞密使呂公弼的弟弟，司馬光志同道合的朋友。呂公著認為，司馬光身為御史中丞，職在糾彈，若因彈劾張方平而罷職，此例一開，恐怕臺諫官員都不能盡忠職守了。你堵住了言官的嘴，到那時，「縱使陛下有澄清政治的願望，可是又從哪裡知曉安危利害的信息呢？」[15]於是，呂公著行使了通進銀臺司主管的權力，駁回了司馬光的新任命，請求神宗重新考慮此事。

堂堂天子，撤換一個御史中丞，已經考慮得如此周全了，還是不能得償所願，不免令人氣悶。而呂公著的所作所為，卻又完全合乎制度，讓人奈何不得。當皇帝做不得「快意事」，這樣的感嘆，始於宋太祖。這在神宗才剛剛開始，十六年之後，他對著王安禮（一〇三四—一〇九五）和章惇（一〇三五—一一〇五）感嘆：「朕平生未嘗作快意事！」而章惇回答他「快意事豈宜作？」[16]按照宋朝的祖宗家法，皇帝也是在約束之中，不能為所欲為。

神宗想了兩天，決定親筆寫信給司馬光解釋調動原因。神宗寫道：「如果說是因為前日論奏張方平之事不當，才把你調任翰林學士的，這絕不是我的本意。我是因為你的道德學問，為當世所推重；而如今辦完了先帝的喪事，我打算要正式開設經筵，希望有你在其中，朝夕討論，講授治國之道，來告誡我、提醒我，拾遺補缺。所以，我才下令開講《資治通鑑》。這才是我的真實用意。呂公著駁回你的調令，是因為不了解我的真意。」伴隨著這封親筆手詔的，還有神宗的諭旨：被呂公著駁回的調令已經被直接送抵閤門，請司馬光盡快前往接收。

皇帝能這麼說，是絕大的面子，司馬光不無感激，卻難以接受。如果就此接受調令，那麼，張方平的事情就這樣不了了之了嗎？司馬光在彈劾張方平，針鋒相對的雙方，必然有對有錯。如果司馬光所言是實，張方平果然奸邪，那麼張方平應當罷政；而如果張方平沒有問題，那麼就是他司馬光應當受到處罰。「朝廷大政，必當辨是非」。[17]像這樣是非不分，一團和氣，張方平繼續當他的參知政事，司馬光調任翰林學士，絕不是司馬光想要的。接到手詔之後，司馬光立即上疏請求面見神宗，表示

「尚有私懇，須當面陳」。他承諾，面陳之後，自當「退受告敕」，接受調令。[18]以接受調令為前提，神宗接見了司馬光。會談的過程與細節不見記載，結果卻無比清晰——皇帝的意志取得了無可辯駁的最後勝利。十月二日，司馬光接受調令，改任翰林學士兼侍讀學士，而張方平則繼續擔任參知政事。

本朝最敏銳、最講原則的政治批評者司馬光終於還是離開了御史臺。這時候，人們才想起來，本來好端端的御史臺大門，十多天前無緣無故地忽然就倒了。其實倒掉的，又何止是御史臺的大門？通進銀臺司本來是糾錯用的，朝廷詔令必須通過通進銀臺司的核查然後才能下發，而這一次，神宗繞過通進銀臺司，把調令直接塞給了司馬光。那麼，一個不能審核詔令的通進銀臺司還有什麼用？皇帝正在試圖破壞祖宗法度，擺脫一切能夠束縛他的制度和人事，走向獨裁。呂公著最終用辭職表示了憤慨，當然，這是後話。[19]

從表面上看，神宗仍然欣賞、重視司馬光。十月二日，就在司馬光就任翰林學士的當天，神宗特別下令司馬光暫時不必起草本院文書，也不必像其他翰林學士一樣每天值班，可以五天一值，以便集中精力編修《資治通鑑》。神宗為這部計畫中的鴻篇鉅製寫了序，賜了名，又把自己即位之前潁王府裡收藏的兩千四百零二卷書賜給司馬光。司馬光現在有大把的時間、最優厚的資料條件，還有當世一流的學者作助手，可以從事他喜歡的通史著述。我們站在現在回望那個時間點，甚至可以頗為激動地宣告，一位中國歷史上最偉大的史學家已經出發，道路正確，前途光明，司馬光即將作為史家永垂青史。可是，關注過去、書寫歷史以指導現在，這真是司馬光所追求的全部嗎？

自古聖賢皆迂闊

關於司馬光，神宗和呂公著之間有過一次耐人尋味的對話。神宗說：「光方直，如迂闊何？」[20]司馬光端方正直，只是迂腐，不通情理，可怎麼好?!「方直而迂闊」，這就是神宗對司馬光的總評價。不得不說，神宗真是「聰明絕人」。他看到了司馬光的本質，不再懷疑司馬光的政治傾向，但是也不欣賞這樣的為人。

對此，呂公著的回答是：「孔子是聖人，可是子路說他迂；孟子是大賢人，當時的人也說他迂，司馬光又怎麼能免得了迂呢？大抵慮事深遠則近於迂，希望陛下認真考慮。」[21]

孔子之「迂」，見於《論語》。子路問孔子，衛國的君主等著您去治理國政，您會首先做什麼。孔子回答他「正名」。子路聽了，很不以為然，說：「您可真夠迂的，名有什麼好正的呢？」然後孔子就說了一大段關於「正名」的話，其中最有名的句子是「名不正則言不順，言不順則事不成」。孔子「正名」的核心是恢復禮制、名分，引導人們樹立正確的價值觀，從而重建社會秩序。[22]對於社會的穩定和國家的治安來說，這是基礎性的工作。但是，對於那些急性子的君主來說，這卻又是最迂遠、最無用的——鞏固權力、練兵選將、增加國庫收入，哪怕是修一段城牆，也比「正名」緊迫啊！子路笑話得有理。孟子的「迂」也是一樣的，戰國紛爭，弱肉強食，君主們富國強兵、合縱連橫尚且不暇，哪有時間聽他講什麼「迂遠而闊於事情」的聖王之道！[23]

司馬光的迂論，神宗也沒有工夫聽，他急於改變現狀，對內突破財政困境，對外展示宋朝國力，開疆拓土。張方平就是他實現財政突圍的一把好手，那麼，張方平又會給神宗和宋朝國家帶來什麼？

十一、話題人物王安石

人算不如天算

人算不如天算，神宗用張方平來解決財政困境的想法還是落了空。

就在司馬光妥協就任翰林學士兩天之後，治平四年（一〇六七）十月初四，張方平丁憂離職——他的父親去世了。神宗是極其不捨的，可是人子為父母服喪天經地義，便是皇帝也無法阻攔。張方平去後，神宗下令為他保留「參知政事」一職，虛位以待。大臣遭喪丁憂，若國事所需，是可以奉皇帝詔令提前結束哀悼，移孝為忠的，這叫做「奪情起復」。三個月之後，熙寧元年（一〇六八）正月，神宗下詔張方平起復，遭到了拒絕。神宗又下令張方平在守孝期間可以享受較高的工資待遇，張方平也沒有接受。

司馬光說張方平貪婪猥瑣，朱熹也說張方平人品「不好」，一個人品不好、貪婪猥瑣的人會拒絕高官厚祿、甘心守孝，遊離於政治中心之外二十七個月嗎？我表示懷疑。在劉保衡的案子上，張方平的確有以權謀私的問題，這是事實；他為父親服滿了三年的喪期，這也是事實。而且，就像司馬光所說的，張方平的這些問題都發生在大赦以前。一個犯過錯誤的人，也是可以悔改的，對嗎？出於「道德潔癖」，司馬光抓住八年以前的錯誤不放，對張方平的能力視而不見，自己也因此損失了神宗的信任，實在得不償失。然而，司馬光的脾性卻恰恰是不計得失的，他所關心的只是是非——他所認定的是非。

熙寧三年（一〇七〇）正月，張方平服喪期滿恢復工作，出任陳州知州，此後直至元豐二年（一〇七九）退休為止，始終未能再度回到中央工作。張方平於元祐六年（一〇九一）去世，享年八十五歲。關於張方平服滿之後未能重回中央的原因，張方平的女婿王鞏、得意門生蘇軾都認為是王安石從中作梗。[1]

毫無疑問，張方平才是神宗最初選定的政府首腦，神宗對張方平寄予了厚望。若論財政管理的經驗和能力，張方平堪稱首屈一指、獨步天下。如果張方平能繼續執政，還會有王安石變法以及後來的故事嗎？張方平會給神宗和宋朝國家帶來什麼呢？歷史沒有「如果」，可是對於這個問題，我還是充滿了好奇。

王安石的進與退

一身喪服的張方平悄然離去，王安石閃亮登場。

治平四年（一〇六七）九月二十三日，神宗發出了徵召王安石入京擔任翰林學士的詔書，王安石此時尚在江寧府（今南京），要到第二年（熙寧元年，一〇六八）四月才正式到京履職。儘管人還未到，王安石卻已經成了開封政壇的話題焦點。

司馬光調任翰林學士之後，御史中丞出缺，王安石曾經是熱門人選，終因張方平反對作罷。[2] 張方平對王安石的「差評」源自他們早年間的一次共事經歷。慶曆六年（一〇四六），張方平擔任科舉考官，有人向他推薦說王安石文學出眾，張方平於是請王安石參與閱卷。可是，王安石進入貢院之後，看見什麼都覺得不順眼，都想改，一副橫衝直撞的架勢，讓張方平很不痛快。到最後，張方平實在忍無可忍，乾脆「檄以出」，把王安石趕出了貢院。[3]這一年王安石二十六歲，進士及第四年，剛剛做滿一任地方小官，正在京裡閒著，等候下一個任命。這是張方平和王安石第一次打交道，二人從此再無私交。

王安石與上司、前輩的關係似乎是不好的居多。前任宰相韓琦也不喜歡他。王安石第一次做官就是做韓琦的下屬。韓琦當時是以卸任樞密副使的身分知揚州，地位崇重，非尋常知州可比。跟著這樣的長官，一般人都會努力搞好關係，力圖留下好印象，以便獲得提攜。可是王安石的腦子裡卻似乎沒有這根弦。他忙於讀書寫作，天天熬通宵，熬到天快亮的時候才有時間打個盹兒，等他睜開眼睛，太陽都老高了，只好匆匆忙忙趕去上班，常常來不及洗漱，樣子煞是狼狽。韓琦疑心這下屬昨夜喝酒鬼混，好心提醒「年輕人別荒廢了讀書，千萬不要自暴自棄」。王安石當面並不解釋，只在背後感嘆「韓公不是我的知己」。[4]

在韓琦、張方平的眼裡，王安石不是好下屬，他不善於主動跟上級溝通，不夠聽話，喜歡生事。然而，即使是不喜歡他的人也不能否認王安石的工作能力。跟司馬光正相反，王安石官僚生涯早年的大部分時間都在地方工作，他做過鄞縣（今寧波）知縣、舒州通判、常州知州和江東路的提點刑獄，所到之處，敢想敢幹、頗有政績。[5]

當然，真正讓王安石蜚聲政壇的，卻是他做官的態度。傳統中國衡量個人道德水準的重要標準，是對待權力和地位的態度——「君子難進而易退，小人反是」。[6]用這個標準衡量，王安石一直都是高水準的君子。

宋朝官場有兩樁美事，第一是入館閣，第二是進京做官。對這兩樁美事，人人趨之若鶩，王安石只作尋常，看得極淡。館閣是宋朝中央的文官高級人才庫，得入館閣為館職，就等於上了升遷高速路。士大夫們哪個不嚮往？慶曆八年（一〇四八）司馬光初入館閣，便激動得「涕泗橫集」。[7]王安石是慶曆二年（一〇四二）的進士第四名，屬於高科及第，按照制度，做滿一任地方官回來就可以申請參加館職考試，可是王安石既不主動申請，也不接受別人的推薦。帝制時代，中央集權，皇帝和中央之所在聚集著權力和財富，是功名利祿的源泉，人潮洶湧奔向首都、奔向中央，王安石卻是逆潮流而動。他熱衷於在地方工作，以近乎排斥的態度對待進京入中央。一〇四二年中進士之後，王安石在地方上工作了十二年才不情不願地奉召入京，在首都工作兩年之後又主動要求外任，一〇五九年，他再度入京工作，直到一〇六三年因母親去世才離開。不愛館職、樂做地方官，單憑這兩點，就足以使王安石成為道德標兵、時代楷模。

至和元年（一〇五四），群牧判官出缺，想做的人很多，而朝廷把這個職位給了王安石。當時王安石還沒有帶上館職。有人不服，跑去跟宰相陳執中（九九〇—一〇五九）當面抗議說：「我帶上館職已經很久了，多次請求擔任群牧判官都沒能得償所願。王安石不帶館職，資歷又比我淺，憑什麼用他?!」陳執中回答說：「王安石之所以不帶館職，不是因為他不行，而是因為他多次拒絕了朝廷的招考。正因如此，朝廷才要在職位上給他特別優待，哪裡還需要斤斤計較什麼資格級別呢？朝廷設置館職，本來就是用來收攏天下人才的，從來論的也不是資歷官位。您好歹是學問之士，竟然好意思來爭權奪位，您的臉皮，實在比王安石厚太多。」[8]聽到這話，來人只好灰溜溜地走了。旁人哭著喊著都搶不到的職位，竟然會自動落到王安石的頭上。為什麼？物以稀為貴！宰相文彥博就覺得這個年輕人「恬退」，淡泊名利，應當破格提拔，來刺激那些一天到晚想升官的傢伙，端正官場風氣。[9]

王安石本人對於自己甘心做地方官的解釋很簡單也很直白：於私，他有一大家子人要照顧，需要用錢的地方多，而地方官工資較高；於公，他希望「得因吏事之力，少施其所學」，[10]用轄區做試驗田，將自己治國安邦的想法付諸實施。這種念頭，放在高官成群的開封城，是想都不要想的。

這兩條，哪一條跟「恬退」都沒有關係。「恬退」只是別人眼中的王安石，或者說是時代有意在王安石身上凸顯的品質。不管怎麼說，「恬退」成了王安石的標誌性作風。因此，當王安石不「恬退」的時候，圍觀的人們便淡定不起來了。而王安石在神宗即位之後的表現卻是一而再地不「恬退」。

王安石的第一次不「恬退」發生在治平四年（一〇六七）閏三月。嘉祐八年（一〇六三）八月，王安石護送母親的靈柩歸葬江寧（今南京），丁憂守孝。治平二年十月，王安石喪服期剛滿，英宗就曾召他回京復職。詔書屢下而王安石屢拒。就這樣，在英宗統治的四年裡，王安石一直都在江寧，收徒講學、從事著述，過著恬淡的隱居生活。治平四年正月，神宗即位。閏三月間，神宗下詔，命王安石出知江寧府，「人人都說王安石一定會推辭」。這一任命，出自韓維的大力推薦。就連韓維本人都預計王安石一定不會接受，因此，他在得知任命發出之後即向神宗上疏表示：「我今天聽說任命王安石知江寧府……私心以為這不是招置王安石應有的安排。為什麼？……王安石長期抱病，不能回朝，如今若才得了大州長官，就起來辦公，那就是王安石傲視皇帝命令，以圖自己方便。我就知道安石絕不肯這樣做。」照韓維的想法，神宗應當拿出更重要的職位、更大的誠意來招徠王安石。可是誰都沒有想到，詔書一到江寧，王安石就到府衙裡辦公去了。王安石的表現，簡直看傻了開封政壇。韓維再去看自己那封奏札的草稿，覺得簡直就是自打嘴巴。南宋歷史學家李燾發現了韓維的奏札，鄭重其事地抄錄在《續資治通鑑長編》裡，並且發表議論說，韓維這麼說，足以表明王安石「進退失據」。[11]我們可以在這後面再補上一句，李燾之所以留下這筆記載，足以表明以他為代表的宋朝的人們是多麼在乎王安石的不推辭。王安石辭都不辭就知了江寧府，這條「新聞」讓開封城裡的觀察家們熱熱鬧鬧地過足了嚼舌癮。

到了九月，神宗宣召王安石進京來做翰林學士，王安石同樣沒有推辭。這讓開封城裡的嚼舌者又有了新話題。第二年年初，王安石的長子、二十五歲的王元澤（名雱，一〇四四—一〇七六）奉命到開封來為父親打前站，就碰到了一群好事者。這幫人正聚集在相國寺的燒朱院吃烤豬肉喝酒，[12]得知來人是王安石的公子，登時興奮值爆表，兩眼放光問王元澤：「舍人不堅辭否？」王元澤淡淡一笑，答曰：「大人亦不敢不來。」[13]當天晚上各家的餐桌上，不知有多少人在捏著酒杯嗤笑：「什麼叫『不敢不來』，分明是巴不得，恬退？呵呵。」

接到任命不再推辭而是直接接受，這便是不「恬退」也不正確了。那麼，正確的「恬退」的做法又該怎樣呢？反覆推辭，實在辭不得了，才「勉為其難」地接受。在當時，辭讓已經成為官員就任重要職務之前的「規定動作」。這是一種讓人看不懂的政治文化。儒家鼓勵進取，圓滿人生以修身為起點，以治國平天下為終極目標，而做官是通向這一終極目標的重要途徑，孔子不也說「學而優則仕」嗎？一個有抱負有能力的官員得到了可以實現理想大展宏圖的職位，不正應該欣然接受嗎？又為什麼要辭呢？除非他們認為官位所代表的，主要不是責任而是特權待遇——當然，這只是我出於「小人之心」的猜度。

一貫辭讓的王安石忽然不辭了，人人都說，王安石急著升官，步幅太大，動作變形，姿態不好看了。然而，我以為，在當時的開封，還是有一個人能夠正確理解王安石之不辭的。

做司馬光的鄰居

這個人就是司馬光。因為他和王安石一樣，從來都沒有把辭讓當作表演，當他們辭的時候，是因為他們覺得那個職位不適合自己；而當他們認為那個職位與自己的能力和理想相稱的時候，他們是不辭的。比如，司馬光辭知制誥，先後上了九個報告，跟朝廷僵持了兩個月，最終還是辭掉了。他為什麼辭？因為知制誥的職責是為朝廷起草高級公文，需要的是才思敏捷、文采飛揚、善於引經據典的文章快手，而這恰恰是司馬光的弱點，所以他必須要辭，不辭對不起朝廷，還白白地自曝其短。而當朝廷委派他做諫官的時候，司馬光是不辭的，「無一言飾讓」，痛痛快快地接受了任命。[14]為什麼？因為「諫官得行其言」，可以直接匡正朝政缺失，透過批評參與國家的管理；而司馬光的理論修養、政治洞察力與社會責任感都讓他自信自己是諫官的不二人選，當仁不讓，此之謂也！出於同樣的道理，神宗請司馬光做御史中丞，他也是不辭的。君子坦蕩蕩，為行道而做官，得到新任命，首先要考慮自己是否合適，不合則辭，合則安然受命，不做無謂的辭讓表演，這就是司馬光的作風，也是王安石的作風。所以，司馬光才能理解王安石的不辭。

「丈夫出處非無意，猿鶴從來不自知」，[15]王安石不辭知江寧府、不辭翰林學士，坦然入京，必定是已經悟透治國之道，預備輔助新君，大有作為了。

熙寧元年（一〇六八）初，王元澤到開封來為父親打前站，一個重要的具體工作就是找房子。當時官員一般都是租房住。在燒朱院，王元澤同那幫吃燒烤的朝士見了禮，重新分賓主坐定，便說明來意，請他們幫忙留意房源。立刻就有人大大咧咧地回應說：「房子還不好找嗎？王舍人要來，誰不願意租呢！何必這麼早動手?!」王元澤說：「這恐怕不容易。家父的意思是想跟司馬十二丈做鄰居，家父在家常說，司馬十二丈修身、齊家，事事都可以做年輕人的榜樣。」[16]

王元澤口中的「司馬十二丈」便是司馬光。

「嘉祐四友」的傳說

司馬光和王安石的交往始於嘉祐四年（一〇五九）。[17]那一年的春夏之交，王安石到京就任三司度支判官，[18]而司馬光此前已經在三司工作，擔任判度支勾院。他們的頂頭上司三司使是包拯——後來民間記憶中的「包青天」。彼時的開封政壇，端的是星光璀璨，人物風流！

南宋初年，史學青年徐度在他的筆記《卻掃編》中提出了「嘉祐四友」的說法：「在仁宗朝，王荊公（王安石）、司馬溫公（司馬光）、呂申公（呂公著）、黃門韓公維（韓維）都是皇帝侍從官，他們關係特別好，有空的時候常常在寺院禪房聚會，一談就是一整天，別的人很少能夠參加進去。當時的人管他們叫做『嘉祐四友』。」[19]

嘉祐四年，司馬光四十一歲，王安石三十九歲，呂公著四十二歲，韓維四十三歲，都正在盛年，年富力強，是中生代政治家中的傑出代表。歐陽修曾經在同一封札子中推薦司馬光、王安石和呂公著，說這三個人是國家棟梁，都是可以做宰相的。[20]其實不止這三個，後來這四個人都走到了政治舞臺的中央，做到了宰相，王安石與司馬光更非尋常宰相，他們水火不容的政治主張先後主導了宋朝政治的走向，宋朝的官僚群也因此出現了大分裂和黨派惡鬥。在嘉祐四年，他們已經接近政治中心、尚處外圍，還是其樂融融的好同事、好朋友。

若從這個角度看上去，「嘉祐四友」的說法，其實充滿了悲愴的意味。

根據徐度的描述，「嘉祐四友」是一個具有排他性的組合。他們可以交談終日，而別的人卻很難參與進去。這種描述恐怕與事實不符。的確，司馬光與王安石、呂公著、韓維都有著良好的關係。可是，從司馬光的交遊圈子看，至少他本人是不可能對其他人封閉起來的。這一時期跟他詩歌唱和最密的，是他在開封府工作時的同事錢公輔（一〇二一—一〇七二）；而他最相知最親近的還是老同年翰林學士范鎮。事實上，從嘉祐四年王安石抵京與司馬光同事，到嘉祐八年王安石丁憂離京，司馬光真正能夠在閒暇時間隨意與朋友交往的日子並不多——嘉祐六年七月，司馬光被任命為諫官，有了「謁禁」，就連同在開封的恩師龐籍，以及比鄰而居的老友范鎮都不能隨意拜訪，煞是感覺不便，[21]又怎麼可能繼續參與「嘉祐四友」的小團體活動？

「嘉祐四友」的記載，最早見於徐度筆下，後來的人都是轉抄徐度。所以，我猜，它極有可能是徐度根據後來歷史的發展想像出來的。徐度落筆之時，距離嘉祐年間已經過去七八十年，偏安已成定局，杭州暖風熏人醉。開封城早已被金人占領，嘉祐年間的故都風流失去了聲音和色彩，就像是一座廢棄的舞臺。而徐度的想像則像是追光燈掃過舞臺，最後聚焦在這四個人身上。一瞬之間，「嘉祐四友」復活了，從徐度開始，他們成了很多南宋人心中當年開封的標誌。

「嘉祐四友」可能出於想像，而司馬光與王安石的交往和互相欣賞卻是曾經有過的事實。比如，就在這期間，[22]王安石以王昭君和親為題材，寫成兩首膾炙人口的《明妃曲》，中有名句「漢恩自淺胡自深，人生樂在相知心」。[23]當時名家歐陽修、梅堯臣（一〇〇二－一〇六〇）、司馬光都有詩相和。司馬光和詩警句有云「妾身生死知不歸，妾意終期寤人主。目前美醜良易知，咫尺掖庭猶可欺」。[24]便是對王安石原詩「意態由來畫不成，當年枉殺毛延壽」的引申和昇華。王安石強調跨越地域的忠誠，司馬光則藉機規諫皇帝要明察。

作為一個有「道德潔癖」的理想主義者，司馬光欣賞王安石的才華與操守。他理解王安石的不辭官，然而，若說這兩個人之間曾經存在過具有排他性的友誼，我則持保留態度。他們的人生經歷、學術傾向乃至思想觀念都有著太大的差別，而有些差別是不能調和的，比如觀念。它並不影響兩個高尚人士的日常交往，但是一旦觸及原則問題，則有所必爭，為了心中真理，戰鬥是唯一出路——道德越是高尚，信仰越是堅定，便越是如此。

十二、四月談話

四月談話

熙寧元年春天，開封人唸了又唸的話題人物王安石「真身」終於抵達開封。四月初四，也就是一〇六八年五月七日，神宗下詔翰林學士王安石「越次入對」，君臣二人第一次對面長談。之後，王安石奏上《本朝百年無事札子》，鼓勵神宗振作精神，「挺身做一個大有為之君」。神宗讀罷此札，激賞有加，再度約談王安石。在四月的這兩場談話之後，神宗與王安石二人「心志遂完全得到契合」。[1]

按照李燾的記述，在四月第二場談話即將進入尾聲之際，神宗明確表示「朕須以政事煩卿」，而王安石答曰「固願助陛下有所為」。[2]這段文字，現代人讀來，很容易「腦補」成一幅戲劇衝突強烈的電影畫面——激動人心的音樂響起，神宗與王安石激動地對視甚至四手交握。接下來是空鏡頭，雄鷹在風雨中翱翔，大海上波濤起伏。再接下來，便是轟轟烈烈的變法場面了。北宋歷史後半程的走向由此定調，而司馬光也便作為王安石的對立面被定格在後代的歷史記憶當中。自後觀之，事勢的確如此。然而，為什麼會如此？為什麼事情是朝著這一個，而不是另外的方向發展的？關於四月這兩場歷史性的談話，以及王安石的《百年無事札子》，都還有著太多的問題尚待釐清，甚至這些問題都還沒有人問過。

比如說，王安石的《百年無事札子》其實是個「命題作文」，神宗是出題人。就在第一場談話接近尾聲的時候，神宗問王安石：「祖宗守天下，能百年無大變，粗致太平，以何道也？」由於時間已經來不及，王安石決定以書面形式回答這個問題，這才有了這道札子。那麼，神宗為什麼要問這個問題？他的題中之意究竟是什麼？

王安石的這道札子，神宗是欣賞備至的。他就像當初把玩王陶的文章一樣，反覆誦讀「至數遍」，並且當面稱讚這篇文章「精畫計治，道無以出此」。後來的學者也把這篇札子當作變法綱領看待。可是，這篇《百年無事札子》與慶曆新政初期范仲淹所作的《答手詔條陳十事疏》是完全不同性質的東西。范仲淹的《答手詔條陳十事疏》只用了很短的一段概括性地指陳國家存在的問題，其主體部分是相當具體的改革方案，慶曆新政的改革措施大半都來自這篇「十事疏」。而王安石這篇《百年無事札子》所做的工作只是概括性地指出問題。並且，恕我眼拙，就本人的閱讀經驗所及，王安石在《百年無事札子》裡指出來的問題，很多都不是首次揭露，司馬光和其他很多人都有類似的論述。縱然王安石筆力雄勁，有他人不可及之處，但神宗讚賞的不是文字，而是「精畫計治」之道，為什麼？

《百年無事札子》裡沒有具體的改革方案，神宗當然知道，所以，他在第二場談話中滿懷渴望對王安石說：「你肯定已經考慮過問題的解決之道了，請為朕詳細地談談你的『施設之方（實施方案）』吧！」王安石就簡單地談了談。神宗聞言大喜，說：「這都是朕從未聽到過的，別人的學問實在到不了這個水準。您能一條一條地為朕寫出來嗎？」王安石不應。神宗又退而求其次，請求王安石把當天談話的內容記錄下來交給自己。王安石「唯唯而退，訖不復錄所對以進」，嗯嗯啊啊地答應著退下去了，可是最終也沒有把當天的談話記錄交上來。[3]王安石的「施設之方」究竟是什麼，其實從後來的變法措施不難逆推。從一〇四二年進士及第到此時（一〇六八），王安石在職服務國家二十年，兼具中央與地方的工作經驗，對於國家弊病，有著深刻的了解；他復出之前，在金陵沉潛六年，思考著述，對於「施設之方」，也早已思考成熟，胸有成竹。而要想把想法變成現實，就必須獲得皇帝的支持。皇帝如此迫切想知道，這不正是大好機會？王安石卻不肯細說，甚至最終也不願意寫下來，他的打算是什麼？究竟在下怎樣的一盤棋？

提問是思考的開始。綜上所述，關於四月談話，我們的問題有三個：一、「神宗之問」的含義；二、王安石《百年無事札子》的價值；三、王安石處理與神宗關係的策略是什麼。問題已經提出，該從哪裡入手作答？通常而言，歷史學要求「白紙黑字」直言其事的證據。然而，並非所有信息都能夠透過文字記錄、流傳下來。文字缺席的地方，是留給想像的空間。只是想像如何展開，才合乎情理？而合乎情理的，是否就等同於真實？……還是讓我們回到熙寧元年四月，且從文字出發來看神宗與王安石的歷史性談話。

神宗之問

神宗之問，李燾的記載是「祖宗守天下，能百年無大變，粗致太平，以何道也？」王安石《百年無事札子》的開頭也這樣說：「臣前蒙陛下問及本朝所以享國百年、天下無事之故。」自建隆元年（九六〇）正月太祖建國至神宗熙寧元年（一〇六八）四月，享國一百零八年，中間沒有出現大的變故，天下基本保持安定——「本朝百年無事」就等於是說「我們的朝代是一個偉大的朝代」。這個判斷的基礎是對過往歷史的認識。而最初提出這個論斷的正是最終以史學家名世的司馬光。

司馬光曾經歷數東周以來的天下大勢，指出自從平王東遷「王政不行」以來直至本朝，「上下一千七百年間，天下一統者，五百餘年而已」。而這五百餘年間，又有著數不清的小禍亂，並不太平。只有本朝，自從九七九年太宗平定北漢，完成統一大業之後，基本上做到了「內外無事」。把本朝的「內外無事」，放到一千七百年的歷史長河中去看，是非常了不起的，「三代以來，治平之世，未有若今之盛也」。[4]換句話說，本朝的和平安定簡直可與「王政」流行的黃金時代相媲美！司馬光的「本朝無事說」，最早是在仁宗末年提出的，也正是在那個時候，他開始了《資治通鑑》的寫作。

「本朝百年無事」，是三代以來空前的太平盛世，這種說法是很能激發宋朝人的朝代自豪感的。而神宗問的是「為什麼」——為什麼我們能夠取得如此輝煌的成就？本朝在思想、文化、制度諸層面都有哪些具體成就？列祖列宗的說法、做法當中有哪些值得珍惜、效法、保守的東西？

司馬光提出「本朝無事說」的目的，只是提醒皇帝珍惜難得的大好局面，不要破壞，所以，他並沒有論證過「本朝無事」的成因。而王安石在《百年無事札子》中則對此做了簡潔而準確的論證：太祖愛民，一切政令「以安利元元為事」，太宗「承之」，真宗「守之」。仁宗統治時間最長，距離當時最近，王安石又親歷其中，有著最為真切的觀察，所以，他對仁宗朝政治的概括也最具體。按照王安石的敘述，仁宗政治的成功之道是：皇帝保持了對天道人心的敬畏，克制了一己之私欲。對百姓，他不濫用民力，珍惜人的生命，上行下效，因而整個國家的統治都比較寬鬆。對周邊政權——遼和西夏，他堅持和平第一原則，寧可屈己棄財，以經濟利益換取和平。在統治集團內部，他維護言路暢通，不偏聽偏信，保持了諫官、御史制度的有效性。王安石的回答，相當準確地揭示了宋朝百年無事的奧祕。那麼，在王安石主持政局之後，他又是否能夠輔助神宗堅持固守這些原則呢？我們拭目以待。

王安石的價值與手腕

本朝百年無事，成績驕人，何道以致之？這是神宗的問題，但又顯然不是神宗問題的全部。神宗之問，在字面問題之下，還有一個隱含問題，而這個問題才是真正困擾他的。這個問題就隱藏在王安石的答案之中。《百年無事札子》的前半部分重在論述「本朝百年無事」的成因，調子是高昂的、正面的；而後半部分的調子則完全是批評性的，重在論述本朝百年以來的積弊及其成因。逆推回去，神宗的隱含問題應當是：如此偉大的本朝，能夠取得百年無事的成就，卻為何又產生了如此多的問題。即位以來，甚至即位以前、還是繼承人的時候，神宗聽到、看到的有關本朝政治的議論，大半是負面的，比如說財政困難，官僚隊伍和軍隊的冗濫低效。這個有理想的年輕人一直在思考探究解決之道。他向王安石提出這個問題，與其說是希望得到答案，倒不如說是渴望驗證自己的思考是否正確。

王安石給出的答案是：第一，皇帝的主觀努力不夠，對當世智慧的吸收不夠，「未嘗如古大有為之君，與學士大夫討論先王之法以措天下也」。第二，朝廷思想不統一，「君子非不見貴，然小人亦得廁其間；正論非不見容，然邪說亦有時而用」。第三，文官選拔制度，有科舉無學校，只管考試，不管培養，考試主要考吟詩作賦、死記硬背，導致所選非所用。第四，官僚人事管理太講究出身資歷，對政績反而無所考評，導致整體的不作為。第五，農民飽受差役之苦，政府失職，農田水利不修。[5]第六，軍隊無戰鬥力。第七，宗室規模太大，享受著優厚待遇，而又對國家毫無用處。第八，理財無法，所以才會「（皇帝）雖儉約而民不富，雖憂勤而國不強」。[6]

這八點，中間第三至七點指向具體的問題，可能並不新鮮。對於神宗來說，王安石《百年無事札子》最有價值的應當是以下三點：第一點，王安石說「與學士大夫討論先王之法」的皇帝才是「大有為之君」，在神宗聽來，就是承認、讚賞和鼓勵。這一點，神宗已經做起來了！神宗的經筵（邇英閣）侍講、侍讀官已經囊括了當世最優秀的「學士大夫」，比如司馬光、王珪、范鎮、呂公著、吳申、周孟陽，[7]他幾乎每天都花費大量時間，聽這些學士大夫們講書，跟他們一起研習經史，討論政務。如今，又來了一個王安石，神宗怎麼能不感到興奮呢?!第二點，王安石說朝廷思想應當統一，這其實隱含著破壞寬容的危險。這一點，我們後面再說。更讓神宗興奮的應當是第八點，關於財政。國家所面臨的財政困難，是神宗即位以來的第一難題。如今，王安石卻告訴他，皇帝的個人生活和工作作風與財政困難之間沒有直接關係，財政困難只是因為「理財無法」，而只要理財得法，皇帝是可以「大有為」的。這個消息讓神宗如何能夠不振奮?!

神宗本來就有雄心壯志，與王安石交談之後，更堅定了做一個「大有為之君」的理想。他向王安石問「施設之方」，要求王安石以書面形式陳述改革方案，姿態是迫不及待、躍躍欲試的。而王安石的反應卻是出奇的淡定，他簡直是拒絕了神宗，他告訴神宗「施設之方」不是急事、難事。這種欲擒故縱的態度，撩撥得神宗心癢難耐，對王安石的學問和主張更是充滿了景仰和嚮往。

那麼，王安石認為什麼才是當務之急?「講學」「擇術」，確定指導思想。「願陛下專心講學，講學明白之後，施設之方是不言而喻的。」「在陛下沒有明確選定指導思想之前，我實在不敢具體報告施設之方。」[8]在開始行動之前，必須獲得皇帝毫無保留的支持；而要想獲得皇帝毫無保留的支持，唯一的辦法就是讓皇帝從思想上跟自己完全保持一致——這就是王安石強調「講學」「擇術」的目的所在。不得不說，王安石才是第一流的政治人物，他洞察人心，而且善用其術，政治手腕高明。這一點，司馬光根本不能望其項背，作為政治人物，司馬光太「單純」了，簡直像一個孩子。不止是司馬光，王安石的政治手腕超過了之前任何一位政治家。與二十五年前的改革者范仲淹相比，王安石從容不迫，雍容大度。范仲淹的改革是被皇帝逼著匆忙上馬的，而皇帝卻自始至終都不曾給予他百分百的支持。王安石卻能引得皇帝像學生一樣來請教他乃至請求他。

王安石何德何能，竟有如此魅力？用司馬光的話來說，他「才高八斗，學問宏富，為官難進易退，不貪圖富貴」，三十餘年來聲名赫赫，道德文章，天下獨步。人人都說，「王安石不出來也就罷了，他只要肯出來，立刻就會建成太平盛世，天下蒼生都會得到恩澤」。[9]他的好朋友韓維兄弟又在神宗耳邊極力鼓吹。韓維是神宗的東宮舊臣，神宗即位之後頗得信任，而每當神宗誇獎韓維的想法好、主意妙的時候，韓維卻總是說：「這是我的朋友王安石的想法。」初相見之前，神宗心目中的王安石已經是頭頂光環，「神一般的存在」了。這樣的心理預期，是好事也是壞事，怕就怕所見非所想。然而，呈現在神宗面前的王安石卻是侃侃而談，意態昂揚，論國事深刻生動，說未來積極正面。真人比傳說更精彩，神宗如何能夠不傾心?!

神宗絕不同於仁宗，他是一個有理想的皇帝。對外，他主張採取積極的進取性（或者叫做擴張性）戰略。經過二十多年的和平之後，邊防將領當中也早有人摩拳擦掌，預備一試身手，建功立業。事實上，去年十月，陝西已經有將領擅自對西夏採取了軍事行動。神宗的進取性戰略讓許多人感到不安，司馬光就曾經提出嚴肅批評。就在與王安石初次會面之前三天，四月初一，神宗接見老臣富弼，「問北邊事，條目甚悉」。富弼當即告誡神宗不要生事，「二十年未可言兵」。[10]司馬光、富弼的不同意見，神宗可以置之度外，然而，捉襟見肘的財政窘境卻著實捆住了神宗的手腳，讓他的擴張性戰略舉步維艱。沒錢是打不了仗的。神宗如此渴望得到王安石的輔佐，得理財之道，解決財政危機，以便大展治國宏圖，實現皇帝偉業。不知不覺中，神宗在內心深處、在思想上向王安石仰起了頭，投去了期待的目光。

當然，政治運作還是要顧及傳統和制度的。按照本朝提拔二府大臣的傳統，王安石的資歷顯然還不夠。四個通向二府的職位——御史中丞、三司使、知開封府和翰林學士，他才剛剛做上翰林學士，想要進入宰相府，無論如何還是要等上一等的。

四月談話之後，王安石立刻成為神宗「邇英閣」學士大夫中最重要的人物。七月間，呂公著上疏提醒神宗，「君臨天下者應當去除偏聽獨任的毛病，不因先入為主而存成見，才能夠不為邪說所迷惑擾亂」。[11]這份提醒恐怕與神宗對王安石的信任不無關係。王安石成了邇英閣學士中最紅的一個，但絕對算不上靈魂人物。或者說，邇英閣學士群，本來就各有各的思想，司馬光與王安石便分歧不斷。

宰相辭恩賞

熙寧元年（一〇六八）正逢每三年一次的南郊大禮，祭祀天地，大禮之後必有大恩澤、大賞賜，普天同慶，方顯天恩浩蕩。通常於十一月舉行。八月初，宰相曾公亮等人提出國家財政困難，二府大臣待遇本來豐厚，又常得賞賜，本次大禮之後，請不必再賞。這一年夏秋之際，天災不斷。黃河決口，開封地震，影響波及河南、河北的廣大地區，官府民居，房倒屋塌。地震之後，又逢淫雨，糧倉灌水，軍隊的糧食供應發生困難，老百姓就更不用說了。為了賑災，政府不得不出賣度牒（出家名額）和空名誥敕（賣官）。[12]二府辭恩賞，旨在體恤朝廷，共紓時難，體國之意可嘉。皇帝頒賞賜，以示恩出自上，是禮儀制度的一部分，關係朝廷體面。宰相之辭，是否恩准？神宗需要智囊意見，他將曾公亮的報告轉給了學士院，命翰林學士們討論。

司馬光主張高官全員減半，王安石等人主張不減不免。宋朝高級官員待遇之優厚，在中國歷史上罕有其匹。清朝史學家趙翼回望之際，曾經感嘆宋朝「恩賞能夠給予百官的，唯恐不足」。[13]當此之時，長期困窘的國家財政遭遇黃河決口和地震，正是雪上加霜。高級官員少一點賞賜，於各家生計無損，於國家百姓有益，又何樂不為呢？圍繞著郊祀賞賜問題，司馬光與王安石展開了一場激烈爭論，二人思想分歧的冰山一角浮出水面。那麼神宗又會接受誰的方案呢？

十三、理財爭論出延和

延和殿會議

熙寧元年（一〇六八）八月，神宗在延和殿接見翰林學士司馬光、王安石、王珪，商量南郊賞賜方案。曾公亮代表二府大臣推辭南郊賞賜之事，學士們此前已經討論多日，論理，應當已經達成一致，此番上殿，只須拿出一個議定的方案來供皇帝拍板即可。可是，討論非但沒有結束，反而越發激烈了。在延和殿上、皇帝御前，司馬光與王安石之間爆發了一場針鋒相對的辯論。這場辯論，說小也小，所針對的具體問題不過是一次南郊大禮幾萬銀絹的去向；說大卻也真大，就是在這場辯論中，司馬光頭一次如此清楚地意識到他與王安石之間的深刻分歧。同樣是在這場辯論之中，王安石說出了「善理財者，民不加賦而國用饒」，司馬光說出了「天地所生貨財百物，止有此數，不在民間則在公家」。[1]後來的歷史學者常常引用這兩句話，來論證司馬光與王安石的理財觀念差異。

任何話語都是具體環境的產物，而當時話語能夠抵達今天，被我們讀到，必然經過多重記錄傳播，中間難免好惡偏頗。那麼，這兩句話究竟是在怎樣的背景中說出來的？它們又是如何被記錄下來的？應當怎樣理解這兩句話的含義？

延和殿會議的結果簡直是個謎。神宗的態度似乎是在司馬光這邊的——在之前的單獨交談中，他對司馬光說過「朕意亦與卿同」；在延和殿上，當著眾位翰林學士的面，他又說過「朕亦與司馬光同」。可是，在最後成文的皇帝批示中所表達的，卻是王安石的意見。為什麼？最直接的解釋是王安石湊巧是那天的值班學士，皇帝批示由他親筆起草，所以他表達了自己的想法。但是，王安石膽敢篡改聖意嗎？

還是讓我們回到延和殿，且看當時場景：司馬光與王安石對面站立，言語往還，思想交鋒，有時呼吸急促，態度激烈；神宗端坐御榻，身體前傾，聚精會神聽講，認真快速思考，目光中時有火花迸出；旁邊還有一個王珪，始終面對皇帝站著，半躬著上身，保持著謙卑和順的表情。

會議一開始，司馬光首先發言，重申自己的觀點：「如今國家用度不足，災害又接連而至，財政狀況雪上加霜，因此，必須裁減不必要的支出；而裁減不必要的支出，就應當從高官近臣做起。二府大臣主動辭讓南郊賞賜，陛下自當接受，成全他們的忠君愛國之心。」

翰林學士之中，司馬光是唯一支持二府大臣辭免南郊賞賜的，「獨臣有此意見，外人皆不以為然」。兩天之前，他曾經單獨上札，以書面形式向神宗陳述自己的理由。而神宗也在二人的單獨談話中表示過：「朕的意思也跟你一樣，接受二府大臣辭讓賞賜，絕不是輕視他們，而是成就他們的美德。」[2]所以，在上殿之前，司馬光認為，他有充足理由相信，神宗將會力排眾議，接受自己的建議，大幅裁減高級官員南郊賞賜額度。

司馬光話音剛落，王安石隨即反駁道：「我大宋國家富有四海之地，大臣的南郊賞賜，明明花不了幾個錢，卻吝惜不給，省下這幾個小錢，不足以讓國家富裕，只會白白地損傷我大宋體面。唐朝宰相常袞嫌宰相食堂待遇優厚，請求辭讓，當時的人都說那是因為常袞知道自己配不上宰相的高位，既然如此，就該直接辭職，而不是辭待遇。如今二府辭南郊賞賜，道理是一樣的。」

常袞的故事

常袞（七二九—七八三）的故事盡人皆知，之前的討論，各位同僚也都是在拿常袞說事兒。司馬光究心史學，比旁人更了解這個故事。常袞是唐代宗的宰相。唐朝各衙門都有食堂，單位提供工作午餐，宰相食堂的飲食更是格外豐盛。代宗時，皇帝為示籠絡，又給宰相們每天額外賞賜「內廚御饌」，份量之大，足夠十人飽餐，根本就是浪費。這份「加菜」，常袞上臺之後，主動推辭，從此徹底取消。常袞又認為宰相食堂的待遇本身也過於豐厚了，於是提出縮減，結果卻遭到了一片譏諷之聲，最終未能實現。與同時代的宰相相比，常袞所得的評價不高，[3]這件事顯然「減分」不少。

反駁常袞的話，說得最響亮的他的前輩張文瓘（六〇六—六七八）：「宰相食料豐厚，這是天子對中樞的重視，給賢才的待遇，咱們要是擔不起這責任，就該主動引退辭職，不應該省下這點小錢來給自己博取名聲。」[4]也就是說，宰相食堂的優厚待遇，既是國家對宰相超大責任與超高能力的回報，又是宰相地位與國家體面的象徵，職位、責任與待遇三位一體，不可分割——位可辭，飲食待遇不可辭。張文瓘的話博得了當時與後世的一片喝采。王安石引用常袞故事的用意也正在這裡。那麼，司馬光是怎樣看常袞故事的呢？

後來，在《資治通鑑》的正文中，司馬光如實記錄了當時人對常袞的譏評，又在後面以「臣光曰」評論道：

君子以無功受祿為羞恥，常袞辭讓厚祿的行為，是有禮義廉恥的。跟那些一味貪戀權位俸祿的人比起來，不還是強很多的嗎?!《詩經》有云「彼君子兮，不素餐兮」。像常袞這樣的行為，「亦未可以深譏也」（也不能過分非議）。5

「亦未可以深譏也」，便是司馬光對常袞此舉的態度。司馬光所追求的是一種合乎禮義秩序的中和之道。具體到二府大臣辭免南郊賞賜這件事，他的態度正是如此。在之前與司馬光的單獨談話中，神宗曾說：「不如乾脆（全盤接受曾公亮的請求），取消二府大臣的南郊賞賜！」司馬光當即表示反對，理由是：「南郊賞賜，連普通士兵這麼卑微的群體都能沾潤，公卿大臣反而沒有，恐怕『於禮未順』。」在司馬光看來，一切選擇都應當以禮義為歸依。公卿大臣的待遇、特權是禮義秩序的一部分，皇帝無權剝奪；而公卿大臣的待遇無論何時都應當超過普通士兵，這也是禮義秩序的應有內容；當然，公卿大臣也應當負擔更大的社會責任，主動為皇帝分憂。因此，關於南郊賞賜，司馬光主張包括二府大臣在內的全體高級官員減半賞賜，既可保全國家體面，維護禮義秩序，又可節約財政開支。

小錢當不當省

二府大臣的南郊賞賜總額，司馬光算過帳，按往年的慣例估計，大約在二萬銀絹左右。的確不是個大數目，省下這一筆來，也「未足以救今日之災」，不能徹底改變財政狀況。那麼，是否就可以像王安石說的，「我大宋富有四海」，區區「小錢」就不必儉省了呢?

司馬光認為，這絕對不可以。第一，這不單純是個經濟問題，只算經濟帳是不對的。二府大臣辭讓南郊賞賜，是君子忠君愛民的義舉，（有限度地）接受它，既可以面向全社會宣示高層厲行節約、共濟時艱的決心；又可以為整個官僚集團做出表率，為接下來的財政節流改革開路，「希望國家能借由此事籌劃削減其他不必要的開支」。既然如此，又何樂而不為呢？第二，這一筆小錢不必省，那一筆小錢不必省，那麼，還有什麼是能省的？「你要削減皇帝的供奉之物，就會有人說『改變制度，削弱排場，不是榮耀國家的做法』；要削減大臣的無功之賞，就會有人說『省下來的也沒多少，反而損害了體面，不是優待賢人的做法』；要削減官僚集團的多餘開銷，就會有人說『人們心理上難以接受，恐怕滋生事端，不是安定團結的做法』。照這樣說來，國家就永遠也不可能削減財政支出，小老百姓也就永遠也不會有休養生息的那一天了，只能是竭澤而漁、水乾魚盡而後已！」第三，司馬光相信，「凡宣布惠澤，則宜以在下為先；撙節用度，則宜以在上為始」。[6]凡是發布恩惠好處，應當優先考慮地位低下的人；而厲行節約，則應當從地位崇高的人做起。地位與社會責任掛鉤，這才是儒家精義。

驚人之語非故作

王安石侃侃而談，司馬光仔細傾聽。王安石的說法，司馬光並不感到驚訝，他相信神宗會做出正確的判斷。然而，王安石接下來的一句話卻讓司馬光悚然心驚，他簡直不敢相信自己的耳朵。

王安石說了什麼？

王安石說：「且用度不足，非方今之急務也。」國家用度不足，財政困難，不是當今的緊急事務。

這是什麼話呢？宋朝的國家財政早已是捉襟見肘，舉步維艱，這是人人都知道的事實。司馬光還記得，仁宗晚年在三司共事的時候，王安石對當時形勢的判斷與眾人並無兩樣，他上給仁宗皇帝的萬言書，不也說「天下之財力日以困窮」[7]嗎？如今八年過去，經過仁宗、英宗兩次國喪，耗費巨大，又遭地震水災，雪上加霜，「內外公私財費不贍」。王安石憑什麼說「用度不足非急務」呢？他究竟想要表達什麼呢？

司馬光奮起反擊：「國用不足的狀況，從真宗末年就已經開始。近年以來，愈演愈烈，你憑什麼說這不是急務呢？」

司馬光的反應，似乎早已在王安石預料之中，他回答說：「國用不足，是因為沒有得到善於理財的人。」

「善於理財的人？」司馬光提高了聲調，「不過是以苛刻繁重的賦稅來榨乾老百姓的財富罷了！可是那樣一來，百姓窮困流離，淪為盜賊，對國家又有什麼好處呢?!」在司馬光看來，再高明的理財者也不過是理財者，而非財富的創造者，財富只能來自社會，「公家既竭，不取諸民，將焉取之？」[8]以目前國困民貧的狀態，能夠把財「理」上來的，只能是頭會箕斂的高手。

「這不是善於理財的人。」王安石停頓了一下，望向神宗，說出了那句著名的話：「善理財者，民不加賦而國用饒。」不給老百姓增加一點賦稅而國用豐饒。這就是王安石的理財口號，也是他得以打動神宗的祕密武器。說到這句話的時候，王安石身姿挺拔，臉上顯出篤定自信的表情，整個人簡直光芒四射。神宗再一次被感染，被召喚，不自覺地向王安石投去神往的目光。

那麼，怎樣才能做到「民不加賦而國用饒」呢？王安石沒有說。司馬光卻有著自己的理解。這分明是漢代法家桑弘羊的做法。民分四類，「士農工商」。所謂「民不加賦」，只是不向四民之一的「農」民加賦。桑弘羊實行鹽鐵專賣，要求商人、手工業者申報財產以便徵稅，一輛小車、一條小船都要交稅；財產申報不實者，發配邊疆，沒收財產；還鼓勵揭發告密。桑弘羊又實行均輸平準之法，賤買貴賣，以政府代行大商人角色。桑弘羊曾經獨掌財權二十三年，為漢武帝的對外戰爭提供了有力的財政支持。從「國用饒」的角度來看，桑弘羊的確是成功的。[9]但是，如果把皇帝、政府和包括「士農工商」在內的社會視為一個整體，追求整體的和諧共榮與帝國的長治久安，那麼，桑弘羊則是失敗的，他的經濟政策損害了商人和手工業者的利益，擾亂了經濟秩序，造成了整個社會的不安，最終引發了民間的反抗。作為一個純粹的儒家學者，司馬光是瞧不起桑弘羊的。而王安石竟然要走桑弘羊的老路！

司馬光忍不住嗤之以鼻了：「什麼叫『民不加賦而國用饒』？這分明是桑弘羊欺騙漢武帝的鬼話，司馬遷記下來是為了諷刺武帝的糊塗。天地所生貨財百物，止有此數，不在民間則在公家。桑弘羊能讓國用豐饒，不從老百姓那裡拿，又從哪裡拿呢？要真像他說的那麼好，漢武帝末年怎麼會盜賊蜂起，還要派繡衣使者去追捕？這難道不是老百姓窮困不堪官逼民反嗎?!這樣的話怎麼可以當真呢?!」

在司馬光的這段回答中，也有一句引用率極高的話「天地所生貨財百物，止有此數，不在民間則在公家」。[10]學者們引用這句話，通常是為了說明司馬光保守，不承認社會財富的可增長性。對於生活在二十一世紀的中國人來說，鄙視司馬光是很容易的事。我們親身經歷、耳聞目睹了社會財富的飛速增長，四十餘年間，小到個人、家庭，大到城市、國家，財富的增長規模和速度是前所未聞的。

「天地」還是這個「天地」，其間的「貨財百物」，卻早已不知翻了幾翻。所以，我們會覺得司馬光真是太保守了。但是，諸位有沒有想過，這四十餘年財富增長的動力來自哪裡？制度革新、科學發展、技術進步，特別是早已走在前面的西方文明的引領。而這些，在司馬光與王安石討論「天地所生貨財百物」的時候，都沒有發生。沒有上述這些革命性的因素，又怎麼可能出現社會財富的革命性增長？而如果財富總量不增長，那麼，理財的問題歸根究柢還是一個分配問題，不在公家就在民間，是「富國」與「富民」孰先孰後、如何協調的問題。司馬光所說的並沒有錯。

事實上，關於社會財富，王安石也有過類似的說法。王安石在江寧閒居講學期間，曾經寫文章反對奢侈、提倡節儉之風。其中警句，司馬光尚能默誦於心：

天地之生財也有時，人之為力也有限，而日夜之費無窮，以有時之財，有限之力，以給無窮之費。若不為制，所謂積之涓涓而洩之浩浩，如之何使斯民不貧且濫也？[11]

天地之間，財富的生長受制於時間，人所能做的工作有限，可是耗費卻可以無日無夜，無窮無盡。以有限的財富和人力，來供應無窮的消費，如果不進行節制，那麼，積累如涓涓細流，洩散如大水湯湯，又如何才能讓老百姓免於貧窮困頓呢？

王安石說「天地之生財也有時，人之為力也有限」，司馬光說「天地所生貨財百物，止有此數」，其間區別其實並不大。可是，這才兩三年過去，王安石竟然改弦易轍，要另立新說了。望著王安石和神宗，司馬光的心中閃過了一絲懷疑。難道說王介甫為了滿足皇帝私欲，甚至可以改變自己的學說？還是，他根本就不了解眼前之人？

就在司馬光思忖的當口，王安石掉轉了話題，老調重彈，又說南郊賞賜數額不大，可以忽略，於是司馬光只好跟著回來反駁他。顯然，王安石不願意繼續糾纏理財的問題。

司馬光與王安石的爭論持續了不短的時間，話都說盡了，還是無法說服對方。延和殿裡出現了短暫的沉默。這個時候，一直沒有說話的王珪滿臉謙卑，適時地開了口：「司馬光說節約開支應當從高官貴近做起，說得對；王安石說二府的南郊賞賜花費不多，不賞恐怕有損國家的體面，說得也對。還是請陛下裁決。」這就是王珪，謙卑柔媚。此人在神宗身邊的時間，註定比司馬光、王安石都長。

聖意「不允」假作真

神宗做了總結：「朕亦與司馬光同，今且以不允答之可也。」[12] 朕的想法與司馬光相同，也就是說，贊同減免二府南郊賞賜。姑且以「不允」答之，則是例行的政治姿態——究竟還是要推辭一下的，等宰相們的第二通請辭報告打上來，就可以答允了。如此，則雙方皆有體面。

可是，哪裡還有第二通報告呢？第一通「不允」詔書下發之後，曾公亮等一干二府大臣看罷，便再也不敢提辭讓南郊賞賜的事情了。這通詔書是怎樣寫的呢？

朕剛剛即位，不曾改變祖宗的做法。各位大臣是從黎民中的賢者裡選出來的，地位在百官之上。有關賞賜，你們接受還是推辭，人們會從中觀察政治的風向；賜予或者剝奪，是朝廷駕馭臣僚的手段。貴賤等級的分別，就像廟堂的臺階一樣。古聖先王依據人口的多少來制定國家的用度。如今大宋人口繁衍，賦入的數量並不少，如何理財，值得思考。各位不去謀劃理財之事，反而想著貶損個人待遇，一味傷害國家體面，全然不合朕心。各位功勛卓著的賢人，朕正要和你們共商大計，區區一點賞賜，何值一提？你們所請求的，理應不允。[13]

各位大臣哪一個不是飽讀詩書的？誰不知道常衮的故事？詔書又特別強調賞賜是皇帝控制群臣的手段，暗示對待賞賜的態度即是對新君的忠誠表態，誰還敢辭？只能乖乖接受。

這樣一通措辭嚴厲的詔書，與神宗在延和殿上的口頭指示顯然不符。神宗說：「朕亦與司馬光同，今且以不允答之可也。」「不允」本來只是策略，最終卻變成了目標。怎麼會這樣？「是日，適會安石當制。」[14]這一天，正趕上王安石在翰林學士院值班，負責書寫詔書。於是，這詔書就從神宗口諭中策略性的假「不允」，變成了嚴厲到無限上綱的真「不允」。那麼，是王安石錯會或者妄改聖意嗎？

王安石豈是妄人？王安石所表達的才是神宗的真聖意。我們上面看到的延和殿會議的辯論過程，全部出自司馬光的事後追記。換句話說，它是司馬光所認定的「事實」，是司馬光的記憶。作為一個以「誠」立身的人，司馬光不會撒謊，但是任何記憶都有選擇性。有神宗在之前單獨談話中的表態打底兒，司馬光樂於相信神宗的話，相信「朕亦與司馬光同」是真實態度，相信神宗的「不允」是禮儀性的。

那麼，真實情況又是怎樣的？我們只能推測。站在神宗的角度來看，司馬光說的都對，完全符合儒家的禮義原則，跟司馬光「對嗆」簡直就等於自蹈於不義之地。可是合乎禮義的，卻未必合人心意。回顧即位以來與司馬光的一系列交道、衝突，神宗難免會覺得，司馬光「對」得太厲害了，讓人不愉快。而按照司馬光的想法走下去，他就必須按捺一切衝動，小心謹慎，縮手縮腳。那當皇帝還有什麼意思？神宗敬重而不喜歡司馬光。這個聰明絕頂的年輕人當皇帝二十個月了，他已經學會用冠冕堂皇的空話套話，來對付像司馬光這樣的迂夫子。他說：「朕亦與司馬光同，今且以不允答之可也。」司馬光就當了真，還在回憶錄中暗示王安石妄改聖意。這是一種可能，當然，還有另外一種可能，那便是，司馬光明明看透了神宗的虛與委蛇，也不願戳穿，有意讓王安石來背黑鍋。

王安石認為「用度不足」不是「方今急務」，喊出了「善理財者，民不加賦而國用饒」的響亮口號。神宗得到鼓舞，南郊賞賜，皇恩浩蕩加於既往，真真的揚眉吐氣，做了一回舒心皇上。熙寧元年十一月的南郊大典，賞賜花費九百多萬，跟三年前英宗的南郊賞賜相比，開支不但沒有縮減，反而增加了二百萬，[15]正所謂「國有至急之費而郊祀之賞不廢於百官」。[16]

南郊大典之前，十月分，神宗從內藏庫拿出二千三百四十三萬顆珍珠，到河北榷場上出售，然後，用這筆資金到四川、陝西一帶，從境外購置駿馬一萬兩千九百九十四匹，[17]重啟了已經擱置兩月之久的養馬強兵計畫。神宗是一定要大有為的，可是錢呢？宋朝有兩套財政系統，一套是國家財政，由三司管理，已經捉襟見肘；還有一套是皇帝財政，由皇帝直屬的內藏庫管理，饒有積蓄，只是其中數目對於外朝臣僚來講始終是最高機密，不得而知。神宗要大有為，單靠內藏家底兒是不行的。那麼，錢從哪裡來？王安石的「民不加賦而國用足」將如何足法？善理財者將如何理法？司馬光把王安石想作宋代版的桑弘羊，是否想錯了？

十四、司法分歧起阿云

山東蝴蝶翅動

有關南郊賞賜的爭辯，不是司馬光與王安石第一次出現分歧，當然，也絕不是最後一次。在此之前，熙寧元年（一〇六八）夏末，圍繞著一起謀殺案件的判決，司馬光與王安石已經發生了第一次重大分歧。山東女子阿云謀殺丈夫韋阿大未遂，致其重傷，司馬光主張當殺，王安石認為可活。這本來是一樁普通刑事案件的判決，事關一個女人的生死，可是卻引發了一場有關司法原則的大討論，皇帝、宰相、法官、臺諫官……整個國家最有權勢、最有學問的人盡數捲入。最終，皇帝出面做了終審裁判，卻無法說服大多數官僚，包括司馬光在內的很多人繼續抱持反對立場。在這場討論之中，司馬光與王安石針鋒相對，官僚集團發生分裂，皇帝顯出了私心，宋朝政治的走向正在發生著偏移。這就像是現代人熟知的「蝴蝶效應」：一隻南美洲亞馬遜河流域熱帶雨林中的蝴蝶，偶爾搧動幾下翅膀，可以在兩週以後引起美國德克薩斯州的一場龍捲風。那個叫阿云的女人犯下的罪，經過一系列的反應之後，最終影響了宋朝政治的走向。

那麼，同樣的案情，司馬光與王安石依據同樣的法律條文，怎麼會做出如此生死懸隔的判決？究竟誰對誰錯？他們都不是法官，而是翰林學士——皇帝的文學侍從、高級祕書兼顧問，兩名翰林學士為什麼會捲入到一場司法爭論中來？

殺夫案惹爭論

這樁謀殺案發生在山東登州的一個小村莊，時間應當是治平四年（一〇六七）夏天。案發當晚，村民韋阿大睡在了自家田頭的窩棚裡。阿大新婚，正該是濃情蜜意的時候，為什麼不在家裡摟著漂亮媳婦睡覺，卻要睡到田裡來呢？可能是天氣太熱，也可能是地裡種著甜瓜一類可以直接換錢的經濟作物，接近成熟需要看管，以防偷盜——這在北方農村很常見。總之，那天晚上，阿大睡在了田頭，睡得很沉。到了後半夜，突然有人手持腰刀摸進窩棚，朝著阿大就是一通亂砍。阿大猝不及防，中了將近十刀，雖得不死，卻被生生剁去一根手指，身受重傷，渾身血汙，奄奄一息，幸好有起早下地幹活的鄰人發現，這才撿回命來，被人抬回家去。阿大的新婚妻子阿云來開了門，見阿大如此，臉上閃過一絲嫌惡，身體也不由自主地向後躲閃。阿云貌美，阿大猥瑣，自從成親，鄰居們就沒見阿云給過阿大好臉色。可是，人都到這般田地了，做妻子的竟然是這般做派，也實在是令人心寒。

事情報到官府，縣衙派出縣尉前往勘察。縣尉大人在現場和家裡兩處看過，街坊四鄰一番打探，很快將懷疑對象鎖定為年輕貌美的新媳婦阿云。阿云被帶到縣衙，衙役們凶神惡煞般圍列四周，各種刑具一字排開，上面的陳年血跡清晰可見，令人不寒而慄。幾句話旁敲側擊之後，阿云防線崩潰，主動承認自己就是凶手。阿云的殺人動機說來簡單得讓人想哭——她不願意跟一個相貌醜陋、形容猥瑣的男人共度此生。[1]

一時之間，阿云案轟動了登州。按照宋朝國家法典《宋刑統》的規定，謀殺親夫屬「惡逆」，是「十惡不赦」的大罪，無論致死、致傷，均應處以極刑——斬首。[2]登州城裡，已經有人捋著鬍鬚感嘆「好一個活色生香的小娘子，竟這般蛇蠍心腸，這番身首異處太可憐」，準備占地方看殺人了。

可是，登州知州許遵的判決結果卻是將阿云流放二千五百里。這個判決結果一出來，立刻就掀起了軒然大波。登州相關司法官員幾乎全員表示反對。登州百姓更是議論紛紛，說什麼的都有。有那好色的，以己度人，認定許遵必是看上了阿云，要討她作小，這才瞞天過海，免阿云的死罪。對於這種說法，官場中的消息靈通人士打從鼻子裡哼出來，以示不屑：「這麼說豈不辱沒了許大人？人家可是有高尚追求的！」這許遵許大人究竟是要營私舞弊呢，還是根本就不懂法，無知妄斷？都不是。許遵，六十一歲，進士出身，中過「明法」科，當過大理寺（最高法院）的詳斷官和審刑院（中央司法審核委員會）的詳議官，「讀律知法」，是一位既懂理論又有實踐經驗的資深法律專家。[3]他判阿云不死，自有一套振振有詞的說法，只是無法服眾。有人推測，許遵之所以要在這樣一樁案情如此簡單明白的謀殺案上大做文章，是「上頭」有人承諾要提攜他做「判大理寺」，所以許遵才「欲立奇以自鬻」，想要做出點突出成績來展示自己。[4]可是，謀殺親夫者竟然可以逍遙法外，天理何在？許遵和反對派各執己見，無法統一意見，阿云案因此成疑。

按照宋朝制度，疑案須上報中央司法機構複核。宋朝中央負責司法審核的是三個機構：大理寺、刑部和審刑院。首先介入阿云案的是大理寺。大理寺判定阿云當處絞刑——還是要死的，只是能留一個全屍，比斬首略好。看起來阿云是必死無疑了。沒想到神宗決定施展皇帝的仁慈，對阿云寬大處理，免其死罪，判終生編管（管束）。也就是說，神宗並不反對大理寺的判斷，他只是動了惻隱之心，要對阿云「法外開恩」。神宗的批示，連同大理寺的審核意見，一起下發到登州。阿云可以不死了，可是許遵竟然不服，拒絕執行中央命令。許遵為什麼不服？他要皇帝給一個說法，明確支持自己的判斷。於是乎，許遵第二次上訴中央。這一次，刑部介入審核。刑部的審核結果與大理寺相同，判定阿云當處絞刑；而許遵因審判失當，應繳納罰款。判決結果下發之時，許遵已經得到了「判大理寺」的任命。大法官上任的第一件事竟然是遭遇審判失當的指責，這讓許遵情何以堪，又如何服眾？許遵不服，第三次上訴中央，神宗只好命令翰林學士重審此案，於是，司馬光便和王安石一道，接手了阿云案的複審工作。

以法律之名

在對阿云案的全部案卷仔細審讀、反覆推敲之後，司馬光不由地發出一聲長嘆：真不愧是斷案老手啊，許遵對法律條文太熟悉了！他熟悉但是並不尊重——法律條文在許遵手裡，簡直就像是一塊麵團，要圓得圓，要扁得扁。

妻子謀殺丈夫，本來是「十惡不赦」的大罪，按照當時法律，不管殺沒殺死，都應當處斬刑——身首異處，橫屍街頭，這是死刑之中的極刑。死刑分兩等，斬刑之下還有絞刑，是死刑之中比較輕的，因為可得全屍。死刑之下是流刑，遠離家鄉，在官府的監管之下服勞役，離家鄉越遠懲罰越重。從斬首到流放，是生與死的差別，這中間還隔著個絞刑。那麼，許遵是怎樣把阿云的刑罰從斬首減輕到流放的？

許遵真是個聰明細心又熟悉法條的法官。他發現了一個非常關鍵的細節。正是這個細節，把阿云謀殺阿大一案的犯罪性質從「謀殺親夫」變成了「謀殺路人」。這個關鍵細節就是阿云與阿大成婚的時間點。這個時間點，正好在阿云為母服喪期間。按照《宋刑統》，居喪嫁娶，屬於非法。許遵因此判定，阿云與阿大的婚姻關係無效，阿云非阿大之妻，阿云「謀殺親夫」罪名不成立。

這個判斷，以事實為依據，以法律為準繩，有理有據，讓人無法反駁，但是，卻很難服眾。它合法卻不合情理，違背了人之常情，不符合社會習俗。「不為法律所承認的」卻可以是「社會所認可的」。根據案情，阿云還在娘胎裡就被許給了阿大，阿云母親過世之後，二人成親。在周圍鄉親的眼裡，阿云和阿大就是夫妻，怎麼可能是毫不相干的路人？阿云模樣俏麗，阿大相貌醜陋，「好漢無好妻，賴漢娶花枝」，的確讓人惋惜。可是，配偶醜陋就能成為殺人的理由嗎？阿云的故事裡沒有出現「西門慶」，她一個人策劃、實施了對阿大的謀殺，並且能在事後從容離開現場。這絕不是簡單的激情殺人，而是蓄意謀殺。站在現代立場上看，阿云是包辦婚姻的受害者，但不管我們多麼同情阿云，也無法同意她以殺人求解脫的愚蠢做法。而當時的普通老百姓看阿云案，看到的就是妻子謀殺親夫，正如司馬光在「阿云案審查報告」裡所說的：「阿云嫌棄丈夫醜陋，親自手持腰刀，在田野之中，趁其熟睡，砍殺將近十刀，斷其一指，開始並沒有自首，是到了衙門裡眼看著要嚴刑拷打，不招不行了，這才招認。犯罪情節如此，有什麼值得同情的？」[5]阿云謀殺阿大一案，情節嚴重，社會影響惡劣，判決應當從重而不是從輕，因此，司馬光同意大理寺、刑部的判斷，認定阿云難逃一死，當處絞刑。

可是王安石、許遵卻主張要免阿云一死。那麼，他們是怎樣做到的？

許遵認為，阿云存在自首情節，因此可以獲得減刑。這裡有一點需要解釋，阿云是被帶到官府之後招供的，招供之前應當經過了簡單的審訊。按照現行法律，在公安局審訊室裡招供是不能算自首的，在宋朝卻可以算，這叫作「案問欲舉」。按照當時法律，阿云自首情節可以成立，這一點司馬光也同意，但問題是，通常情況下，謀殺一類以危害人身為目的的惡性犯罪是不適用自首減刑條款的。那麼，許遵、王安石是如何「為阿云辯護」的？

很複雜也很簡單。一般人怎麼理解阿云案？謀殺未遂致其重傷，這是一個罪名——「謀殺未遂」，所以要按照謀殺罪來量刑。而許遵則把阿云的罪行分解成了兩個罪名：一個是謀殺罪，「阿云謀劃殺害阿大」，結果未遂；還有一個是人身損害罪，阿云砍了阿大將近十刀，砍斷一指。謀殺是起因，人身損害是結果。事實只有一個，變換的只是說法。

這樣一分為二之後，阿云就能不死了。為什麼？

因為《宋刑統》裡有一條關於人身損害罪的自首減刑原則：由於其他犯罪導致人身損害的，如果自首，可以對其他犯罪免於懲罰。比如說因為劫囚而導致的人身損害。劫囚的目的是把罪犯救出牢籠，如果犯罪得以順利實施，是不需要損傷他人性命的，可是獄卒出面攔阻，犯罪嫌疑人「沒辦法」「不小心」砍斷了獄卒一隻胳膊，這就導致了人身損害。在這個犯罪過程當中，劫囚就是「其他犯罪」，而獄卒斷了一隻胳膊，就是「由於其他犯罪所導致的人身損害」。假定該犯罪嫌疑人有自首情節，劫囚罪是可以免予追究的，只按照人身損害罪量刑。這就是那條自首減刑原則。

許遵就把這個原則用在了阿云案上：因為阿云謀殺阿大，導致了阿大身受重傷，「謀劃殺害阿大」是「其他犯罪」，而「阿大身受重傷」是「由於其他犯罪導致的人身損害」。現在阿云自首了，根據自首減刑原則，阿云的謀殺罪行可以免於追究，只追究致阿大重傷部分，按照人身損害罪量刑，所以是流放二千五百里。

這個看上去完美的論證過程，在司馬光看來，簡直是荒唐透頂。這不就等於把「謀殺」分成「謀劃」和「殺害」嗎？多麼可笑的文字遊戲！什麼叫「阿云謀劃殺害阿大」？「若平常謀慮，不為殺人，當有何罪可得首免？」如果阿云只是安安靜靜地坐在家裡在腦子裡謀劃如何殺害阿大，哪怕她想出來一百零八種殺夫之法，只要她不去實施殺人行為，那又有什麼罪行需要透過自首來獲得豁免？謀殺就是謀殺！謀殺是人命關天的惡性犯罪，不是寫在紙上的字，沒辦法撕成兩塊兒！

司馬光做過專管司法刑獄的開封府推官，[6]對於法律，他是下過硬功夫的。他清楚地知道，《宋刑統》中的這條自首減刑規定中，絕不是什麼罪都能夠隨隨便便套用的。「由於其他犯罪導致人身損害的，如果自首，可以對其他犯罪免於懲罰。」這裡邊的「其他犯罪」指的是什麼？必須是不以人身損害為目的的犯罪，比如劫囚、偷東西。為什麼這類「其他犯罪」自首可免？因為這類犯罪的刑罰遠比人身損害罪要輕。而謀殺是什麼性質的犯罪？謀殺就是要殺人，殺人就是謀殺的目的。謀殺在所有人身損害罪中是量刑最重的。憑什麼減免呢?!這些原則，以許遵的道行，他怎麼可能不知道?!卻偏偏要做這樣的文字遊戲，為阿云脫罪！而他只是在為阿云脫罪嗎？皇帝都開恩免阿云一死了，許遵還不依不饒，死活要逼迫司法界接受他的解釋。許遵走得太遠了。

而王安石卻堅定地站在許遵身後，為許遵辯護。到這個時候，阿云案已經不是一個簡單的阿云生死問題，而是關係到定罪量刑原則的司法大討論。具體說來，阿云案的判決結果，將影響宋朝法律中有關謀殺罪是否適用自首減刑的原則。許遵與王安石主張謀殺自首可以減刑，司馬光反對。王安石說，允許在阿云案中適用自首減刑原則，可以鼓勵自首，為罪人開自新之路。而司馬光則擔心，這種「自首」實在是太「便宜」了（人已經在審訊室裡了，眼看著不招是死，招就有活路，是個人都會自首；而自首就可以活）這絕不是為罪人開自新之路，而是助長殺人者氣焰，讓小人得志，良民受弊。[7]

站在司馬光身後的，是中央和登州的絕大多數司法官員，王安石這邊似乎只有一個許遵——當然，真理是有可能掌握在少數人手裡的。神宗會做出怎樣的選擇？王安石在神宗心中幾乎是「神一般的存在」，而司馬光的道德學問也是當世一流，兩位翰林學士對阿云案的意見分歧如此之大，怎麼辦？神宗下令舉行第四次複議，擴大討論範圍。第四次複議的結果是贊同王安石——許遵。於是，神宗最終決定按照王安石的意見終結阿云一案。熙寧元年（一〇六八）七月三日，神宗頒布詔書，宣布謀殺已傷犯罪可以適用自首減刑原則。可憐又可恨的登州姑娘阿云保全了性命，宋朝對謀殺案的審判原則也出現了重要調整。王安石的意見上升為國家意志，謀殺未遂已傷自首減刑成為法律新規。司馬光不願意看到的事情終歸還是發生了。

阿云案結案了，由阿云案所引發的司法討論還遠未結束。皇帝可以用權威對阿云案做出終審裁定，修改司法原則，也可以用行政力量強制推行這一原則，卻無法說服所有官員在情理上接受它，包括司馬光在內的大多數官員對阿云案仍然心存保留。[8]在接下來的日子裡，阿云案所引發的司法爭論還將繼續發酵、升級，乃至引發高級官員的對立、分裂，有人因此氣死，有人因此遭遇貶逐。而司馬光終其一生，從未改變自己對阿云案的觀點。當然，這些都是後話。

此處需要為司馬光辯一大誣。在宋人所留下的文字記載中，在尊重史料的學者所作的論述中，[9]我們再也沒有發現有關阿云的任何消息。可是網路上卻有一種無恥貪婪、無知無畏的寫手，為博取點擊率，妄言司馬光在執政之後重審此案，殺害了阿云。司馬光何辜，於千載之下，受此奇恥大辱！我曾反覆閱讀史料和相關論著，並請教了宋代法制史專家戴建國先生，確認判斷無誤。謹於此處鄭重聲明：司馬光所追求的是以司法正義維護公序良俗，追殺阿云之事，是當代無良寫手潑在司馬光身上的髒水，與司馬光無關，與宋人無關。

君子和而不同

在當時，司馬光還是情願把他和王安石之間的所有分歧都作積極正面的解讀，看作是君子之爭，而君子只要在大方向上一致，通往目標的道路、做法可以不同，這就是孔子所說的「君子和而不同」。司馬光與王安石，共同的大方向是什麼？「輔世養民」，輔助皇帝涵養世道潤澤萬民！司馬光說：「君子之道，出處語默，安可同也？然其志則皆欲立身行道，輔世養民，此其所以和也。」[10]君子的道路（人生選擇），是做官還是隱退，是大聲疾呼還是沉默以對，怎麼可能完全相同？但是，不管做官還是隱退，大聲疾呼還是沉默以對，其目標都是為了踐行心中的真理，輔助皇帝涵養世道潤澤萬民，這就是為什麼他們能夠和諧共處。「和而不同」的君子各自獨立思考，做出各自認為正確的選擇，他們濟濟一堂，發出不同的聲音，互相討論，最終讓國家事務朝著更為正確的方向發展，這才是社稷之福。這是司馬光從范仲淹那一代政治家那裡學習繼承而來的理念，他衷心希望這種傳統能夠在神宗皇帝的廟堂之上延續。

可是，這種傳統能夠延續下去嗎？司馬光心懷隱憂。皇帝對王安石的「偏聽獨任」，[11]已經成為開封一道獨特的政治風景。單獨談話是常有的事情，一談就是一兩個時辰，宰相們怕皇帝有什麼最新指示，竟然就在外面候著，有一次竟然餓著肚子候到了下午三點。要知道，宰相曾公亮跟包拯同歲，年近七十，是接近退休的人了！宰相府上報的常規人事任命案，本來皇帝簽個字就可以下發，可是神宗竟然壓了好幾天才拿出來，說：「我問過王安石了，他說行，就這麼辦，立即下發吧。」宰相府的工作竟然要聽翰林學士的指示，這叫什麼規矩?!副宰相唐介（一〇一〇—一〇六九）是個直腸子，壓不住火，當著神宗的面放了一炮：「我近來常常聽說陛下遇到事情就問王安石，他說行就照辦，他說不行就不行，這樣一來，還要宰相大臣有什麼用？倘若陛下覺得我們沒這個能力，就應當先罷免了我們幾個。讓這樣的話流傳天下，恐怕不是陛下信任大臣的體統！」

皇帝偏聽獨重王安石。阿云案，王安石的主張如此牽強，可是神宗竟然站在了王安石這邊。對於皇帝的欲望，王安石採取了迎合而非節制的態度。這讓司馬光感到不安。熙寧二年（一〇六九）二月初三，王安石被任命為副宰相。神宗提出這一任命，是頂著壓力匆忙做出的，他在與王安石的談話中說：「朕也想從從容容地拜你為相，可是近日輿論頗有意欲製造事端打擊你的，所以我反而更急著要你就職。」那些意欲製造事端打擊王安石的人究竟是誰？

第三部

風雲初變

1069—1071

千載一時的君臣遇合開啟了一場大變法，今人往往只關注具體政策措施的變革，殊不知，真正根本性的改變卻是北宋朝廷的政治理念、施政方式和政治風氣。王安石以天縱之才設計了精美的財政增收制度。要把這套制度高效推行下去，就必須把官僚團隊變成順手的工具；要把官僚變成工具，就必須「一道德」，消除「異論」；要消除「異論」，就必須嚴厲打擊那些身在高位的反對派。反對王安石的人，氣死的氣死，沒氣死的一個接一個被趕下中央的重要職位。神宗向司馬光奉上了樞密副使的高位，條件是停止批評。司馬光選擇拒絕以保持批評的自由，繼續發聲直到不能，然後轉身離開。

十五、開封山雨欲來

「眾喜得人」

神宗任命王安石為副宰相，反對的人不少。神宗認為，這是因為「人們都不能了解王安石的價值」，他告訴王安石：「呂誨確實曾經詆毀你不通時事。趙抃和唐介也多次進言，說你的壞話，生怕我要再提拔你。」[1]神宗又問他的東宮舊臣孫固（一〇一六—一〇九〇）「王安石可相否」。孫固說：「安石文章行誼都很高明，讓他擔任侍從獻納的職位，是合適的。宰相自有其氣度格局，安石狷介偏狹肚量小；陛下想要賢宰相，呂公著、司馬光、韓維都是合適人選。」神宗問了四遍，孫固的回答都是一樣的。[2]

這些反對的人卻不包括司馬光。司馬光後來說過，王安石初入中書，「眾喜得人」——眾人都為國家得到這樣的人才感到欣喜。「眾」，泛泛而指，不知名姓。可是肯這樣說的人本身必定是站在「眾」這邊，為王安石的上臺感到高興的。這就是司馬光對於王安石上臺的最初態度，但沒過多久，他就發現自己是真的錯了。經過阿云案、經過延和殿會議財政原則討論，對於王安石的政治見解和政治作風，司馬光已經有了初步的了解，他知道這個人和自己之間存在著巨大差異。那麼，對於王安石的上臺，司馬光為什麼會表示欣喜？又是什麼讓他的態度發生了逆轉？

讓司馬光的態度發生逆轉的是一個人的死亡和兩個人的離去，這一系列事件發生在熙寧二年（一○六九）三月到六月的幾十天裡。

三月二十九日，副宰相唐介去世，得年六十。[3]很多人相信，唐介是被王安石氣死的。起因還是阿云案——治平四年（一○六七）夏天山東那隻蝴蝶振動翅膀所引起的氣流波動，兩年之後在開封政壇繼續引發風暴。熙寧元年（一○六八）七月，阿云案的判決結果經過皇帝的敕令下發之後，允許在謀殺罪中適用自首減刑原則，已經成為司法新規。[4]

唐介的觀點和司馬光一樣，堅決反對司法新規，認為在謀殺這樣的惡性犯罪中適用自首減刑原則是鼓勵殺人，違背了法律懲治犯罪、維護社會正義的最高原則。反對這條司法新規的宰執又何止一個唐介！宰相富弼也不支持這條司法新規。富弼是熙寧元年二月二日被任命為宰相的，比王安石的參知政事任命早一天。他曾經當面對王安石說：「把『謀』和『殺』分作兩件事，是割裂律文、斷章取義，為什麼不聽聽大家的呢？」[5]富弼又問王安石是否能夠改轍，得到否定回答之後，便緘口不言，不再對阿云案和謀殺自首減刑原則說一句話。富弼現年六十六歲，他四十歲做到樞密副使，和范仲淹一起領導慶曆新政，親身經歷了新政的流產，曾經血氣方剛、衝勁十足，在仁宗晚年再度入朝主持政局，態度漸趨穩健，是一名政治經驗豐富的三朝老臣。神宗的詔令已經下達，王安石拒絕改正，富弼便採取了保留態度，不再說話。對於王安石主張、神宗支持的謀殺自首減刑新規，大多數人像富弼和司馬光一樣，採取了保留態度，不支持，也暫時不再公開反對。可是唐介哪裡能夠沉默？

性格決定命運，這話放在唐介身上是最合適不過了。唐介的學問、行政能力和政績都算不上一流，他能夠登上參政高位，有一多半是憑了性格中的剛烈正直。[6]想當初，唐介做殿中侍御史時，仁宗想要給張貴妃的伯父高官厚祿。反對的人很多，唐介態度最堅決，言辭最激烈。仁宗氣得當面揚言要流放他，唐介卻不慌不忙地說：「我下油鍋都不怕，貶官流放算什麼?!」[7]仁宗氣不過，解除了唐介的御史職位，把他貶官外放，結果卻成就了唐介的「剛勁之名」，讓唐介成為舉世矚目的直言標竿。神宗提拔唐介做副宰相，便是要借重他的「剛勁之名」來表明尊重輿論的態度。

天子用我以直，我當以直報之。身登高位的唐介把性格中的剛直發揮到了極致。他決心跟王安石「死磕」謀殺自首減刑新規。當著神宗皇帝的面，唐介幾次跟王安石爭執不下。王安石的辯論能力在當時無人能出其右，唐介哪兒說得過他？說來說去，唐介就被王安石堵在了牆角，明知道王安石不對，可是又辯不過，氣得滿臉漲紅、渾身發抖。終於，在一場激烈的辯論之後，落了下風的唐介撇開王安石，轉向神宗，直著脖子喊道：「謀殺罪大惡極，全天下的人都認為自首不能減刑，說行的就只有曾公亮和王安石！陛下，陛下，陛下！」

曾公亮也未必真的支持謀殺自首減刑，只是他是推薦王安石入朝、支持王安石入中書的人，所以唐介連他一起罵了。曾公亮一張老臉有些擱不住，卻也不知如何辯白。

神宗還在回味王安石的詞鋒，欣賞王安石的論辯高才。王安石對於阿云案和自首減刑原則的辨析，讓他覺得精妙、新鮮（在王安石之前，還從未有人這樣一字一句地解讀過律文）人人都以為律文是死的，謀殺未遂只有死路一條，唯獨王安石從死的律文裡合情合理地讀出了活命的玄機。為什麼不留下那山東婦人一條性命呢？如果被害人沒有死，給罪犯一條自新之路，又有何妨？

就在神宗回味之際，王安石對他的辯論對手發出了致命一擊：「那些認為謀殺罪不能自首的，都是朋黨！他們是為了反對而反對，他們並不關心法律的真諦和國家的安寧！」

王安石此言一出，富弼的心像是被什麼東西猛抓了一把，真真切切地感到了疼痛——慶曆新政為什麼會流產？朋黨之論！若不是反對派用「朋黨」的罪名來攻擊范仲淹、富弼，仁宗怎麼會放棄對新政的支持?!王安石如此得皇帝信任，竟主動發起朋黨之議，又豈是國家之福?!曾公亮、趙抃也不約而同地皺起眉頭，閉緊了雙脣。王介甫駁倒了唐介，想要從氣勢上和心理上徹底壓垮對手，無可厚非，只是用「朋黨」這樣的罪名，未免不厚。朋黨是什麼呢？結黨營私、不顧大局的小集團。對於高級官員，沒有比這更惡毒的攻擊了。

唐介本人則徹底石化了。「朋黨」這個話都出來了，看來王介甫是不許有任何商量了。你要麼聽他的，無條件跟他走；要麼反對他，成為「朋黨」！唐介死死盯著王安石，眼珠子幾乎要瞪出來，臉漲成了豬肝色，再也說不出話來。

神宗對「朋黨」一詞的反應，顯然沒有各位宰相大臣激烈。他只看到了王安石的大獲全勝和唐介的憤怒失落。在他看來，給唐介點教訓，不是壞事。時辰不早了，底下還有樞密院、三司、開封府等一大串衙門首腦等候接見，神宗示意，閤門官贊禮，眾宰相告退。

當天傍晚，唐介回到私宅，卸去朝服，突然倒地，一病不起，不久，「疽發於背而卒」，[8]後背上長了個毒瘡，死了。這是中國史書裡政治上不得志的人十分常見的一種死法。

唐介之死，著實震動了司馬光。唐介的諡號，太常禮院定的是「質肅」兩個字。「正而不阿，剛而能斷」，謂之「質肅」。司馬光當時還兼任著判尚書都省，組織審核諡號正是他的職責。在司馬光的主持下，一百五十八名參議官員一致同意，唐介當得起「質肅」二字。[9]司馬光看不出像唐介這樣為了道理連性命都可以不要的人有什麼私心，沒有私心哪來的朋黨？

神宗還是很對得起唐介的，他兩次親臨唐府，一次在唐介死前一天，君臣相對淚眼汪汪，而唐介已不能發一語；一次是四月十一日，唐介已死，神宗親臨弔唁，看到唐介的畫像畫得不好，特地讓人從宮裡拿出一幅早年間仁宗讓人為唐介畫的像賜給唐家。皇恩浩蕩，令人動容。可是對於王安石的「朋黨」之說，神宗卻沒有任何指示，開封政壇繼續浮想聯翩。

唐介死後，宰相府成了王安石的一言堂：兩位宰相，曾公亮不斷上章請老，表示幹不動了，要退休；富弼乾脆請了長期病假，撂挑子不幹了。三位副宰相，唐介已死，王安石之外，還有一個趙抃，遇事爭不過王安石，只好連聲叫「苦」。「生老病死苦」，中書算是占全了。

唐介死了，死得委屈。有人說是王安石氣死了唐介，然而，當司馬光平靜下來，理智地分析，卻也明白，唐介之死不能把責任全部推卸到王安石身上——如果唐介不生氣或者氣性不是那麼大，也許是可以不必死的吧。但是，接下來的一系列事件卻讓他不能不重新審視作為政治家的王安石。

這一系列事件的開端仍然是一起謀殺案，其結果卻引發了兩位高級官員的去職。開封百姓喻興夥同其妻阿牛，謀殺一個名叫阿李的女子，案發之後自首。按照阿云案之後頒布的謀殺自首減刑新制，這是可以減刑的。可是開封知府鄭獬（一〇二二—一〇七二）卻拒絕按照新法規來判決此案，鄭獬明確表示，他要面見皇帝，重啟討論，不能讓這樣鼓勵犯罪的惡法繼續流毒四方。這分明是在挑戰王安石的權威，王安石決定予以堅決打壓，把鄭獬趕出開封，調到杭州去。[10] 可是，以鄭獬的地位，[11] 要調動他，並非小事。按照制度，徵得皇帝同意之外，還必須要宰相的親筆簽字。王安石只是副宰相，上面還有兩位宰相富弼、曾公亮。按照正常程序走，富弼那一關肯定是過不去的——富弼本人也是自首新規的反對派，這一點王安石很清楚。怎麼辦？按照制度的確很難辦，繞開制度不就好辦了嗎？趁著富弼請病假，曾公亮去洛陽出差，王安石自己動手，越俎代庖，簽署了鄭獬的調令！就在鄭獬躍躍欲試，準備上殿面君，挑戰王安石的自首新規之前，他被調離了開封知府的職位，失去了面聖資格。

消息傳出，開封輿論一片譁然。司馬光對王安石的做法感到痛心。且不論起因如何、誰對誰錯，王安石驅逐鄭獬的手段就是明目張膽的違規操作。僅此一點，王安石已經破壞了制度和傳統，他完全沒有把祖宗的法度放在眼裡。而王安石驅逐鄭獬的背後，還隱藏著私心，他們之間是有私怨的。鄭獬是前任御史中丞滕甫（一〇二〇—一〇九〇）的好友，而滕甫在此之前已經被王安石排擠出朝。鄭獬與滕甫這兩個人的共同點，是性情豪放、不拘小節，又都好喝一口小酒，喝醉了便掏心掏肺，什麼都說。滕甫甚至在皇帝面前也是直來直去，「如家人父子」，不加修飾的。王安石在背後叫滕甫「屠夫」，叫鄭獬「酒保」。

先見與後覺

鄭獬遭貶並非孤立事件，王安石上臺之後的多起人事任命案的公正性都令人懷疑。對於王安石的政治作風，司馬光產生了嚴重懷疑，但並未完全喪失信心。對於王安石，他仍然抱有期待，儘管這期待就像是風中的蠟燭，忽明忽暗。

在南宋，士大夫中流傳著這樣一個故事：有一天，司馬光正在殿庭裡等著給神宗上課，忽見御史中丞呂誨前來，聲稱有要事奏報，求見皇帝。御史中丞要奏的事當然是提意見，呂誨表情凝重，態度嚴肅，顯然是要有重大彈劾了。司馬光小聲問道：「今天求見皇帝，要說什麼事呢？」呂誨抬起手臂來，指給司馬光看：「我這袖子裡邊的報告，是彈劾新任副宰相的。」新任副宰相，當然就是王安石。司馬光愣住了，驚訝地問：「以王介甫的文學、德行、行政能力，他的副宰相任命下達之日，眾人都為國家得到這樣的人才感到欣喜，獻可（呂誨的字）為什麼急著彈劾他呢？」呂誨嚴肅地說：「王安石雖然享有盛名，皇上也欣賞他。但是這個人喜歡標新立異，不通人情，輕信固執，喜歡別人迎合他，你聽他說得天花亂墜、美不勝收，一旦落到實處就會出問題。這樣的人當皇帝的侍從顧問，或許還沒問題，放在宰相的位置上，天下必然受他的禍害。」聽到這話，司馬光說：「獻可，咱們兩個以心相交，我有什麼想法不敢不全告訴你，你今天這番議論（就算都對），（可是王安石）還沒有一點不好的實際表現，似乎還是有草率下結論的嫌疑。你要是還有別的奏章，不如就先說別的事情，把彈劾新宰相的事情押後，再想一想，籌畫籌畫，好嗎？」呂誨表示，此事是國家的心腹之患，刻不容緩。話音未落，禮賓官已經在催促呂誨覲見。司馬光回到辦公室，在桌前呆坐到天黑，一句話也沒說。[12]

呂誨對王安石的批評尖銳之極，乃至苛刻。他批評王安石是「權臣盜弄其柄」，羅列了王安石十大罪狀，給王安石扣上了「大奸似忠，大詐似信」的奸臣帽子，警告神宗「耽誤天下蒼生的，必定是這個人」，「如果讓王安石久居廟堂，長期掌權，國家必無安靜之日」。這樣措辭極端的彈章，呂誨連上兩封。其結果是，當年六月，呂誨被免去御史中丞職位，出知鄧州。

這個故事裡的司馬光，在當時仍然是不反對王安石的。跟呂誨相比，司馬光顯得相當遲鈍或者說過於謹慎。他並沒有像人們通常想像的那樣，從一開始就反對王安石，堅決而明確地站在王安石的對立面。那麼，這個故事是否為後來人的編排呢？應當不是，呂誨去世之後，司馬光親自為他撰寫了墓誌銘。在這篇墓誌銘裡，司馬光這樣寫道：王安石就任副宰相「眾人都為國家得到這樣的人才感到欣喜，唯獨獻可不以為然，眾人沒有不感到奇怪的」。司馬光本人顯然就是那感到欣喜、感到奇怪的「眾人」之一。再後來，他為仍然還健在的老朋友老同年范鎮作傳，結尾說：「像呂獻可的先見之明，范景仁的勇敢果決，都是我比不上的，我打心眼裡佩服他們。」[13]「呂獻可的先見之明」，說的就是這件事。范鎮（字景仁）的勇敢果決，也與王安石有關，具體細節，且容後文再敘。

由此可見，對於王安石當政，司馬光起初是歡迎的。跟呂誨相比，他的確後知後覺。經過阿云案，司馬光已經了解王安石的標新立異，固執己見；經延和殿會議，他也知道了王安石的財政思想跟自己完全不是一路。那麼，為什麼他仍然能夠以積極的態度接納王安石的上臺？

道德與性格

關於這個問題，我想了很久。司馬光對王安石的看法，其實是一個純粹主觀的問題，司馬光自己沒有留下直接的思想記錄，我們也沒有辦法鑽到司馬光腦袋裡去。但是，答案仍然是可以尋找的。從哪裡找？兩個方向：一個是司馬光重視什麼，一個是那些有先見之明的批評者都說了些什麼。

先來看那些批評者都說了什麼。呂誨說：「王安石喜歡標新立異，不通人情，輕信固執，喜歡別人迎合他，你聽他說得天花亂墜、美不勝收，一旦落到實處就會出問題。」還有比呂誨更為先知先覺的人。王安石上臺之前，已經有不少人警告過神宗王安石絕非宰相人選。他們的理由是什麼呢？「為人缺乏度量。」這些批評強調的是什麼？性格、作風，它決定了一個人如何處理與周圍的人和事之間的關係。王安石恐怕得算是性格有缺陷的政治人物，他比較偏執。而司馬光本人亦有著類似的問題，他的脾性也恰恰是不計得失，只重是非的。這一相似性使得司馬光很容易把王安石的性格缺陷忽略不計，甚至不自覺地欣賞接納，直到他被這種東西所傷。

那麼，司馬光最重視什麼？道德品質！司馬光是一個有道德潔癖的人，對自己，他有著最高的道德標準，容不得一點瑕疵。對別人，他雖然不致如此苛刻，但是也欣賞道德高尚的人。司馬光衡量人物優劣，道德具有「一票否決權」。比如，對於神宗選擇的第一個理財人選張方平，論能力、論經驗，沒有人比他更合適了；可是司馬光堅決反對，就因為此人有以權謀私的貪腐記錄，道德上有瑕疵。用道德標準衡量，王安石幾乎是完美的，他早年辭館職、辭京官，這些連司馬光都做不到。司馬光怎能不欣賞他？一葉障目不見森林，道德高標遮住了司馬光的眼睛，讓他有意無意地忽視或者低估了其他因素。

唐介之死，鄭獬、呂誨遭貶，讓司馬光對王安石的政治作風終於有了遲到的警覺；對於王安石的剛愎自用，王安石打擊政敵的決絕剛狠，以及這種作風與權力結合可能帶來的危害，司馬光都有了新的認識。九月間，王安石推薦呂惠卿（一〇三二—一一一一）為崇政殿說書，司馬光表示反對。神宗為王安石辯護說：「安石不好官職，自奉甚薄，可謂賢者。」這話分明是衝著司馬光的道德潔癖去的。而司馬光卻繞過道德，談到了王安石的性格：「安石誠賢，但性不曉事而愎，此其所短也……」[14]司馬光已經開始謹慎地批評王安石的性格，以及由此性格所決定的施政風格——剛愎自用。那麼接下來，這兩個人之間又會有怎樣的碰撞？

熙寧二年的秋天，司馬光與王安石對開封政局的感受是迥然不同的。

王安石意氣風發。他可以肯定自己獲得了神宗皇帝幾乎全部的信任——「幾乎」這個限定詞還是要有的，畢竟，皇帝偶爾還會有動搖、有保留。圍繞阿云案的反覆討論、延和殿會議上有關財政政策的爭辯，不管有多少人反對，反對的聲音是多麼高亢洪亮，皇帝最終都選擇了站在王安石這邊。而呂誨的彈劾簡直是一塊試金石，試出了神宗對王安石的信任有多麼堅誠。後來，曾經推薦了王安石又成為王安石反對派的宰相曾公亮感嘆說：「上與安石如一人，此乃天也！」[15]

這種「上與安石如一人」的信任是怎樣形成的呢？

談出來的。在過去一年多的時間裡，王安石與神宗有過多次長時間、一對一的交流。從先秦學術到治國方略，從傳說中的上古聖王到本朝的列祖列宗，從漢唐疆域的廣袤遼闊到本朝領土的狹窄逼促，從真宗皇帝屈己從人與契丹人澶淵訂盟的大度到列朝以來党項人的桀驁不馴，從本朝的募兵制度、養兵政策到眼下的財政困境……他們幾乎無所不談。神宗聰明穎悟，吸收能力之強，超過了王安石之前所有的學生。他們的談話通常從神宗的提問開始：神宗問，王安石答；神宗又問，王安石復答。神宗問的，總是那個最關鍵的問題，而王安石的回答又總能讓神宗的目光中迸發出火花。恍惚之間，王安石甚至偶爾會忘記眼前這個求知若渴的年輕人是皇帝。

就在這樣的往復問難之中，王安石完成了對神宗的「講學」，神宗完成了「擇術」。王安石確信，接下來朝廷的政策將沿著自己制定的方針路線前進。對於那些反對派，王安石相信，把他們趕走是必要的。本朝的傳統是「異論相攪」，允許甚至鼓勵不同的意見在朝堂上爭論——王安石不否認這樣做可能有些好處，但是，他也相信，那只是在正確的方向確定之前。既然正確的方向已經確定，那麼，還要那些亂七八糟的雜音有什麼用？留著那些說東道西的反對派，只會讓皇帝動搖，讓政策搖擺，讓政府喪失效率。本朝已經讓這幫人亂哄哄吵鬧得太久，再也耽擱不起了。現在，皇帝明確了方向，是結束吵鬧、搖擺，大踏步向前進的時候了！

王安石給神宗講過自己治理地方的經歷。他做鄞縣知縣，趁農閒組織老百姓興修水利；在青黃不接的時候向下層農戶發放糧食，到秋收的時候，加一點利息收回來，既解決了貧苦農戶的吃飯問題，又更新了官倉的存糧，一舉兩得，公私兩便，利國利民。這兩件事都非常成功。可是，他後來做常州知州，打算修一條運河，結果卻變成了爛尾工程。為什麼在鄞縣做什麼什麼成功，在常州卻什麼也做不成？王安石的結論是：他在鄞縣任職三年，時間長，所有這些工程都是自己說了算，沒有外力牽扯。而在常州，他一共就待了十個月，時間短不說，還受到上下兩方面的掣肘，上級不支持，「轉運使允許他調動的人力資源不足」；下級不配合，「督役者以病告」，再加上天公不作美，「雨淫不止」，所以只能是失敗。[16]王安石用自己的經驗告訴神宗，如果想要打破陳規、做不同尋常的事，就必須把反對派甩開，不聽、不看、不動搖。當然，對於這些反對派，也不能太過苛刻，還是要給出路、給待遇，把他們養起來，只要不惹事就行。[17]把沒用的官僚養起來，而不是直接撤了他們，以減少改革的阻力——這一點，應當是王安石從范仲淹新政的失敗中總結出來的教訓。

那麼，王安石和神宗所確定的正確方針究竟是什麼？王安石的方針，可以分為「最高目標」和「現階段最迫切的任務」兩部分。最高目標是「恢復漢唐舊境」，重建華夏往日榮光，「依照漢唐兩代的幅員規模，由北宋王朝再一次實現統一全中國的大業」。[18]為實現這一偉大壯舉，就必須建設強大的國防力量；而強大的國防，必須以強有力的財政為支持。所以，「現階段最迫切的任務」就是「富國」、就是「理財」——整頓財政。

在財政問題上，王安石與當時大多數人最大的區別不在於形勢判斷，而在於解決方案。宋朝國家面臨著前所未有的財政困境，這已經是常識，是共識，這一點，王安石並不否認。他所反對的，是那些「流俗之人」的解決方案。「流俗之人」人多勢眾，縱貫老中青三代，包括富弼、張方平、司馬光、蘇轍。他們的解決方案說白了就兩個字——「節流」。比如說，蘇轍提出來的理財原則，就是要「常使財勝其事，而事不勝財」，「所謂豐財，非求財而益之也，去事之所以害財者而已矣」。[19]在王安石看來，這種解決方案，只知一味縮減政府支出，是多麼「沒有出息」啊！

天天聽見這幫人站在朝堂上、坐在衙門裡哭窮，可是放眼天下，哪個州哪個縣沒有地主豪強？這些人富裕的程度超過了王公大臣，一年到頭什麼都不幹，淨收入就有幾萬貫。這說明什麼？天下之大，社會財富並不匱乏，只是那些錢不在政府的掌控之中！那些地主豪強只是普通老百姓，沒有一官半職，又不當兵打仗，對國家、對社會有什麼貢獻可言？他們憑什麼享受這樣奢華的生活？在王安石看來，地主豪強所占有的社會財富，「皆蠶食細民所得」，其來源已不合乎道德正義，而富人剝削窮人，使「貧者或不免轉死溝壑」，其結果更危害社會安定。[20]因此，要想解決眼下的財政困境，就得從這些富人入手，由政府出面，把那些原本由富人所把持經營的事業直接接管起來，把原本被富人霸占的社會財富變成政府的直接收入，由政府來統一掌控使用，一舉兩得，利國利民。

那麼，皇帝—朝廷憑什麼這樣做？或者說，政府的權力從哪裡來？王安石用詩解釋了國家權力的來源：「三代子百姓，公私無異財。人主擅操柄，如天持斗魁。」[21]三代指夏商周——華夏傳統思想想像中的黃金時代，在三代，統治者與老百姓親如一家，天下為公，沒有私有財產。統治者代天理物，操縱人間的權柄，其正當性，就如同天帝操持北斗。按照這種理想狀態下的政治原則，平民對土地和財富的多占是邪惡的、非法的，統治者作為上天的代理人、人間秩序的維護者，有權加以制裁，否則就是不作為。

王安石的政府將排除異見，積極作為，從財政政策下手，進行大刀闊斧的改革。熙寧二年（一〇六九）二月十三日，變法領導小組「制置三司條例司」成立，知樞密院事陳昇之（一〇一一—一〇七九）、副宰相王安石擔任組長。三司是宋朝的財政部，「制置三司條例司」就是「財政政策規劃小組」，直屬於皇帝，在用人等方面擁有極大的靈活性，王安石是其頭腦和靈魂。在王安石的主導下，條例司就像是一個高效率的孵化器，各項新法不斷醞釀、推行。

頭一個要改的就是東南地區上供中央物資的管理制度。宋朝的經濟重心在東南六路，政治重心在北方。順著運河，東南物資源源北上。按照當時制度，各地上供中央物資的種類和數額都是固定的，三司只管收，地方只管送，毫無靈活性，碰上大豐收、價格便宜也不敢多送；趕上欠收、絕收，卻要從外地高價買進再轉送開封。如此一來，老百姓吃虧，政府也不占便宜，白白地把大把的銀子送給那些「乘時射利」的大商人。怎麼改？在東南設置「中央採購代表」一職，給本錢給政策，讓他根據開封的庫存和需求信息，以及東南各地的生產情況，綜合考慮價格、運輸成本等因素，實時調控，根據就賤就近的原則決定政府購買和物資徵發的品種及數量。這個「中央採購代表」就是「東南六路發運使」，發運使並不是新職位，只不過它本來的職責只是簡單的催收督運，而王安石賦予了它新生命，希望它成為東南物資與開封需求之間的樞紐，為政府創造效益。這項新法被稱為「均輸法」。

均輸法是在七月間頒布的。接下來，還會有青苗法，這是王安石早就在鄞縣試驗成功過的。有關科舉制度的改革、有關勞役制度的改革，也都在醞釀之中。大宋王朝，必將擺脫貧弱之姿，國富兵強，指日可待。熙寧二年的秋天，王安石信心滿滿，腳步堅定，意氣風發。

憂心忡忡司馬光

同樣是在熙寧二年的秋天，司馬光卻憂心忡忡。他還是翰林學士，是神宗的經筵老師，皇帝依然尊重他，享受跟他在一起談史論今，遇事還願意聽聽他的意見。可是，司馬光的內心深處卻在經歷著一場深刻的痛苦折磨。他眼睜睜看著大宋王朝政治傳統中那些最美好的東西，就像是黃河岸邊的泥沙一樣，正在快速流失。前一年夏天，黃河在河北地區決口，司馬光曾經兩次奉命視察災區，統籌修河事宜。治河是難事，司馬光虛心聽取專家意見，尊重地形、水勢，終得成效。在司馬光眼裡，真正令人不安的還不是黃河水患，而是開封的政治風氣。

那些膽敢反對王安石的人被一個一個地驅離了中央。五月十八日，鄭獬被調任杭州知州，跟鄭獬前後腳因得罪王安石而「無罪被黜」的，還有三位侍從高官。[22]六月二十一日，御史中丞呂誨外放鄧州知州。

排斥異己還不是最可怕的，更可怕的是這後面所隱藏的，是王安石對於制度和傳統的蔑視。在重大人事案上，王安石表現出了高度的「任性」。他驅逐鄭獬，是繞過了兩位正宰相的，副宰相簽字就把一位翰林學士、開封知府給罷了，這在本朝歷史上還沒有先例。據說鄭獬的調動是有皇帝的親筆「御批」的，問題是皇帝就可以隨隨便便地批個條子處理如此重要的人事案嗎？——而類似的人事變動不止一起。按照宋朝制度，重大人事任免案必須由皇帝和宰相共同商定，宰相、副宰相集體簽署。只有這樣，才能防止皇帝、宰相、副宰相中的任何一方、任何一個人獨斷專權、非理性決策。可是，王安石引導著神宗，輕輕巧巧地就把制度給繞過去了。自從二月初進入宰相府以來，不管大事小事，只要跟其他宰相意見不一致，王安石就會單獨求見皇帝。而每一次，他都能成功說服皇帝，拿到「御批」，然後，就拿著皇帝的批條來搪塞其他宰相，壓服公眾輿論。[23]

除了人事案的「任性」以外，變法領導小組「制置三司條例司」本身也很能說明問題。「制置」的是「三司」的「條例」，三司長官卻不在裡邊；這麼重要的、關係政策未來走向的組織，卻沒有其他宰相的參與，第一宰相富弼、第二宰相曾公亮、副宰相趙抃都不在這個小組。拋開舊有機構、不用舊人，另搞一套，可能會顯得很高效，但是卻會忽略很多非常實際的問題，看上去完美的制度設計，真正推行下去必然是漏洞百出。司馬光反對這種做法。去年六月，神宗拜託司馬光和滕甫出面組織，研究如何裁減國家支出，司馬光就態度堅決地謝絕了這項光榮的使命。他的理由便是，要想解決財政問題，必須從財政部本身出發，「不必更差官制局」。

在司馬光看來，相比王安石對制度與傳統的蔑視，更令人擔憂的是這種作風對神宗的影響。好的制度與傳統，絕不僅僅是把事情辦了就算完，還必須關照到長遠和整體。用今天的話來說，它必須同時具有對權力主體進行監督、制約的功能，能夠相對有效地防止權力的濫用。因此，好的制度在短時間內所呈現的辦事效率可能相對較慢，然而它的總體和長期效益卻要高於獨斷專行的壞制度。在制度與傳統中活動的人，特別是居高位、掌大權者，應當尊重程序，接受監督。然而，任性原本就是人類的天性，神宗又是一個對制度缺乏耐心的皇帝。比如當年他罷免司馬光的御史中丞，調令本來是必須經過通進銀臺司審核才能下發的，結果通進銀臺司負責人呂公著反對，把司馬光的調令退還給神宗，請他三思而行。神宗卻繞過通進銀臺司，直接把調令塞給了司馬光！年輕的皇帝想要這樣做，本來也不稀奇，可是宰相這樣做，卻令人難以接受。宰相的責任是什麼？「佐天子而理大政」，宰相是輔佐皇帝的人，是從眾官中千挑萬選出來的一等一的政治家。作為經驗豐富、富有智慧的資深政治家，宰相的作用本來應該是在皇帝發昏的時候攔著他，可是王安石的做法卻正好相反，他在利用皇帝的不耐煩，慫恿皇帝衝破傳統、打碎制度。而除了列祖列宗留下的制度傳統，還有什麼是能夠束縛皇帝的？打破傳統與制度、失去制約的皇權是可怕的，它將會吞噬一切！細思恐極，司馬光感到不寒而慄！

在司馬光看來，本朝制度有許多需要改善的地方，但總體來講仍然是好的，而在眼下，最大的問題顯然不在制度本身，而在於那種對制度與傳統全盤否定，以為打破了重來就可以解決所有問題的草率作風。他苦口婆心勸說神宗：「天下就像是個大房子，有破敗的地方就要修，只要房子本身沒有大毛病（結構是好的）就不需要拆了重造。真出了大毛病，要翻蓋，沒有好的設計師、沒有最優質的材料，也是不行的。現在這兩樣都沒有卻要硬生生拆了沒大毛病的老房子蓋新的，只怕這新房子連遮風避雨都做不到啊！」比如這「制置三司條例司」，司馬光說：「按照現行的制度，三司使掌管國家財政，如果現任三司使不稱職，可以撤了他，但是卻不應當讓別的機構來侵犯他作為三司使的職責。現在整出個制置三司條例司來，究竟是要幹什麼呢？」[24]這些話，司馬光是在經筵上說的。他利用每一次講歷史的機會，勸說神宗接受古代的教訓，不要輕易對本朝制度採取全盤否定的態度。

在王安石的主導下，朝廷的政治風氣正在發生轉變。在司馬光看來，是王安石背離了初衷。想當初，剛上臺的時候，神宗問他：「我們究竟應該從哪裡入手，首先做什麼？」王安石的回答擲地有聲，他說要從政治風氣下手，「當今最迫切的任務，是變風俗，立法度」。怎麼變？王安石當時的說法，也是司馬光所贊成的。王安石說：「關鍵是『長君子消小人』，扶植提拔情操高尚的君子，打擊壓制道德卑劣的小人。」君子與小人最大的差別，是君子始終把原則是非、朝廷利益擺在第一位；而小人則永遠把個人利益擺在第一位。小人往往有小才，然而對於個人利益的蠅營狗苟卻限制了他們的眼界，讓他們無大器，不能成大事。小人可以用，但不能讓小人得志、成氣候。王安石還說過：「如果讓有小才而無行義的人得志，就會敗壞風俗。而風俗一旦敗壞，那麼，那些天天在皇帝身邊的人都心懷個人得失的鬼胎來事奉皇帝，皇帝就沒有辦法來了解評判朝廷上的是是非非；那些出使四方蒐集政情的人都心懷個人得失的鬼胎來事奉皇帝，皇帝就沒有辦法了解各地的真實情況、利弊得失了。」[25]那麼，如何才能做到「長君子消小人」？簡單地說，就是保持言路暢通，對不同意見抱持開放、寬容的態度。王安石引用古語說：「『泰者通而治，否者閉而亂』，只有言路暢通才能政治清明、社會安定；堵塞言路只會導致政治混亂、社會動盪。」[26]

開放言路，引用君子，振作風氣，這原本是王安石最初的說法。司馬光全都同意——本朝的風氣實在應該振作一下了，而像王安石這樣一個自身道德如此高尚且行政能力如此突出的人，是比單純的高尚或者單純的能幹更值得期待的。對於王安石，司馬光充滿了期待。

然而，王安石的調子變得是那樣的快，快得簡直讓司馬光回不過神來。他說「要用君子」是在二月三日上臺之初，可是到了三月二十一日，他卻說：「如今想要理財，就必須提拔能幹的人。」——當德與才不能兼備的時候，王安石決定舍德而取才。他提醒神宗，要提防社會輿論的批評：「天下人只看見朝廷優先提拔能力突出的，看不到朝廷對道德君子的獎掖，只看見朝廷把理財當作頭等大事來抓，還沒來得及整頓禮義道德、社會風氣，可能會擔心風俗敗壞，流弊無窮。各種意見都會出來。所以『陛下當深念國體有先後緩急』，還請陛下首先確定治國之道的先後緩急。」[27]這是什麼話？因為理財是迫切的，所以臉面、體統、規矩、道德秩序都可以暫時不要嗎？問題是，當你想要的時候，還能不能要得回？就算是能，在風俗敗壞、喪失了底線的社會廢墟上重建道德秩序，得多花多少力氣?!

二月，王安石說「泰者通而治，否者閉而亂」，主張廣開言路。甚至在三月十八日，他還和陳昇之共同上奏說「除弊興利，非合眾智則不能盡天下之理」，在二人的建議下，神宗下令以財政系統為核心舉行全國官員理財大討論。可是，四月間，他擠走了滕甫；五月間，他擠走了鄭獬；到六月，又趕走了呂誨。神宗想要安排青年才俊蘇軾（一〇三七—一一〇一）到宰相府工作，王安石反對，理由是赤裸裸的：「蘇軾和我的所學（思想）及議論（觀點）都不一樣。」[28]——我們沒辦法共事。而那些仍然留在核心機構中的「異議分子」，對於政策，已經沒有置喙的餘地，剩下的就是兩條路，要麼改弦易轍，跟王安石走，要麼拍屁股走人。比如，蘇軾的弟弟蘇轍（一〇三九—一一一二），是由神宗皇帝欽點進入「制置三司條例司」（財政改革領導小組）的。蘇轍的財政觀點與司馬光接近，主張透過「節流」改善政府財政困境。他在條例司，說什麼都不對，都沒人聽，遭到邊緣化，如坐針氈地熬了五個月之後，只好主動請辭。[29]條例司正在從「政策研究室」變成王安石的左右手。

呂誨彈劾王安石的那些罪名，司馬光並不完全認同，他也認為呂誨有言過其實的地方，對王安石，還是要再看看，要給時間。但是，王安石對於異己思想、觀點、人物如此極端地排斥和打擊，還是讓司馬光感受到強烈的不安。

十六、馬王初較量

安石「稱病」，司馬「入樞」

熙寧三年（一〇七〇）二月，神宗頒布制誥，任命司馬光為樞密副使。樞密副使，屬於二府大臣，地位僅次於宰相、副宰相和樞密使，是樞密院的副長官，主管軍事。按照本朝傳統，中央領導集體成員的實際權力與其排序從來都不必完全一致：太宗朝呂端做宰相，寇準（九六二—一〇二三）做副宰相，真正主持中央工作的是寇準。仁宗朝慶曆新政的兩個實際領導人，一個是副宰相范仲淹，另一個是樞密副使富弼。眼前的例子也是明擺著的，王安石只是副宰相，可誰都知道，真正能夠說服皇帝、主導政策走向的，不是宰相曾公亮、陳昇之，而是王安石。皇帝的信任才是二府大臣權力的實際源泉。誰都知道，司馬光是反對王安石政策主張的，而神宗一直是王安石的堅強後盾。王安石曾經明確地向神宗表示，司馬光是反對派的旗幟，不能大用，用司馬光就是為反對派「立赤幟」。如今，神宗卻要司馬光進入中央領導集體，究竟是為了什麼？

神宗讓司馬光進入中央領導集體的時間，正在王安石「病告」期間。二月初五，王安石開始在家養病，六天之後，十一日，神宗發布了司馬光的樞密副使任命。

王安石為什麼要告病？因為前任宰相韓琦告了他一狀。

韓琦告的卻也不是王安石本人，而是王安石正在大力推行的一項政策——青苗法。青苗法的做法，是在青黃不接的季節向農民提供低利貸款，農民自願借貸，到收穫季節還款，如此一來，農民有糧食吃，有種子種，又不必忍受高利貸者的盤剝；而政府既可以從中獲得合理的利潤，又可以抑制民間高利貸資本的膨脹，縮小貧富分化，農民與政府各得其所。聽起來兩全其美，然而這只是青苗法的「設計意圖」。韓琦在報告裡說，他在河北看到的，落到實處的青苗法其實一點也不美：它變成了強制貸款，所有農戶都必須借貸，富人可以多借，窮人只能少借。而且利率頗為不低，春天一千個銅板發下去，除非是遭遇大災荒，到了秋天就必須得有一千三百個銅板交上來，不到半年，百分之三十的利潤率。而且這是政府的貸款，有強大的國家機器在後面盯著，誰敢拖欠，誰能拖欠?![1]韓琦的結論是，青苗法是打著利民旗號的斂財利器！

韓琦的批評，王安石當然不會同意，也不會服氣。針對韓琦的奏疏，他後來組織了凌厲的反擊，力度之強、手段之先進，在中國歷史上都是空前的——這是後話。王安石有著絕對的自信，他不怕批評，也不在乎批評。況且，韓琦絕不是第一個公開批評青苗法的人，從中央到地方，批評青苗法的人海了去了，多難聽的說法都有，比如翰林學士范鎮就說「青苗法是盜跖之法」。[2]但為什麼韓琦一告，王安石就歇了病假？

因為韓琦的批評讓神宗發生了動搖。

二月初一，韓琦批評青苗法的報告到京，神宗御覽之後，憂形於色。這天下午，翰林學士孫固正好有其他事情進宮彙報。他看見神宗的手裡拿著的，還是韓琦的報告。孫固的彙報，神宗聽得心不在焉。等孫固說完，神宗說：「我仔仔細細考慮過了，青苗法的確是有問題的。」聲音很輕，像是對孫固說的，又像是自言自語，是一個人在心裡頭反覆盤算、仔細掂量之後的初步結論，不是很肯定，所以要說出來給自己聽聽。孫固也是反對青苗法的，聞聽此言，當然是心中大喜，正要趁熱打鐵，鞏固神宗對青苗法的否定，卻見神宗已然擺手示意，便只好告退。孫固出來之後，幾乎是一溜小跑去報告宰相曾公亮說：「趁著皇帝有這想法，應當趕緊謀劃取消青苗法，造福天下。」[3]

這麼多人批評青苗法，為什麼只有韓琦能夠打動神宗？韓琦在神宗心目中的地位，實在是太不一般了。韓琦是誰？兩朝定策元勛，公忠體國老臣。神宗的父親英宗能夠從旁支入繼大統，是因為韓琦的保護；英宗與神宗的皇位交接，也多虧了韓琦的保駕護航。神宗的皇位鞏固之後，想要擺脫老臣的影響，韓琦也就默默地接受了外放的安排。神宗本來是答應，韓琦從宰相的位置退休之後衣錦還鄉，去老家相州做知州的。可當時西北突發邊境衝突，形勢危急，無人可用，又是韓琦臨危受命，毅然前往陝西前線穩住了局面。陝西邊境局勢穩定之後，韓琦才實現了還鄉養老的意願。韓琦的一片忠心，天日可鑑。所以，別人怎麼說，神宗可以置之不理，但是，如果韓琦也這麼說，那麼他是一定要認真考慮的。

第二天清早視朝——皇帝和宰相班子例會，神宗從袖子裡拿出韓琦的報告給宰相們傳看，說：「韓琦真是忠臣啊，人在外邊，還不忘王室。我本來以為青苗法可以利民，沒想到竟然給老百姓造成這麼大的危害！朝廷制定政令不可以不審慎啊！」曾公亮、陳昇之事先已得到孫固的吹風，又聽神宗親口否定青苗法，以為大勢已定，激動地連喊「皇上聖明」。卻沒想到王安石一把拿過韓琦的報告，一邊一目十行地瀏覽，一邊隨口駁斥，為青苗法辯護，情緒激昂，語調高亢。王安石的演說能力是首屈一指的。通常，當王安石開始政策宣講，曾公亮、陳昇之便會淪為普通聽眾，心裡頭縱有一千個不服，腦子卻轉不了那麼快，只好目瞪口呆地看著神宗的思路被王安石牽著走。然而這一次，神宗卻沒有被王安石說服，他指示條例司對青苗法進行檢討，什麼利民，什麼害民，要一條一條搞清楚。

一時之間，反對派群情振奮，聖旨已下，整改乃至取消青苗法應當是鐵板釘釘的事兒了。變法的主導機構——條例司人心惶惶。真的要整改嗎？王安石雙唇緊閉，一言不發。條例司的人從王安石的眼神裡看明白了：改變青苗法？門兒都沒有！

接下來，王安石以身體原因遞交辭呈，請求免除自己的參知政事職位，改任閒官，請病假，撂挑子不幹了——當然不是不幹了，而是以行動向皇帝表示抗議：如果不能得到皇帝完全的支持，如果我的政策遭到質疑，那麼，這個副宰相，我可以不當！高官厚祿皆浮雲，得君行道唯所願。王安石不怕別人批評他的政策，他怕的是神宗動搖。皇帝的支持是釜底的薪、是大廈的基礎，如果皇帝動搖了，那麼，反對派必然如大兵壓境，到那時，就什麼也做不成了——絕不能允許神宗有絲毫動搖！

要麼青苗法繼續，要麼我本人下臺，沒有中間道路。王安石擺出了強硬姿態。大宋王朝建國一百多年，還沒有哪個宰相敢跟皇帝如此叫板。神宗又將做出怎樣的反應？

就在王安石泡病假的當口，神宗發布了司馬光的樞密副使任命。神宗的態度很誠懇，經由閤門發布詔敕之後，又派了心腹宦官親自到司馬光府上去，敦促司馬光就職——這就是神宗的反應！皇帝真的要回心轉意，跟王安石的政策分道揚鑣了！反對派陣營的情緒簡直可以用歡呼雀躍來形容。很多人覺得，開封的政治風向這是要轉了！司馬光的樞密副使任命頓時成為開封政壇的頭號新聞。

司馬光的府上卻安安靜靜，就像它主人的情緒一樣，平靜之中暗含憂慮。司馬光本人並不看好神宗給自己的恩典，高官厚祿的確誘人，但是，這高官厚祿背後的東西卻讓司馬光感到不安——它的味道不對。司馬光為什麼會有這樣的感覺?事情還是得從王安石的病假說起。

小批答，大文章

王安石不是從一開始就決心以長期病假抗議的。二月初三，他首次遞交辭職報告，並缺席政務，初四又露了一面，初五之後才態度堅決地泡起了病假。其中的關鍵是一封措辭強硬的「批答」。初三日王安石的辭職報告呈上去之後，神宗這才意識到自己前日在朝堂上的態度過於生硬，傷害了王安石的感情，趕忙連下兩道批答表示慰撫。可是，這打著「安慰挽留」旗號的批答，王安石讀罷，卻是滿心的失望、傷心與憤怒。這批答裡都寫了什麼呢?

朕以為你才華高過古人，名氣重於當世，所以才從閒居之中召你出來，委以重任。眾所周知，朕對你推心置腹，言聽計從，我們之間的信任，沒有人能離間。可是如今，新法推行，士大夫議論沸騰，老百姓人心騷動。在這個時候，你卻想撇開事務責任，退出政治紛擾，只求自己方便。為你自己的私心打算，倒是沒有遺憾了。可是朕的寄託、朕的希望，朕去推給誰?!

王安石從批答中讀出來的，是嚴厲的責備訓斥。變法大業舉步維艱，皇帝自己搖擺不定，卻反過來責備王安石偷懶不負責任，這是何道理?更讓王安石不能容忍的，是批答的結尾竟然出現了這樣的字句:「祗復官常，無用辭費。所乞宜不允，仍斷來章。」[4]請立即恢復正常工作，不要再浪費時間推辭了。所有請求理應不准，也不要再打類似的報告了!措辭如此生硬，態度如此無禮，簡直就是在訓斥小孩子啊，這讓王安石情何以堪?!

接獲批答之後，王安石隨即上奏，訴說委屈，表示抗議。神宗覽奏大驚，立刻親筆寫了道歉信：「詔中二語，乃為文督迫之過，而朕失於詳閱，今覽之甚愧。」[5]前一封詔書裡那兩句話，是代筆者心急督促，說了過頭話，我事先也沒有認真看，今日讀來，心裡很是慚愧。這封道歉信，神宗特地派王安石的得力助手呂惠卿親自送到王安石府上。皇帝已經如此低姿態地給了臺階、鋪好了紅毯，王安石理應見好就收了吧？沒有！第二天，王安石面見神宗，態度更為堅定地表示辭職，而神宗則言辭更為懇切地極力挽留。第三天，王安石再次遞交辭職報告，並且從此就踏踏實實地在家裡休起了病假，擺出了一副長期抗議、不達目的誓不罷休的姿態！

那封措辭強硬的批答反而堅定了王安石抗議的決心。那麼，這道批答究竟出自誰的手筆呢？正是翰林學士司馬光！

毫無疑問，這道批答是司馬光政治生涯中一道不可避免的敗筆。說它是敗筆，是因為初衷與結果之間的南轅北轍。初衷是什麼？讓王安石屈服，承認並改正錯誤。二月二十七日，他在給王安石的信裡這樣解釋這封批示：「我奉命為皇帝代筆，直話直說，以君臣大義責備介甫，盼著介甫接到批答早日出來辦公，改變新法中讓老百姓感到不便的部分，造福天下。」[6]其結果卻是給了王安石一個重要的提醒：一定要警惕神宗的動搖，要更加無情地清除神宗身邊的反對派！站在王安石的立場上看，誰在訓斥他？不是神宗，是司馬光！司馬光憑什麼這樣訓斥王安石？憑的是翰林學士「代王者立言」的職務便利！因此，翰林學士、諫官、御史這樣的職位，一個都不能少，都必須換上支持自己的人。王安石使出了大招，以稱病逼迫神宗打消最後的動搖。一旦神宗屈服，那麼，接下來，王安石必然要對一系列重要職位進行大換血，消除變法阻力。反對派的空間將要極度壓縮！當然，以王安石的政治思想和政治手腕，壓縮反對派的活動空間是必然的，沒有這道批答他也已經在做了，可是有了這道批答，他就做得更有理由也更激進了！從司馬光的角度來看，這道批答絕對是有百害而無一利的敗筆！

雖然是敗筆，卻無法避免。為什麼？因為這是神宗的旨意，司馬光只是忠實地履行了神宗的旨意！這道措辭強硬的批答，神宗事先看沒看？如果沒看，那就是司馬光假傳聖旨，至少也是「未能忠實地傳達皇帝的旨意」；如果看了，那麼，這就是另外一個故事了。神宗看了嗎？看了！他親筆寫給王安石的道歉信是這樣寫的：「朕失於詳閱，今覽之甚愧。」「失於詳閱」，什麼意思？「沒有仔細看」！說明還是看了的。神宗看了，所以，那樣措辭嚴厲地指責王安石，就是神宗當時的真實意圖，而司馬光只是神宗的筆，忠實地傳達了神宗的意圖！事實上，神宗選擇司馬光來起草這道批答就已經表明了他的真實意圖——翰林學士不止司馬光一個，神宗要慰留王安石，卻偏偏選擇反對派的領袖司馬光來代筆，這說明什麼？他就是要給王安石點顏色看看，讓王安石明白皇帝的權威，明白真正掌控一切的不是別人，是皇帝！

長期以來方方面面對青苗法和王安石跋扈作風的批評已經讓神宗感到焦躁不安，可是對王安石的信任和倚重又讓他本能地排斥、屏蔽這些負面的東西，他閉上眼睛、捂住耳朵。而韓琦的奏疏則讓他重新看見、聽見，那些東西還在，而且比他想像的嚴重。而這一切的始作俑者是王安石。神宗心裡非常清楚，王安石帶他走上的不是一條尋常路，他們的很多政策、做法都違背了祖宗的傳統。關於這一點，王安石給他的教導是既然不走尋常路，就要有力排眾議、勇往直前的決心，一旦目標達到了，那麼這些缺乏遠見的「俗人」就會自動閉嘴，現在不必跟他們廢話。這些道理，神宗能明白，可這畢竟是別人灌輸給他的信念，神宗雖然明白，但是不堅定。而韓琦批評青苗法的報告則讓他產生了激烈的動搖。他在懷疑，王安石的做法是不是真的有問題。在這個時刻，利用反對派來壓迫王安石做出政策調整就是神宗自然而然的選擇。這也是本朝列祖列宗的治國法寶——「異論相攪」，讓不同的思想、不同的政治主張在朝堂上相互碰撞競爭，讓不同的政治派別互相監督，而皇帝高高在上，擇善而從，做出最終裁決。於是，他首先選擇用司馬光來寫那封批答，試圖壓迫王安石就範，做出政策調整，而王安石卻擺出了更加強硬的姿態。在這種情況下，神宗繼續堅持「異論相攪」方針，一方面安撫王安石，另一方面，發布司馬光的樞密副使任命，希望在朝堂上建立王安石與反對派的共存局面，用司馬光來牽制王安石。這就是神宗的意圖！[7]

敗筆之所以無法避免，還因為司馬光是樂意為神宗所用的。那封措辭強硬的批答，所反映的恰恰是司馬光的真實想法。他希望王安石做出政策調整。青苗法如此害民，與本朝傳統、儒家理念全然不合，理應取消。如果王安石不能來做這個決定，那麼，皇帝可以自己做，也可以由別人來做。司馬光所關注的核心，是政策走向，是青苗弊法！司馬光希望朝廷能取消青苗法，改善政治作風。

這一道小小的批答只有九十個字，它的背後卻是一篇大文章，它隱藏著神宗、王安石與司馬光之間在政策走向、治國理念方面的大較量。神宗想要的是，保留王安石的執政地位，讓司馬光加入中央領導集體，加以牽制，緩和改革措施，避免激化矛盾；王安石想要的是，清除反對派勢力，打消皇帝的動搖，勇往直前，推進變法措施；司馬光想要的是，改變王安石排斥異己的政治作風，取消王安石這些以搜刮老百姓為目的的新政，回到慶曆，進行官僚體制的內部改革，節約國家財政支出，提高行政效率。

神宗想要建立的政治圖景很美，王安石主導，司馬光監督牽制，激進與保守共存，他作為皇帝垂衣拱手，天下大治。這幅政治圖景，也符合本朝傳統。那麼，這一幕能否成為現實呢？

神宗的選擇

二月十一日，神宗發布司馬光為樞密副使的任命，在接下來的十七天裡，司馬光連上六道奏札，堅辭不就。二十八日，神宗收回成命，下令司馬光重回翰林學士院供職。「凡除兩府，聽其讓遂止者，國朝未之有也。」[8]已經任命的兩府成員，因為推辭謙讓就收回成命的，本朝還從未有過這樣的事。未上任就解職的二府大臣，司馬光是「破天荒」的第一個！

凡前所未有之事，必有前所未有之因。

這一個樞密副使的位置，神宗之命，司馬光之辭，所著眼的都不是人事任免，而是政策走向。司馬光的這六篇報告，前三道與後三道的重點完全不同。前三篇的說辭簡單老套，無非是「臣天性質樸，資質愚鈍，不通時務；樞府要地，任重責大」，一言以蔽之，我不合適。後三道的理由也很簡單，請陛下取消制置三司條例司，廢除青苗法，陛下聽我一言，勝過給我高官，如果陛下以為我的想法全無道理，那麼我又有什麼資格來當這個樞密副使呢？[9]一言以蔽之，司馬光是在拿個人前途來賭政策走向。但是，顯然他賭輸了。司馬光為什麼會輸？

在韓琦、文彥博看來，司馬光根本就不該跟皇帝賭這一盤。

就在司馬光極力辭任樞密副使的當口，韓琦的專使快馬加鞭從河北大名府送信到了開封文彥博的府上。在信中，韓琦請文彥博轉告司馬光：「皇帝如此倚重，不如接受任命，說不定能踐行自己的理想；真到了理想不能實現的那一天再離開，如何？」

韓琦想要告訴司馬光的，無非是兩個字——妥協，哪怕皇帝此時仍然堅持錯誤路線，也要留在皇帝身邊，因為，留在皇帝身邊才有可能影響政策。什麼是妥協？妥協就是衝突各方在激烈的較量之後，各讓一步，達成和解，建立平衡。能妥協才不會崩潰。妥協是一種智慧，而智慧要比聰明更高級。

韓琦與文彥博，都是范仲淹一輩的資深政治家。他們的儒學修養未必及得上司馬光、王安石輩，卻有著更豐富的政治經驗，洞明世事。特別是韓琦，歷事三朝，操持過兩個皇帝的葬禮，把兩個皇帝扶上龍床，什麼事情沒經歷過，什麼委屈沒遭遇過？二十六歲，韓琦被派去管理左藏庫。國庫管理，「油水」很大，社會認可度很低。而韓琦是進士高科，二十歲一甲第二名及第，當時已經進入館閣。人人都為韓琦抱屈，唯獨他自己泰然處之，「凡職事未嘗苟且」，最終讓所有人刮目相看。六十歲，扶助神宗順利即位之後，為了讓皇帝放心，他主動求退，要回河北老家休養，可是一旦西北邊境形勢危急，神宗相召，韓琦二話不說就奔赴了陝西前線。韓琦的人生不預設前提，他始終保持著內在的高標，勇於妥協，積極接納人生的種種不如意，在有限的條件下最大限度地實現了自我。韓琦希望司馬光能像自己一樣，妥協，接納，實現。

韓琦的使者在文府裡候著，等待文彥博的回信。文彥博把司馬光請到家裡，把韓琦的信拿給他看。

司馬光恭恭敬敬地讀罷，抬起頭來，向文彥博再施一禮，嚴肅地說：「從古至今，被名利二字誘惑，毀壞了名節的人，已經不少了。」

聞聽此言，文彥博發出了一聲難以察覺的嘆息，他明白司馬光心意已決，是斷不肯接受樞密副使的任命了。在司馬光的眼裡，樞密副使的頭銜所代表的首先是名利地位，而在目前的情形下，接受它就意味著對原則和理想的背叛。

司馬光告辭之後，文彥博提筆給韓琦回信，他這樣寫道：「君實作事，令人不可及，直當求之古人中也。」[10]把上古三代奉為黃金時代，相信古人的道德水準高於今人，是傳統中國的普遍迷信。古人未必皆高尚，文彥博的意思，韓琦當然明白——司馬光太書生意氣了，實在不像是現實政治中的人。

十七、王安石的勝利

神宗的宿命

神宗最終選擇了王安石。就在司馬光的第四篇辭職報告遞上去的同一天，二月二十一日，王安石結束休假，復出視事。王安石能出來，當然是因為神宗屈服了。二十三日，王安石下令將韓琦批評青苗法的報告發付條例司，一場暴風驟雨般的大批判即將展開。

一位敏銳的政治觀察家、御史陳襄這樣寫道：

> 陛下任命司馬光做樞密副使，全國上下一致，都認為陛下知道司馬光的主張是對的，已經醒悟到設置條例司就是個錯誤。可是現在陛下忽然又罷免了司馬光，難道又認為司馬光說錯了嗎？如果只是因為司馬光推辭不肯接受才罷免他，那陛下知不知道，司馬光之所以不接受樞密副使的任命，是因為陛下不肯踐行他的主張。如果陛下想要大用司馬光，那就應當踐行他的主張。這道理如此簡單，陛下為什麼要吝惜而不肯做呢？[1]

聽從司馬光或者聽從王安石，都不是神宗的初衷，可是以神宗的能力，顯然無法做到居高臨下、調和二者之矛盾、兼而用之，最終，神宗還是倒向了王安石。這是神宗的宿命，也是宋王朝的宿命。

神宗為什麼最終會選擇王安石和他飽受詬病的激進改革路線，或者說，神宗為什麼沒能站在司馬光與王安石之上，採取折中路線呢？非不欲也，是不能也。何以不能？神宗自己沒有表述。帝制國家最高領導人的意圖反而是最模糊最隱祕的，皇帝不像官僚，可以在各種文章體裁中表述真心、訴說理想，皇帝留給我們的，除了既成事實，便多半是些別人代筆的官樣文章。所以，皇帝怎麼想，我們只能猜。

我猜，神宗之所以選擇王安石，是因為他個人有著不同尋常的理想，他想要改變宋朝建國以來在對外關係上的被動局面，開疆拓土，成就一番偉業——簡單地說，神宗有領土野心，他想要透過領土擴張建立超越列祖列宗的豐功偉業，從而成為一個偉大的皇帝。

神宗之所以不甘心做一個平庸的守成之主，一定要謀求超越，內心的推動力究竟是什麼？這動力，我以為，是極簡單也極質樸的，那便是：證明他和他父親都是當之無愧的大宋天子！神宗要為父正名！

神宗是英宗的兒子，英宗繼承的是仁宗的皇位，但英宗不是仁宗的親生兒子。假定仁宗有兒子，那麼皇位根本輪不到英宗。縱然仁宗沒有兒子，有資格繼承大統的也不止英宗一位，為什麼偏偏是他？運氣好？當然是運氣好！對於英宗的好運氣，不服氣的宗室多了。比如濮王諸子之中最年長的宗諤，就從不掩飾他對英宗的妒忌。宗諤府上有個廚子，羊膾做得最好，英宗讓他幫忙做了兩盤。宗諤知道後，勃然大怒，把肉倒了，把盤子摔得粉碎，又狠狠地打了這廚子一頓。[2]既然不是天生的皇子，既然只是因為運氣好才得到了這樣的大位，那麼，唯有在繼承皇位之後表現得像一個真命天子，才能讓那些曾經同樣可能繼承皇位的宗室心服口服。而英宗繼承皇位之後的那一通折騰，卻實實在在不像話！他不斷地鬧病，甭管真病還是假病，卻因病不能正常履行一個皇帝和孝子應盡的責任；好不容易能正常臨朝聽政了，卻又為了尊崇自己的生父把朝廷搞得四分五裂。作為皇帝，英宗的表現是不合格的。作為人子，神宗哀其不幸，怒其不爭，私底下把拳頭都捏碎了，卻也使不上力氣。如今，神宗登上了皇位，當然要想辦法證明「我們這一支」繼承大統是絕對正確的。如何證明？當然是要成就一番帝王偉業。何為帝王偉業？開疆拓土，興致太平。本朝比漢唐最不如者何？領土！本朝開國二帝最大的心結是什麼？領土！為了父親，為了「我們這一支」，必須開疆拓土致太平！

而能夠幫助神宗實現領土野心、解開心結的，只有王安石一個人。其餘所有的人，包括韓琦、歐陽修、張方平、司馬光，都在絮絮叨叨地告訴神宗：國家財政困難，要節流，不可輕舉妄動，隨便動兵。只有王安石和神宗一樣胸懷大志；更重要的是，王安石給了神宗解決財政困難、充實國庫，富國而後強兵的具體辦法。王安石是神宗實現理想、為父正名的堅強後盾！

其餘所有人都喜歡拿「祖宗」來約束年輕的皇帝，可是王安石卻明確告訴神宗：「你就是祖宗！」那是在討論削減宗室待遇的會上。宰相曾公亮提出，要以神宗本人為標準裁定宗室的親疏。神宗嚇了一跳，趕緊表示：「當以祖宗為限斷！」這時，王安石說：「以上身即是以祖宗為限斷也！」[3]在位的皇帝本人就是祖宗——神宗被這個新鮮而大膽的說法迷住了。從他記事以來，「祖宗」就是太廟裡的牌位，是《寶訓》《聖政》裡的祖先故事，「祖宗」是神聖的教條，是偉大的真理，是臣子們拿來抽打他的鞭子。王安石卻告訴他：「你就是祖宗！你不必追隨，你可以創造，你可以為所欲為！」這怎能讓神宗不興奮喜悅，躍躍欲試?!

所以，在司馬光與王安石之間，神宗只會也只能選擇王安石。他仍然還是會動搖，對王安石也會有不滿，然而，動搖歸動搖，不滿歸不滿，最終，神宗還是會回到王安石的路線上來。

這是神宗的宿命，也是大宋王朝的宿命。

今天，當我們回看歷史時，是先看到結果，然後逆溯其源起，最終在細節的堆壘中，看到最高統治者的個體生命如何影響乃至決定了王朝歷史的走向。而司馬光卻是在時間的順序裡，隨著事件的推進，水滴石穿般地慢慢體悟到了命運的不可逆轉。

熙寧三年二月二十一日，王安石獲得神宗的支持，結束病假，以勝利者的姿態重回宰相府，開始對反對派進行嚴厲打擊。

雕版檄文戰韓琦

王安石的第一戰劍指韓琦，為青苗法辯護。青苗法是到目前為止遭受批評最多、最嚴厲的新法。而韓琦是批評青苗法最用力的老臣，也是唯一曾經打動神宗的批評者。王安石對神宗說：在所有批評青苗法的章疏中，「惟韓琦有可辨，餘人絕不近理，不可辨也！」擒「賊」先擒王，壓倒韓琦將會讓反對派士氣大喪。王安石步步為營，穩扎穩打，勝券在握。首先，他從神宗那裡拿到了「尚方寶劍」。「群臣言常平（青苗法又稱常平新法）章疏，上悉以付安石。」[4]神宗答應，所有批評青苗法的奏疏，一概交由王安石處置。其次，二月二十三日，王安石把韓琦批評青苗法的奏疏下發到變法指導機構（制置三司條例司，由條例司官員組織研究、批判。最終，三月四日，兩份文件同時頒布，一份是神宗的最高指示「青苗法沒有問題」）「目前人們所提出的有關青苗法的弊病……都是地方官吏鬆弛懈怠、營私舞弊造成的，不能歸咎於青苗法本身。」另一份是一篇由條例司冠名下發、王安石親自捉刀的檄文——《駁韓琦疏》。這份《駁韓琦疏》既是對反對派所下的戰書，也是一份統一思想的綱領性文件，它開宗明義：「群臣多次批評常平新法不便，現統一申明如下，請陛下敕令各路安撫使司、轉運使司、提點刑獄司、提舉常平倉司傳達到下屬州縣官吏，讓各級官員都了解新法的立意。」結尾重申，法是利民之法，若有害民之事，一定是官員在推行過程中出了問題，「自是州縣官吏鬆弛怠慢，因緣為奸，不可歸咎於法」。對於在青苗法推行過程中推行不力的州縣官員，要嚴厲懲罰，路級官員失察的，也要追究責任。[5]

這篇戰書的傳播方式特別值得一提——它可能是中國乃至世界歷史上第一份雕版印刷的論戰文章，由掌管中央與地方之間公文傳輸的進奏院負責雕版印製，然後向全國頒行。王安石的確是具有創新思想的政治家，他非常懂得怎樣利用新技術來為政治服務。這封戰書的印刷傳播只是個開端，後來神宗和王安石把科舉考試的標準教材統一到王安石思想之下，靠的也是政府所掌握的印刷傳播資源。

王安石有皇帝、有官營印刷廠和遍布全國的郵政網絡，他的戰書可以在短時間之內化身千萬，抵達帝國的每一個州城，送到所有夠級別的官員手上。韓琦有什麼？韓琦只有一支筆、一張紙。技術與權力結合在一起，大大加劇了論戰雙方的不平等。在河北大名府，韓琦手捧《駁韓琦疏》，氣得渾身發抖。在韓琦看來，駁斥沒有一句是公平的，它斷章取義，其目的「就是要欺騙皇帝，愚弄天下之人；就是要堵住所有人的嘴，讓人們再也不敢說一個『不』字」。痛苦憤怒之下，韓琦決定再度上疏皇帝請求取消青苗法，他要為自己的名譽而戰，為天下蒼生而戰。他請求皇帝一定要親自看看自己的辯白書，然後把它公之於眾，讓中書、樞密院、御史臺以及開封全體官員參加討論，公是公非，由大家說了算。韓琦發下了重誓：「若臣所言不當，即甘從竄殛，流放還是誅殺，聽憑陛下處置；如果是制置三司條例司的措施有悖常理，天下百姓必定會受其荼毒，那就請陛下按照我先前提出來的，取消青苗法，召回青苗使者。」[6]

可是，神宗既然已經答應了所有青苗法爭議歸王安石處置，又怎麼會聽韓琦的申訴？這第一仗，王安石完勝，韓琦完敗。然而，神宗心中的忐忑卻並未消失。

一石三鳥貶李常

王安石的第二戰對準了諫官李常（一〇二七－一〇九〇），殺雞儆猴，壓制輿論。三月五日，有五位臺諫官對王安石打壓韓琦的做法提出抗議，[7]而王安石選擇的打擊對象是諫官李常。為什麼單單拿李常說事兒？因為這個人是王安石一手提拔起來的，卻對青苗法「怪話」最多。在此之前，王安石曾經派親信私下裡遞話要李常閉嘴，可是李常置之不理，反而變本加厲地抨擊青苗法，惹得王安石勃然大怒。在王安石大怒之後，李常「偶遇」了呂惠卿，呂惠卿微笑著把李常拉到沒人的地方，輕聲細語地對他說：「君何得負介甫？我能使君終身不如人。」[8]終身不如人，無非是不能升官發財，又如何?! 李常轉身不顧而去。最終，不肯低頭的李常被免除諫官，貶到滑州去做了通判！

對李常的打擊具有「一石三鳥」的效果。李常貶官只是其中最無足輕重的，因為維護李常，司光的老同年、翰林學士范鎮也被貶成了閒官！

李常對青苗法的批評中有這樣的話：「做得最過分的，甚至讓安善良民假稱借貸，拿不到實錢，反而要交二分利息。」倘若此言屬實，那麼這種做法簡直等於明搶，實在是太過分了！皇帝與宰相會議，神宗拿著李常的奏疏，徵求各位宰相的處理意見。王安石就抓住了這句話，要讓李常交代究竟哪一州哪一縣有他所批評的那些極端做法，條分縷析講明白，這叫「分析」。宋朝制度，諫官可以「風聞言事」，只管糾錯，話可以說得相對模糊，而不必交代批評信息的來源。諫官「分析」，這是從未有過的事情。王安石話音未落，兩位宰相曾公亮、陳昇之異口同聲，表示反對：「諫官有風聞言事的權力，怎麼可以讓諫官分析呢?!」[9]然而，神宗還是按照王安石的意見，下詔令李常分析。按照制度，詔書要經過通進銀臺司，而在當時扼守通進銀臺司的，正是翰林學士范鎮。范鎮堅決反對，封還了神宗命令李常分析的詔書，「詔五下，公執如初」。[10]這絕不是范鎮第一次透過封還詔旨來抵制王安石了——他曾經封還了下令制置三司條例司駁斥韓琦奏疏的詔書，以及神宗接受司馬光樞密副使辭呈的詔書。范鎮封駁的本意，是希望神宗收回成命，而神宗卻一次又一次地繞過通進銀臺司，直接把旨意貫徹了下去。就像當年的呂公著一樣，范鎮感到了憤怒，這樣的通進銀臺司還有任何存在的必要嗎？他主動提出請辭知通進銀臺司，神宗照準。

范鎮是王安石反對派陣營中頗具話語權的一位老臣。同韓琦一樣，范鎮也是對英宗即位立下了關鍵性功勞的。想當年，仁宗年老、中風、無子，又諱疾忌醫，不願意人們談論繼承人問題，最早站出來打破沉默僵局的，便是范鎮。為了勸仁宗早立太子，他高官厚祿都可以不要，奏疏上了十九道，居家待罪百餘日，甚至於和仁宗在殿上相對哭泣！范鎮的忠誠、范鎮的堅定、范鎮的資歷，都讓王安石感到頭痛。而現在，范鎮主動提出辭職，神宗照准，王安石一下子去了一個勁敵！

范鎮為什麼要辭職？他哪裡是要辭職，他是在用自己的政治生命捍衛宋朝制度。宋朝制度才是李常事件中最大的受害者——一顆石頭打下來的第三隻鳥。在李常、范鎮被貶的過程中，有兩項制度被破壞掉了，而這兩項制度都是防止皇帝或者宰相專權的關鍵。第一項制度是諫官的「風聞言事」權力。李常「分析」，臺諫官員超然獨立的監督特權正在逐漸喪失，而這是宋王朝政治機體中寶貴的糾錯機制。第二項遭到破壞的制度同樣涉及糾錯，這便是通進銀臺司的封駁。重要政令文書，必經通進銀臺司審核無誤方可下發。這就好比是一個工廠的品管部門，產品不合格可以退回生產線再製。李常的處分命令，范鎮認為不合理，退給皇帝請他重審，可是皇帝卻直接繞過品管部門，把不合格產品推向了市場。如果最終的產品比作一輛汽車，倘若不合格項目只是一個座位，那麼無關緊要，可是，如果這不合格項目是引擎呢？設置品管部門的作用就是糾錯。繞開品管，掩耳盜鈴，搞不好就會「盲人騎瞎馬，夜半臨深池」，自取滅亡！范鎮以辭職表達抗議，而神宗竟然順勢接受了他的辭呈，解僱了最負責任的品管員！

這第二仗，王安石仍然是完勝！

欲加之罪逐中丞

王安石第三戰的打擊對象是御史中丞呂公著。呂公著接任中丞還不滿一年，他的前任呂誨因為反對王安石，去年六月被貶出京。而呂公著則是王安石親自推薦的御史中丞，他被貶的原因同樣是因為反對王安石。當然，這個原因是不能拿到檯面上來說的。拿到檯面上的原因很有意思，說呂公著誣衊韓琦意欲謀反。呂公著、韓琦都反對青苗法，呂公著竟然要誣衊韓琦，這又從何說起呢？據說，呂公著是這樣說的：「韓琦是方面大員，為國家守衛河北邊境。他如此激烈地批評青苗法，皇上不聽，可曾想過後果嗎？這事兒要是擱在晚唐五代那些節度使身上，恐怕早就帶著軍隊進京來清君側了！」

呂公著的貶官詔書裡說：「這些話實在是駭人聽聞，而且完全不符合事實。」說得很對，如果呂公著這樣說過，那的確是荒唐可笑、駭人聽聞的，一個高級官員竟然說出這麼沒水準的話來，哪怕是假設，也不能容忍，應當遭到貶斥！但問題是，呂公著真的會這麼沒水準嗎？呂公著的政治水準那是第一流的，歐陽修認為他才能堪任宰相，王安石對呂公著也一向是期許甚高。[11]況且，呂公著有兩個侄女嫁給了韓琦的兩個兒子，[12]韓呂聯姻，呂公著惡毒攻擊韓琦，自家又如何逃得了干係？然而，在王安石的堅持下，這樣的罪名卻真真切切、白紙黑字出現在了呂公著的貶官詔書裡。

又據說，那些駭人聽聞的荒唐話，是神宗當面親耳聽呂公著說的。多年以後，神宗已經去世，呂公著出任宰相，負責編修《神宗實錄》，恐怕經自己的手把這件事情記錄下來，就再也不可能翻案，特地向皇帝打報告請求查閱當年的檔案核實此事。最終的調查結果是查無此事，呂公著被冤枉了——那些荒唐話，的確有人說過，而說話的那人跟呂公著一樣，留著一副漂亮的大鬍子，於是神宗就張冠李戴了。

這分明是欲加之罪，打著皇帝的旗號，誰敢分辯，誰能分辯?!

熙寧三年四月八日，呂公著罷御史中丞，出知潁州，韓維出任御史中丞。韓維的任命，與他的前任呂公著一樣，出自王安石的推薦。在此之前，韓維的哥哥韓絳已經擔任樞密副使、同制置三司條例司。按照宋朝的傳統，負有批評時政、監督二府責任的臺諫官員，不得使用二府親戚。韓維的任命顯然違背了這一傳統。韓維堅辭，九天之後，朝廷只得遵從韓維的意願，讓他和開封知府馮京換了職務。

這第三仗，王安石又大獲全勝。

臺諫官是朝廷喉舌，可是現在卻與朝廷路線集體對抗，是時候做出清理了。在一次單獨接見中，王安石單刀直入，反問神宗：「陛下知道今天議論紛紛的原因是什麼嗎？」神宗有些沮喪，但還是老老實實做了檢討：「這都是因為我選擇的臺諫官不對。」王安石立即抓住機會，往前邁了一步，對神宗說：「陛下駕馭群臣沒有手段，多次丟失撤換臺諫官的機會。就像今天這樣，議論紛紛在所難免！」[13]王安石語帶責備，神宗毫無怨言。

皇帝與王安石達成了共識，一場臺諫官的大換血迫在眉睫。繼四月八日御史中丞呂公著罷官之後，十九日，監察御史里行程顥（一〇三二—一〇八五）罷為京西路同提點刑獄。二十二日，右正言李常貶通判滑州，同時遭貶的還有監察御史里行張戩、王子韶。二十三日，侍御史知雜事陳襄罷為同修起居注，程顥再貶簽書鎮寧軍節度判官公事。同日，前秀州軍事判官李定（一〇二八—一〇八七）被任命為監察御史里行[14]——這是一個公認的劣跡斑斑的壞蛋。

四月十九日，參知政事趙抃罷政，出知杭州。起因是反對青苗法，反對神宗接受司馬光的樞密副使辭呈，「不罷財利而輕失民心，不罷青苗使者而輕棄禁近耳目，恐天下自此不安」。[15]取代趙抃的，是與王安石政見更為接近的韓絳。

王安石在清障，掃除前進道路上的攔路虎、絆腳石，他要大踏步前進。

這是天意

王安石的勝利，在司馬光看來，卻是制度的崩塌、秩序的瓦解。司馬光聽說，王安石為了打消神宗的顧慮，說「天變不足畏，祖宗不足法，人言不足恤」。[16]天命是什麼？民意上達，就是天命。王安石說沒關係，沒什麼可怕的。大宋王朝的百年無事哪裡來的？全憑祖宗留下的制度傳統，可是王安石說，那些舊東西都不用守了。滿天下的人都反對青苗法，對王安石專橫的作風議論紛紛，可是王安石說，那都是流俗，都是庸人胡說，不值得認真對待。這三個「不足」，每一個都是司馬光最珍惜的。他痛心疾首。

司馬光決定反擊。三月二十八日，他得到了一個反擊的機會——考試出題。什麼考試？館職考試，宋朝國家最高級別的文官選拔賽。考試規模不大，可是參賽選手個個都文采出眾、學識淵博，是大宋王朝最有前途的官員，未來的臺諫官、翰林學士甚至宰相，多半都從這裡出。館職考試最重要的內容是「策」，一篇大作文，通常以政治現實為題，要求考生結合儒家經典與歷史經驗，指點江山，激揚文字。司馬光決定就以王安石的「三不足」為題，他希望利用人們對於考試的關注，來引發一場有關宋朝政治走向的大討論。

這篇經過司馬光與范鎮討論，由司馬光執筆的作文題目大致內容是這樣的：

（按照儒家經典的記載和之前大儒們的解釋，古代的聖王之所以能夠天下大治，是因為他們一舉一動都對上天懷著敬畏之心，遵守先王的法度、本朝的傳統，與眾人同心同德。）而現在卻有人說：「天地和人，了不相關，日食月食地震這些，都有規律，不值得畏懼。祖宗留下來的傳統和制度，不一定都好，能改就改，不值得遵循守護。平庸的人喜歡墨守成規、畏懼改變，跟他們只能分享成果，不能共同謀劃創造。他們的議論紛紛，不足採納。」照這種說法，古今有別，儒家經典中的陳舊記載，難道全部不能採信了嗎？還是說，上古聖人的言語，深刻微妙高明遠見，非常人可以探知；古代大儒的解釋，我們還沒能悟到其中深意？請各位提出自己的看法。[17]

司馬光所提出的，其實是帝國政治中的三大原則：第一畏天，用天來約束皇帝，防止專權。這是一個軟性的約束，但是在皇帝與群臣雙方都接受的前提下，就是有效的。第二法祖，尊重傳統，並不是拒絕變化，而是說具體政策可以變，但是本朝政治傳統中的基本原則必須堅守。宋朝政治傳統中最重要的原則是什麼？是那些糾錯機制，是允許不同意見的寬容，這些東西不能丟！而畏天、法祖怎麼體現？就要靠第三原則，讓人說話，聽取批評意見！這道題雖然簡短，卻擊中了王安石政治作風的要害。

司馬光想要在開封政壇掀起一場思想風暴。可是，他萬萬沒有想到，考試的結果卻是「這裡的黎明靜悄悄」。神宗根本就沒有允許這個題目出現在考場上，他讓人在試卷上貼紙，蓋住了司馬光出的作文題，臨場換了題目！[18]這樣具有顛覆性的試題，神宗怎麼會容許它出現在館職考試當中呢?!

當然，神宗也不是完全不為所動的，私底下，他向王安石表達了猶豫，他問過王安石「這樣做是不是會喪失人心」，他甚至請求王安石對青苗法加以調整，「以合眾論」。可是，王安石斬釘截鐵地告訴神宗：「所謂得人心，是因為合乎天理公義……所以，只要我們的做法合乎天理公義，就算是招致了四國叛亂，那也不能叫作喪失人心；相反，那些不符合天理公義的做法，哪怕有全天下的人歌功頌德，也不能算是得人心。」一句話，只要我們做的是對的，哪怕全世界都反對，又有何妨?!在青苗法的問題上，王安石斷然拒絕了任何讓步，他說：「陛下方以道勝流俗，與戰無異，今稍自卻，即坐為流俗所勝矣！」[19]道，就是真理、正義、正確的路線。流俗，指反對派。真理與流俗的鬥爭，就像是打仗一樣，你死我活，豈容退縮？一步也退不得！

因為跟王安石爭論青苗法不勝，曾公亮、陳昇之兩位宰相早在三月一日就不約而同地告了病假。蘇轍曾經當面責備曾公亮身為宰相，卻無所作為，放任王安石專權。曾公亮苦笑著，說出了一句無可奈何的大實話：「上與安石如一人，此乃天也。」[20]

王安石與神宗之間的小摩擦，外人是看不見的。開封高層人人都看在眼裡的，是皇帝與王安石團結如一人。曾公亮說，這是天意！天意如何違得?!

反對派紛紛被貶，批評的聲音漸漸遠去，許人說話的空間正在壓縮。司馬光感到窒息。本來，熙寧三年是一個多好的年頭啊，這一年是大比之年，三月二十一日，科舉發榜。司馬光的獨子、二十一歲的司馬康榜上有名，明經及第。[21]明經考試內容比較簡單，地位前程都不如進士，司馬康應當不是絕頂聰明的孩子。但是，不管怎麼說，考中了就是喜事。同時登科的還有王珪、范鎮、宋敏求之子。同年之子今又同年，實在是佳話一樁。四家擺酒相慶，兩代聯席作詩，著實歡樂了幾日。可是個人的歡樂卻無法抵消對國家命運的擔憂。皇帝的心意無法扭轉，政治走向已然確定，剩下來能做主的，便只有個人的去向了。司馬光在躊躇，在思考，他將做出人生中一個重要決定，他與神宗、與王安石的畢生糾葛也將在這裡發生轉折。

十八、皇帝愛韓非

殊途是否同歸

熙寧三年（一〇七〇）三月十八日，從未上任就已經解職的樞密副使司馬光恢復翰林學士工作，到崇政殿拜見神宗。這是二月十一日以來君臣二人第一次對談，之前都是文字往還或者由宦官在中間傳話。

神宗先嘆了一口氣，說：「你的樞密副使任命還沒有撤銷，朕特頒此命，你為什麼要抗命不受？」

司馬光答道：「我自知對朝廷之事無能為力，故而不敢承受，因為抗命之罪小，尸祿之罪大。」在其位而不謀其政，尸位素餐，是為「尸祿」。

神宗表示不解了：「你接受任命，做一個稱職的樞密副使，就不是『尸祿』了呀！」

司馬光搖頭，「如今朝廷所推行的政策，和我的想法都是相反的，我怎麼可能免為尸祿之人?!」

神宗問：「你說的『相反的』都是些什麼事呢？」

這分明就是明知故問了。司馬光的六道辭官報告，有三道都是在講他反對什麼。但是皇帝既然有問，正好當面重申：「我說不應當設置條例司，不該派那麼多工作組去干擾地方工作，又說發放青苗錢是害民之政，這哪一條不是跟政策相反的呢？」說出這些話來，司馬光心裡頭敞亮多了，他願意跟皇帝深入討論。可是神宗接下來的話卻讓司馬光感到了錯愕。

神宗說：「現在士大夫議論洶洶，說的都是這些。你是朕的侍從之臣，聽到這些話，是不得不告訴朕的呀！」這是什麼話呢？神宗為什麼要這樣說？他難道還在希望司馬光緩和立場？如果司馬光接下來回答「是，我也只是轉達群眾的議論」；或者如果司馬光只是沉默，什麼都不說。那麼，神宗就可以把它解釋成司馬光立場緩和了。

當此之時，司馬光究竟如何作答？

司馬光穩穩地站著，清清楚楚、一字一句地回答說：「不是這樣的。青苗法還在醞釀之中的時候，我就和呂惠卿在經筵爭論過，我當時就說如果真的推行了青苗法，必然會導致天下洶洶，一片反對之聲。在那個時候，一般官員基本上還都不知道青苗法，老百姓就更不用提了。我反對青苗法，不是迫於輿論壓力才說的。」

司馬光如此執拗。神宗卻始終放不下，說了一會兒別的之後，又問道：「你的樞密副使誥敕還在宮裡呢，朕打算再公布一次，你就接受，別再推辭了，行嗎？」

皇帝已經矮下了身段兒，司馬光受也不受？

「陛下果能行臣之言，臣不敢不受；不能行臣之言，臣以死守之，必不敢受。」如果陛下能推行我的主張，我不敢不接受你的任命；如果不能，我願意用生命來守護我的主張，絕不敢接受陛下的高官厚祿！

神宗頓時就惱了：「卿何必如此，專徇虛名?!」徇者，謀求也。看起來，在神宗的眼裡，接受不接受樞密副使的位子，只是一個虛名與實利之間的差別而已！不接受，就是圖一個反對派的虛名兒；接受，就是高官厚祿的實際好處。換句話說，神宗給司馬光樞密副使，也不過是要收買他，要用高官厚祿堵他的嘴。他以為司馬光是為了反對而反對，圖的是反對派領袖的虛名！這實在是輕看了司馬光。

司馬光坦然對答：「大凡群臣能升任宰相、樞密使，簡直就是從地上升到了天堂！我與其圖虛名，哪兒比得上享受實實在在的高官厚祿？我只是不敢無功而受祿罷了！」

不肯死心的神宗皇帝「敦諭再三」，而司馬光「再拜固辭」，直到司馬光告退，神宗仍然勸他「當更思之」。[1]崇政殿對談不歡而散，司馬光出任樞密副使的事情到此徹底結束。跟看得見、摸得著、可以光宗耀祖的高官厚祿相比，司馬光所圖的確是太虛，那是他的政治理念，是他認為正確的、利國利民的政策主張。這一點，神宗恐怕是永遠都無法理解的。能夠理解司馬光的，反倒是王安石。為了理念，可以犧牲高官厚祿。這一點，司馬光做得到，王安石也做到了，只不過，他們想法不同、道路各異。就像司馬光在給王安石的信裡寫的：「光與介甫趣向雖殊，大歸則同。介甫方欲得位以行其道，澤天下之民；光方欲辭位以行其志，救天下之民。此所謂和而不同者也。」[2]殊途可以同歸，問題是，司馬光與王安石的殊途真的可以通向同一目標嗎？

神宗親錄《韓非子》

對於神宗，司馬光沒有辦法不感到失望。這個年輕人有膽識，也有手腕，可是太過急功近利了。

這一點，跟王安石如出一轍。關於神宗，有一個小故事，在開封的士大夫中流傳甚廣。

英宗皇帝的時候，有一天，神宗忽然拿出來一本自己新抄錄的《韓非子》，讓王府僚屬去校對。諸王府侍讀官孫永（一〇一九—一〇八六）知道了，很不以為然，說：「《韓非》險薄刻核，違背儒家經典中的帝王之旨，願大王不要在這上頭花心思。」聽了孫永的話，神宗辯解說：「我抄這個，只是為了充實王府的藏書啊，我不喜歡它。」[3]

神宗喜歡《韓非子》，孫永為什麼如此緊張，神宗又為何矢口否認？因為那是法家的書。一個儒家的皇帝喜歡法家的書，是錯誤的也是危險的。法家和儒家區別在哪裡？法家是皇帝朝廷至上的，以政府利益囊括甚至取代百姓利益，為了富國強兵，與鄰國爭勝，不惜犧牲人民福祉。儒家則試圖在朝廷利益與百姓福祉之間尋求平衡，反對擴張性戰爭，反對橫徵暴斂。法家是霸道的，為了達到光明盛大的目的，不惜動用無恥下作的手段。儒家追求王道，認為只有透過正義的手段才能達到正義的目的。法家講究法制，講究像軍隊一樣整齊劃一，不承認老百姓的能動性，主張以嚴刑峻法壓迫老百姓服從。儒家主張每個人透過學習成為賢人，改造社會。法家便捷實用，在短時間內就能產生高效率。儒家迂遠，從人心到社會，那得是一條多麼漫長的路！

而那樣漫長的路，神宗是不耐煩去走的！

司馬光獨坐書齋，想想皇上跟他說的虛名與實利的話，想想這段有關韓非子的軼事，忍不住又是一聲長嘆。知我者謂我心憂，不知我者謂我何求，悠悠蒼天，此何人哉！司馬光和神宗的直接接觸還是很多的，他因此了解神宗，並因了解而嘆息。

「祖宗之法不可變」

自從治平四年（一〇六七）卸下御史中丞的重任之後，司馬光的工作重心就轉向了編修《資治通鑑》，同時在經筵給神宗充當歷史老師。《資治通鑑》是神宗為這部正在編纂的大書欽賜的書名，「《詩》云：『商鑑不遠，在夏後之世。』故賜其書名曰《資治通鑑》，以著朕之志焉耳。」神宗的「朕之志」，就是這篇《御製資治通鑑序》的開頭所說的：「朕惟君子多識前言往行以畜其德，故能剛健篤實，輝光日新。」[4]透過對歷史經驗教訓的學習，積累德行，提高認識，成為一個偉大的皇帝。

治平四年十月初四，神宗「初開經筵」，即命司馬光講《資治通鑑》。九日，司馬光正式開講，神宗隨即當面賜下御製親書的序文。[5]這讓司馬光一度以為，可以透過歷史教育潛移默化地轉移皇帝的心思。唐太宗說「以古為鏡，可以知興替」，[6]把歷史這面鏡子磨亮，也許它就能照亮皇帝的心。所以他越來越重視《資治通鑑》的編纂，一些在別人看來極有實權的差使，比如「看詳裁減國用」，也就是「財政減支調研員」，司馬光都推掉了，理由就是「更何況我所編纂的《資治通鑑》，委實文字浩大，日夜忙碌，很少得閒」。[7]

初登帝位的神宗皇帝是把經筵當作「智庫」甚至「影子內閣」來使用的。他年富力強，雄心勃勃，想要大幹一場。而宰相府還沒有完成新舊交替，仍然是「老人」掌舵。這種局面，隨著治平四年九月韓琦罷相開始改變，並在熙寧二年（一〇六九）二月王安石參政之後基本扭轉。[8]「老人」穩如磐石，可以依靠，卻也讓年輕的皇帝有所忌憚，不能隨心所欲，舒展拳腳。所以，在一段時間之內，神宗把他有意大用的新人安排在經筵之中，以便經常見面，交流信息，探討國策。比如擔任副宰相之前的王安石、差一點當上樞密副使的司馬光，都當過經筵講讀官。

經筵也因此成為大宋思想交鋒的重要陣地。司馬光被後世批得灰頭土臉的「祖宗之法不可變」就來自一次經筵講讀。

在那堂課上，司馬光給神宗講的是漢初典故——「蕭規曹隨」。漢朝的開國宰相蕭何定下的規矩制度，繼任宰相曹參全盤接受，不做一點更改。司馬光講完故事，總結說：「曹參不改變蕭何的法度，深得守成的精髓。所以孝惠帝、呂太后的時候，天下太平，百姓衣食充足。」

神宗問：「倘若漢朝一直固守蕭何的法度不變，行得通嗎？」

司馬光回答說：「何止是漢朝啊，假定夏朝能遵守大禹的法度，商朝能遵守商湯的法度，周朝能遵守周文王、周武王的法度，恐怕會一直延續到今天。周武王征服了商朝之後，說『乃反商政，政由舊』，所以說，即使是周用的也是商代的法度。《尚書》有云『無作聰明，亂舊章』。漢武帝採用了張湯的建議，對高祖的法度進行了大肆改造，結果盜賊半天下。漢元帝改變了宣帝的做法，漢朝由此走向衰弱。因此說來，祖宗之法不可變也。」

正是這句「祖宗之法不可變」，讓司馬光在歷史教科書上成了頑固守舊的代名詞。其實，司馬光並不反對具體的政策調整和制度改革，他堅持「不可變」的，是祖宗所留下來的那些抽象的政治原則，比如幾乎每一個朝代初期都曾經有過的輕傜薄賦、與民休息，比如幾乎所有值得頌揚的統治者都共有的寬容異見的精神。然而可惜的是，放眼歷史，卻沒有一個朝代能夠將這些「祖宗之法」堅持到底，祖宗的法度終歸還是在後世帝王不斷膨脹的貪欲中敗壞了，隨之而來的，是民不聊生，土崩瓦解，王朝走向末路。在這個意義上，「祖宗之法不可變」的確是長治久安的祕籍，司馬光沒有說錯。

當然，也僅僅是在這個意義上，「祖宗之法不可變」才是對的，具體的政策措施則是在永遠變化之中的。

令人遺憾的是，司馬光的論述方式是非常弱的，他沒有像我們這樣將「祖宗之法」區分為抽象的政治原則和具體的政策措施，而是簡單地從過去歷史當中抽取了一些正面和反面的例子，然後下了一個籠統而模糊的結論——「祖宗之法不可變也」。這種論述方式，簡單而粗暴，從表面上看是歷史的，實質上卻是反歷史的。他所舉的例子，脫離了原始的歷史情境，成了一塊一塊單擺浮擱的積木，而他的論證就是用積木搭起來的建築，積木與積木之間缺乏有機的聯繫，一推就倒。去找一些相反的例子吧，同樣是一抓一大把！

這辦法，司馬光這樣絕頂聰明的「敵人」又怎麼會想不到?!王安石參政離開經筵之後，安排呂惠卿進入經筵，後來呂惠卿因父親去世不得不離職，王安石又把曾布（一〇三六—一一〇七）安排進經筵。在當時，站在旁邊盯著司馬光的便是呂惠卿。司馬光用「蕭規曹隨」來教育神宗「祖宗之法不可變」，過了幾天，輪到呂惠卿上課，他立即給神宗舉了三個祖宗之法可以變的例子，說：

先王之法有一年而變者，「正月始和，布法象魏」是也；有五年一變者，「巡狩考制度」是也；有三十年一變者，「刑罰世輕世重」是也；有百年不變者，「父慈子孝兄友弟恭」是也。前日光言非是。其意以諷朝廷，且譏臣為條例司官耳。

不得不說，呂惠卿的說法比司馬光更高一籌，他區分了「不變」和「變」。所舉的三個「變」的例子，「正月始和，布法象魏」出自《周禮》，「巡狩考制度」「刑罰世輕世重」皆出自《尚書》。呂惠卿舉儒家經典為例，可能跟他在經筵中的分工有關——他正好負責講授《周禮》，也可能與他的歷史知識不足有關。從表面上看，這些來自經典的例子顯示了不容置疑的權威性，實際上卻遠不如歷史事實好用。儒家經典的文字過於簡單，因而留下了廣闊的解釋空間，而呂惠卿的儒學修養顯然不及司馬光。所以，當神宗以呂惠卿所言加以質詢時，司馬光輕輕鬆鬆地就駁了回去。司馬光說：「『布法象魏』布的是舊法；『巡狩考制度』就是要往來巡視，誅殺那些改變禮樂制度的諸侯；『刑罰世輕世重』是針對不同的形勢採取不同的治理方式，不是要改變治理原則。」

既然呂惠卿不能提出更多的反證，就學術而言，「祖宗之法不可變」的討論到此可以算基本結束。但是，既然呂惠卿說司馬光的意圖是「諷朝廷」，嘲笑他是制置三司條例司的屬官，已經把戰火燒到了當下，司馬光正好趁機申明自己的改革原則：

且治天下譬如居室，弊則修之，非大壞不更造也；大壞而更造，非得良匠、美材不成。今二者皆無有，臣恐風雨之不庇也。

房子壞了，就要修，不是壞到一定程度不能推倒重來；一定要推倒重來，必須要有良匠、美材，二者缺一不可——這就是司馬光的改革原則。他不反對改革，他反對的只是輕易地推倒重來。

司馬光理想中的改革，是保守主義的改革。他所用的居室「弊則修之」的比喻，常常讓我想起二十世紀末在日本東京所見的一幕：一個油漆匠在重新粉刷鐵門，他把原有的油漆和鏽跡磨掉，上補土膏敷平，再刷上油漆。我看見油漆匠拿出一面小鏡子放在門框下方的地上，去查看門框底下的油漆是否覆蓋均勻。那一幕讓我明白為什麼日本人的鐵門、房屋可以使用更長的時間，甚至幾個世代。從某種意義上說，推倒重建反而是最簡單的工作，而耐心地維護、改造一棟基礎牢固的老房子，讓它保持良好的狀態，卻是一項需要耐心的更為複雜的工作。在二十世紀末，很多中國人都和我一樣，對於這種工作，是相當陌生的。

具體地說，司馬光反對王安石拋開原有的國家機構，設置「制置三司條例司」「制置中書條例司」，另起爐灶來應對國家所面臨的問題。司馬光反將了呂惠卿一軍，請他解釋為什麼非得這樣做。按照蘇軾的記載，「惠卿不能對」，被司馬光問住了。

被問住的呂惠卿乾脆將矛頭直接指向了司馬光本人，說：「光為侍從，何不言？言而不從，何不去？」侍從官也有勸諫皇帝的責任，既然你司馬光知道如今的做法有問題，可是你提出來了皇帝卻不接受，你為什麼還不掛冠離去呢？呂惠卿這是在用《孟子》的典故戲弄司馬光。《孟子》曰：「君有過則諫，反覆之而不聽，則去。」[9]他吃準了司馬光是個方方正正的讀書人，追求的是言行一致。

果然，司馬光立即著了道兒，心生慚愧，漲紅了臉，對神宗躬身說道：「是臣之罪也。」而在一旁的呂惠卿則是滿臉得意。這一幕，連神宗都看不下去了，說：「相與論是非，何至是?!」

這一天，下課之後，神宗先是請各位老師到花園裡小坐，而後又把眾人請進了書房，屏退了宦官宮女繼續密談，討論新政得失。司馬光臨走，神宗又單獨留下他，問道：「您是不是還在為呂惠卿的話不高興啊？」

司馬光說：「不敢。」[10]

司馬光的預言

司馬光當然不高興。呂惠卿在司馬光的心裡從此被牢牢地打上了小人的標籤。他跟王安石跟得太緊了，簡直比王安石還急進——完全放棄了是非判斷的追隨，其中必然裹挾了太多的名利追求。在給王安石的信裡，司馬光告誡王安石：「孔子曰『巧言令色，鮮矣仁』。那些忠信之士，在你掌權之時，頂撞冒犯，讓你討厭，可是你一旦失勢，卻會慢慢得到他們的幫助；那些諂媚之士，在你掌權之時，阿諛承順，讓你舒坦，你一旦失勢，卻肯定會出賣你來為自己撈取好處。」[11]司馬光的矛頭所向，主要就是呂惠卿。後來，被他不幸言中。

王安石不知道這些人有問題嗎？他知道。王安石登上參政大位沒多久，他的學生和忠實追隨者王無咎（一〇二四—一〇六九）去世。王安石為他所作的墓誌銘，敘事簡而用情深，其中有這樣一句話，足見當時心境：「當熙寧初，所謂質直好義不為利疚於回而學不厭者，予獨知君而已。」[12]王安石清醒地知道，他的狂熱的追隨者當中有很多人是有問題的。只是他所追求的，是不由分說地高效推行新法，只有這些放下了獨立判斷的人才最高效——他們只追隨權勢，而不論是非。如果必須在才能和品德之間二選一的話，王安石選才能。

呂惠卿的擠兌，司馬光的確是入了心了。「君有過則諫，反覆之而不聽，則去。」朝廷大勢已然如此，反對派在朝堂上已無置喙餘地，他還留在中央做什麼呢？

十九、去意決絕

臣必不敢留

熙寧三年（一〇七〇）八月八日，垂拱殿上，司馬光第一次當面向神宗正式提出離京請求，他希望去許州做知州或者去西京洛陽當一個閒官。西京作為陪都，設有國子監、御史臺，都是與政務基本沒有關係的閒官。司馬光去意已決，他要遠離首都，遠離皇帝，遠離王安石把持下的中央。神宗仍然極力挽留，可是他挽留的方式，卻讓司馬光的心涼徹了底。神宗拿什麼來挽留司馬光呢？仍然是高官厚祿！

聽司馬光說完，神宗說：「你怎麼能離開首都呢？我還要重申你的樞密副使任命，你就接受了吧！」

司馬光在心裡嘆了口氣，說：「我翰林學士都不要做，更何況是升官呢？」

神宗問：「何故？」

皇帝竟然還要問「何故」！之前那麼多推心置腹的告白、剖肝瀝膽的諫諍，難道都白說了嗎？司馬光慘然一笑，不再解釋，用五個字再次申明態度：「臣必不敢留。」

司馬光放棄了解釋，這倒讓神宗不得不嚴肅對待了。神宗沉吟半晌，說：「王安石一向跟你關係很好，你又何必自己起疑心？」

這又是什麼話！一個大臣能否在朝廷上立足，竟然要取決於王安石的態度！而這個話竟然是從皇帝的嘴裡親口說出來的。一時之間，司馬光的心中五味雜陳，有憤怒、有悲傷、有失望。大道理不用講了，只說眼前吧。既然皇帝說私交，那咱們就說私交。司馬光說：「我跟王安石的關係的確一向不錯，可是自從他當上宰相，我得罪他也太多了。而如今，像蘇軾他們，只要得罪了王安石，都會被毀壞清白，惡意中傷，羅織罪名。我不怕降職丟官，只想保全自己的清名令譽！我跟王安石關係好，能好過呂公著嗎？王安石當初薦舉呂公著時說的是什麼，後來詆毀他時又說的是什麼？呂公著只有一個，為什麼從前樣樣好，後來卻全都錯？肯定有人在說謊！」[1]

司馬光提到的因為得罪王安石被毀了聲譽的，一個是與司馬光、王安石同輩的政治家呂公著，他被栽上「惡意汙衊韓琦」的罪名，罷御史中丞出知潁州；還有一個是蘇軾，這是比司馬光、王安石晚一輩的政壇新銳。呂公著的事情，前面已經說過，那麼，蘇軾又是怎麼一回事？

調查蘇軾的玄機

有關蘇軾的調查正在如火如荼地展開，從開封到蘇軾的老家眉州，這一路之上，凡舟車經行之州縣，都接到了御史臺的公函，責令配合調查，不少艄公、篙手被抓起來拷打逼問。調查什麼，又拷問什麼？四年前，蘇洵去世，蘇軾扶柩還鄉，這一路之上有沒有公器私用，差借士兵、民夫和船工？有沒有偷販私鹽入川取利？如果有，則不但是違反制度，而且是有悖孝道！一個名滿天下的讀書人竟然在熱孝期間做此違法犯禁、蠅營狗苟之事，簡直是天大的笑話！有沒有呢？「窮治，卒無所得」，[2]一道公函下去，六個路都驚動了，雞飛狗跳，可是最終卻是查無實據！雖說是查無實據，可是從開封到地方這麼一通狂查，疑似之間，流言漫天，蘇軾的名聲也被打上了問號。雖說「清者自清，濁者自濁」，可是眾口鑠金、積毀銷骨，誰的生命經得起國家機器的磨損?!想當年，司馬光還在蘇軾這個年紀的時候，[3]就曾目睹恩師龐籍是如何被誣告拉下了宰相高位，政治生命從此一蹶不振的。蘇軾剛剛三十五歲，見識高遠，器量廓大，憂心體國，是未來的國家棟梁，看他遭此橫議，委屈沮喪的樣子，司馬光於心何忍?!

蘇軾犯了什麼錯？無非是他沒有跟王安石站在一邊！去年五月，神宗下詔命令群臣討論學校科舉狀況，拿到蘇軾的奏議，神宗喜出望外，說：「吾固疑此，得蘇軾議，釋然矣。」而蘇軾所反對的，正是王安石急功近利的改革。神宗本來想讓蘇軾進制置三司條例司，王安石說：「蘇軾與臣，所學及議論皆異，不如另外安排一個職位來歷練他吧！」[4]王安石用來歷練蘇軾的職位，是開封府推官。這個位子司馬光也坐過，主管司法，事務繁雜。很顯然，王安石這是想要「以多事困之」。然而，王安石無疑嚴重低估了蘇軾。蘇軾是誰？幾百年一出的大器，才氣縱橫不說，更難得的是通達世事，區區一個開封府推官哪能難得倒他?!於是，就有了這麼一樁旨在搞臭蘇軾的調查！

調查的結果是蘇軾真的感到了恐懼，「緣此懼禍，乞出」，[5]請求到地方上去鍛鍊。第二年六月，蘇軾調任杭州通判。按照資歷，蘇軾已經到了州長的級別。神宗也特地批示，要給蘇軾知州差遣。可是，宰相府卻頂了回來，任命蘇軾做潁州通判。神宗再度親自干預，這才改為杭州通判。杭州通判雖然是副州長，卻是州長級的。對於王安石的這番「苦心」，蘇軾心知肚明，他在給堂兄的信中說：「杭州通判也是知州級別的了，他們只是唯恐我拒不奉行新法，所以不願意讓我掌管一州之政……餘杭風物之美冠天下，只是通判事兒多，勞神費心罷了。」[6]

調查蘇軾的時間選擇透著別有用心。蘇洵去世、蘇軾扶柩還川，是四年前的事情。為什麼早不查晚不查，偏偏現在查？因為司馬光、范鎮在推薦蘇軾做諫官。諫官是做什麼的？諫諍之官，批評之官，代表輿論監督皇帝和宰相的官！讓蘇軾這樣一個與王安石「所學及議論皆異」的人占據這樣的關鍵位置，這分明是給新法設置障礙！王安石要大踏步向前，又豈容蘇軾多言?!可是神宗對蘇軾又是欣賞的。如何阻止蘇軾入主諫院？御史臺的副長官謝景溫（一〇二一—一〇九七）建議，所有受到推薦的諫官人選都必須經過御史臺考核，一旦查出所舉非人，推薦人與被推薦人同受處分。這是從未有過的事情。謝景溫是誰？王安石的好朋友，他弟弟王安禮的大舅哥。[7]王安石大喜。一項新的制度就這樣華麗麗、赤裸裸地實行了。法度本來是天下的法度，當與天下人共同遵守，即使是天子都不能視之為私器、任意破壞，可是現在它就這樣輕而易舉地被大權在握的王安石改變了！

司馬光的心痛徹了。

說到這裡，司馬光的情緒已經相當激動。他在心裡對神宗大喊「陛下，該醒醒了！」可是，神宗全然不為所動。關於王安石與呂公著的關係，神宗有自己的解讀方式：「王安石與呂公著的關係如膠似漆，可是一旦（發現）呂公著有罪，王安石也不敢隱瞞，這正是王安石最公正無私的地方！」[8]

司馬光無語。違背了人性與常識的所謂無私，正是法家的嚴酷。

崇政殿上這一場談話，兩人不歡而散。神宗對司馬光失望極了，他不能明白，司馬光何以如此執拗，不能變通。司馬光對神宗同樣是失望之極，他深深地明白，神宗已經在王安石所引領的道路上越走越遠，不可能再回頭了。這個判斷是相當準確的。七天之後，在一次單獨會談中，神宗向王安石轉達了司馬光對他的不滿，說：「司馬光甚怨卿。」王安石當然要問為什麼，神宗就把崇政殿上的談話複述了一遍。一個皇帝竟然充當了兩種政治力量之間的傳聲筒，神宗顯然忘記了自己的角色定位——皇帝應當是超越派別，超越利益的，而他卻表現得像是王安石的學生。當然，這學生也並非沒有自己的打算，[9]密切的師生關係就像是父與子，早晚會迎來兒子長大、另立門戶的那一天。只是在此刻，神宗還是王安石的好學生。果然，王安石給了神宗如下教導：「有才能的人膽敢作奸犯科，才最難防範。但陛下只要用心思考，遵循道理，賞罰嚴明，那麼，即使是有才的人想要玩什麼陰謀詭計，也不敢萌生歹心。如司馬光輩，又安能惑陛下也？」[10]這一番話，顯然沒把司馬光放在「有才能」的行列，而這比刀尖還鋒利的最後一句，生生給司馬光貼上了包藏禍心的標籤！

偌大的東京城，軒敞的朝堂，其實已經沒有了司馬光的立足之地。

武舉改革受挫

但是，在調任新職之前，司馬光並未停止翰林學士的工作。八月二十四日，他奉命主持武舉省試，在認真思考之後，提出了改革方案。

武舉就是選拔軍事人才的考試。論錄取規模、授官高低、武舉進士與軍官隊伍的結合度、社會影響力，武舉的重要性都遠遠不如文科舉。儘管如此，縱觀人類的軍事人才選拔史，宋朝的武舉卻是具有開創性的：第一，它試圖解決一項重大難題，在和平時期怎樣甄選將帥之才。第二，它引入了兵書策略的考試，提高了文化水準和軍事理論在軍事人才選拔中的分量。當然，不可否認，宋朝武舉問題重重。武舉考試分為兩大部分：第一弓馬，射箭和騎馬射箭，這是體能和武術技能的考試；第二策論，這是軍事理論的考試。按照當時的規定，舉人先考武藝，合格之後才能參加軍事理論考試。透過研究，司馬光發現，射箭考試的要求過分強調力量和形式，弓本來已經是硬弓——軍隊常規用弓的弓力是從八斗到一石，武舉用一石一斗、一石兩種，又要求拉到弓如滿月，弓馬不合格就直接被刷下。武舉選的是軍事指揮人才，要張飛、趙雲，也要諸葛亮，對力量應當有所要求，但是，過度強調力量，意義不大。因此，司馬光提出一個武舉優化方案：降低射箭考試的力量要求，提高軍事理論考試在錄取中的權重，允許弓馬稍弱而理論特強的舉人進入由皇帝親自主持的殿試。

給武舉人一個機會，就是給宋朝國家一個機會。司馬光提出的武舉改革方案，可以說是切中弊端的。它也符合文官群體對於武舉的總體考慮，武舉選的不是一勇之夫，而是「方略智勇之士」。然而，這個改革方案一報到宰相府即遭否決。神宗批示「再相度」，可是最終還是按照宰相府的思路執行了。[11]

司馬光在武舉中降低力量要求，提高軍事理論成績權重的想法到了南宋才得以實現。相較於文科舉，宋朝的武舉是很不重要的。南宋人方大琮（一一八三—一二四七）曾經毫不留情地批評說：本朝名臣宿將勛業赫赫，有出身武將世家的，有出身行伍的，「其自武舉中出者幾人」?![12]基本上一個都沒有。原因很複雜，不是司馬光這一項改革措施就可以徹底改變的。但是，司馬光所提出的畢竟是一項合理的改革措施，而且成本很低，有利無弊。然而，它卻被否定了。只因為，它是司馬光的提議。

就這麼簡單。

孔文仲制科風波

就在司馬光主持武舉考試的同時，制科考試也在進行之中。制科又稱制舉，以選拔高級人才為目的，不定期舉行，科目視國家需要而定。這一場制科的科目是「賢良方正能直言極諫」，顧名思義，要選拔正直勇敢有見識、敢說真話的人才。然而，考試的結果卻是，「指陳時病，語最切直」，[13]最敢說話的那個人——孔文仲（一〇三八—一〇八八）因為批評王安石落榜了！孔文仲的落榜經歷了激烈的鬥爭。鬥爭的雙方，一方是王安石、神宗，另一方是王安石的反對派，打頭的是曾經極力推薦王安石的韓維。

這場考試的初試成績，孔文仲本來是第一名。宋朝制科沒有第一第二等，最高就是第三等。兩位初考官宋敏求（一〇一九—一〇七九）、蒲宗孟（一〇二二—一〇八八）給孔文仲打的是「第三等上」的好成績。複考官王珪、陳睦往下拉了一點，放在第四等。而詳定官韓維則主張維持「第三等上」的初考成績。按道理說，經過了初考、複考、詳定，這就應該是最後成績了。可是誰也沒想到，王安石看到了孔文仲的文章，「大惡之」。按照正常程序，宰相不能干預制科考試。宰相不能，皇帝卻能——皇帝無所不能，只要他願意。於是，在王安石的授意下，神宗給考試組發來了手詔：「制科『調』字號卷，仔細考察其對策之意，大致傾向是崇尚流俗，缺乏是非觀，又輕視詆譭時政，且援引先王之經典不合義理。……以此人之學識，恐怕不足以錄取，免得擾亂了天下人的視聽，請重行斟酌，拿出一個新的成績排名。」[14]這「調」字號卷就是孔文仲的對策。

神宗的意見遭到了考試組的抵制。韓維連上五道奏章，大聲疾呼：

陛下不要以為孔文仲一個卑賤的讀書人，讓他落榜有什麼關係！我只擔心陛下黜退一個孔文仲，會讓賢才俊士離心離德，忠臣良士結舌失語，而那些阿諛苟合的人會乘機竄上來。那危害就不是一點一滴的了，還請陛下收回成命。

王安石當時正好奉命外出祭祀，不在朝中。神宗獨自面對強大的輿論壓力，難以招架，趕忙派人送手詔問計於王安石。王安石回信說：

> 陛下看韓維輩出死力維護孔文仲感到為難，我卻早就料到了韓維他們一定會這樣做。孔文仲以不實言論汙衊陛下，迎合考官。如果不按照陛下的指示施行（淘汰孔文仲），而採用考官的意見錄取提拔孔文仲，那麼，天下有識之士必然會嘲笑朝廷糊塗，而那些疏遠無知的人則會覺得陛下就像孔文仲所說的那樣，至於那些互相勾結意欲不逞的人會自以為得計，這就是我為什麼不敢不奉行陛下聖明的詔旨啊！如今韓維想要拚死為孔文仲一爭，如果陛下姑息他們、聽從他們，那麼君主的權力反倒被這群邪惡的人奪去了，流俗再加以煽動，未來必將寸步難行。現在那些流俗之人，一心想「朋黨因循」，互相勾結墨守成規，而陛下想要「考功責實」，幹一番實事，「考功責實」最怕的就是「朋黨因循」，所以他們要阻撓陛下揮動權柄，是再正常不過的了。如果陛下能夠深思熟慮，以靜制動，等他們做得太過火，再用制度、刑法處置，那麼，小人們就會感到害怕，風氣也會逐漸發生改變。[15]

韓維是神宗的潛邸舊人，也是極力推薦王安石復出的人。然而，政見分歧卻已經讓王安石把韓維視作了「流俗」「群邪」「朋黨因循」的代表，擺到了對立面。對於韓維，王安石和神宗早已達成共識：論才幹，論人望，韓維進入中央領導層，都是「最為可者」。可惜，韓維卻從不願意幫助陛下振興大道，「然其志未嘗欲助興至理也」。[16]這「至理」大道是什麼？當然就是王安石的新法、神宗的拓邊。得到了王安石的開解，神宗頓覺理直氣壯。孔文仲制科落榜，發回原單位供職，只留下一篇慷慨激昂批評時政的文字，在開封的朝堂上迴響。

司馬光與孔文仲事件沒有直接聯繫，他的同年摯友范鎮卻是孔文仲參加制科考試的推薦人。司馬光與范鎮不約而同地想起了九年前蘇軾、蘇轍兄弟參加的那一場制科考試。同樣是「賢良方正能直言極諫科」，蘇轍言辭激烈，直把當時的皇上比作了誤國昏君，而且，蘇轍還答非所問、文不對題，犯有硬傷。然而，仁宗卻說：「求直言而以直棄之，天下其謂我何？」最終，蘇轍還是以「第四等次」的名次被錄取了！錄取之後，知制誥王安石卻又橫生枝節，懷疑蘇轍依附宰相、攻擊皇帝，拒絕為他起草制書。若不是宰相韓琦大度開解，換了知制誥沈遘來撰辭，那麼，蘇轍還要遭受更多的挫折。[17]如今，輪到王安石當政了，孔文仲不過是在批評宰相、批評政策，有這麼多人為他據理力爭，卻也改變不了落榜的命運。韓維是對的，落榜的不是孔文仲，而是宋朝政治的寬容之風！

范鎮還是蘇軾做諫官的推薦人。一年之內，他推薦的諫官人選遭到了莫名的調查，推薦的制科考生也黯然落榜，都是因為與王安石不同道。范鎮憤然上疏，請求提前退休，「以贖（蘇）軾販鹽誣妄之罪，及（孔）文仲對策切直之過」。[18]這當然是氣話。范鎮只有六十三歲，距離法定退休年齡還有七年。但是，他真的幹夠了——這緊張的空氣、肅殺的氛圍，早已不是他所熟悉的開封政壇。

司馬光也幹夠了，他希望離開。對於現代讀者來說，有一個問題可能需要解釋——司馬光為什麼用離京而不是直接辭職來表達不滿？

第一，他才剛剛五十二歲，還太年輕，退休顯然不合適。第二，他還有治國平天下的心願未了，他還願意為天下蒼生做一點事情。第三，我想引用當時另一位官員陳襄的話。陳襄的政治主張與司馬光接近，四月分，因為反對青苗法被從御史臺副長官的位置拉下來，去做了一個無關緊要的史官。到了九月，神宗想要任陳襄知制誥兼經筵侍講。知制誥，皇帝的高級祕書，負責起草文書，一共才四個編制。可是陳襄拒絕了，情願繼續做一個小小的史官。陳襄在辭知制誥的報告裡說：「古代做官的人，不得志可以去齊國、去楚國、去宋國，現在天下一君，沒別的地方可以去，唯一能做的，就是辭尊居卑。」「天下一君」，別無選擇；當一個做官的人對朝廷政治走向不滿而又無力改變的時候，他所能做的就只有「辭尊居卑」，這是陳襄的想法，也是司馬光的想法。

「辭尊居卑」語出《孟子．萬章下》。孟子認為，做官是為了行道，踐行理想，治國平天下。「立乎人之本朝，而道不行，恥也。」[19]為發財而做官，是孟子所不齒的。但是，孟子也同意，在某些情形下，比如家道衰敗、父母年邁需要贍養，縱然無法行道，也是可以做官的。只是，在這種情形下做官，「亦不可以苟祿」，不能謀求高位，要「辭尊居卑，辭富居貧」，比如做個「抱關擊柝」的小官，看看門、打打更，俸祿足以贍養父母，就可以了。

帝制中國的士大夫，學而優則仕，生命之中原本沒有太多的選擇。當朝廷的政策走向背離了自己心中的大道，當主政者已經不能容納不同的聲音，司馬光和他的同道們也就只剩下了「辭尊居卑」或者徹底退休這一條路。

然而，即便是這樣「退而求其次」的「辭尊居卑」，在王安石眼裡，也已經變成了罪過。陳襄的辭知制誥奏表，引用了《孟子》「辭尊居卑」「抱關擊柝」的原話。王安石看了，給神宗上札子說：「陳襄奸邪，附下罔上，暗地裡與奸黨配合，造謠誹謗試圖擾亂時政。（這些情況）陛下應當早已明知，可還是每每想要重用陳襄，我真不知道為什麼。……（陳襄說）他唯一能做的就是辭尊居卑，因此想要辭掉知制誥，只做一個修起居注的史官。那麼陛下認為可以把記錄皇帝言行的史官比作抱關擊柝的賤吏嗎？做臣子的辭官，按照禮義，可以說出這樣的話來嗎?!」陳襄經術、文辭、政事俱佳，深得神宗欣賞。陳襄辭知制誥、侍講，並請求外任。神宗允許他辭知制誥，但仍然為他保留了侍講一職，並手詔慰留說：「『朕素慕卿經術行己，深惜遠去』……把你留在經筵，希望常在左右，用道義來磨礪朕，讓朕常聞為政之道。」[20]這種欣賞，正是王安石所忌憚的。這一天，宰相的御前辦公會之後，王安石又請求「留身」，留下來單獨與神宗面談，探問神宗對陳襄一事的態度。終於，他聽到了神宗的口頭批示：「你討論陳襄的文字，我看了，甚善。」[21]

如果陳襄有機會看到王安石的札子，一定會反駁說：「這有什麼不合適的呢？這是《孟子》的原話呀！你王安石不也多次引用《孟子》嗎?!」只可惜，陳襄沒有這個機會為自己辯解。王安石對陳襄的指責，已經隱隱約約地透露出斷章取義、羅織罪名的苗頭，散發出令人不安的氣息。司馬光也無緣看到王安石的這封札子，但是，那種令人不安的氣息，他們都感覺到了。

在這篇討論陳襄的奏札中，王安石還教導神宗說：「崇高的官位，是皇帝賜予天下人才的榮耀，陛下卻非要拿來塞給那些擾亂時局的奸佞之人，結果是遭到拒絕，讓這幫人用來擴大自己在流俗中的聲譽，讓朝廷的官爵命令被世人輕視。我私下裡為陛下感到不齒。」[22]

高官厚祿是用來做什麼的？神宗用它收買司馬光，認為那是巨大的榮耀和恩典。而司馬光卻堅信，做官是為了行道，如果心中的主張不得實現，那麼，他情願「辭尊居卑」，離開首都，離開皇帝，離開讓他回天無力的朝廷政治。熙寧三年九月二十六日，在司馬光的強烈請求下，他獲得了知永興軍（今西安）的職位。

二十、青苗法紅線

韓絳宣撫陝西

曾公亮曾經感嘆說：「上（神宗）與安石如一人。」[1]其實，這種「如一人」的狀態，只是外人的觀感。神宗與王安石終歸還是兩個人，而且這兩個人幾乎是同樣的自信滿滿，只不過由於年齡的差距，神宗還在成長期，而王安石已經長成。所以，在現階段，王安石像導師，是思想與經驗的提供者；神宗像學生，接受王安石的思路，跟隨王安石的引導。然而，他們畢竟分屬君臣。一旦神宗長成，兩人的關係必將發生微妙的逆轉。即使是在現階段，倘若仔細品味，神宗與王安石的差別也是相當明顯的。比如說，作為國家命運的主導者，這兩個人對於目前階段宋朝國家首要問題的看法就並不一致。

神宗最關心的是邊疆問題，他想要開疆拓土。熙寧三年（一〇七〇）八月，陝西傳來警報，西夏人「傾國入寇」，「兵多者號三十萬，少者二十萬」，對宋朝的大順城等邊寨不時進行長則六七日、短則一兩日的圍攻。[2]是可忍孰不可忍！「番邦小丑」膽敢挑釁，是危機，也是機會。參知政事韓絳主動請纓，要上前線，去陝西收拾西夏人，為國安邊。神宗大加讚賞，於九月八日任命韓絳為陝西路宣撫使，並賦予了他「便宜行事」的大權。[3]十五日，神宗在集英殿擺下大宴，親自為韓絳壯行。十七日，又下詔命令全體宰相、樞密使一起到韓絳府上送別。韓絳家外面的小巷子，連同臨近的三條大街都被宰相大臣的儀仗隊擠得水洩不通，看熱鬧的小孩子爬滿了樹，鄰近幾家酒店、茶樓的二樓雅座賺足了錢，那叫一個風光體面！第二天，九月十八，韓絳在宣撫使衛隊的護衛下出征，鮮衣怒馬，旗幟燦燦，甲冑鮮明，騎在馬上的韓絳端的是威風堂堂、志得意滿。韓絳宣撫陝西，是帶著副宰相頭銜出去的。神宗的決心由此可見一斑，他盼著韓絳此去，旗開得勝，澆滅西夏人的囂張氣焰，甚至招降納叛、攻城略地，把宋朝的領土向西開拓。但是，對韓絳此行乃至宋朝國家對於西夏的戰略目標，神宗並沒有一個長遠規劃。所以，他給韓絳的指示是模糊的、籠統的，或者說是機會主義的——看情況，能前進多少就前進多少。

對於這一點，王安石不是沒有警覺，他提醒神宗，應當「先定計」，「須有定計」。對於宋夏兩個政權之間那些小部落，究竟該怎麼爭取，對於宋夏雙方爭奪的邊境城池，如何進取，都應當有一個通盤的計畫，不但要能「一舉取之」，而且還要守得住，[4]絕不能拿得下守不住，留下一個連年征戰的爛攤子。毫無疑問，在這個問題上，王安石比神宗看得遠，也更有戰略眼光。但是，他並沒有堅持說服神宗。這可能有兩個原因：一是神宗決意由自己親自主導西北戰事，不打算讓王安石過多插手；二是王安石真正重視、視為當務之急的，不是西北問題。那麼，在王安石的日程表上，第一要務是什麼？

立綱紀，「一道德」，統一思想、統一作風！在王安石的心中，現階段宋朝國家的首要任務不是邊防，而是內政；不是陝西，而是朝廷；不是軍事，而是思想。神宗要跟王安石討論陝西邊境問題，王安石說：「邊事極易了，只是朝廷綱紀未立，人趣向未一，未可論邊事。」[5]「邊事」果真「易了」嗎？未必。但是在王安石心中，真正的當務之急，是統一宋朝統治階級內部思想，「一道德以變風俗」，[6]消滅「異論」。如何才能做到立綱紀、一道德？從皇帝做起，充分發揮皇權的權威性。王安石說：「『乾』卦所指示的，才是為君之道。非剛健純粹，不足以為『乾』。」[7]王安石還批評神宗說：「陛下明智，超越前世人主，只是剛健不足，未能一道德以變風俗，導致異論紛紛，不止不休。如果陛下能夠身體力行，每遇一事都用義理來決斷，那麼，時間長了，整個社會的風氣自然就會發生改變。」[8]王安石教導神宗要剛健，要決斷。當然，剛健的皇帝應當是和自己站在一邊的。對此，王安石毫不懷疑，就像他從不懷疑自己與道義同在一樣。

在內政問題上，青苗法已經成為一條紅線，成了流俗與正義的分界線。支持青苗法的得升遷，反對青苗法的遭貶黜！青苗法的這一妙用，說起來倒是神宗的「發現」。

韓絳宣撫陝西，這是神宗寄予了厚望的。宣撫司的人事權，神宗也下放給韓絳，韓絳看中了誰，基本上就可以調，報批中央即可。但是，韓絳想要用韓鐸擔任河東轉運使，調度軍需，卻遭到了王安石的反對。韓鐸現任提點河東路刑獄，就地提拔，本來是很便利的。神宗也覺得韓鐸可用，他還記得「韓鐸點檢城牆防禦器械非常仔細」。為什麼就不能用呢？王安石說：「朝廷派韓鐸去檢查，仔細是他的職責本分。可是這個人對待青苗法卻很不配合，現在正有人彈劾他，怎麼能又提拔呢?!」聽到這話，神宗很是不以為然，說：「看人應當看全面，『豈可專為常平一事黜陟人』？」「常平」指的就是青苗法，負責推行青苗法的使者稱為提舉常平官。

神宗本來只是就事論事，並沒有過多的深意在其中。沒想到王安石卻認了真，表情嚴肅地解釋說：「我只看到韓鐸處置常平事錯誤，應當降職，沒發現韓鐸做其他任何事情值得升遷。『陛下似未察臣用意』，我難道會因為自己建議設置常平法，就專門用常平法來升降官員嗎？常平法只是天下事的萬分之一，而且我用來輔佐陛下成就大業的，絕不是就只有建議設立常平法一項啊！『陛下似未察臣用意』啊！」

「陛下似未察臣用意」這句話，王安石說了兩遍，顯然是受到了傷害。王安石的情緒電波，神宗接收到了，後來專門道歉，向王安石表白說：「朕方以天下事倚卿，卿不得謂朕不知卿。」9

雖然王安石不承認他「專以常平一事黜陟人」，但是，在司馬光的眼裡，青苗法卻真的成了一條決定官員升降去留的紅線。

鄧綰頌聖得好官

有一個名叫鄧綰（一〇二八—一〇八六）的寧州（在今甘肅）通判，給神宗上書說：「陛下得到了伊尹、姜尚一樣的好宰相，實行青苗法、免役法，百姓無不載歌載舞，歌頌聖上的恩澤。這是我在寧州看到的，看寧州一個州就可以知道一路的情況，看一個路就可以知道全國都是這樣。青苗法真是不世出的良法，願陛下堅守實行，不要被浮議所動搖。」鄧綰還給王安石寫了信和頌詩。王安石得書大喜，報告神宗，神宗也是喜出望外，下詔讓鄧綰火速進京。

鄧綰一路上都由朝廷的驛站接待。估摸著快到了，神宗又派出幾撥人馬到開封附近的驛站、城門守候，以便第一時間得到鄧綰的消息。鄧綰是頭一天傍晚到的開封，宮城已經關門下鑰，他進京的消息是從右掖門的小洞遞進宮的——神宗的迫切心情由此可以想見。

第二天一早，神宗立即召見鄧綰。接著，王安石又單獨接見，與鄧綰面談。王安石問鄧綰：「家屬一塊來了嗎？」鄧綰說沒有。王安石說：「為什麼不一塊兒來呢？你不會再回寧州任職了！」

可是，讓鄧綰沒想到的是，新任命發下來，竟然就是寧州知州，職位升了一級，地方卻還是老地方。怎麼會這樣?!王安石湊巧出差不在，這肯定是陳昇之、馮京兩位宰相所為。

鄧綰憤憤不平，公然揚言：「急火火地召我來，竟然讓我回去知寧州?!我已經告訴王介甫了。」有人逗他：「你覺得你應該做什麼官呢？」鄧綰脫口而出：「怎麼著也得是個館職吧？」全場爆笑，當鄧綰是狂人。又有人火上澆油，說：「你不會是要當諫官吧？」鄧綰昂起頭，驕傲地回答：「正自可以為之！」

第二天，王安石回朝，果然推翻原判，鄧綰得了館職，進入宰相辦公廳工作，擔任檢正中書孔目房公事。

一個名不見經傳的小官，就因為上書讚美青苗法，竟然一步登天，成了宰相屬官。這昇天速度，堪比炮仗！羨慕的人有，動了活心思的人也有，更多的人還是不屑的。鄧綰自己也不是完全不自知。他是四川雙流人，頗有幾個同鄉在開封，然而他此番進京，如此志得意滿，卻沒去拜訪同鄉。知道同鄉們在背後對自己指指畫畫，鄧綰又昂起頭，打鼻子裡哼出一聲來，道：「笑罵從汝笑罵，好官我須為之！」[10]

范鎮勇決遭貶斥

有人因為歌頌青苗法得美官，也有人因為反對青苗法遭貶斥。早在青苗法實施之初，范鎮就曾經批評它是「盜跖之法」。[11]如今青苗法實施一年，河北、陝西、河南等地大旱，已經有老百姓拖兒帶女出來逃荒乞食，而青苗貸款仍然成功地增加了政府的財政收入，這不是搶劫是什麼?!

范鎮申請提前退休的奏札已經打了四次，神宗都不理會，既不理會他所說的問題，也不准他退休。范鎮思考再三，寫下了第五份奏札，這第五份奏札，他寫完之後反覆展讀，仔細斟酌，好幾次想要遞上去又縮回手來，然而最終還是遞上去了。而王安石讀罷，果然怒不可遏。這封報告裡究竟寫了什麼？

第一，替蘇軾、孔文仲鳴不平。第二，說青苗法。前一部分倒也罷了，說青苗法的這一段，力透紙背，直指要害：「那些說青苗法有成效的，難道不是因為一年得了幾十萬、一百萬的銅錢嗎？這幾十萬、一百萬的錢，不出於天，不出於地，更不是從那些建議設置青苗法的人家裡出來的，全都出自老百姓。老百姓就像是魚，財富就像是水，水深魚才能活，財富充足老百姓才有生意。『養民而盡其財，譬猶養魚而欲竭其水也。』現在那些官員，只要能多發放青苗貸款、又收得回來的，有從知縣一躍而提拔成轉運判官、提點刑獄的，那些急進僥倖的人，哪裡還會顧念陛下的老百姓呢?!」[12]

如此露骨地戳破青苗法的真面目，必定會激怒王安石。這一點，范鎮十分清楚，他在奏札裡剖白心跡：「我知道這樣的言論一旦遞上去，必然觸怒大臣，罪在不測。然而，我曾以忠誠事奉仁宗皇帝，仁宗沒有賜我死罪，只是撤了我的言官之職；我曾以禮義事奉英宗皇帝，英宗沒有治我的罪，還讓我做京畿的地方官。倘若我不用我事奉仁宗、英宗的心來事奉陛下，那麼，是我對不起這個時代。」忠誠、禮義是范鎮、司馬光的立身之道，是他們從寇準的時代、范仲淹的時代繼承來的教養，深入骨髓。他們的忠誠，是對江山社稷的忠誠，是范仲淹所謂「大忠」！

范鎮所料不錯。王安石拿著范鎮奏札的手都在打顫。新任參知政事馮京看見，小聲勸了一句：「何必這樣呢？」

既然范鎮要求退休，那就讓他退好了。可是這宣布退休的文書，必須昭示懲戒。下屬把范鎮退休制書呈上來，王安石看了，「不稱意」，扔到一邊，另外選人來寫，還是不滿意，乾脆拿起筆來親自修改。王安石親手加上去的，是這樣幾行：「范鎮之前做諫官，曾遭到朋黨營私的指控；晚年做翰林學士，又因阿諛奉承遭到斥責。他的議論常常假託公正，以達到邪惡的目的，甚而至於對先帝深加誣衊，來掩蓋他『附下罔上』的醜行；他極力提拔小人，被那些敗壞綱常禍亂風俗的惡行所迷惑。」所謂「附下」說的當然就是司馬光一夥，而提拔小人，毫無疑問指的是蘇軾之流。「附下罔上」這個詞，王安石在陳襄身上用過，陳襄、范鎮這些人，明明能巴結到皇帝，卻為什麼要違拗皇帝和大權在握的首相王安石，偏偏要「附下」呢？王安石說，他們有邪惡的目的。這目的究竟是什麼呢？王安石卻不再窮究。

在對范鎮做了無情「揭露」之後，王安石結論如下：「稽用典刑，誠宜竄殛；宥之田里，姑示寬容。」[13]竄殛，竄是流放；殛有兩解，流放、誅殺。（像范鎮這樣罪大惡極的）按照法典刑律，實在應當流放甚至誅殺；（可是聖上寬仁）赦免他，放歸田里，以示寬容。「寬容」的意思，到這裡變成了「雖曰該殺，饒你不死」。

這樣一篇殺氣騰騰的制書，讓所有看到、聽到的人都為范鎮捏了一把汗。可是范鎮卻十分平靜，照慣例上表感謝皇帝放他提前退休，說的仍然是「希望陛下集合眾人的意見，兼聽博採，以此來防備那些試圖隔絕陛下視聽的奸謀，任用老臣作為心腹，來存養和平福祉」。[14]憂國之心，天日可表！

宋朝優待高官，退休之後沒有職務工資，收入減少，所以在退休之際，照例要提高級別，另加賞賜。這些應得的賞賜，范鎮一樣也沒拿到。范鎮退休之後，也沒有遠走，仍然踏踏實實地住在開封，就在王安石的眼皮子底下，每日裡讀書賦詩，日子過得優哉游哉。有朋友備下酒食來請他，哪怕對方貴為皇親國戚，范鎮也不拒絕，照吃不誤。但是如果別人不請，那麼范鎮是絕不主動登門打擾的。司馬光為范鎮作傳，讚美范鎮是當世最勇敢的人，是「勇於內者也」。[15]君子坦蕩蕩，這「君子」二字，范鎮的確當得！然而，我們若換一個角度來看，也不得不對宋朝的政治大風氣略表讚美——在王安石當政的時候，他的敵人，他如此討厭的一個人，也還可以在首都正常地居住和與人交往。

寬容的邊界正在後退，但空間還是有的。

臨去三札為黎民

范鎮已經退休，徹底退出了政治舞臺。司馬光還要繼續前行，去做他的知永興軍，永興軍是宋朝對唐朝故都長安的正式稱呼。他即將擔任的職位是知永興軍兼永興軍路安撫使、兵馬都總管，除管理永興軍一州地方行政之外，還「兼領一路十州兵民大柄」。[16]宋朝在陝西設有五個路，其中有四個緣邊，直接與西夏接壤，永興軍路沒有與西夏直接接壤的地域，屬於陝西腹地，負有應援其他四路的責任。在邊境形勢相對和緩的時期，宋朝通常以資歷較深的官員坐鎮永興軍，照應緣邊四路。如今韓絳宣撫陝西，在延安開府，是陝西戰事的最高指揮官。司馬光出守永興軍，神宗也是寄予了希望的。十一月二日，作為待任知永興軍、永興軍路安撫使、兵馬都總管，司馬光朝見神宗，做上任前的告別。

這叫做「朝辭」，是皇帝與地方大員之間溝通想法的重要管道。神宗當面指示司馬光，「凡邊防事機及朝廷得失，有所聞見，令一一奏聞」。[17]

讓神宗萬萬沒有想到的是，司馬光卻拿出了三份奏札，這三份奏札，說的都是永興軍的事、陝西的事。對於永興軍一個州、一個路乃至整個陝西的老百姓可能遭受的苦難，在過去短短的一個多月中，司馬光已經有了深思熟慮，他要在臨別之際，當面請命。那麼，司馬光這臨去三札究竟說了些什麼？

第一札，請求在永興軍一路十州範圍內免於推行青苗法和即將執行的免役法。「役」是老百姓以一定時間的無償勞動形式履行對朝廷國家所承擔的義務。免役法，簡單地說，就是取消無償勞動，改為百姓納錢免役，政府用收到的錢向市場購買所需服務。司馬光認為，免役法的危害將會比青苗法還要嚴重。為什麼？「上等人戶本來是輪流充役，有時間獲得休息，改為免役之後，年年都要交錢，卻變成了永遠得不到休息；下等人戶本來無役，如今卻都要出錢，結果是孤貧鰥寡之人，也無法免役了。」所以，司馬光斷言，免役法最終會變成一項沉重的經濟負擔壓在老百姓頭上，而陝西這個地方，「多年以來為國家供應邊防，民力凋敝，怎麼能再用這樣無益之事來勞擾他們呢?!」因此，司馬光懇求：「伏望聖慈特免永興軍一路青苗、免役錢，以愛惜民力，讓陝西百姓專心供應邊防吧！」[18]

第二札，請求皇帝承諾不調發陝西的「義勇」去守邊，更不要把「義勇」直接變成軍人。這一請求之中，包含了司馬光對本朝一項傳統邊防策略的深刻檢討。這項邊防策略就是每臨大戰必徵兵。老百姓臨時披上戰袍，浩浩蕩蕩地開往前線，只能虛張聲勢，嚇唬嚇唬人，並不能實質增強宋軍的力量，卻會破壞老百姓的生產生活。陝西所遭遇的大規模徵兵，司馬光有生之年已經遇到了兩次：第一次是一〇四〇—一〇四一年宋夏戰爭期間，「三丁之內選二丁」，原本說只是當民兵保家鄉，結果卻很快就被刺了面成了正式軍人，派往前線；第二次是在一〇六四年，仍然是「三丁之內刺一丁」，充當「義勇」。[19]第一次徵兵時，司馬光正在涑水故園為父母守孝，耳聞目睹周圍百姓的「惶擾愁怨」。喪失了三分之一勞動力的陝西州縣「田園蕩盡……比屋凋殘」，二十年難以恢復元氣。所以，當一〇六四年朝廷決定對陝西進行第二次「三丁刺一」的時候，正在擔任諫官的司馬光六上札子，堅決反對，又親往中書向宰相韓琦表達了最強烈的抗議。[20]當時司馬光有一個最大的擔心，就是政府早晚會把這些「義勇」民兵改編成正規軍，讓他們永遠無法回到土地上去。如今西北局勢緊張，這種可能性幾乎是一觸即發的。所以，他臨別上札，為陝西十五萬「義勇」兒郎請命。[21]

第三札，請求朝廷不要把所有的兵都調到邊境上去，而忽略了內地州軍的安全，相反要加強內地的兵力，以備不虞。這樣的建議，范仲淹在宋夏戰爭期間也曾經提過。

下殿之後、出城之前，司馬光曾經多少次回過頭去，想要再看一眼皇帝的宮殿，再看一眼帝國的首都。「昔我往矣，楊柳依依」，司馬光臨去的心情，正在依依與決絕之間。依依者為民，決絕者為君。而君與民又豈能分得開！對於神宗與王安石，他徹底失望了，所以他捨得離開生活了十三年的開封。對於目前的形勢，他幾乎看不到什麼希望。但是，他又怎麼能夠放棄希望？這臨去三札，便是他不忍棄絕的希望的掙扎。

二十一、登樓不見山

歲晚愁雲合

熙寧三年（一〇七〇）十一月二日，司馬光拜別神宗，第二天，他便帶著張夫人、兒子司馬康和簡單的家當離開了開封，前往古長安上任。從開封向西進入陝西境內，一路之上，迎面而來的，都是拖兒帶女背井離鄉的逃荒人。司馬光下馬詢問，人們告訴他：「今年夏天遭遇大旱，莊稼都乾死了。黃河、渭河以北，顆粒無收，唯獨終南山下那一小片，還略有收成。秋天又下起連陰雨，一個月都不見晴天。莊稼看著是結了穗，可都是癟的，根本就不出米；就算有米的，也都是又細又黑，當不得糧食。一斗穀子，舂簸之後，也就出三四升的小米。穀價飛漲，朝廷連年徵調，誰家也沒有存糧，本地已經沒有辦法互相救濟了。只好往東來洛陽，向南去襄州、鄧州、商州、虢州討生活，要麼給當地人做佃客打零工，要麼上山燒炭砍柴，要麼乾脆乞討偷盜，只求活命。」1

張夫人在車裡聽著，已然是淚流滿面，司馬光卻是欲哭無淚。面對這樣的局面，「國家唯一應該做的，是鎮之以靜，減少乃至停止大規模的活動，以減少開支」，只有這樣，才能減輕百姓負擔，減少流亡。「苟或不然，國家即使是（口口聲聲）要減輕租稅、寬限欠債」。又怎麼可能呢？2

十一月十四日，司馬光抵達長安。下車伊始，還沒來得及喝一杯熱茶，便被宣撫司鋪天蓋地的命令所包圍：命令陝西義勇分作四批，輪番發往緣邊戍守；命令在當地駐軍中選拔精銳之士，同時面向社會招募敢死隊員，以備奇兵；命令各州製作乾糧、布袋、推車，以備運送軍糧……所有這些命令，全都指向戰爭。長安城裡人心惶惶，流言漫天。不是流言，這是明擺著的呀，朝廷要對西夏人動真格的了。要不然怎麼會派一個副宰相親自到延安坐鎮指揮呢?!

「對吧?大人，您從皇帝身邊來，是不是真的要開戰了呀?」

面對下屬小心翼翼的試探，司馬光臉色鐵青，眉頭緊鎖，雙脣緊閉。他所擔心的事情似乎正在一步一步變成現實。究竟會不會有一場大戰呢?臨行之時，神宗給司馬光的當面指示，是「謹嚴守備」和「堅壁清野」，以守為主，不要主動出戰。[3]可是看陝西這情形，尤其是宣撫司的動靜，卻分明是磨刀霍霍，準備大幹一場的架勢。他臨去三札的第二札便是請求不要調發陝西的義勇（民兵）去守邊，可是，宣撫司卻已經下令義勇輪番戍邊。慶曆年間的悲劇在重演。朝廷今天能把民兵調去守邊，明天就能把民兵變成軍人。陝西老百姓的日子已經如此艱難，萬一戰爭爆發，他們又拿什麼來支持軍需呢?

永興軍衙門有一座「見山樓」，「見山」二字蓋取陶淵明「採菊東籬下，悠然見南山」之意，登之可以遠眺南山，舒心適意。司馬光到任十日，才略有閒暇，可以登樓一觀，然而「歲晚愁雲合，登樓不見山」，[4]眼中所見即心中所想，司馬光的心中，也是愁雲四合，不見南山。

司馬光試圖拚將一搏，抵制宣撫司那些急於星火的命令。他決定首先拿製作乾糧的命令開刀。相較於徵發義勇戍邊的命令，這是小事，也是大事。糧食關係人命。官倉裡的存糧已經不多，眼下救災需要發放一批。到明年春天，還需要一批，才能讓那些貧困戶喝上粥，保住命，地裡的莊稼也才能有人種。既然朝廷並沒有下令開戰，那麼乾糧就不是急需物資。乾糧造出來，一時半會用不上，就會發霉變質成為廢物。眼前的人命比想像中的戰事更重要，陝西人的日子還要過，地還要種。頂著巨大的壓力，司馬光下令，暫不執行宣撫司製作乾糧的命令，同時，他又向宣撫司打報告，請求取消乾糧製備命令。[5]

衝撞青苗法

在永興軍的每一天，司馬光的內心都在經歷著痛苦煎熬。他努力用自己瘦弱的身軀抵擋著來自上面、來自開封的壓力，想要多為永興軍百姓爭一點活命的糧，可是，上面卻一點鬆動、改變的意思也沒有。司馬光心裡很清楚，他改變不了任何東西。神宗和王安石想要做的事，他在開封無法改變，到了長安就更是鞭長莫及，影響乏力了。然而，為了永興軍的老百姓，他願意拚上自己的政治前途。大不了像范鎮一樣提前退休，沒什麼了不起。

自從接任知永興軍，司馬光就拿自己的政治生命跟神宗—王安石的政策碰撞，最終，他撞到了王安石視為紅線的青苗法。青苗法標榜的是以政府提供的低利貸款取代民間高利貸，幫助農民度荒。但是，根據當時人的觀察，青苗法的貸款利息從來就不低，而且在實踐當中，它以國家政權為後盾強制推行、強制回收，借款者根本就沒有「不借」的自由，更沒有「不還」的膽量。韓琦早就斷言，青苗法就是政府的斂財工具。司馬光從一開始就反對青苗法，他離開開封之前，曾經向神宗請求把永興軍作為特區，免於推行青苗法和後來興起的免役法，「讓陝西老百姓專心為陛下的國家供奉邊防」，可是這個卑微的請求卻並未獲准。熙寧三年（一〇七〇）十二月十一日，王安石升任宰相，二十二日，朝廷頒布詔令，正式推行免役法。熙寧四年正月，當春天即將到來的時候，作為永興軍的地方長官，司馬光的面前出現了一道難題：催收青苗錢。

青苗錢是一年兩次發放和回收：春散夏斂，春天發一次，夏天回收；夏散秋斂，夏天發一次，秋天回收。它的利息明文規定是不能超過二分的。但是，這不是全年利率，而是從春天到夏天、從夏天到秋天的利率，所以，它真實的利率水準不是百分之二十，而是百分之四十甚至更高。[6]為什麼會更高呢？制定青苗法的人數學學得很好，只可惜良心不好。青苗法是以實物（糧食）形式發放和回收的，但不是借什麼還什麼。夏天借小米一石，到秋天還小米一石二斗。這是借什麼還什麼。青苗法不行，借什麼，還什麼，都是官府說了算。官府說，借小米要還穀子。怎麼還呢？算一算穀子的出米率？把出米率加上？也不行。官府說，要這樣算：小米一石計價七十五文錢，穀子一石計價二十五文錢。夏天借小米一石等於七十五文錢，也就是三石穀子，秋天要還本錢三石穀子加利息六斗穀子，總計三石六斗穀子。討價還價？門兒都沒有。你想說官府借出來的都是官倉的陳糧，我們還回去的是簇新噴香的新穀？想都別想！

大正月裡，從初一開始，司馬光一共上了五道奏狀，有兩道是說青苗法的。一道請求把青苗法裡的算計拿開，借什麼還什麼，借一石的米還一石二斗。如此，「細民猶不至窮困，官中取利雖薄，亦不減二分元數」。[7]在政府與小民之間，司馬光想要達成一個可持續的平衡，讓王安石所主導的政府稍稍向後退一步，給已經遭受凶荒、掙扎在死亡線上的下層老百姓留一條活路。司馬光的另一道奏狀，則希望能暫緩追繳青苗欠款。青苗法推行已經一年多，經歷了兩次放貸，也應該有兩次回收。可是，熙寧三年是個什麼年成呢？夏天大旱、秋天淫雨，夏糧絕收，秋糧嚴重欠收，老百姓拿什麼還這樣高息的貸款？

還不上，怎麼辦？按照中央規定，受災嚴重地區，春季的青苗借款，如果夏季無法償還，可以拖延至秋季，但是，到秋季就絕不能再拖了，「不得將兩次災傷重疊倚閣」，必須還。這是一條死命令，由開封主管經濟的司農寺下發到各地主管青苗法的常平司，再由常平司下發到各州府。可是拿什麼來還呢？已經有那麼多還不起的出去逃荒了，還想再逼走更多的人嗎？

司馬光直接給皇帝上書，為小民求情：

朝廷散發青苗錢，本來是為了救濟窮困缺糧的百姓……讓他們能生存下去，而不是想要乘人之危，規求利息的。……（司農寺的這項規定）我私下裡揣度，恐怕它不符合陛下青苗法令的初衷。（陛下試想，）一次受災，民間還有一點舊積蓄，不至於太困難，而朝廷還允許他們暫緩繳納青苗錢。哪有說連著遭遇兩次災害，老百姓的日子變得更艱難了，朝廷卻要催著他們還債的呢？舊有存糧都已吃完，新穀又沒有收成，你讓他們拿什麼來還呢？（陛下再想，）各州各縣看見司農寺有這樣嚴厲的指示，必定是不問老百姓有沒有，就盡力督促，嚴加苛責，那讓老百姓靠什麼生活？我想，朝廷是百姓的父母，必定不肯如此……[8]

司馬光以己度人，想像他的皇帝一定不會同意這種竭澤而漁的做法。所以，他告訴神宗，他已經下令下屬八個受災最嚴重的州，按照百姓受災的實際情況，決定是否追繳青苗錢，不必執行司農寺的追債命令。

這封報告，司馬光一式兩份，一份讓人快馬加鞭送去開封，一份提交陝西常平司。結果怎麼樣呢？

不久，司馬光得到了聖旨：「命令陝西常平司疾速關牒永興軍，本路州軍必須認真執行司農寺的催繳命令，一切按規定執行。不得執行司馬光所下命令，以致耽誤百姓及時繳納青苗錢。」[9]

接到聖旨的第二天，司馬光就遞交了請求到洛陽出任閒職的報告。這一次，開封很快就批下來了。四月，司馬光離開長安，前往洛陽。[10]

司馬光在長安，熙寧三年十一月來，熙寧四年四月走，前後不到六個月。「恬然如一夢，分竹守長安。去日冰猶壯，歸時花未闌。風光經目少，惠愛及民難。可惜終南色，臨行子細看。」[11]「惠愛及民難」，是司馬光最大的遺憾。能做的，他都已經努力做了，可是仍然抗不得開封，救不得百姓。此番告別長安，比之半年之前離開開封，他的心裡有更多的不捨與擔憂。

第四部

長安不見使人愁

1071—1085

一〇七一年，司馬光退歸洛陽，開始了長達十五年的退居生涯。這十五年成就了偉大的《資治通鑑》，這是整個大宋朝廷在這十五年間對於華夏文明的重要貢獻。在書局以外，從開封到各地，「王安石路線」成功統治整個宋朝十五年——前六年是王安石在前臺，神宗在後臺，君臣合力；後九年王安石退居金陵，神宗一身而兼二職，大權獨攬，直把宰相當成了高級祕書。皇權走向專制，官僚淪為工具。這十五年的施政，理財富國基本成功，開疆拓土得少失多。最終，驕傲的皇帝在委屈憤懣中孤獨地撒手人寰。

二十二、勇敢者的墓誌銘

神宗的挫敗

熙寧四年（一〇七一）的春夏，對於司馬光和宋神宗來說，都是一段艱難時光。熙寧四年的正月初一，[1]身在長安的司馬光無心過年，他奮筆疾書，為民請命，「昧死」請求神宗愛惜民力，切勿輕啟戰端。按照宋朝禮制，大年初一應當是正旦大朝會的好日子。一元復始，萬象更新，神宗會在文德殿上接受百官朝賀。在司馬光的想像之中，這一刻，在開封，巍峨的文德殿上，必定是香煙繚繞，章服燦燦，歡呼陣陣，「萬歲」之聲響徹雲端。

司馬光斷然不會想到，開封的新年同樣寂靜淒寒，這一年的正旦慶典並未如期舉行。《續資治通鑑長編》卷二一九載：「熙寧四年春正月丁亥朔，上不視朝。」《宋史·神宗本紀》的記載基本相同。正旦大朝會取消，是極不尋常的事情，通常只有在皇帝「不豫」時才會發生。神宗為什麼會取消這一年一度的新年慶典？《續資治通鑑長編》和《宋史》都沒有說明。根據此前此後的情況推測，神宗做出這項決定，可能有兩個原因：第一，陝西、河北的旱情繼續惡化，神宗要用行動對上天表示敬畏；第二，神宗的西北拓邊計畫遇挫，他心中忐忑。

神宗撇開王安石、親自主導的西北拓邊行動遭遇了嚴重挫敗。熙寧三年夏，宋和西夏在邊境地區互相試探，軍事摩擦不斷，互有勝負。宋軍曾經連破西夏五個邊寨，讓神宗很是興奮，下詔褒獎了指揮這場軍事行動的慶州知州李復圭。但是沒過多久，西夏國主李秉常便親帥大軍，包圍了宋軍的橋頭堡大順城，夏軍前鋒進犯榆林，距離慶州城只有四十里，震驚了整個陝西。九天之後，夏軍退去。李復圭受到了降級降職的處分。[2]這小小的挫敗並未讓神宗灰心，他把希望寄託在了韓絳的身上——熙寧三年八月，韓絳以副宰相的身分受命出征，擔任陝西宣撫使；十一月，神宗改命韓絳為陝西、河東宣撫使，乾脆將與西夏接壤的兩個路的邊防大權全數賦予韓絳；[3]熙寧四年正月，神宗又派人把誥敕送到陝西前線，「即軍中」拜韓絳為宰相，排名且在王安石之上。

然而即便如此，神宗的心中還是不安的。二月十六日，他發布詔書，調低了陝西邊防策略的基調：

詔河東、陝西諸路經略安撫、轉運、鈐轄司：近來守邊將吏，有人貪功生事，妄起釁端，以開邊隙。（相關人等）雖已經審查，降職責罰，恐怕還不能充分展現朝廷鎮撫四夷的意思，因此必須特行戒諭。夏國有錯，已不許其朝貢。命令逐路帥臣，自今日起，遵守約束，務求安靜，監察約束緣邊將吏，切勿主動挑釁，引發邊境衝突。如稍有違，當行誅責。[4]

事實證明，神宗的不安是有道理的。二月十六日詔書尚未抵達前線，十八日，西夏人便組織反擊，攻陷了撫寧堡。宋朝新近從西夏奪取的土地、修築的堡寨盡數丟失，更白白損失了一千多大好兒郎。三月，西北戰區主帥韓絳「坐興師敗衄罷」，遭到貶官處分，調任鄧州知州。[5]皇帝總是正確的，韓絳承擔了貿然「興師」的罪名。

好抖機靈的開封政治觀察家在私底下不厚道地笑了：「韓虰絳吃了敗仗，皇帝的心氣兒短了，這下王安石更得意了！」聽的人先是一愣，定神想想，恍然大悟，不住地點頭。這話應當怎麼講？

跟司馬光一樣，王安石反對貿然出兵攻打西夏；跟司馬光不一樣的是，王安石並不反對出兵本身，他所反對的是缺乏戰略眼光、沒有準備的貿然出兵。同神宗相比，王安石在領土方面的心胸更遠大，想法更扎實穩妥，他主張步步為營，穩扎穩打，第一步籠絡征服西夏周邊的小部族，第二步對付西夏，第三步對付契丹，最終恢復漢唐舊疆。而實現這樣一個大戰略，必須建設強大的軍隊，建立雄厚的財政基礎。如何建立雄厚的財政基礎？那便是行青苗、免役、市易諸項新法。新法行而國家富，國家富而後可強兵，富國強兵而後可以對外。王安石的藍圖，神宗基本接受，可是他又按捺不住建功立業的急迫，所以才會拋開王安石，派出韓絳宣撫陝西，自己坐鎮開封，主導開邊。神宗的這點兒小心思，王安石瞭如指掌，知道拂逆不得，所以事先並未著力反對用兵——他甚至還表示願意親自上前線，以示姿態。如今韓絳開邊受挫，正好讓神宗吃一塹長一智，自己老老實實地回到王安石的路線上來。

這番推演，聽起來有欠厚道，可是仔細思索，也確實有幾分道理。開邊受挫之後的宋神宗開始接受王安石的主張，把內政暫時放到了第一位，加大了排斥、打擊異己分子的力度，力圖掃清新法推行路上的所有障礙。二月，朝廷下旨處分阻撓青苗法的官員；三月，又派出使者巡行各地，糾察奉行新法不力的情況。[6]凡遭遇調查的，多難逃處分。比司馬光資格更老的前任宰相富弼，就因為拒不推行青苗法遭到了貶官處分，而在此之前，富弼已經獲得神宗恩准，回洛陽家中養病。[7]王安石的醉翁之意顯然不在富弼，而在於一切反對派。第二年（一〇七二）正月，京城開始設置「邏卒」，「察謗議時政者收罪之」。[8]後來，王安禮做開封知府的時候，「邏者連得匿名書，告人不軌，所涉百餘家」。神宗下令開封府「亟治之」。王安禮頂住壓力找到了誣告之人，「即梟其首於市，不逮一人」。[9]王安禮之所以敢如此、能如此，顯然因為他是王安石的弟弟，擁有神宗毋庸置疑的信任——換一個人做開封知府，可能就血流成河了。開封變成了一個不能隨便說話的城市。那些自以為置身事外、洞若觀火的政治觀察家，也都閉緊了嘴巴，哪怕在自己家裡——隔牆有耳，言者獲罪。

一個「危辱」時代已經降臨，大宋政壇，寒意漸深。「危辱」二字，出自司馬光的詩《初到洛中書懷》：

> 三十餘年西復東，勞生薄宦等飛蓬。所存舊業惟清白，不負明君有朴忠。早避喧煩真得策，未逢危辱好收功。太平觸處農桑滿，贏取閭閻鶴髮翁。[10]

「未逢危辱」，是隱晦的說法。「危辱」在司馬光身後已經影隨多時。離開永興之前，二月分，陝西轉運司接到中央命令，調查司馬光治下的永興軍官吏執行農田水利法不利的問題，一經核實，嚴加懲處。[11]司馬光走後，八月間，中央調查組空降陝西，「體量陝西差役新法及民間利害」。[12]矛頭所向，仍然是司馬光。司馬光雖然遭受調查，卻並未受到進一步處分，所以，如果跟富弼相比，也可以說是「未逢危辱」。

勇敢者的墓誌銘

洛陽，這個距離開封並不遙遠的地方，正在成為一個危辱孑餘聚集的城市，「士大夫位卿監，以清德早退者十餘人，好學樂善有行義者幾二十人」。[13]司馬光的前輩富弼、同輩呂誨都已經先期回到洛陽。這裡還有著名的處士邵雍（一〇一一—一〇七七）。想要找人談談學問，再沒有比洛陽更好的地方。如果你忘記開封，忘記天下國家，那麼，洛陽就是天堂。可是這世上哪有天堂？天下、國家又豈是說放下就能放下的？

司馬光去世之後，蘇軾為司馬光作行狀，說他退歸洛陽，「自是絕口不論事」，「事」者，國家事，天下事，事關神宗的朝廷、王安石的政府。是的，他不再給皇帝上疏，也不再給王安石寫信。然而，在某些私人性質的文字裡，國家事、天下事還是會忍不住跳出來，讓我們看見司馬光的真心。

這些私人性質的文字，便是墓誌銘。墓誌銘為死者而作，記錄死者生平，表彰死者德業，同時承載著生者的思想與情感。墓誌銘的作者，通常是死者的親人朋友。因此，於作者而言，寫作墓誌銘本身就是一場悲傷的告別。熙寧四年一年之中，司馬光竟然不得不接連作了兩篇墓誌銘！

一篇是給他的岳父張存。老人家已經八十八歲了，退休之後在老家冀州頤養天年。皇帝恩寵，把張存的獨子保孫安排在冀州做官。保孫孝順，把老人家的生活照顧得妥妥貼貼，三個女兒女婿又時常派人送信來問寒問暖，張存這一輩子，真可以說是沒什麼可遺憾的。司馬光對岳父的感情是超出一般翁婿的，想當初，司馬光才十六歲，張存一見之下，就主動提出把女兒嫁給他，那份知遇之恩，司馬光沒齒難忘。他恨只恨自己還掛著西京御史臺的閒職，不能親往河北為岳父送葬。這篇墓誌銘，司馬光寫得情真意切，他敘述張存早年的功業、晚年的幸福、為人之忠孝篤厚、看人的眼光之準確，字字句句，皆見真情。從表面上看，這只是一篇私人文字、感情之作，可是細讀之下，還是會發現家國情懷的流露。司馬光記述了這樣一個細節：

> （張存）臨終前一日，呼門生問西邊用兵今何如，朝廷法令無復變更否。[14]

張存過世前一日，距離開封得到撫寧堡陷落的消息已經過去了五天，而張存尚未得知。[15]在司馬光的筆下，張存至死都在憂心國家，不放心西北用兵與新法，而這也是司馬光所擔心的。

如果說《張存墓誌銘》中的憂國之情還只是不經意間的流露，那麼，《呂誨墓誌銘》則簡直就是一篇檄文，一篇討伐王安石的檄文！

呂誨是誰？最早站出來預言王安石終將誤國，「以之為宰相，天下必受其禍」的人。呂誨彈劾王安石，司馬光曾經阻攔，他覺得應該等一等，看看王安石所作所為的結果再說。呂誨沒有聽他的，憤然上殿，一本奏上，沒彈倒王安石，卻丟了自己的御史中丞之位。如今，斯人已去，王安石把持朝政，各項新法極盡搜刮之能事，排斥異己，使天下異見者萬馬齊喑。司馬光追思往事，既痛呂誨之云亡，更痛國家之大勢已去，難掩滿腔憤怒。他以筆為槍，向王安石發難：

> 當時有個侍從官棄官家居，朝野上下，眾口稱讚，說他是古今少有的大才。天子把他請進宰相府，大家都額手稱慶，以為大宋得人。唯獨一個呂誨不以為然，大家都覺得奇怪。可是過了沒多久，那個剛剛得到大權的人仗著自己的才幹，排斥眾意，一意孤行，討厭傳統，刻意求新，多變更祖宗法，專汲汲斂民財；他提拔自己喜歡的人，卻常常任非其人，天下於是大失所望。呂誨屢次抗爭無效，於是公開奏疏歷數他的過失，斷然預言：「誤天下蒼生必此人。如久居廟堂，必無

安靜之理。」……皇帝派使者來勸解，呂誨的態度卻更為堅決，於是，呂誨被罷免了御史中丞，出知鄧州。[16]

誰都知道，「那個侍從官」指的正是王安石。墓誌銘寫出來，要刻到石頭上。而石頭會隨死者下葬，同歸於不朽。呂誨親友當中有個叫劉航的人，書法極好。這篇墓誌銘寫出來之前，劉航主動請纓，要往石頭上抄錄，為呂誨盡心。可是拿到銘文之後，劉航卻「遲回不敢書」，[17]畏手畏腳，不敢下筆。劉航怕什麼？他怕自己抄過這樣一篇文字之後，會被貼上反對王安石的標籤，遭到打擊。

而這樣一篇文字，恰恰是性格耿直而有預見性的呂誨想要的。呂誨在病床之上，自覺來日無多，掙扎著起來，寫信給司馬光，請他為自己寫作墓誌銘。他的蓋棺定論之作，應當由一個真正懂他的人來寫！司馬光接信之後，即刻趕往呂府，呂誨已經在彌留之際，眼神都渙散了。司馬光俯下身子，喊著他的字問道：「獻可，獻可，還有什麼要囑咐的嗎？」呂誨勉強張開眼睛，看了司馬光一眼，說：「沒了。」司馬光含著淚告別而去，他剛剛出了呂府的大門，就聽到身後悲聲大作——正直的呂誨歿了！[18]

這篇墓誌銘，劉航持筆躊躇，不敢書石。誰也沒有想到，劉航的兒子安世卻挺身而出，情願為父親代筆抄錄。在這個二十五歲的年輕人心中，把父親的名字與司馬光、呂誨這兩位正直的大臣聯繫在一起，是一樁可以傳之千古的佳話。他為父代筆，正是要「成吾父之美」！[19]劉安世（一〇四八—一一二五）從此成為司馬光忠誠的學生和追隨者。[20]

千年之後，有位現代人寫下了這樣的詩行：「卑鄙是卑鄙者的通行證，高尚是高尚者的墓誌銘！看吧，在鍍金的天空中，飄滿了死者彎曲的倒影。冰川紀過去了，為什麼到處都是冰凌？……告訴你吧，世界，我——不——相——信！」[21]這首詩的作者是呂誨在千年之下的知音。在一個危辱的時代裡，呂誨選擇做一名挑戰者，他用墓誌對王安石的路線和作風做了最後的抗爭。而司馬光成全了呂誨，他和呂誨站在一起，對著王安石、對著開封的權威高聲抗議：「我不相信！」

關於呂誨和司馬光最後的告別，還有另外一個版本：呂誨聽到司馬光問「你還有什麼要囑咐的嗎」時，用力睜開眼睛，看著司馬光，說：「天下事尚可為，君實勉之！」南宋的史家李燾和大儒朱熹都選擇相信這個版本，[22]而我選擇了司馬光本人在《呂誨墓誌銘》中的記載。但是我也相信，能夠用墓誌銘表達抗議的人，一定不會輕易放棄希望。

君實之文西漢之文

按照當時的習慣，墓誌銘刻石之後、下葬之前，還要製成拓片，在親友中廣為散發，以宣揚死者的美德，展示作者的文筆、抄寫者的書法。呂家世代高官，呂誨的伯祖父呂餘慶是太祖朝的參知政事，祖父呂端（一九三五—一〇〇〇）做過太宗、真宗兩朝的宰相，父親是國子博士，呂誨官至御史中丞，在朝中好友眾多。可是劉航卻囑咐呂家千萬不要製作拓片，就讓這文字深埋地下。萬一拓片流傳，司馬、呂、劉三家只怕都要遭殃！劉航怕得罪王安石，卻有人偏偏想要激怒王安石，挑起事端。有個叫蔡天申的小人，重金收買刻工，拿到拓本，獻寶一般送到了王安石府上。那麼，王安石會做出何種反應呢？

王安石讓人把墓誌銘的拓本掛在自家書房的牆上，仔仔細細端詳之後，對身邊人說：「君實之文，西漢之文也。」[23]司馬光的文章相對古樸，跟當時流行的風格不同，蘇軾也同意司馬光文風似西漢。那麼，西漢之文，究竟是誰的風格呢？司馬遷！司馬遷的風格又是什麼？自由表達！再沒有哪個後世的歷史學家能夠像司馬遷那樣直言無隱，自由地表達思想感情了！墓誌的性質接近於史書的傳記，實際上是私家歷史記錄。王安石稱道司馬光的文章是西漢的文章，我斗膽猜測，對於司馬光所列舉的關於呂誨的事實，他並不否認。王安石與司馬光、呂誨，道路雖然不同，卻同樣具有直面事實的勇氣。只不過，他們對事實的解讀不同，在司馬光、呂誨看來，王安石已經走上錯誤的道路；但在王安石看來，那卻是通往正確的一條捷徑！

二十三、獨樂園中獅子吼

無奈獨樂樂

隨著時間的流逝，司馬光好像真的忘記了天下國家、政壇紛爭，他沉浸在自己的世界裡，優哉游哉，自得其樂。他研究古典「投壺」遊戲，親自制定遊戲規則，寫文章論述遊戲與個人修養之間的關係。[1]他跟老朋友范鎮書信往還，繼續多年以前開始的禮樂討論，你來我往，不亦樂乎。[2]回到洛陽兩年之後，熙寧六年（一〇七三），司馬光又在尊賢坊北面買下二十畝地，親自設計、督造了一座小巧精緻的花園別墅，取名為「獨樂園」。獨樂園中，既有「讀書堂」以供騁思萬卷，神交千古；又有「弄水軒」「釣魚庵」可供「投竿取魚」；復有「種竹齋」「澆花亭」，可以蒔藥草、灌名花、聽竹賞雨；甚至還有一座高高的「見山臺」，可以憑欄縱目、遠眺群山。簡直就是一處自給自足的桃花源。「明月時至，清風自來，行無所牽，止無所柅，耳目肺腸悉為己有，踽踽焉，洋洋焉，不知天壤之間復有何樂可以代此也？」[3]遠遠望去，獨樂園中的司馬光，清閒自在恍若神仙。

「獨樂」一詞，出自《孟子．梁惠王下》。然而孟子的原意，卻是反對獨樂的：「獨樂樂，不如與人樂樂；與少樂樂，不如與眾樂樂！」「迂叟啊，你這迂腐的老頭，為什麼要獨樂呢？」司馬光自問自答說：「自樂恐不足，安能及人？」何況我這老頭所樂的，「淺薄簡陋粗野，皆世之所棄也。」即使捧著送去給人，人都不要，我又怎能勉強他們呢？若真的有人肯來與我同享此樂，我必定拜他兩拜，把我的快樂捧著獻給他，又怎敢獨享呢？[4]《孟子》又說「達則兼濟天下，窮則獨善其身」。司馬光的獨樂，是「兼濟天下」的理想破滅之後的「退而求其次」，在無奈的窮途裡保持著積極的態度，退到最後，還有自己，然而也只剩下自己。

在洛陽，除了《資治通鑑》這部大書，司馬光還編著了一部小書——《書儀》。《書儀》的內容是對各種禮的儀式規定，包括公私文書和家信的格式，冠禮、婚禮以及與喪葬祭祀禮有關的儀式。[5]《書儀》篇幅不大，內容瑣細，在司馬光的思想體系當中，卻有著重要意義。文書家信是社會交往的書面表達方式，它既是人與人之間社會關係的體現，又是構建和維繫社會關係的工具。冠禮即成年禮，是男性獲得完全社會人身分的開始。婚禮透過一對男女的結合把兩個家族連結在一起，構成更為廣闊的社會網絡。喪葬祭祀之禮連接生者與死者、現在與過去，慎終追遠，讓個人與家族獲得了超越死亡、生生不息的意義。禮的核心是關係、等級和秩序，而儀式則是禮的外在表現形式。離開了儀式，禮就變成了空中樓閣，秩序亦將陷入混沌。而對秩序的尊重，是司馬光思想的核心。司馬光從來都不是一個食古不化的人，他所制定的各類儀式，皆斟酌古今，既力求與儒家經典相合，又能做到因時制宜、實用簡樸。朱熹就認為司馬光的「祭儀」「大概本《儀禮》而參以今之所可行者……是七分好」。[6]

儒家講究「修身、齊家、治國、平天下」，自「修身齊家」始，以「治國平天下」終。司馬光二十歲中進士，五十三歲退歸洛陽，這三十三年中，他人生的主要目標是輔助皇帝「治國平天下」。退歸洛陽之後，「治國平天下」之理想已不能伸張，於是便退回來，退回到個人和家族。他所要「修」

的，不止自身；所要「齊」的，不止自家；他希望影響社會，為宋王朝做「修身齊家」的建設。進則能治國平天下，退則能傳播文化、發展思想，教化鄉里。蘇軾高度讚揚了司馬光對民間社會的積極影響，他說司馬光「退居洛陽，往來（故鄉）陝州，陝州、洛陽之間的人都被他的道德感化，師法他的學問，效法他的簡樸」。[7]不能出而「治國平天下」則退而「修身齊家」，廟堂不可居則歸鄉行教化——到南宋，朱熹和他的同道與追隨者又走上了同樣的道路，當然，他們人數更眾，成就也更大。

只是，這哪裡是司馬光真正想要的生活？

忽作獅子吼

熙寧七年（一〇七四）四月，在「以衰疾求閒官，不敢復預國家之議」整整四年之後，司馬光再度上疏神宗，直指朝政缺失，對神宗和王安石的施政進行了激烈的批評。對於王安石當政六年以來的局面，司馬光毫不客氣地這樣總結說：「六年之間，百度紛擾，士農工商四民失業，人民怨憤之聲，讓人不忍聞聽；自然災害之烈，古今罕有其比。」而造成這一切的罪魁禍首，司馬光認為，正是王安石的獨裁作風：

> 好人同己，惡人異己。……獨任己意，惡人攻難。只要是跟他意見一致的，破格也要提拔；誰敢發表不同意見，災禍羞辱隨之而來。人之常情，誰願拋棄福祉自取禍患，撇開榮耀甘就屈辱？於是天下急於富貴的官員紛紛來依附他，競相勸說陛下增加對他的信任，聽他的話，用嚴刑峻罰來杜絕異論。像這樣的人，高官美差，唾手立得。幾年下來，中央和地方掌握實權的職位上，就

都是這一類人了。……

臺諫官是天子耳目，其功能是規正朝政缺失，糾察大臣專權妄為，本應由陛下親自選擇，現在也交給宰相來選人了。而那宰相專門任用他的所親所愛，對他稍有違背，就加以貶斥驅逐，來警告後來人，其目的就是要找出最能阿諛諂媚的人來，為他所用。這樣一來，政事的錯誤差失，群臣的奸詐，下民的疾苦，遠方的冤屈，陛下還能從哪裡聽到看到呢？

派到地方巡視調查新法實施利害的使者，也是他所親所愛的人，都事先秉承了他的意旨，憑藉他的氣勢，來逼迫州縣官員。他們掌握著州縣官員的評價，而這評價可以決定州縣官員的升沉。那些州縣官員，對他們奉迎順承都還來不及，哪還有工夫討論新法實施利害、跟他對著幹呢？所以，使者回來報告，一定是說州縣兩級都認為新法利民利國，可以行之久遠。陛下只看見他們交上來的報告粲然可觀，就認為新法已臻至善，眾人交口稱讚，又怎麼可能知道他們在外地的所作所為呢？

……（各級官員）不立即奉行新法，馬上停職、換人。還有因為對新法不熟悉而誤有違犯的，也會遭到停職處分，甚至遇到大赦也不予赦免。……如此一來，州縣官員只好奉行文書，以求免於獲罪遭罰，不再留心民間疾苦。

（為了封住批評者的口）又偷偷派出邏卒，到市場上去，到道路上去，偷聽人們的閒談，遇有謗議新法的，立即抓起來行刑。街頭掛出了榜文，懸立賞格，鼓勵告發誹謗朝政的人。[8]

這就是司馬光看到的，在王安石治下的朝廷國家的景象，重壓之下，官僚群體萬馬齊喑，皇帝被矇蔽，新政快速有效地推行，而它是否利民，卻變得無關緊要。

司馬光指出，想要走出當前困境，就必須從作風和政策兩方面出發。一方面，必須改變政治作風，開放批評，打通信息管道，以便了解和掌握真實情況。司馬光給神宗講了一個故事：春秋時期，子產在鄭國執政，鄭人聚集在鄉校裡議論紛紛，有人請求拆毀鄉校。子產說：「為什麼呢？……他們贊成的，我就繼續推行；他們反對的，我就加以修改。鄉校是我的老師啊，為什麼要拆毀它呢？我聽說用忠誠善行來減少抱怨，沒聽過利用威權來堵塞抱怨。威權之下，難道不是能立刻終止抱怨嗎？但這就像是防洪，大規模決口，傷人必多，來不及挽救；不如先開小口疏導洪流。對待議論，與其拆毀鄉校，不如把我們聽到的當做藥石。」「子產不毀鄉校」的故事，四年前，司馬光曾經在信裡給王安石講過，王安石沒有聽他的。[9]那麼，這一次，神宗會聽他的嗎？

另一方面，在政策層面，應當廢除一切新法。司馬光認為，王安石所推行的青苗、免役、市易、保甲、水利諸法，皆屬「朝之闕政」，必須予以糾正，全盤廢除。司馬光還鼓勵神宗「收威福之柄，悉從己出」，收回對王安石的信任，親自主持政務，親自選任臺諫官，恢復批評糾錯機制。[10]

熙寧七年四月的這道奏疏，如金剛怒目，振聾發聵。閒居四年，已經安享獨樂之樂的司馬光，為什麼會在此時忽然做此獅吼？

神宗的「求言詔」

作為皇帝的忠臣，君臣秩序的忠實擁護者，司馬光早就明白一切榮耀歸於皇帝的道理，如果皇帝不支持，臣子就什麼也做不成。所以，當皇帝倒向王安石，一切皆不可為時，司馬光只能選擇放棄，退出政壇。在司馬光的思想圖景中，沒有第三條路可走。能夠讓司馬光再度奮發、積極進言的，必然是神宗態度的轉變。

熙寧七年（一〇七四）三月二十八日，神宗頒布了一則充滿悔疚的求言詔書：

朕道德修為不足，昧於致治，導致國家治理失衡，干犯陰陽和諧。去冬今春，旱災肆虐，受災區域廣大。朕已下詔減撤日常菜品，避開正殿，希望以此承擔罪責、消除災變。可是時間過去這麼久，還沒有得到老天的正面回應，老百姓嗷嗷待哺，奄奄一息。朕夜半驚醒，恐懼不安，可是這問題究竟出在哪裡呢？[11]

詔書所遵循的邏輯，是早已被現代人所遺棄的「天人感應」學說。持續的旱災代表著陰陽失和，而陰陽失和表明人間統治的失序，皇帝以個人生活的撙節謙抑向老天表達悔意，可是老天並沒有原諒他。於是，皇帝害怕了，他知道自己所做的還不夠，可是又不知道錯在哪裡。因此，他決定向「中外文武臣僚」開放言路，廣納批評。變法之初，王安石曾經對神宗說過「災異皆天數，非關人事得失所致」，[12]如今卻出現了這樣一篇因為畏懼天變而自責的求言詔，這分明是對王安石路線的否定和背離。詔書出自韓維之手，[13]然而，它所透露的，卻毫無疑問是神宗在彼時彼刻的真實想法。神宗動搖了。對於王安石主政六年以來的國家狀況，神宗感到了由衷的擔心和恐懼。

神宗之憂

詔書只提到了旱災，而讓神宗感到焦慮震恐的，卻不止旱災，還有財政困難與契丹的威脅。

旱災的情況有多麼嚴重呢？早在熙寧三、四年間（一〇七〇—一〇七一），陝西、河北等廣大的北方地區已經出現嚴重旱情。到了熙寧六年冬至七年春，遭遇旱災的區域又擴大到兩浙、江淮地區，朝廷不得不在這些地區開倉放糧、賑濟災民，而東南地區一直是帝國的糧倉。正常年景，每年透過汴河從東南地區運往開封的糧食高達六百萬石。這一年，真正抵達開封的糧食只有二百萬石。[14]開封的米價暴漲至每斗一百五十文，普通老百姓的生計大受影響，首善之區，輦轂繁華，竟然也有了饑荒之相，怎能不讓神宗感到緊張？在「求言詔」頒布之前，神宗已經批示政府拿出二百二十萬斛存糧，以每斗百文、九十文的價格面向首都市場出售，以平抑米價。[15]

讓神宗感到擔憂的第二件事是財政困難。熙寧四年，在王安石的支持下，軍事天才王韶（一〇三〇—一〇八一）開始主持西北戰事。王韶的確是很能幹的，他收服了青唐（青海西寧）地區勢力最大的俞龍珂部，進而將宋朝的領土拓展到甘肅臨洮、臨夏、宕昌、岷縣。熙寧六年夏秋之際，王韶發動攻勢，「前後歷時五十四日，軍行一千八百里，收復五州，拓地兩千里」。[16]捷報傳來，群臣拜賀，神宗異常欣喜，當場解下腰中所服的玉帶賜給王安石，以「表朕與卿君臣一時相遇之美也」。[17]

然而，西北用兵所造成的軍費消耗顯然也讓神宗始料未及。熙寧六年八月，陝西永興軍的兵儲「才支三季」。[18]而儲備不足顯然不是永興軍一路的特殊狀況。俗話說，「兵馬未動，糧草先行」，如今兵馬在外，後方的糧草卻漸漸空虛，這怎能不讓神宗感到緊張焦慮？陝西的兵那麼少，怎麼會花掉那麼多錢呢?!神宗沒有打過仗，也沒有管過帳，他百思不得其解，想來想去，覺得一定是轉運使不得力。按照神宗思路走下去，轉運使必然會成為替罪羊。還好王安石不糊塗，他勸解神宗說：「陝西財政用度不足，也恐怕不能只怪轉運使，必是自有許多使處。比方說，熙州王韶那裡用兵數也不多，可是所耗費的錢財物資卻是如此之多。因為只要是打仗，錢糧物資的消耗必然是這樣的。轉運使的算計錯誤肯定是有的，但未必就能導致財用缺乏。」這番話顯然未能完全說服神宗，他說：「一件事算計錯了，恐怕就要導致幾十萬貫的損失啊。」[19]

神宗的拓邊行動是在巨大的財政壓力下開展的，王安石的理財給了他一些自信，可是打仗竟然是這樣的花錢，還是讓神宗感到了心虛腳軟。

讓神宗感到擔憂的第三件事是來自北方大國契丹的威脅。熙寧六年十一月，有情報表明契丹要來重新劃分山西段的領土，神宗「深以為憂」；[20]不久，神宗又接獲諜報，說契丹打算來討要關南地。關南地在河北，屬於後晉石敬瑭割給契丹的土地，後來被周世宗收復。按照一〇〇五年訂立的澶淵之盟，契丹已經承認了宋朝對關南地的領土主權。然而，這塊地卻成了契丹要挾宋朝的由頭。仁宗朝宋與西夏交戰正酣的時候，契丹曾經趁火打劫，遣使討要關南地，最終逼迫宋朝增加歲幣額度。如今宋朝拓邊西北，兵力、財力、民力的投入重點都在西邊，陝西軍需已經捉襟見肘；而與此同時，宋朝還在湘西腹地展開了內陸拓疆行動，力圖征服久居深山的「化外蠻夷」。當此之時，若契丹再從北邊打過來，宋朝腹背受敵、三處用兵，當如何是好？「今河北都無備，奈何？」[21]

神宗發生了嚴重動搖，他開始懷疑王安石的路線、政策是否真的出現了問題。「上與安石如一人」[22]的神話出現了裂縫。三月二十八日的「求言詔」用了四個問句反省、檢討陰陽失和、上天降戾的原因：

意者朕之聽納不得於理歟？獄訟非其情歟？賦斂失其節歟？忠謀讜言鬱於上聞，而阿諛壅蔽以成其私者眾歟？[23]

這四問當中，「獄訟非其情」——司法不公是任何時代都可以說的。其餘三問，每一問都暗指王安石。「聽納不得於理」等於說是朕所聽從、採納的路線方法出了問題。皇帝聽誰的？王安石！「賦斂失其節」，對民間財富的收取失去了節制，這不正是反對派對青苗、免役諸法的批評嗎？皇帝的視聽被矇蔽，小人阿諛阻塞言路以謀私利，那麼是誰矇住了皇帝的雙眼、堵住了皇帝的雙耳？王安石！

在政策的具體實施層面，神宗與王安石出現了越來越多的分歧。比如，當發現陝西永興軍的兵儲「才支三季」時，神宗立刻下令三司使薛向徹查。薛向於是派人赴陝西調取六年以來的錢穀、金銀、匹帛出入細數兩本——這是要查帳了，查帳的時間段，正好是王安石以新法理財以來的六年！[24]這哪裡是查陝西？分明是查王安石！最終，薛向的調查被王安石以「擾人至多」為名叫停。對於神宗沒完沒了的各種擔憂，王安石很是不以為然，但是，他顯然不能打消神宗的顧慮。

王安石目標明確，態度堅定，如山不動，而神宗卻是憂形於色，「嘆息懇惻」，想要取消部分新法了。[25]神宗與王安石之間，裂痕在顯露，在加深。

皇族內壓，神宗失控

神宗還受到了來自皇族內部的壓力。兩位老太太——太皇太后曹氏和皇太后高氏常常對著神宗哭哭啼啼地抱怨新法。一天，神宗與二弟岐王顥一起到太皇太后宮中向曹氏請安，祖孫三人之間發生了一場激烈的言語交鋒。

曹太皇太后說：「我聽說民間被青苗、助役錢害苦了，為什麼不取消它呢？」

神宗反對：「這些都是利民的政策，不是要害民的。」

神宗的話，曹太皇太后當然是不信的，她矛頭一轉，直指王安石的去留，說：「王安石的確有才學，可是抱怨他的人太多了，不如先把他調到外地去，過一年多再召回來。」太皇太后的意思，顯然是為了神宗好，希望他與王安石適當切割，平息輿論，緩和矛盾。

神宗不領情，說：「群臣之中，只有王安石能橫身為國家當事啊！」這個時候，一直沉默的岐王顥開口了：「太皇太后的話，是至理，說得對極了。陛下不可以不深思啊！」

岐王的話，還有他的表情、語調都讓神宗再也遏制不住內心的憤怒與委屈，他大聲喝道：「是我在敗壞天下嗎？『汝自為之』，你自己來啊！」

「汝自為之」這樣的話，皇帝對享有皇位繼承權的宗室親貴說，簡直就是惡毒的詛咒。太宗皇帝曾經對太祖的長子德昭說過類似的話，而德昭回轉身就自殺了。岐王顥聞言，頓時就哭出了聲，邊哭邊說：「何至是也？」[26]

一場意在表現天倫之樂的祖孫聚會不歡而散。

神宗還在試圖維護王安石，他清醒地知道，要想大有作為，除了王安石，沒有其他人可以依靠。然而，來自天地人各方的巨大壓力卻讓神宗焦慮不堪、身心俱疲。「是我在敗壞天下嗎？」的反問，帶著哭腔，流露出極度的委屈與不甘——他要做偉大的皇帝，他不要重蹈父親英宗的覆轍！

熙寧七年（一〇七四）四月十九日，神宗宣布，王安石罷相，出知江寧府。[27]然而，我們卻很難說司馬光的獅子吼在其中起了什麼直接作用。司馬光奏札上報的時間是四月十八日，而他投書的地點在洛陽。[28]也就是說，在司馬光的奏札抵達神宗御覽之前，王安石的罷相制就已經公布了。上天示警，來自官僚集團與皇室內部的壓力如此之大，讓神宗不得不罷免王安石以平息物議，與人、與天謀求和解。

那麼，王安石罷相是否就等於神宗有意回到司馬光路線？天章閣待制李師中（一〇一三—一〇七八）就作出了這樣的判斷。五月初一，他上疏建議神宗召還司馬光、蘇軾、蘇轍，改弦易轍，放棄「富國強兵之事」，轉求「代工熙載之事」。所謂「代工熙載」，即人臣輔佐君主，代行天命，建立天地人和的豐功偉業。李師中又毛遂自薦，自詡「天生微臣，蓋為盛世，有臣如此，陛下其舍諸！」沒想到神宗覽奏大怒，呂惠卿又從旁添油加醋，故意歪曲，最終，李師中被削去所有官職，押往和州監視居住。《宋史・李師中傳》說他「好為大言，以故不容於時而屢遭貶謫」，其實，真正讓神宗感到惱怒的，恐怕還不是李師中的大言炎炎，而是李師中對神宗—王安石富國強兵路線的徹底否定，他標榜自己「未嘗有一言及錢穀甲兵者，蓋知事君以道」，明確地把「事君」之「道」與「富國強兵」「錢穀甲兵」直接對立起來。[29]殊不知，在神宗心中，講求「錢穀甲兵」之術，以達到「富國強兵」的目的，卻是「道」本身。

在明眼人看來，李師中是個徹頭徹尾的糊塗人，完全看不清形勢。神宗雖然不得已罷免了王安石，卻給了王安石最優厚的待遇——級別一口氣提高了九級；罷相制書中充滿讚美眷戀之情，所用的罷相理由是王安石的懇辭。繼任首相韓絳，出自王安石推薦，韓絳得到任命之後，隨即向神宗提出要面見王安石，「有所諮詢」，而神宗在給王安石的手詔中則殷切囑咐「您要替朕把當今人情政事中的當務之急跟韓絳細細說道」。與韓絳的首相任命同時發布的，還有呂惠卿的參知政事任命，而呂惠卿是王安石一手提拔上來的。王安石最欣賞的人就是呂惠卿，他認為，呂惠卿的政策主張與自己「不異」，又有卓越的行政能力，是維護既定方針的不二人選。韓絳與呂惠卿，一個是王安石的「傳法沙門」，一個是王安石的「護法善神」。有韓—呂組合在，王安石絲毫不擔心他罷相之後的政策走向。至於司馬光等人關於呂惠卿人品「真奸邪」的批評，[30]王安石如春風過耳，略不縈懷。他所看重的，是政治主張，是執行能力。

王安石人離開了開封，但是，他的政策還在。

二十四、新法得失

在熙寧七年（一〇七四）的奏狀中，司馬光對王安石的新法進行了措辭尖銳的激烈批評，他說：

方今朝之闕政，其大者有六而已：一曰廣散青苗錢，使民復負債日重，而縣官實無所得；二曰免上戶之役，斂下戶之錢，以養浮浪之人；三曰置市易司，與細民爭利，而實耗散官物；四曰中國未治而侵擾四夷，得少失多；五曰結保甲、教習凶器，以疲擾農民；六曰信狂狡之人，妄興水利，勞民費財。1

這六項「朝之闕政」，第一是青苗法，第二是免役法，第三是市易法，第四是西北用兵，第五是保甲法，第六是農田水利法。西北用兵帶來的財政壓力，是真真切切存在的。那麼，司馬光對於其他各項新法的批評，究竟是對真實情況負責任的反映，還是帶著有色眼鏡的著意歪曲？

應當說，基本符合事實，但卻未必能夠事事切中肯綮。比如，司馬光對青苗法的評價是兩敗俱傷，既造成了民間的貧困，「使民復負債日重」，又沒給朝廷帶來什麼好處，「而縣官實無所得」，「縣官」指中央政府。這句話，前半是對的，後半則未免「想當然爾」。根據現代學者的研究，「政府得到了不少的好處。單以熙寧六年為例，青苗利息就達到了二百九十二萬貫，為數是頗為可觀的。這對青苗法法令上所標榜的，『皆以為民，而公家無所利其入』來說，不能說不是一個諷刺」。[2]市易法也讓嚴肅的現代研究者得出了類似的結論：「雖然立法時表現出摧抑兼併的外貌，但是，政策規定只是它陽宣的一面，財政考慮才是其陰伏的本質。」[3]

關於免役法，司馬光認為它免去了富裕地主的勞役，向貧下農民斂錢，來養活所謂「浮浪之人」，也就是城市平民。這個評價反映了傳統農業社會對城市平民的高度不信任，但卻沒有擊中役法實施中的核心問題。宋代役法實施中最核心的問題，可以歸結為兩個「適用性」：一是地區適用性，不同地區有不同的情況，應當因地制宜；二是役種適用性，有的役種適合輪差，有的役種適合僱役，應當因役制宜。王安石實行免役法，用的是一刀切，解決了一些問題，比如「衙前」役造成富裕平民破產的問題；但也造成了一些新問題，比如，貧下農民有力而無錢，也要被迫出錢免役。後來司馬光推翻免役，復用差役，仍然是一刀切，問題叢生。這是後話，且容後文再敘。

圩田辯護強為辭

司馬光的批評是否準確，對於宋朝國家來說，可能並不那麼重要；真正重要的，是王安石對待新法與批評意見的態度。而他為圩田法辯護的方式，簡直可以說是強詞奪理。

圩田法是農田水利法的一種，具體做法是把河道挖開一個口子，讓河水把淤泥沖出來，以達改良土壤、提高單位面積產量的目的。這等於是人造的尼羅河氾濫，不能說不聰明。然而，人去模仿大自然的行為，卻多半難以周全。反對派抱怨說「圩田如餅薄」。神宗於是派人去取了一方土，有一尺多厚，像塊麵餅。取樣的人報告說「還有比這更厚的」。反對派的抱怨有以偏概全的嫌疑，而神宗的對策則是赤裸裸的選擇性抽樣，都不合乎理性。接下來的討論就變成了小孩兒吵嘴，一方說「還是有薄的地方」，另一方說「反正不是都像餅一樣薄」，完全不講道理了。最後，還是王安石發聲，結束了這種無謂的爭論。王安石說：「薄的地方如果水能到，那就讓他們明年再圩好了，又有什麼妨礙？」

關於圩田法，類似的爭論還有，圩田軍人的逃亡問題，告狀的人大約是為了聳動皇帝的耳目，說原本應該有五百人的一個指揮（軍隊單位名稱）最後只回來了五名下級軍官。而王安石直接拿來花名冊追根究柢，發現圩田士兵逃走、死亡比例最多的也只達到了三釐，也就是百分之三。[4]

在士兵逃亡和圩田厚度這兩個問題上，王安石的態度可圈可點，比其他人都高明。但是，在接下來一個更關鍵的問題上，我們卻看見了他的真實意圖。

圩田靠的是人造洪水，洪水所淹之地，並不都是不毛之地、無主荒田，還有老百姓的田廬冢墓。因此，衡量圩田是否成功，既要算經濟效益帳，看圩田的投入產出比；也要算社會效益帳，看它對當地老百姓的田地、房屋、墳墓等財產是否構成侵害。真州知州響應朝廷號召，要開鑿新河，大興水利。真州下屬的六合知縣朱定國（一〇一一—一〇八九）認為，此舉「將會大量破壞民田屋舍，耗費人力物力，而最終所能帶來的好處卻不會太多」。朱定國一個小小的知縣，因為算了經濟帳又算了社會效益帳，決心抗命到底，情願調離，最後乾脆提前退休。[5]那麼，王安石的帳是怎麼算的呢？

宦官程昉（？—一〇七六）在河北圩田，提舉河北路常平等事韓宗師（？—一〇九八）彈劾他「堤壞水溢，廣害民稼」「欺瞞朝廷」等罪狀。「欺瞞朝廷」的主要情節，指的是：程昉向朝廷上奏說

「百姓乞圩田」，而韓宗師的調查卻表明「百姓元不曾乞圩田」。程昉的自辯材料承認，他派去實地勘察的官員拿到了「諸縣乞圩田狀，但不曾戶戶取狀」。換句話說，程昉的確沒有拿到老百姓的「乞圩田狀」。因此，他向朝廷聲稱「百姓乞圩田」，的確犯有欺瞞皇帝、誤導朝廷的錯誤。

韓宗師狀告程昉的報告抵達御前，聽到「但不曾戶戶取狀」這句話後，神宗的臉色頓時嚴峻起來，他抬頭望向王安石說：「也就是說，沒有民戶的同意狀？」

程昉未獲民戶同意便行圩田，欺瞞朝廷，又「廣害民稼」，損害了朝廷的形象和新法的聲譽。作為新法的設計者和最高領導人，王安石是否會為自己的失察感到慚愧呢？

王安石絲毫沒有迴避神宗那帶有強烈責備意味的注視，他理直氣壯地答道：

圩田得到朝廷派出官吏和各縣官員的請求狀，這就夠了，哪裡用得著挨家挨戶取得同意？程昉上奏說百姓請求圩田，既然沒有狀子，也就難以分辨虛實。但是，他為朝廷出力，圩田數量達到了四千頃。就算他上奏聲稱「民戶請求圩田」這句話不實，也沒有可以怪罪的道理啊！陛下對那些邪惡奸佞的小人尚且能夠包容涵納，為什麼碰到這些為國出力的人，卻不惦記他們的功勞，反而抓著一句半句的錯話，就要治罪?!

這四句話，一句一個招式，招招淩厲。首先，王安石否定圩田必須取得民戶同意，因此，程昉有沒有取得民戶的「乞圩田狀」就變得無關緊要了。其次，他承認程昉沒有取得民戶的「乞圩田狀」，但認為，沒有狀不等於百姓不同意，「難以分辨虛實」，就這樣虛晃一槍，把韓宗師對程昉的欺罔指責模糊過去了。接下來，他徹底拋開了「乞圩田狀」之有無這樣的細節，正告神宗，程昉圩田四千頃，是對朝廷做出了實實在在貢獻的。最後，王安石對神宗提出指責，指責他對為新法做出貢獻的人不公平，傷害了實幹家的感情。言外之意是，長此以往，還會有誰為陛下盡力？陛下開疆拓土、大展宏圖的理想，又靠誰去支持？

果然，神宗立刻就軟了下來，說：「如果圩田確有實利，縱然有小小差失，又怎麼能加罪呢？只是不知道圩田的效果究竟如何啊？」神宗最關心的，還是圩田能不能增加政府的財政收入，這一點，王安石再清楚不過了。

這話問的，讓王安石既好氣又好笑。然而，皇帝畢竟是皇帝。王安石還是認認真真地答道：「經實地調查檢定，程昉在河北清查出好田一萬頃，又淤水新造好田四千多頃。如果陛下還要說不知道圩田的效果如何，那我就糊塗了，實在不明白陛下說的是什麼！」[6]說完，王安石望向神宗，眼神中除了一如既往的剛毅果決，還有掩飾不住的傷心失望。

這下，輪到神宗感到尷尬侷促了。

就這樣，韓宗師狀告程昉圩田「欺瞞朝廷」一節，在神宗略帶羞愧的笑容中煙消雲散了。至於程昉的圩田，是否「廣害民稼」，是否會侵犯老百姓的田廬冢墓，同那一萬四千頃好田所帶來的收益相比，實在是微不足道。用收得的錢、闢得的田來「沖抵」政府的不義，這樣赤裸裸的言論，在王安石，不是第一次。熙寧三年（一〇七〇），京東轉運使王廣淵強制推行青苗貸款，王安石就是用廣淵在京東的斂財實績來為他辯護的。[7]

「謝表」真偽豈不知

為了證明程昉對河北農田水利的貢獻，王安石告訴神宗，漳河流域的老百姓曾經跑到開封來上謝表，感謝朝廷派程昉到河北來，消除了困擾了老百姓二三十年的水患。[8]

這件事情，李燾記在了《續資治通鑑長編》的正文裡。同時，李燾還附註了另外一件事：鄭州原武縣的老百姓因為圩田浸壞廬舍墳墓，又妨礙秋天播種，相約去開封告狀。圩田使者急忙責令當地縣令去把人追回來。追回之後，「將杖之」。老百姓怕打，謊稱「我們是要到朝廷去上謝表的」。於是，使者就真的替百姓寫了一封《謝圩田表》，派小吏送到開封的登聞鼓院—這是宋朝接待上訪的機構。在謝表上署名的有二百多號人，但到了開封的，只有兩個小吏。收到謝表，「王安石大喜，神宗也不知道其中的虛妄」。李燾最後加了按語說：「今附註，此當考。」「此」，指的是正文中程昉得到謝表一事。[9]由此可見，對於這件事，李燾是不信的。

李燾不信，我也不信，王安石就真的信嗎？我猜王安石不會真的信。為什麼這樣說？這一年的五月十九日，王安石就在堂堂宰相府的門口遭到了抗議民眾的圍堵，東明縣的老百姓拖兒帶女，來了好幾百家，那陣勢，饒是王安石，也感到了一絲畏懼。他們來抗議的是免役法實施不當。[10]基層民眾對新法的不滿，王安石親見親聞，不容不知。王安石知道，新法並不完美，它有問題，需要完善。熙寧三年（一〇七〇），他的學生陸佃（陸游的祖父，一〇四二—一一〇二）應舉入京，來拜見老師，王安石「首問新政」。陸佃回答說：「新法不是不好，只是推行之中不能貫徹初衷，結果反而擾民，比如青苗法就是這樣的。」王安石聞言大驚，立刻與呂惠卿商量，派人前往調查。[11]他後來說過：「法固有不及處，須因事修改，乃全無害。」[12]在市易法遭到強烈攻擊之後，他又曾對神宗說：「市易法一事，我每天都在認真思考，恐怕不至於像批評者說的那麼不堪。只是請陛下不要急著做決定，且容我一一推究，陛下再加複驗，自然能洞見曲直。如果陛下被眾人的詆毀誹謗所動搖，倉促作出什麼決定，那就會導致反對派上下協力望風承旨欺騙陛下，恐怕會讓忠良受到冤枉。」[13]

王安石希望得到充足的時間和空間來改善新法，而這種等待改善的耐心，需要寬容的政治氛圍。俗話說，「退一步海闊天空」，可是王安石的身後哪裡還有退路？——他沒有給舊法以緩慢改進的機會，他的新法顯然也很難得到寬容。而神宗太容易動搖了，他聰明絕頂然而感情豐沛，容易衝動。所以，王安石必須經常用「好消息」來寬慰神宗，安他的心。這就是為什麼像《謝圩田表》這樣的把戲，王安石明明一眼就能看穿，卻必須當真地說，因為，他說了，神宗就會信。神宗信了，新法才能繼續。而神宗是必須要信的，因為他的目的在於增收，用不斷增加的財政收入去供養他開疆拓土的偉大理想。在王安石退隱之後，神宗推出更多的斂財措施，後人評價說：「所以用意於國家，收利於公上，不為不至。」[14]

二十五、書局風波

忍恥竊祿修通鑑

自從熙寧四年（一〇七一）退歸洛陽，司馬光一住便是十五年。這十五年中，他最大的成就，便是編年體史學鉅著《資治通鑑》。《資治通鑑》記載了一千三百六十二年的歷史，它的記事上起周威烈王二十三年（前四〇三），下至宋朝建立的前一年（九五九），是宋朝人的古代史和近代史。直到今天，《資治通鑑》仍然是我們學習宋朝以前歷史的重要書籍。

在將近一千年以後，我們回望那個時代，大宋朝堂上下的明爭暗鬥、喧囂紛擾早已沉入深不見底的歲月之海，而《資治通鑑》靜靜地陳列在岸邊高臺之上，傳遞著有關華夏過往的消息，享受著人類文明的禮敬。作為政治家的司馬光被遺忘、被臉譜化，作為《通鑑》作者的司馬光卻因歲月的打磨，散發出瑩潔的輝光。《通鑑》不朽，司馬光不朽。從這個意義上看，洛陽的閒居歲月倒像是老天的一種成全——對中國史學乃至華夏文明的成全，對司馬光的成全。然而，所有這些，都是後來人的印象，是淡化過程、省略細節之後的美好想像。《通鑑》的史學成就，就像是擺在人們眼前的一顆珍珠、一枚琥珀，真實美好；然而，過程之中的痛苦、死亡、掙扎與忍耐都隱藏不見。關於司馬光，關於《資治通鑑》，有一些細節是不應當被遺忘的。

書局的「特權」

所有的歷史學家都同意，《通鑑》之所以能成書，除司馬光個人的努力之外，還得益於兩點：第一，是三位出色的助手，劉攽（一〇二三—一〇八九）、劉恕（一〇三二—一〇七八）、范祖禹（一〇四一—一〇九八）。第二，是皇帝—朝廷的支持。英宗特批，成立以司馬光為主導的專門機構——書局，這個機構的唯一任務就是編修《資治通鑑》。英宗給了司馬光兩項特權和兩項特殊待遇：特權之一是自主選擇修史助手和工作人員，所有書局工作人員由朝廷提供俸祿待遇，連續計算工齡；特權之二是允許借閱宮廷圖書館龍圖、天章二閣和國家圖書館三館祕閣的藏書。特殊待遇之一是「賜以御書筆墨繒帛，及御前錢以供果餌」，[1]這就等於是從皇帝的私房錢裡撥款贊助修史；特殊待遇之二是「以內臣為承受」，英宗安排了一名宦官在書局服務，以便溝通——宦官是能夠進入宮中走動的，由此來確保皇帝對《資治通鑑》編修工作的直接關懷。書局的所有這些特權，神宗即位之後都保留了下來，神宗還為《資治通鑑》欽賜了書名，作了序。熙寧三年（一〇七〇）司馬光離開中央、外放永興軍，熙寧四年（一〇七一）離開永興軍回洛陽「靠邊站」，書局卻一直保留在開封。

為一個人、一部書專設機構，賦予種種特權，這在中國歷史上是不曾有過的。自有皇帝以來，還沒有哪一個皇帝的恩典用在了如此正當崇高的文化事業上！這就是宋朝之所以是宋朝的原因！

熙寧五、六年間（一〇七二—一〇七三），書局和司馬光經歷了嚴重的考驗。有人開始散布謠言：「司馬光這部書修了七八年了吧，為什麼還修不完？很明顯啊，書局的人貪圖官府的筆墨絹帛，還有皇帝御賜的水果點心和賞錢啊！」書局的特權是先皇御賜、今上恩准的，竟然敢有人挑戰？他們當然不敢挑戰先皇和今上，這些勢利小人、投機分子，從司馬光的外放與賦閒中嗅到了特殊的味道，他們斷定，司馬光在政治上已經被神宗拋棄，那麼既然《資治通鑑》是司馬光的項目，就必須予以打擊——落井下石正是小人的專長。怎樣打擊司馬光？就是要利用司馬光在道德上的潔癖，讓他主動放棄書局，切斷他和皇帝之間最後的直接聯繫。[2]

司馬光是個太過方正的人，履歷簡單，乾乾淨淨，就像是正午陽光普照的大地，找不到一絲陰影。貪圖筆墨絹帛、果餌金錢，事情不大，然而對於一向以清貧自詡、自律甚嚴的司馬光來說，卻已構成重大打擊。司馬光會不會主動提出解散書局，放棄皇帝和朝廷的支持？

司馬光還沒有做出反應，范祖禹卻沉不住氣了。

范祖禹是誰？范鎮的侄孫，司馬光最親密的助手。他嘉祐八年（一〇六三）中進士，那一年的考官正是司馬光和范鎮。這一層師生之誼加上司馬光與范鎮之間的深厚友誼，讓司馬光格外看重這個年輕後生。而范祖禹對史學又有著特別的愛好。熙寧三年（一〇七〇），就在司馬光離京外放知永興軍前夕，范祖禹入書局，追隨司馬光修《資治通鑑》。從那時起，范祖禹就一直守在開封的書局。本來司馬光離開首都，書局失去領袖，日子就不好過。如今勢利小人又造謠誣衊，把髒水潑到了司馬光和書局頭上，這讓范祖禹感到憤懣委屈。一怒之下，他給司馬光寫信，建議「廢局，以書付光令自修」，[3]解散書局，不要朝廷的經濟支持，依靠自己的力量修書。而范祖禹本人情願放棄官員身分，追隨司馬光，獻身於修史這一偉大事業！

宋朝優待士大夫，不殺大臣不殺言官，對於像司馬光、范祖禹這樣早年科舉成功、又得師友提攜的士大夫來說，生理上的飢寒疲痛基本與他們無關，他們人生最大的苦難來自心理上的挫敗屈辱，而克服這一點，需要時間的打磨和個人的開悟。這一年，范祖禹三十三歲。這樣的激憤之語，的確是一個三十多歲的人可以有、也應該有的。三十三歲不能忍的是委屈，不能放下的是面子尊嚴。孔子「五十而知天命」，也就是知道了上天授予自己的使命。[4]司馬光已經五十五歲，早過了知命之年。為了使命，又有什麼委屈不可忍，什麼面子放不下？

司馬光的生命和《資治通鑑》早已融為一體。他曾經因此辭任更加有實權的差使。[5]他奉命出使河北，視察黃河水患，知道「為臣豈得辭王事」，努力完成本職工作，然而內心深處卻還想「只向金鑾坐讀書」。[6]甚至神宗想要給他一個「史館修撰」的美職，他也拒絕了，理由就是「正在編修《資治通鑑》，萬一朝廷要修國史，那我就難以兩處供職了」。[7]

完成《資治通鑑》是司馬光的人生使命，而要想在有生之年完成《資治通鑑》，就必須依靠皇帝的支持、朝廷的力量。「私家無書籍、纂吏（抄寫員）」，一千三百六十二年的歷史，需要調動的史料浩如煙海，需要投入的人力、物力和財力都不是普普通通的個人可以應付的，哪怕這個人是司馬光。司馬光給范祖禹回信，明確告訴他：「今若付光自修，必終身不能就業。」為了《資治通鑑》，保留書局是唯一可行的道路。

是的，要完成《資治通鑑》，就必須保留書局、依靠朝廷，而要依靠朝廷，就必須忍受誹謗所帶來的屈辱。可是，這又算得了什麼？司馬光對范祖禹說：「如今我不得已保留的，又何止一個書局？我這西京留司御史臺、提舉嵩山崇福宮的閒職，都是對時代一點用處也沒有的空頭帽子，朝廷因為找不到我什麼罪名，沒打算直接把我放回老家去種地，拿出這一點微薄的俸祿來養著我，這不是不得已的殘留又是什麼？」我親愛的小朋友，你覺得我們拿著朝廷的俸祿卻好像什麼都沒幹，你感到恥辱了。可是，不是每個人都像你的叔祖父、我的老同年范鎮一樣瀟灑，能夠直接退休。跟那些在第一線工作、直接奉行新法的官員相比，我們不用昧著良心殘害老百姓，也不用欺君罔上，這已經是不幸中之大幸了。在這個混濁的時代，做一個閒官，編修一部偉大的史書，這已經是最好的選擇，這叫做「避世金馬門」。8

主動要求解散書局這樣的氣話，三十三歲的范祖禹會衝口而出，五十五歲的司馬光則想都不會想。對於小人的誣衊攻擊，司馬光已經習得了最聰明的對策，「不若靜以待之」，不申辯，不抗爭，絕不以任何方式撩撥對手。那麼，神宗究竟會做出怎樣的裁決？

最終，神宗保留了書局，並且允許書局遷往洛陽，去追隨司馬光。這一切，都要感謝那位擔任書局聯絡員的宦官，他奉命暗查，結論是「初雖有此旨而未嘗請也」，也就是說，皇帝答應給書局御用筆墨絹帛和果餌金錢，但是司馬光並沒有領過。皇帝給的這項特殊待遇停留在口頭上。

書局風波，有驚無險，給司馬光猛敲了一記警鐘，政治上不得志，是可能會影響到修史事業的。從此之後，他「嚴課程，省人事，促修成書」，加快了修書的進度。9

《資治通鑑》成書

元豐七年（一〇八四）十二月，《資治通鑑》正式完成，進獻給神宗。它的最後定稿，正文二百九十四卷，目錄三十卷，《考異》三十卷，共計三百五十四卷。囊括了一千三百六十二年盛衰的皇皇鉅著終於成書。此時，距離英宗皇帝下詔開設書局，已經過去了十九年。司馬光捫心自問，「臣之精力，盡於此書」。[10]對於英宗皇帝的眷遇，神宗皇帝的庇佑，他問心無愧。

一部史書為什麼修了這樣久？最簡單的回答，兩個字就夠了——認真！司馬光要求助手盡可能蒐集所有的資料，「遍閱舊史，旁採小說」，然後編輯草稿，起草的原則是「寧失於繁，毋失於簡」，不怕繁瑣，就怕漏落。司馬光給自己安排的任務是斟酌刪減，把草稿上無關宏旨的內容刪去，讓歷史敘述呈現出清晰的脈絡。《資治通鑑》的每一卷、每一行、每一個字都經過了司馬光的審定，他絕不是「空頭主編」。《通鑑》的敘事，說什麼，不說什麼，怎麼說，都經過了司馬光的思考。而《通鑑》直接表達觀點的議論部分「臣光曰」，更出自司馬光的手筆。《通鑑》所展現的是司馬光眼中的歷史和世界，以及司馬光的歷史思考，所以，雖然有劉攽、劉恕、范祖禹的協助，但是司馬光仍然是當之無愧的《通鑑》作者，《通鑑》是司馬光的書！

唐代部分是《通鑑》中篇幅最大的單元，資料極其豐富。范祖禹是唐代部分的助手，他後來也因而成為唐史專家，人稱「唐鑑公」。司馬光讓范祖禹把所有資料按照年月日編成草稿卷子，一卷四丈長；然後給自己定功課，每三天刪定一卷；萬一有事耽擱了，後面就一定要加班補回來。

學歷史的人都知道，資料太少是做不成文章的，資料太多則會讓人感覺迷茫，無所適從。而歷史資料從來都是越到晚近越豐富。唐代一共二百八十九年，前一百六十一年的草稿，范祖禹做了二百多卷，加起來八百多丈長。司馬光每天刪三卷，一共刪了兩年。後面的一百二十八年，草稿長度絕對在六百卷以上，按三天一卷算，需要多少年？六年！可是《資治通鑑》定稿的唐代部分多少卷？八十一卷！這八十一卷是從接近八百卷草稿中刪改出來的，草稿與定稿的比例接近十比一。那八百卷草稿，一卷四丈，加起來就是三千二百丈。三千二百丈漫漫長卷，要一個字一個字看下來，想想都讓人覺得漫長，覺得不耐煩。可是司馬光卻在這漫長的工作中保持了始終如一的認真嚴肅。

司馬光親手改過的草稿，堆滿了整整兩個房間。後來黃庭堅（一〇四五－一一〇五）參與《資治通鑑》雕版印刷之前的校對工作，翻閱過其中的幾百卷，他看到，司馬光在上面所作的批註，「訖無一字草書」，[11]每一個字都是端端正正的，正所謂「字如其人」。那曾經堆滿了兩個屋子的《通鑑》草稿，到今天就只剩下了短短的一截，寬三十三點八公分，長一百三十公分，二十九行，四百六十五字，收藏在北京的國家圖書館。國圖展出的時候，我曾經有幸隔著玻璃展櫃與司馬光的文字相親，那是我一生中最幸福的時刻之一。

劉恕之死

《資治通鑑》成書之日，除了給皇帝上表交卸任務，司馬光還做了兩件事。一件是為范祖禹請求升遷。劉攽、劉恕、范祖禹三位助手之中，劉攽是最早完成任務離開書局的，[12]范祖禹最後進來，司馬光手把手教會了他怎樣蒐集資料、怎樣整理資料，為《通鑑》準備草稿。這個年輕人在書局十六年，跟隨司馬光在洛陽十三年，「安恬靜默，就好像可以這樣幹一輩子一樣」。「如今所修的書已經完成，我竊為朝廷珍惜這個寶貴的人才」。司馬光希望神宗能夠讓范祖禹入朝供職。

另一件是思念，他比任何時候都想念早逝的助手劉恕。劉恕是司馬光曾經最倚重的助手。最初，英宗讓司馬光自己選助手。司馬光說：「館閣裡的文學之士的確很多，可是對於史學有專門研究、精於此道的，我沒有聽說過。我所知道的，只有一個劉恕！」而劉恕不在館閣。歷代史書浩如煙海，

「而於科舉非所急，故近歲學者多不讀」，大多數學者會寫漂亮的文章卻不懂得史學。劉恕是一個例外。他醉心史學，造詣精深，讀書廣博，記性又好。司馬光回憶：「坐在那兒聽劉恕講史，滔滔不絕，上下數千年間，大事小事，瞭如指掌，而且都有所依據可以查考，讓人不覺心服。」[13]

劉恕的政治傾向也與司馬光相同。他和王安石是舊相識，王安石愛惜劉恕的才華，想要讓他進入制置三司條例司。劉恕反對王安石理財為先的主張，堅辭不受，又多次當面批評王安石的政策和作風，最終，二人絕交。[14]熙寧三年（一〇七〇），司馬光離京外放，劉恕說：「我因為正直得罪了宰相，現在我的長官也要走了，我怎麼能安心留下呢？況且我父母都老了，我不能久留京師。」劉恕的父親是歐陽修的同年，性格耿介，不願委屈心志迎合上級，五十歲棄官還鄉，在廬山腳下隱居。劉恕主動請求回南康軍老家做了一個監酒稅的小官，一邊照顧父母一邊堅持修史。

有一段時間，書局的三員支柱分在三處，司馬光先在長安、後在洛陽，劉恕在南康軍，范祖禹在開封，所有的討論工作都必須靠通信完成，充當郵遞員的有時候便是司馬光的獨子司馬康。為了讓范祖禹早日入門，司馬光給他寄去劉恕的稿件作為範本，可是這稿件也不能留在范祖禹那裡，范祖禹要抄一份自己留著，然後把原稿還給司馬光。有三卷稿子就曾經在寄往南康軍的路上遺失，幸好司馬光手裡還有一份抄本，不然，那損失簡直無法彌補。這樣的艱苦在熙寧六年（一〇七三）范祖禹隨書局遷往洛陽後得到很大緩解。可是，劉恕卻仍然被阻隔在南方。

司馬光回到洛陽六年之後，劉恕終於得到朝廷允准，前往洛陽與司馬光討論修書之事。劉恕水陸兼程，趕了幾千里的路抵達洛陽。七年未見，當風塵僕僕的劉恕站到面前時，司馬光忍不住老淚縱橫。劉恕瘦得不成人樣，在那樣大熱的天氣裡卻冒著寒氣，說話一點力氣都沒有，唯獨眼睛裡閃爍著堅定的光芒。劉恕告訴司馬光，他知道自己來日無多，生怕就這樣走了，便再也見不到司馬光，所以才拚死走這一遭。

劉恕在司馬光的獨樂園裡住了幾個月，和司馬光、范祖禹一起討論《通鑑》的編纂事宜。到十月，劉恕假期已滿，不得不啟程回南方去。初冬天氣轉寒，司馬光怕劉恕瘦弱的身體受不了路途的寒冷奔波，特地為他準備了衣襪和一張貂皮褥子。司馬光也不富裕，這貂皮褥子是身邊僅有。劉恕推辭不過，帶在了身邊，可是走到潁州又讓人送了回來。司馬光擔心劉恕苦寒，劉恕卻擔心司馬光受凍。

回到老家不久，劉恕去世，終年四十七歲。可憐他的老爹，白髮人送黑髮人，是怎樣的傷心！劉恕在病床上仍然堅持修書，「每呻吟之隙，輒取書修之」，但凡有一點好時候，就要工作。後來實在覺得不行了，才讓人把所有資料打包送回洛陽的書局。[15]始終如一，劉恕是真君子！

如今《通鑑》成書，司馬光怎能不格外懷念劉恕？可是他所能做的，也只有一杯濁酒，向南而祭！[16]《通鑑》不朽，則劉恕不朽！從孔子作《春秋》始，修史的大多是這樣一種人：他們的理想在現世中無法伸張，只能整理過去的故事，希望為未來提供借鑑。孔子的《春秋》，到了漢代被捧上了聖壇，說是孔子預先為漢代立定的法度。一部極致簡潔的編年史如何能成為法度，這中間經歷了多少添油加醋、拐彎抹角、牽強附會！司馬遷作《太史公書》，書成之後「藏之名山，副在京師」，[17]生前並未公之於眾。可是，司馬光的《資治通鑑》不同，他奉皇帝的命令編纂，受到兩代皇帝的直接關懷照顧，編纂的目的也是為了皇帝，要資皇帝的治。那麼，他的皇帝又將如何報答？

二十六、遺表真情獻大忠

特殊的《遺表》

臣子獻給皇帝的遺書，叫做《遺表》。大臣高官，將死之際，由親友代筆，向皇帝表達忠誠，為家族謀取最後的特權，「欲乞一恩例，沾及寒族」，[1]比如說：「我為陛下工作三十年，一個兒子都沒安排下。我們家老大今年三十八，考進士沒考上，祈求陛下開恩，給他安排個文官做做。」[2]宋朝恩待高官，有分上表的，多半照准。皇恩浩蕩，氾濫成災，「老婆娘家人、外孫子都能沾染恩澤，甚至家裡的門客、僕人也能撈個官兒做」。[3]遺表獻忠，當然不能說是假意；祈求特權，卻毫無疑問是真情。但不是每一份遺表都流於俗套。

在司馬光的文集中，就保留著一份特殊的《遺表》。它不是旁人代筆，每一個字都是司馬光自己寫、自己謄抄的。全文很長，卻沒有一個字提到家人。更為特殊的是，這封遺表的寫作時間是元豐五年（一〇八二），而這時候，距離司馬光離世還有四年。那麼，司馬光為什麼會在這個時候寫作這樣一份特殊的遺表？這封遺表究竟寫了些什麼？它又是否抵達了神宗皇帝的視聽？元豐五年，在司馬光的生命中，究竟是怎樣的一段特殊時光？

耆英歡會苦中樂

不知各位是否還記得，司馬光給自己定的規矩，《資治通鑑》的定稿工作，每三天要看一卷，如果有事耽擱，一定要補課。從元豐四年（一〇八一）秋到元豐五年正月，司馬光肯定沒少了補課，他實在是太忙了，忙著赴宴，忙著喝酒吟詩，忙著玩兒。

跟他一起玩兒的，是一群七十朝上的白鬍子老頭兒，一共十一人。領頭的是洛陽留守、前任宰相文彥博，七十七歲；最年長的是退休在家的前任宰相富弼，七十九歲；剩下的也都是退休高官。整個洛陽都在讚嘆，這幫老頭兒太會玩兒了。他們輪流坐莊，互相宴請，把洛陽的名園古剎遊了個遍。幾位老人家都是頭髮鬍子雪白，衣著儒雅，氣度非凡，看上去就像是天上神仙。而花前席間按管調絃、輕歌曼舞的家伎，面容清麗，歌喉婉轉，跟勾欄瓦肆裡賣唱的相比，更多一分典雅脫俗。每當老人家們從街市上經過，都會引來大批圍觀群眾。一次活動結束，洛陽人又再盼著下一次。

這群老人家的聚會，洛陽人給起了個名兒，叫做「耆英會」——老年英傑的聚會。「耆英會」與唐代白居易晚年的「九老會」遙相呼應，成為洛陽古城新的人文景觀。文彥博決定把「耆英會」佳話定格、傳揚。他請來福建畫家鄭奐，在資聖院佛寺新落成的耆英堂牆上畫了一幅大畫。鄭奐是一位寫生的高手，畫面上十三位老人家面貌神態栩栩如生，離近了彷彿能聽到老人家喘氣時吹動鬍子的聲音。且慢，十二個人聚會，怎麼畫出來是十三個呢？這第十三個人，是當過副宰相的王拱辰（一〇一二—一〇八五）。王拱辰家在洛陽，可是這會兒正在河北工作，他人在河北，聽說了「耆英會」的事情，羨慕得心癢，寫信給文彥博說：「照年齡、地位，我絕不在與會諸公之下，只是因為工作關係沒辦法參加，心裡很遺憾。(如今畫像,)求您把我也列上吧,千萬別再落下我。」於是,十二人參加的聚會到了畫面上就成了十三個。畫面是虛假的,卻也是真實的。洛陽這幫老頭兒,跟司馬光一樣,都是被王安石排斥,從開封放逐出來的。開封的是當權派,洛陽的是反對派,是靠邊站的隊伍。王拱辰主動要求位列其中,看上去是湊熱鬧,其實是政治表態——他人雖然還在政府裡,但心卻站在王安石的對立面。

說到底,洛陽耆英會就是失意政治家的苦中作樂。對於現行政策,他們極力反對,卻無從置喙。他們所能做的,只能閉目塞聽,把這富貴的、安閒的日子過得張揚活潑、花團錦簇。然而,誰又是孤島,可以隔離出現實?!更何況他們都是以修齊治平為己任的士大夫,是有理想、有能力、有經驗的高級官員!當然,如果什麼都做不了,也不妨把生活過得高雅快樂。

元豐五年(一〇八二)正月初十,司馬光奉文彥博之命,寫了《洛陽耆英會序》,記錄聚會的盛況和壁畫產生的緣由。那個時候,他是忙碌的,也是快樂的。

喪偶中風惹離憂

然而,人生苦短,歡樂的時光是多麼稀少!二十天之後,司馬光便遭遇了他晚年最沉重的打擊——相伴了四十四年的張夫人溘然離世,得年六十歲。司馬光與張夫人,少年結縭,那時候司馬光二十歲,剛剛金榜題名,張夫人十六歲,恰是青春年少。兩人相伴四十四年,一朝撒手,便成永別!張夫人性情柔和,敦厚樸實,司馬光就沒見她發過一次大脾氣。司馬光生活作風簡樸,張夫人夫唱婦隨,從不亂花錢,可是接濟親戚朋友,一絲也沒含糊過。司馬光還記得,年輕時家裡遭過一次賊,當時他在國子監工作,俸祿低,本來就沒什麼值錢東西,賊捲走的不過是幾件衣裳,可是這也把司馬光愁壞了。沒有衣裳，怎麼出門，怎麼見人啊？司馬光正在牢騷愁悶，張夫人輕輕拍了他一下，說：「人平安就好，財物肯定會再有的。」到如今，張夫人仙去，她當時的笑容，當時的神態，在司馬光的眼前卻越來越清晰，越來越鮮活！這讓司馬光感到恍惚，他想，張夫人可能就在臥室裡，可是，臥室是空的，布滿灰塵的銅鏡告訴他，他早已不再是那頭戴宮花的少年，他的新娘也真的不在了。

兩個月之後，司馬光將張夫人安葬在涑水老家的司馬氏家族墓地。這裡安息著司馬家的列祖列宗，包括司馬光的父親母親，司馬光曾經在此守喪五年，他死後也將回到這裡，回到父母和夫人的身邊。儒家講究的是節制，喜悅要有喜悅的分寸，哀傷要有哀傷的尺度。安葬張夫人之後，司馬光回到洛陽，表面上看情緒逐漸平靜下來，身體卻是每況愈下。入秋之後的一個早晨，家人發現，一向勤奮的司馬光竟然未能按時起床。僕人喊了兩聲，沒有回應，只好去請司馬光的獨子司馬康。在司馬康的呼喚和扶持之下，司馬光醒了，能起床，能走，但是開始出現輕度口吃的狀況。如同那個時代的很多讀書人一樣，司馬光略通醫理，他心裡明白，自己這恐怕是中風的症候，倘若再度發病，只怕就過去了。夫人走了，自己的日子怕是也不多了。

死亡，司馬光是不怕的。他放心不下的是國家。一種生命行將逝去的緊迫感抓住了司馬光的心，他想要趁著還有一口氣，把心中所想告訴皇帝——大宋朝不能再這樣下去了！想到這裡，司馬光披衣下床，鋪開了紙，拿起了筆，開始寫作《遺表》：

臣光上言：臣世受國恩，常思補報，只是生性愚鈍，見識粗陋，不合陛下的心意。因此這麼多年來，閒居閉嘴，不敢再說什麼。如今我身染重病，日漸衰弱，行將就木。這才膽敢把我的一腔忠懇，奉獻給陛下。希望陛下知道我對朝廷沒有任何要求，然而我的心卻一時一刻也不曾忘記國家。

遺表真情誰能解

《遺表》是大宋純臣司馬光對皇帝的臨終告白。

在司馬光的眼裡，宋朝國家已經是岌岌可危。皇帝信任、倚重王安石，而王安石作風剛愎，「足己自是，以為從古到今，沒人比得上自己。別人贊同便歡喜，有不同意見就暴怒。喜歡的人幾年之內平步青雲，惱怒的人排斥打擊，終身不用。到如今，從中央到地方，只要是實權職務要害部門，不是王安石的人是進不去的」。宋朝官場的寬容風氣雪融冰消，幾乎再也聽不到不同意見。青苗、免役、保甲一層又一層加重農民負擔，市易法弄得小商人紛紛破產。還有一幫奸詐之臣，教唆皇帝開邊，輕啟戰端，刻剝來的百姓膏脂化作武器資仗，白白丟棄在異域的土地上，數十萬大軍「無罪就死」，「暴骸於狂野」。

司馬光不明白，神宗如此聖明的一個皇帝，為什麼不學習古代的聖王，反而要效法秦始皇、漢武帝這樣的暴君，「縱然大軍能越過蔥嶺，橫絕大漠，又有什麼了不起？自古以來，皇帝喜歡用兵，導致百姓疲敝，不堪忍受揭竿而起，或者外國窺伺覬覦的例子，實在是太多了！」

形勢已經到這般田地，「宗廟社稷，危於累卵，可為寒心」，可是卻沒有一人敢開口說一句實話，皇帝陛下深居九重，天天聽到的都是阿諛奉承的話，還以為天下太平，沾沾自喜，這是比嚴峻的形勢更嚴峻、更可怕的事情。這樣下去，大宋王朝都不知道是怎麼亡的！

所有這些最深切的憂患，司馬光用最激烈的言辭，寫在了元豐五年（一〇八二）的這通《遺表》

裡。「我希望陛下知道我對朝廷沒有任何要求，然而我的心卻一時一刻也不曾忘記國家」。陛下是陛下，朝廷是朝廷，國家是國家，這三個概念，在司馬光的文章裡，區分是清清楚楚的。國家最大，它是天下萬民，是江山社稷。皇帝代表國家，朝廷治理國家。治理有好有惡，皇帝會迷失，會走錯路，會固執己見。大忠之臣要忠於的，是國家，而不是皇帝個人。願陛下改弦易轍，「使眾庶安農桑，士卒保首領，宗社永安，傳祚無窮，則臣沒勝於存，死榮於生，瞑目九泉，無所復恨矣！」唯有天下國家，才是司馬光念茲在茲的終極關懷！

這封《遺表》，司馬光親自謄寫，保存在臥室之內。他囑咐兒子，一旦自己過世，要把《遺表》交給范純仁、范祖禹，讓他們交給皇帝。[4]諫諍的最高等級叫做「死諫」，「言既不從，情既不移，可殺己身以厭彼志，是為死諫也」。[5]元豐五年的《遺表》，正是司馬光的「死諫」！

卅月之約有真意

司馬光渴望再次見到神宗，當面向神宗剖陳心跡，以回聖心。他後來回憶說：「每當我看到老百姓的愁怨，便會憂心江山社稷的安危。夜深人靜之時，我只要一想到這些，就會失聲哀嘆。我心裡一直還盼望著神宗皇帝能夠再次召見我，向我詢問宮城外面的事情，讓我有機會把心裡的話都倒出來，即使說完之後立即處死，我也死而無憾。」[6]那麼，神宗呢？是否還想要再度召回司馬光？

在司馬光的心裡，神宗與他曾經訂立過一個「三十月後即召見」的約定。司馬光在洛陽閒居，掛著一個「提舉西京嵩山崇福宮」的閒職，雖是閒職，也有任期，一任三十個月，到期上報中央重新任命。元豐五年（一〇八二）九月二十六日，司馬光第四次擔任這個閒職，當時神宗有指示，這一任三十個月任滿，「不候替人，發來赴闕」，[7]也就是說「不必等候繼任者來接班，直接到開封來（見朕）」。宮觀閒官，毫無職業，何須跟繼任者交代？所以，在司馬光看來，神宗這道「不候替人，發來赴闕」的敕旨，就是一個「三十個月後即召見」的約定。

然而，司馬光又豈是尋常老臣？他是王安石路線的反對派領袖，召見他就意味著要做政策調整，離開王安石路線。神宗為什麼會發出這樣一道詔旨？他的真實想法究竟是什麼？

皇帝畢竟也是人，人都受情緒的影響，而神宗顯然是一個聰明易感的皇帝。只有回到當時，我們才能理解神宗發出「三十個月之約」的真實意圖。元豐五年九月二十六日，比司馬光的《遺表》略早。在這個時間點上，究竟發生過什麼，竟然導致神宗對之前的路線發生了動搖？

這一年的八月十一日，神宗病重，無法聽政。[8]這個年輕人究竟患了什麼病，我們不清楚。二十五日，邊境傳來報告，宋朝邊防軍修築永樂城，作為對付西夏的橋頭堡。神宗一力推動的西北拓邊事業，大見起色。九月九日，西夏三十萬大軍進攻永樂城，大將曲珍（一〇二八—一〇八六）在城外與夏人決戰，大潰而歸，收羅殘兵剩勇，得一萬五千人，騎兵皆棄馬，緣崖而上。夏人圍困了永樂城。而這個消息，要在八天之後才能抵達開封。因此，就在曲珍戰敗、永樂城遭到圍困，形勢急轉直下之後，神宗還沉浸在永樂城修築成功的喜悅中。九月十一日，永樂城被圍困兩天之後，神宗病癒，發布赦令，與京畿百姓同慶。十七日，永樂城被圍困的消息抵達開封，神宗下令增援。二十日，救援的命令還沒有抵達陝西，永樂城已經陷落。當天夜裡，大雨傾盆，西夏人從四個方向同時對永樂城發起猛攻，城中守軍飢餓疲憊，完全喪失了戰鬥力。夜半，永樂城陷落，一萬軍人，「得免者什無一二」。[9]

元豐五年（一〇八二）九月永樂城的陷落是神宗西北拓邊事業的又一次重大挫敗。大約一年前，元豐四年初冬，宋朝曾經五路出師，攻打西夏，想的是「直搗西夏首都，顛覆夏人巢穴，一舉平定西夏」。結果卻是軍糧不繼，「士卒飢困無人色」，又遭遇大雪，非戰鬥減員百分之二三十，剩下的兵，一人逃奔則全軍潰散。司馬光在《遺表》中所說的「百姓膏脂換來的武器資仗，白白丟棄在異域的土地上，數十萬大軍『無罪就死』，『暴骸於曠野』」，[10]便是元豐四、五兩年間宋神宗拓邊西北的慘烈現實。

元豐四年五路出師之後，神宗還是不甘心的，他在戰後隨即給在前線主持戰局的宦官李憲（約一〇三五—約一〇八六）和武將种諤（一〇一七—一〇八三）下詔，讓他們整軍備戰，「以俟春暖再出討」。[11]然而，元豐五年九月永樂城之敗徹底地把神宗（至少在當時）打垮了。神宗死後，宋朝人總結說，「及永樂陷沒，（神宗）知用兵之難，於是亦息意征伐矣」。[12]窮兵黷武並非正面形象，後人粉飾，容或有之。然而，如果我們回到當時，似乎也可以相信，元豐五年九月，在經歷了死亡的恐懼之後，身體狀況欠佳的神宗很可能會在短時間內心灰意冷，真的要「息意征伐」了。

於是，九月二十五日，當有關部門送上來司馬光的「提舉西京崇福宮」任命草案之後，神宗隨手批下了一旦任滿「不候替人，發來赴闕」八個字。為什麼不即刻召見？因為，此刻的他心煩意亂，還沒有心情接見司馬光，他希望靠自己的力量整頓河山，然後再約談司馬光，討論政策轉向。這就是司馬光心中的「三十個月後即召見」的約定。

這道敕旨，司馬光極其珍視，卻未敢貿然執行，在任滿之際直接赴首都。元豐八年二月，司馬光任期將滿，特地打報告提醒神宗三十個月之約，[13]希望神宗召見，給他一個正君之過、拯民出水火的機會。那麼，司馬光能夠等來神宗的召見嗎？

二十七、神宗的眼淚

終老不相見

開封與洛陽，按照當時的道路里程，相距四百里，不過七八日的行程。然而，若無皇帝的旨意，臣子卻不能隨意進京。自從熙寧三年（一〇七〇）十一月二日轉身西去，司馬光已經有十五年沒有重返開封、再見皇帝了。如今他站在天津橋上，瞇細著昏花的老眼，翹首東望，甚至已無法想像汴梁城現在的模樣。他印象中的汴梁，仍然是十五年前的汴梁，是三十年前的汴梁，是四十四年前的汴梁，是自由、舒展、繁華、熱鬧的汴梁城。衰朽殘年，來日無多，在他的有生之年，是否還能再見皇帝、面獻忠懇呢？司馬光在不安中期待著來自開封的消息，然而，他等來的卻是一個噩耗。

元豐八年（一〇八五）三月五日，神宗在開封宮城的福寧殿駕崩，得年三十八歲，十歲的長子趙煦（一〇七七—一一〇〇）即位，史稱哲宗，神宗的母親太皇太后高氏垂簾聽政，「權同處分軍國事」。[1]兩天之後，三月七日，司馬光在洛陽接獲「大行皇帝奄棄天下」的消息，這才明白，他與神宗再也無緣相見了——搶先撒手西去的，竟然不是自認來日無多的司馬光，而是理應正當盛年的神宗皇帝！

神宗與司馬光這一對君臣，到頭來竟然是「一別十五年，終老不相見」。同樣與神宗「終老不相見」的，還有熙寧九年（一〇七六）年離開相位、退居金陵的王安石。杜甫說「人生不相見，動如參與商」，感嘆命運作弄、人世浮沉、相逢不易。然而這三個人哪一個都不是任人擺布的小人物，特別是神宗，貴為天子，自從王安石下臺之後，更是獨掌大政，他想要見誰，都不過是一道旨意的事情。司馬光與王安石是神宗生命中兩位最重要的大臣，一位培養、塑造了他的政治形象，另一位則始終堅定地站在一旁，提醒他危險與錯誤。對於這樣兩位元老重臣，神宗都終老不相見，究竟是為什麼？神宗的內心經歷過怎樣的糾結和交戰？

神宗晚年，的確動過召還司馬光的念頭。元豐五年九月的「三十個月之約」就是一個有力證據。神宗的心思，他晚年的宰相蔡確（一〇三七—一〇九三）是知道的。所以，蔡確刻意拉攏程顥的學生、司馬光曾經的門客邢恕。[2]那麼，既然有意相召，為何卻至死未召？

豈因小人撓

很多人相信，神宗之所以未召司馬光，是因為「小人」的阻攔。元豐三年（一〇八〇），神宗親自設計、主導了一場官僚機構改革，史稱「元豐改制」。宋朝政府的最高決策方式、官職名稱與組織結構都發生了重大變化，皇帝的權力加強了。神宗賦予這場官制改革的任務，本來還包括對官僚團隊組成的調整——改變王安石新黨一家獨大的局面。他對宰相們說：「新官制即將推行，『欲取新舊人兩用之』。」又說：「御史大夫非司馬光不可。」[3]

聞聽此言，首相王珪、次相蔡確「相顧失色」。王珪是翰林學士出身，「高級祕書做了十八年，資格最老」，眼看著後起之秀都紛紛當了宰相、樞密使，心中委屈，賦詩感懷，神宗「見而憐之」，這才把他也提上來當了副宰相。除了善寫華麗公文，王珪的另外一大優點便是聽話，從副宰相到宰相，足足幹了十六年，沒有提出過任何像樣的意見和建議，只是順情說好話，遇到任何事情都要「取聖旨」，聽皇帝裁決，「領（得）聖旨」向下達傳，開口必稱「已得聖旨」，故而人稱「三旨相公」。[4]所以，王安石都下臺了，王珪卻還屹立不倒，成了神宗朝的政壇「常青樹」。蔡確則是王安石一手提拔上來的，屬於「新黨」，他從副宰相提宰相時，富弼曾經上言反對，以為「小人不宜大用」。[5]聽神宗說要讓司馬光回來，蔡確、王珪都很緊張。王珪「愁壞了，不知道該怎麼辦」，蔡確就給他出主意說：「陛下最在乎的事就是拓邊西北，相公如果能把這責任擔起來，那麼宰相的高位就保住了。」司馬光反對西北開邊，這一點，神宗知，王珪知，蔡確知，天下盡人皆知。如果神宗要開戰，必然不會再召還司馬光，而且即使神宗有旨相召，司馬光也必不奉詔。王珪喜，謝蔡確。於是乎，王珪派人獻上了「平夏策」，而神宗果然就沒再召還司馬光。[6]

神宗至死不召司馬光，真的是因為小人阻攔嗎？這樣的故事，我們在評書戲曲、電影電視裡看過太多，皇帝的佳謀睿智，總是很容易地被那些平庸、腐敗的邪惡小人所沮壞。讒言易入，忠臣難進。然而，皇帝果真如此愚蠢、沒主見，這麼容易被讒言打動嗎？

缺乏主見顯然不是神宗的特點。神宗是怎樣的皇帝啊?!無比自信，「學問高遠，講話必定引經據典。……談經論史，常常有出人意料的觀點」。無比勤政，「勵精求治，生怕做得不夠好，總攬萬務，無論大事小事，事必躬親」。「放假也不休息，有時候太陽都落山了，午飯還沒吃，太皇太后和太后兩位娘娘只好派人去催」。[7]這樣一個皇帝若真要召還司馬光，又豈是區區一個王珪能攔得住的？別忘了王珪為什麼能安居相位十六年，因為他聽話—是王珪聽皇帝的話，而不是皇帝聽王珪的話！

如果不是因為小人攔阻，那麼必定是神宗本人有不能、不願召還司馬光的理由。

法令由朕造

這理由便是神宗對王安石路線的固守。神宗在位十九年，王安石從副宰相到宰相，當政的時間前前後後加起來將近八年，[8]王安石下臺之後，神宗乾綱獨運九年，仍然堅持走王安石的路，用王安石的人。

熙寧七年（一〇七四）四月十九日，在巨大的壓力之下，神宗揮淚罷免了王安石。這是王安石的第一次罷相。然而，就在三日之後，卻出現了這樣一則詔書：

> 朕……八年於茲，度時之宜，造為法令，布之四方，皆稽古先王，參考群策而斷自朕志。……雖然，朕終不以吏或違法之故，輒為之廢法，要當博謀廣聽，案違法者而深治之。間有未安，考察修完，期底至當。士大夫其務奉承之，以稱朕意。無或狃於故常，以戾吾法。敢有弗率，必罰而不赦。[9]

詔書的內容可以歸納為四點：第一，過去八年來所有的法令「皆斷自朕志」，是朕的法令，而非王安石的法令。第二，新法的問題不在於新法本身，而在於執行中的歪曲不力，在於「吏或違法」。第三，新法可以完善，不可以推翻。第四，敢有違背新法者，重罰不赦。用司馬光的話來說，那便是

「新法已行，必不可動」。[10]

這樣一則詔書，是否反映了神宗的本意呢？不錯，它的確出自王安石「護法善神」呂惠卿的建議，然而卻不能不說是神宗的意圖。神宗同意王安石下野，是忍痛割愛，不得已而為之。所以，他才會同意王安石的布局，在王安石罷相的當日，即任命韓絳為宰相、呂惠卿為參知政事，而這兩個人都是王安石路線的忠實執行者。[11]當然，呂惠卿最終野心膨脹，背叛了王安石，「凡可以害王氏者無不為」，[12]則是後話了。

那些相信神宗只是被「奸人」矇蔽了雙眼的，要麼是政治上的瞎子，要麼就是一廂情願。李師中就是這樣的瞎子，他在王安石罷相之後很快上疏請求神宗召還司馬光，結果當然遭到貶謫處分。神宗對李師中的處理批示中有「朋邪罔上」[13]四個字，所謂朋邪，劍鋒所向，正是被李師中推薦的司馬光諸人。李師中是司馬光的恩師龐籍提拔起來的，他反對開邊，政治傾向與司馬光接近。[14]貶謫李師中，正所謂「殺雞儆猴」，目的就是要警告司馬光和所有王安石路線的反對派，正告他們，皇帝說新法「斷自朕志」絕非虛言。

熙寧九年（一〇七六）二月，王安石第二次罷相、徹底離開政壇，神宗是否會願意對王安石路線稍作調整呢？對此，司馬光曾經懷抱了希望。他給王安石的繼任者吳充（一〇二一—一〇八〇）寫信，說「夫難得而易失者，時也。今病雖已深，猶未至膏肓」，請求他調整路線、改變王安石的弊法，救民保邦。[15]後人說：「光遺以此書，而充不能用」，[16]批評吳充坐失改革良機。其實吳充還是努力了的，只是阻力太大，而最大的阻力正來自神宗本人。「鄭俠移居案」頗能說明問題。

鄭俠（一〇四一—一一一九）何許人？一個膽子極大的小官兒。他考中進士之前，曾經在江寧府向王安石問學，跟王安石的兒子王雱也很熟。但是，對於王安石的「青苗、免役、保甲、市易數事，與邊鄙用兵」，鄭俠都心存保留。所以，他進京之後，明確拒絕了王安石所指示的更便捷的升遷之路，做起了開封安上門的監門官，負責監督收稅。從熙寧六年七月到第二年三月，持續大旱，麥苗乾枯，黍、粟、麻、豆都來不及下種，穀物價格猛漲。而官府各項稅費的催繳並不停歇，沒奈何，老百姓只得「拆屋伐桑，爭貨於市，輸官糴米」，乃至「典妻賣女，父子不相保，遷移逃走，形容困頓，衣衫襤褸」。鄭俠在安上門日日耳聞目睹，憂國傷民，心如刀割，就把他所看見的，繪成了一幅《流民圖》，想要讓皇帝看一看宮外真實的世界。可是他地位卑微，沒有正常管道可以上書，於是就甘冒風險，利用職務便利，擅自動用了官府的郵政系統——馬遞，假稱是快馬急報，把圖畫和上書送進了宮。鄭俠上書發生在熙寧七年（一〇七四）的三月二十六日，神宗得圖，反覆觀覽，長吁數次，夜不能寐，第二天就採取了十八項政策措施，暫停了一些新法，要求對新法的實施狀況嚴加督管，並且下詔自責，開放言路。天公作美，三日之後，大雨傾盆。群臣入賀，神宗向他們展示了鄭俠的《流民圖》。「《流民圖》事件」助長了反對派的氣焰，王安石只得自請罷相來平息壓力，鄭俠也因為擅自動用馬遞受到處分。四月十九日王安石罷相之後，鄭俠繼續上疏批評新法害民，主張罷黜呂惠卿，結果遭到了罷官、流放、監視居住的處分。呂惠卿又利用鄭俠案，擴大打擊面，趁機搞掉了比自己更資深的參知政事馮京（一〇二一—一〇九四），王安石的弟弟安國（一〇二八—一〇七四）因為與鄭俠有交往，也被削去所有官職，免官為民。呂惠卿的醉翁之意，不在安國，而在安石。安國被貶，神宗怕王安石多想，特地下詔書安慰，「安石對使者泣」。照呂惠卿的意思，鄭俠就該殺。還好神宗頭腦清醒，說：「鄭俠上書不是為他自己，忠誠可嘉，怎麼可以過度責罰呢？」最終，鄭俠被貶到廣東英州監視居住。[17]

吳充上臺之後，曾經想利用大赦改善鄭俠的狀況，把他從英州轉移到生活條件相對更好的鄂州（湖北）。吳充是一個溫和而有智慧的政治家，他是王安石的親家，了解王安石，也了解神宗。因此，他沒有直接驚動神宗，而是利用宰相府對於「例行公事」的直接審批權，批狀下發。如果此事能夠成功，那就等於朝廷承認鄭俠案懲罰過重、平反有望，那麼，王安石時代的政策措施或者可以慢慢改變了。「鄭俠移居案」就像是吳充拋出的一枚探路石子。結果怎樣呢？石子尚未落地，便遭到攔截，被重重地扔回來，砸到了吳充的腳上。出手攔截的，不是別人，正是神宗本人。

神宗大怒，親自批示：「英州監視居住人鄭俠原犯目無尊上、大逆不道罪行，情節極其悖逆，饒他不死，已經是極大的恩惠。不得變更居住地。」十來名宰相府和刑部的辦事人員受到處分。吳充安然無恙，但宰相府卻失去了最後的獨立審批權。神宗下詔：「從今以後，所有類型的入奏公務，都必須等皇帝親自畫可之後，宰相才可以簽字下發。」[18]

在神宗執政的最後九年中，是否與王安石、與新法「異論」，仍然是一條裁定官員政治立場的「紅線」。元豐五年（一〇八二），王安石的親弟弟、副宰相王安禮推薦張問作侍郎，神宗說：「張問好為異論。他知滄州，上言本地老百姓寧可逃荒，也不願意忍受新法的苦。」王安禮又推薦王古，又以同樣的原因遭到神宗否決。[19]

神宗的最後九年，幾乎處處事事都籠罩在王安石的影響之下。就這點來看，王安石可以說是宋朝最成功的政治家，他本人在金陵悠遊山林，然而他所培養的人卻遍布整個國家，延續他的作風，貫徹他的路線，執行他的政策。在皇帝寶座上的神宗毫無疑問是王安石最出色的學生。神宗從王安石那裡學到的最大政治祕笈便是統一思想、集中權力。

垂淚對群臣

權力越來越集中到神宗一個人的手裡。熙寧十年（一〇七七），因為鄭俠移居案，宰相府失去了最後的審批權，淪為皇帝的高級祕書。神宗用的宰相，最典型的就是「三旨相公」王珪，聽話，好使，可是無甚用處。神宗喜歡用他們，卻並不喜歡他們。元豐三年（一〇八〇）吳充退休之後，王珪獨相直至元豐五年四月，蔡確自參知政事拜相，王珪為首相，蔡確為次相，直至神宗駕崩。這兩個人，神宗「對他們的禮數很薄，多次因為小過錯罰他們的款，每次罰款都要讓他們到宮門謝恩。宰相罰款宮門謝恩，這是大宋開國以來從來都沒有發生過的事情，人人都覺得恥辱」。[20] 一個驕傲的人怎麼會喜歡一點傲骨都沒有的人呢？然而人若有傲骨，又怎會入得驕傲皇帝的法眼？帝王的驕矜之心，輕視大臣之意，是一劑毒藥，它在皇帝的周圍豎起一道無形的屏障，屏蔽那些真正的治國安邦之才與切中要害的批評。

滿朝朱紫貴，辦事靠何人?!這是神宗的真實感嘆。元豐五年（一〇八二），陝西邊事未息，需要大規模調集軍需。可是靠誰來辦事呢？舉目四望無人能行。神宗不禁感嘆：「想當初，秦國位於關中之地，僅僅靠著一國的力量，都能夠統一九州。現在我大宋的天下十倍於秦，把東南的財賦調到關中來，保證充足啊，再得到名將練兵，想幹什麼幹不成？只可惜沒有這個人啊！」[21]

陝西的軍糧成了神宗的心病，幾天之後，他再度召集宰相開會討論。不知道說到了什麼，神宗忽然激動起來，說：「仁宗朝的時候，西夏擾邊，開啟戰端，契丹又趁火打劫，派人來勒索，仁宗皇帝在延和殿跟宰相們談話，感慨憤怒，痛哭流涕。朕是列祖列宗的子孫，看守著祖宗傳下來的神器，一想到列祖列宗的託付之重……該怎麼辦啊！」說完，面容轉悲，泣不成聲。「群臣震恐莫敢對」。[22]

「該怎麼辦啊！」這一哭，哭出了神宗所有的委屈憤懣。神宗生命的最後時光，大有「拔劍四顧心茫然」的孤寒悲愴，他是多麼想成就一番偉大的事業，成為堯舜之上的皇帝，來證明父親即位的正確、本支血統的高貴，然而他最最重視、投入精力最多的西北拓邊事業，卻是一敗再敗，消耗國力、損兵折將，幾乎看不到勝利的希望。對於這些失敗，神宗本人是要負極大責任的。西北拓邊，從頭到尾，都是神宗本人在主導。「每當用兵，有時會整宿整宿地不睡覺，前線的奏報絡繹而來，神宗用手札處置，號令諸將，丁寧詳密地把制勝之機傳授給他們。縱然是千里之外，神宗也是親自節制」。[23]他自以為運籌帷幄，可以決勝千里；實際上卻表現得像一個任性的孩子，隨意揮霍著手中的權力，以及百姓的生命。[24]元豐五年陝西的糧草問題為什麼讓他如此傷感？因為元豐四年，老百姓的忍耐就已經到達了極限。靈州之役，官府督促老百姓運糧，「役夫被斫，植立而不動」，寧可被砍傷砍死，也不願意送糧上戰場去送死。[25]

驕傲的神宗皇帝是在孤獨中鬱悶地死去的。

第五部

黃葉在烈風中 1085—1086

在生命的最後十八個月，司馬光抵達了他官僚生涯的巔峰，得到最高權力的信任，官至首相。瘦弱的司馬光走向了全然陌生的開封政壇，「如黃葉在烈風中」，他頭頂光環，心懷理想，赤手空拳，眼前一片歡呼，身後卻了無隊伍。「司馬相業」幾乎一事無成，只有破壞沒有建設。政策調整蠻橫無知、缺乏整體考慮，役法改革不顧實際，青苗法死灰復燃；政治風氣沒有得到絲毫改善，官僚集團的分裂在繼續加深，對於神宗舊相的處分已經具有政治復仇的意味，政治和解如夢幻泡影。那麼，這一切，是否出自司馬光的意願？或者說，司馬光能否對這一切負責？

二十八、開封的呼喚

宋朝新換女主賢

元豐八年（一〇八五）三月十七日，司馬光離開洛陽前往開封，奔神宗之喪。《禮記》云：「奔喪之禮，日行百里，不以夜行。」何以速？「奔喪事急」。[1]只有身體上的疲憊透支，才足以表達心靈與情感上的痛楚。六十七歲的司馬光不顧兒子的阻攔，堅持日行百里。正常情況下八天的路程，五天就走完了。二十二日黃昏，司馬光一行抵達開封。五天的舟車勞頓，讓司馬光逐漸從神宗駕崩的震驚、恐懼中恢復過來，他身體虛弱疲憊，腦子卻越來越清醒。

「宗廟社稷，危於累卵，可為寒心」，國家已病入膏肓，必須做出改變。一直以來，司馬光所抱定的宗旨就是拚死一諫，希望能令神宗幡然悔悟，下罪己之詔，痛改前非，改弦易轍，除苛政，息戰端，與民休息。至於神宗能否聽從，司馬光其實並不抱多大希望。只是他不諫便如骨鯁在喉，他不諫便自覺對不起大宋的江山社稷。指出國家存在的問題、提醒皇帝面對現實，是士大夫的責任，司馬光別無選擇，他必須忠於自己的內心、以盡人事；拒絕或者接受，取決於皇帝的心意，司馬光同樣別無選擇，他只能聽天命。如今神宗驟然離世，卻分明提供了一種全新的可能性。皇帝年幼，高太皇太后掌政。宋朝有了新的當家人，自當有一番新氣象。換個角度想想，神宗簡直是在用自己的死來成全江山社稷。

司馬光抵達開封的當天晚上，高太皇太后就派了身邊宦官前來慰問。宦官捎來了太后的口信：「國家不幸，大行皇帝昇天。嗣君年幼，老身不得不代理國政。大人事奉過仁宗、英宗和神宗三位皇帝，忠誠堅貞之名，著於天下。請大人一定不要嫌麻煩，多上奏章，暢論國事，以彌補老身的不足。」[2]這是問候，也是邀約。

這不是司馬光與太皇太后的第一次接觸。高氏與司馬光的最早接觸，是在英宗朝。當時，英宗與高氏和曹太后之間的關係非常緊張。司馬光上疏調解，勸慰曹太后說，高氏因為從小在曹太后身邊長大，所以在太后面前還像個孩子一樣，鬧點小別扭、耍個小脾氣很正常，曹太后生氣、責備，也是應該的。但是，「如果事情過去之後，太后還是不理她，不再疼她，反而像仇人一樣對待她，那就過分了」。[3]司馬光的這番話，入情入理，對高氏寓辯護於責備之中，溫暖貼切，讓她於感動之餘，不得不檢點自己的行為。高氏與姨母兼婆婆曹太后的關係開始破冰向好。曹太后於神宗元豐二年（一〇七九）冬過世，享年六十四歲。在她過世之前，曹太后與神宗的祖孫關係、與高氏的婆媳關係都非常融洽。[4]皇室成功地修補了英宗的荒唐所造成的聲譽損失，樹立了堪為天下表率的孝道形象。對於司馬光，高氏一直心懷感激佩服。她關注司馬光的動向，了解司馬光，信任司馬光。

對於高太皇太后，司馬光也有所了解。就政治傾向而言，高太皇太后反對王安石新法，態度堅決，這在高層是人所共知的。她和曹太后曾經哭著向神宗訴說新法的種種弊端，並且斷言：「王安石變亂天下！」[5]就性格而言，高太皇太后素以堅毅著稱。她是將門之後，血管裡流著高、曹兩家的高貴血液。她的曾祖父大將高瓊，曾經護送真宗皇帝親征澶淵。真宗的御輦在黃河岸邊猶豫不前，是高瓊一杖敲打在輦夫的背上，這才讓皇帝的御輦過了黃河，達到了親征的最佳效果！她的外曾祖父曹彬是宋朝征服南唐戰役的總指揮，功勛卓著，為人卻是無比的謙虛低調。高氏的母親是仁宗曹皇后的姐姐。[6]高氏四歲入宮，與英宗一同在宮中成長，深得仁宗與曹皇后的器重。與英宗結婚之後，二人相互扶持，一起戰勝了即位之前的諸多凶險與磨難。從英宗即位之後近乎神經質的表現來看，高氏才是這一對夫婦在艱難歲月中的主心骨。就在神宗去世的當天，高氏還失去了一個女兒。這位公主雖非高氏親生，卻是英宗夫婦的長女。想當年，英宗在位的時候，公主出嫁，高皇后親自送她過門，並且在公主府上過夜，足見感情深厚。[7]一雙兒女同日過世，這樣的打擊，高氏也挺過來了。司馬光聽說，身邊的人試圖隱瞞公主的死訊，太皇太后說：「你們不要騙我了。我昨夜夢見曹太后、神宗還有公主在一座空曠的宮殿裡舉杯歡宴，當時我就疑心這絕不是個好兆頭。」[8]這樣堅毅的女子，世間罕有。

古今政治第一難

作為宋朝新的當家人，高太皇太后擁有諸多優勢，也有致命的劣勢。她最大的優勢是政治上的正當性——她是先帝的母親、今上的祖母，奉先帝的遺詔權同處分軍國事，垂簾聽政，權威性不容挑戰！兩個致命的劣勢是：第一，太皇太后縱然尊貴，也終歸是一個女子。與男性的皇帝相比，作為女性的太皇太后與前朝和外界的阻隔，既是空間的，又是性別的。太后主政須垂簾，垂簾的目的是嚴守「男女之大防」，然而它所隔開的卻是最高領導人與政府。第二，太皇太后此前從未涉足前朝事務，政治經驗幾乎為零。也就是說，她被賦予了最高權力的代理權，卻毫無政治經驗。

而太皇太后所要面對的，卻是古今第一政治難題——如何順利地實現政策路線的調整而不引發政治派別之間的惡鬥！太皇太后所要改變乃至推翻的，是飽受詬病的王安石路線，而眼下在朝堂之上、各級政府之中實際運作朝政的，正是神宗朝在王安石路線下培養出來的官僚，他們受益於也受教於王安石的政策路線，是王安石路線的學生和受益人，當然要維護王安石路線。路線的改變將無可避免地引發人事紛爭乃至政治鬥爭。要應對這一切，需要高超的政治手腕和豐富的政治經驗。而這些，正是太皇太后所缺乏的。此外還有更實際的問題，王安石路線對宋朝政治構成了損害，需要改變，那麼，新的方向在哪裡？回到王安石之前、重返仁宗時代，聽起來似乎是一個不錯的選擇。然而仔細想想，卻又幾乎不可能。王安石的思想和路線已經統治宋朝十八年，影響無處不在，深入官心，想要改變，談何容易？仁宗時代的寬容政治固然令人嚮往，但就具體政策而言，仁宗時代卻也是問題重重的——不然怎麼會有「慶曆新政」與王安石變法呢？而王安石的新法，也並非全無是處。在新法與舊制之間，在新黨與舊黨之間，如何建立平衡，再造宋朝政治，這是古今第一政治難題。而這古今第一政治難題，偏偏讓一個女主趕上了。

在九重宮闕之中，太皇太后能否做出正確的決策？隔著低垂的簾幕，太皇太后能否指揮宰相大臣，掌控這複雜的局面？難！難！難！

「司馬相公」逃歸洛

太皇太后的問候與邀約，讓司馬光感到欣慰與激動，他決心傾其所有，充當顧問，助太后一臂之力。然而，第二天所發生的事情卻讓司馬光感到緊張和惶恐，他甚至不等太皇太后吩咐，就直接「逃」回了洛陽。

就奔喪而言，司馬光已經來遲了。就在他抵達開封的前一天，二十一日，哲宗皇帝首次公開露面聽政，接見百官，瞻仰大行皇帝的遺像，中級以上官員按順序舉哀，發聲一慟。因為還在喪服之中，聽政的地點不在正殿，而是在便殿。首次聽政的意義，儀式大於實質，它是在向世人宣示，官方的哀悼即將結束，新天子就要行使他的權力了。宋朝皇帝的孝服，實行以日易月的規定，實際只有二十七日，到四月三日結束。在此之前，單日聽政。司馬光抵達開封的第二天正好是聽政日，皇帝與太皇太后垂簾與百官朝會。[9]司馬光出席了朝會儀式。

正是這場朝會前後所發生的插曲引發了司馬光內心的不安。

洛陽閒散，他已經十五年沒有出席如此隆重的典禮了。天剛矇矇亮，司馬光就穿戴整齊，騎馬前往宮城。在待漏院前面，他下了馬，整理好衣冠，望著晨光熹微中巍峨的宮殿，忽然感到一陣陣的迷離恍惚。歸來殿宇皆依舊，周圍卻沒有幾個熟悉的面孔。正在這時，有年輕的官員過來，恭敬地行禮，大聲問候他。這問候引起了宮殿衛士的注意，由於還在站崗，他們不能擅離職守，可是遠遠的，他們也向司馬光斂手為禮，躬身致敬。後排的衛士出現了短暫的騷動，司馬光聽見衛士中有人用興奮的聲音低聲吶喊：「這就是司馬相公！」

「相公」是宋朝人對宰相或者前任宰相的尊稱。「司馬相公」的稱呼，讓司馬光感到了一絲不安。他司馬光何曾做過相公呢？神宗皇帝曾經允諾他的最高官職是樞密副使，但是被他拒絕了——高官厚祿非所願，吾道不行皆可捐。「過稱」不祥，衛士們稱呼他「司馬相公」，是尊重愛戴；反對派卻未必這樣看。新舊交替之際，正如眼下這乍暖還寒時節的天氣，是最容易引發不適的。對於衛士的興奮喜悅，司馬光唯有報之以鎮靜安閒。

讓司馬光萬萬沒有想到的是，朝會結束，在返回住所的路上，開封的大街兩旁，竟然聚集了成千上萬的百姓，他們迎著司馬光的馬頭，跪倒塵埃，口中高呼：「公無歸洛，留相天子，活百姓！」您不要回洛陽了，留下來輔佐皇帝，給老百姓尋一條活路吧！人越聚越多，起初噪雜不齊的呼喊聲，也逐漸變得越來越整齊，就像是有人在指揮一樣，伴隨著呼喊聲的，還有哭泣聲。作為帝國的首都，開封薈萃八方人物、高官貴戚，開封人見過大世面；開封又多市井，商業繁榮，開封人頭腦靈活。開封人是聽話的，但又是敢於抗爭的。能讓開封人這樣自發地聚集起來，發出如此整齊的聲音，那得是對王安石的政策有著多麼深刻的切身之痛！他們呼喚改變，並且把這希望明明白白地寄託在司馬光的身上。然而，由誰來做宰相，又豈是市井之人，大街之上可以左右的？大街之上，可以有老百姓攔住宰相的儀仗喊冤、抗議。可是自從本朝開國以來，哪裡有老百姓喊出來的宰相？別說本朝了，自古以來又何嘗有過？司馬光的不安在急劇增長。他向人群略一拱手，用目光示意陪伴在身邊的兒子，繼續前行，趕緊打道回府。人群非常配合地向兩邊分開，讓出一條通暢的大道。「司馬相公留下來」的哭喊聲在司馬光的身後久久不息。

謝表建議開言路

司馬光的擔憂不是沒來由的。熙寧六年（一〇七三），司馬光在洛陽買地築獨樂園，他的學生蘇軾以長詩為賀，其中有句云：「先生獨何事？四海望陶冶。兒童誦君實，走卒知司馬。持此欲安歸？造物不我舍。名聲逐吾輩，此病天所赭。撫掌笑先生，年來效喑啞。」[10]這原本只是一首學生讚美老師的詩，蘇子瞻性情豪放，好開玩笑，說司馬光聲名滿天下，卻躲到洛陽去裝聾作啞，實在可笑。司馬光閒居洛陽，不論時事，撇開天下國家，獨善其身，完全是無奈之舉，蘇子瞻以玩笑的口吻說來，是他的放達。司馬光讀來，也不過一笑而已。可是七年之後，這首詩卻成了蘇軾和司馬光的罪證。王安石一手提拔的御史中丞李定、御史舒亶（一〇四一－一一〇三）告蘇軾「作為文章，怨謗君父」。御史臺成立了專案組，斷章取義，肆意解讀，從字裡行間羅織罪名，欲置蘇軾於死地。[11]幸賴宰相吳充營救，神宗又欣賞蘇軾的才華，最終，蘇軾只得貶官處分，而因此案牽連貶官受罰者，多達二十二人。首當其衝的便是司馬光，受到罰銅處分。這就是宋朝臭名昭著的文字獄「烏臺詩案」。「烏臺」是御史臺的別稱。這首《獨樂園詩》，專案組是怎樣解讀的呢？專案組從中讀出了三宗罪。第一宗，詆巇現任宰相。「四海望陶冶」，說天下人盼望司馬光主政，陶冶天下，這不就等於說，天下人都痛恨現任執政，罵他們不稱職嗎？第二宗，預言司馬光當政，推翻新法。「兒童誦君實，走卒知司馬」，這分明是說，司馬光早晚是要當政的，而司馬光一旦當政，就必然要推翻新法。第三宗，慫恿司馬光攻擊新法。「撫掌笑先生，年來效喑啞」，笑話司馬光啞口不言，這不是盼望司馬光像從前一樣攻擊新法嗎?!一首七年前的舊詩尚且可以羅織出這樣的罪名來，那麼眼前這開封百姓的齊聲吶喊，還有早晨宮廷衛士的興奮私語，又將掀起怎樣的波瀾?!神宗時代曾經專門設置巡邏隊，在開封的大街小巷探察那些敢於批評時政的人。如今巡邏隊已被太皇太后下令取消，可是那些慣於嗅察獵物氣味的鷹犬還在，烏臺陰影仍然籠罩在開封上空。改變是必須的，但必須審慎。眼前一步也錯不得。司馬光不能不有所顧慮。

當天晚上，司馬光給太皇太后留下一封謝表，在拜別了神宗的靈柩之後，啟程返回洛陽。

這封《謝表》是司馬光給太皇太后的第一封施政建議書。司馬光的施政第一策是廣開言路，開放批評，打破王安石當政以來對「異論」的禁忌，允許官員百姓暢所欲言。他引用了《尚書》中的古訓「木從繩則正，后從諫則聖。后克聖，臣不命其承」。加工木頭，必須順著繩墨的指引，才能做到方正。君主，只有充分聽取多方面的意見，才能做到聖明。而如果君主能夠做到聖明，不用命令，臣子就會順從。

在這篇《謝表》當中，仁宗時期司馬氏諫書那種循循善誘的風格悄然回歸了。司馬光沒有直接對太皇太后說「你應該如何如何」，相反，他把太后向自己請教這一舉動直接解讀成開放言路、尋求批評的先聲，讚美太后「實有聖人之德，明白什麼是當務之急，所以在聽政之初，首先開通言路」，並且希望「天下之士」都能從這一舉動中「明白陛下的真心」，從而打開心扉、暢所欲言，讓嘉言正論成為輿論的主流。這樣的風格，在仁宗朝的司馬氏諫書中是常見的，可是在神宗朝，它不知不覺地消失了。對於神宗，循循善誘是毫無用處的。如同他的老師王安石一樣，神宗用自信給自己做了一個金鐘罩，任何不同的思想、觀點、政策主張都被斥責為「異論」，金鐘罩把「異論」彈射回去，變成傷人的利箭，打在建議者的身上。提意見的都是敵人，這就是神宗的邏輯。司馬光眼看著神宗的方針政策把國家帶向更深的困境，可是他卻無法改變一絲一毫，他憂患、焦慮，以致憤怒，他的諫書怎麼可能是溫和理性、循循善誘的？只能是正面否定、厲聲斥責與血淚聲討！如今，太皇太后虛心垂問，朝廷政風有望恢復，司馬光焦慮紓解，《謝表》風格自然回歸。

只要開放言路，允許批評，那麼，「民間疾苦，何患不聞？國家紀綱，何患不治？」[12]問題的解決是從承認問題存在開始的，而承認問題存在是從發現問題開始的，要想發現問題，就必須打開下情上通之路，以開放的態度面對批評。開放言路，暴露問題，從而為下一步離開王安石路線、調整政策做輿論準備。這就是開言路的意義。

對於司馬光「開言路」的建議，太皇太后深為首肯。可是朝政卻還掌握在王安石的學生輩手裡。那麼，太皇太后的旨意能夠穿透垂掛在她與宰相大臣之間的簾幕，越過高大深厚的宮牆，抵達朝堂，落實到政策中去嗎？

二十九、言路何難開

太皇太后的德政

高太皇太后垂簾以來的政策，讓生活在天子腳下的開封人感到了興奮與喜悅。讓開封人拍手稱快的，是三項德政：第一，取消京城內的「詗邏之卒」。「詗」的意思是密告、偵查、探聽，「詗邏之卒」就是特務。他們在街頭巷尾偷聽人們茶餘飯後的閒聊、夜半三更的磨牙囈語，從中搜討、捕捉不滿的聲音，嗅探反對的味道。第二，叫停了城池加固工程，把服役的老百姓放回了家。第三，停止了部分宮廷奢侈品的製作。這三項德政，均發生在三月二十二日司馬光進京之前。

司馬光離京之後，又有幾項新政策相繼公布執行，其中之一是斥退行為不端的宦官。熟知《水滸》故事的人都知道徽宗用童貫掌兵，是北宋破國的重要原因，殊不知，這根子卻在他的父親大人——神宗這裡。神宗後期，在西北戰場上最得神宗信任依賴的，其實是宦官。宦官是唯一可以在宮內宮外自由出入的人物，太皇太后以女子而掌大政，宦官是不得不依靠的力量。然而，越是如此，就越要格外約束宦官。這一點，高太皇太后最終做到了。這是後話。還有一項新政值得一提，那便是取消了政府對於某些商品的壟斷，恢復自由經營。神宗朝實行市易法、免行法，名義上打擊大商人的壟斷經營，實際上是取而代之，政府跳到前臺來直接經商，一手買一手賣，以國家權力為後盾，說一不二。許多中小商人因此破產失業，開封城也被搞得市井蕭條。[1]

以上新政主要針對的是首都開封。如同春雨過後必然草長鶯飛，政策一旦鬆綁，困頓了許久的小商小販便迫不及待地恢復了營業。擺攤售貨的，提瓶賣茶的，一時之間，各種店面攤販布滿了御街兩旁的商業區。傍晚，高太皇太后登上宣德門，望著寬闊御街上來來往往的人流，心中感到無比欣慰。堂堂首善之區，天子的立足之地，與民結怨如此深重，實在是自毀長城。

太皇太后還做了一樁大快人心事，這件事情，不止開封人跳起腳來叫好，消息傳到京東（今山東），京東人家家都放了炮仗，熱鬧得像過年一樣。這樁大快人心事，便是處分吳居厚（一〇三九—一一一四）。

吳居厚是誰？神宗親自樹立的理財能臣。吳居厚有多能？他擔任京東路的轉運副使三年，別的不說，單只酒稅一項，比常規額度增加了一百七十五點九萬緡，而他前任的業績是什麼？虧損二十一萬緡！別人連正常額度都收不齊，吳居厚卻有本事多收一百七十五點九萬，上下相差一百九十六點九萬。[2]這是什麼業績？什麼水準？神宗親筆批示：

吳居厚奉命出使，不辱使命。他「無黷乎上」，不辜負上級信任；「不擾乎下」，不打擾下民的生產生活；「不喧於聞」，不聲不響，事先並無宣傳；卻能做到在二三年間獲得財政收入數百萬計。由於吳居厚的貢獻，之前國家窘迫的財政狀況，一下子變得寬紓，除了滿足日常經費之外，還能應付突發需求。「內外理財之臣未有出其右者」。[3]

這是一個多麼偉大的理財能臣，以一人之力，一路之大，竟然扭轉了整個國家的財政困境，真真是理財能臣第一名！吳居厚理財，「無黷乎上」是毫無問題的，問題是，他真的做到了「不擾乎下」

嗎？如果此言不虛，那分明是王安石「民不加賦而國用足」的現實版和升級版。可是，神宗所言果然不虛嗎？

神宗御筆批示表彰吳居厚，是在兩年之前的元豐六年（一〇八三）。現如今，剛剛兩年過去，京東就出了一夥強盜，規模多達幾千人，這些人的口號是什麼？要把「掊克吏吳居厚」扔進冶鐵爐裡燒死。什麼叫「掊克吏」？就是搜刮民財的壞官。他們為什麼要把吳居厚扔進鍊鐵爐裡燒死？因為吳居厚發明出一種理財的好辦法，官府鑄造鐵鍋，逼著老百姓買，四口之家買一口，五口之家買兩口，按戶攤派，不得不買。[4]吳居厚的冶鐵爐日日夜夜燒著，鑄出了鍋，鑄成了錢，鑄成了恨。走投無路的老百姓只得揭竿而起。吳居厚事先感覺風聲不對，提前溜走，躲過了京東百姓的復仇。

太皇太后上臺之後，藉著老百姓造反的事機，有御史勇敢地揭發了吳居厚。這個神宗親自樹立的理財能臣，剝去華麗的光環，露出猙獰的面目，遭到了貶官處分，並且被一貶再貶。[5]耐人尋味的是，就是這個吳居厚，在哲宗親政之後被重新起用，擔任和州地方長官的時候，卻創立了一種官營慈善醫療機構——將理院，免費提供醫藥，救死扶傷，全活數百人。吳居厚的將理院，後來成為宋朝中央創立安濟坊的雛形。[6]吳居厚是「能吏」，這一點毫無問題。「能吏」之「能」，指的是超強的行政能力，特別是創造性解決問題的能力。而行政能力本身，是沒有道德指向的，可以之行善，亦可以之作惡。神宗時代以富國強兵為目標，單方面追求中央財政收入的增加——這才是滋養「掊克吏」的沃土。

處置吳居厚，自然是大快人心。把劣跡突出的個別官員抓出來處分示眾，這是相對簡單的事情。它並不能完全否定、動搖神宗時代的路線方針。關於吳居厚的行為，司馬光可以認為這是神宗時代政治路線的惡，「上有所好，下必從之」；那些新法的擁護者也可以認為這是吳居厚個人的惡，是他沒能正確領會、執行中央政策，是吳居厚辜負了神宗的信任！

蔡確重申神宗路線

果然，就在吳居厚被處分三天之後，四月十一日，朝廷頒布了這樣一則詔書：

先帝君臨天下十九年，建立路線政策以潤澤天下。而某些有關部門或者奉行失當，對社會造成煩擾；或者執行不力，浮皮潦草，不能把先帝的惠愛實實在在地傳遞給老百姓。中央及地方各級各類部門，必須齊心協力，奉行先帝政令，努力完成先帝惠愛百姓、安撫庶民的遺願。

詔書的態度非常明確，先帝的路線方針沒有錯，錯的只是某些部門、某些人的個別做法。先帝路線也就是王安石路線，必須堅持到底。這則詔書所傳達的，當然不可能是太皇太后的旨意。太皇太后在簾子後面、在宮殿裡面，前面的朝廷、政府在宰相的控制之中。當時的兩位宰相，首相王珪奉命擔任大行皇帝的山陵使，在鞏縣皇陵監工；次相蔡確主持大局。詔書所反映的，正是蔡確所代表的王安石一派的主張。四月十七日，同屬新黨的河東經略使呂惠卿對西夏發動了一次主動進攻，「破六砦，斬首六百餘級」。[7]這顯然也不是高太皇太后想要的。

高太皇太后亟需政治主張相同的大臣在前臺主持政局，對抗蔡確。四月十四日，在太皇太后的堅持下，朝廷發布了兩項任命，任命知揚州呂公著兼侍讀，任命司馬光知陳州。[8]用呂公著給小皇帝當老師，是先帝的意思。[9]蔡確當然不能攔阻。司馬光閒居已久，太皇太后堅持請他出山知陳州，蔡確也無法堅決反對。可是，蔡確心裡明白，知陳州絕不可能是太皇太后對司馬光的最終安排。司馬相公，只怕是呼之欲出了！

司馬光再乞開言路

而司馬光最關心的，仍然是開言路。三月三十日，他上《乞開言路狀》，再度重申開放批評的重要性，建議朝廷「明下詔書，廣開言路」。第一，在交通便利、人員密集的地方張榜告示，允許所有人——包括官員和百姓盡情極言。第二，所有批評文字一應「實封」，外地的由地方政府負責及時上報，但是地方政府不得審查，更不得要求上書人交出副本；在京的則由登聞檢院、登聞鼓院負責接收。第三，必須申明言者無罪的態度。意見建議合情合理，立即施行，對建言者加以提拔；其次，取長舍短；縱然一無是處，也不加罪責。[10]

司馬光的建議，太皇太后欣然首肯，可是當太皇太后旨意透過宰相蔡確傳達到朝堂之上，成為行政命令時，卻大大縮水了。四月上旬，第一份求言詔書頒出，它沒有面向全國、全體官民人等，而是僅僅在朝堂之上、面向部分中央官員開放。太皇太后心裡著急，卻也無法可設。司馬光得知消息，心情焦慮。四月二十一日，司馬光在洛陽親書奏札，第三次強調求言的迫切性。[11]然而，「無巧不成書」的是，就在同一天的開封，朝堂之上，卻有兩位中級官員因言獲罪。

受到處分的官員是太府少卿宋彭年和水部員外郎王諤，處分他們的原因，是「非本職而言」，對於職責範圍之外的事務發表了自己的意見。宋彭年建議「首都的禁軍高級將領應當滿編制」，以儲備高級軍事將領。王諤建議在太學增置《春秋》學博士，以便學生學習《春秋》。的確，將帥人才不是太府少卿該管的；學術教育也不是水利局的事兒。但是，他們所提的，究竟是不是真問題？司馬光認為，宋彭年的建議屬於「不識事體」，老生常談，無關痛癢。而王諤的建議卻抓住了宋朝學術思想建設當中一個不小的問題。熙寧四年（一〇七一）王安石科舉改革的重要成果之一，便是將《春秋》踢出了官學和科舉的考場。儒家六經，《詩》《書》《禮》《樂》《易》《春秋》，《樂》經散亡，剩下的五經一直是天下讀書人的必讀、必考書。王安石對《春秋》經的態度，究竟是蠻橫無禮的拋棄，還是理性思考後的放棄，可以討論。[12]無可爭辯的事實是，到王安石這裡，《春秋》經以及所有與這部經書相關聯的著述、學問都被驅離了官方的主流知識體系，出現了瓦解消散的跡象。「考什麼就學什麼」，這句話放之四海而皆準，揆之古今都成立。誰控制了考試內容，誰就控制了考生的知識結構，進而控制他們的思想。王諤提出讓《春秋》經重返科舉考場，當然會讓蔡確們感到緊張，「罰銅三十斤」[13]只是小懲大誡，相比之下，宋彭年更像是受了牽連陪綁的。

如果是實際存在的真問題，為什麼不可以說？蔡確所掌控的朝廷給出的解釋很簡單：因為這不是你職責範圍之內的事情！對職責範圍之外的事情發表批評，宋朝的專有名詞，叫做「越職言事」。禁止「越職言事」，就是要讓人閉嘴，把士大夫的言論限定在職務的框架之內，讓官員成為不能思考的辦事工具。本朝有過禁言的先例。仁宗皇帝時，因批評宰相呂夷簡，范仲淹等人被貶官外放，朝廷同時下令禁止「越職言事」。然而，真正的士大夫，「居廟堂之高而憂其民，處江湖之遠而憂其君」，念茲在茲的是天下國家，他們的憂患關懷，又豈可以一職一位、一時一事束縛牢籠？勇敢的批評者前仆後繼，最終，仁宗朝的「越職言事」禁令被取消，只存在了短短四年。[14]

自從王安石當政以來，打著「一道德」的旗號壓制異論，到如今十八年了。十八年間，范仲淹時代那種「寧鳴而死，不默而生」的士大夫風骨，那種以天下為己任的浩然正氣，已被消磨殆盡。官員們習慣了把苟且偷生當作生存智慧，把危言正論當作狂妄自大。好不容易有個敢說話的出來，卻遭此當頭棒喝。這哪裡是求言詔？分明是禁言令！

不許人說話，對誰有好處？對掌權的大臣有好處，他們可以任憑自己的好惡作威作福，卻不會受到任何批評；對那些毫無關懷的小臣有好處，他們可以把國家朝廷百姓放在一邊，只管巴結上司，悶聲發大財。可是最後的結果要誰來承受？是皇帝國家，是列祖列宗留下的江山社稷，「民怨於下而不聞，國家阽危而不知，於陛下有何利哉?!」[15]

一個言路堵塞，拒絕批評的國家，就像是一個人閉著眼睛、捂著耳朵，赤足狂奔，前路多荊棘險阻，能不受傷害嗎？司馬光痛心疾首。

「必罰無赦」假求言

在憤怒之中，司馬光接到了知陳州的任命狀。他隨即上狀，表示：「朝廷把陳州這麼重要的地方託付給我，我義不敢辭，已經發公文給陳州讓他們派衙役來接我赴任。到任之日，必當竭盡全力，勤於政事，恪盡職守。」司馬光絲毫沒有推辭，他「義不敢辭」，也勢不能辭，他不想再給對手任何順水推舟的機會。他要出去工作，要表達態度，要發聲，要為言論開一條生路。對於自己的價值，司馬光有著清楚的認識，他說：「我稟賦愚鈍，論文學論政事都不如別人，唯獨不懂得忌諱，不依附權貴，遇到事情敢說話，無所顧忌，毫不避諱，仁宗、英宗、神宗三位皇帝之所以賞識我，人們之所以稱讚我，都是因為我敢說話。如果連說話都不敢了，那麼我對朝廷也就沒什麼用處了。」[16]

上面這段話，是司馬光接到陳州知州任命之後給太皇太后的奏狀裡寫的。在這封充滿感情的奏狀裡，司馬光再一次大聲呼籲「開言路」。

應當是在司馬光的一再敦促、太皇太后的一再堅持之下，五月五日，御史臺又在朝堂上張榜告示，貼出了一份新的求言詔書。這份求言詔，「出榜止於朝堂，降詔不及諸道」，[17]能夠看得見這則詔書的，仍然只是那些有資格來上朝的中級以上中央官，也就是王詡、宋彭年的同僚們。王詡、宋彭年因言獲罪的事情剛剛過去半個月，雞血未乾，猴膽猶顫，縱然有詔書在，又有誰敢啟齒發聲？而且，這是求言詔書嗎？一頭一尾是像的，可是中間卻白紙黑字分明寫著六個「必罰無赦」：第一，「陰有所懷」，私下裡有所企圖的，必罰無赦。第二，「犯非其分」，說的事情不在自己職責範圍之內的，必罰無赦。第三，「扇搖機事之重」，對國家大事妄發議論，企圖挑動不滿情緒的，必罰無赦。第四，「迎合已行之令」，對太皇太后上臺以來的新做法吹捧迎合的，必罰無赦。第五，「觀望朝廷之意」，對朝廷動向心懷觀望，批評新法，企圖投機的，必罰無赦。第六，「炫惑流俗之情」，誇大民間悲苦情緒的，必罰無赦。這六個「必罰無赦」，一言以蔽之，就是「不許說」。「是詔書始於求諫，而終於拒諫也」，[18]表面上是求言詔，實際上是拒諫書！[19]

言路之難開，難於上青天。太皇太后的權威要轉化為實際權力，影響改變朝政的走向，就必須對高層進行人事調整。太皇太后屬意的第一人選，是司馬光。她盼望司馬光早日回到開封，主持外朝政局。司馬光何時能夠到來？

三十、「黃葉在烈風中」

當仁不讓

自從三月二十三日開封百姓喊出那一句「公無歸洛，留相天子，活百姓」，司馬光必將入相已經成為一個公開的祕密，不滿新法的人盼之如甘霖，新法的支持者畏之如洪水，卻也無法阻擋太皇太后的心意。

四月十四日，在太皇太后的堅持下，朝廷發布了司馬光知陳州的任命。四月下旬，司馬光上書朝廷表示接受任命，同時發函要求陳州派衙役前來迎接上任。司馬光擺出了積極的姿態，而陳州方面的動作卻似乎有些不夠迅速，一直到五月中，還不見人影。

五月十五日「平明」，洛陽的司馬府上響起了敲門聲。這敲門聲在清晨的靜寂中顯得格外響亮。這麼早，是誰呢？難道是陳州的衙役？看門人揉著惺忪的睡眼開門一看，頓時醒了，來人竟是宮中內臣打扮，原來是太皇太后的特使！使者送來太皇太后御前札子一道，內容很簡單，命令司馬光赴任陳州之前，先往開封「過闕覲見」，太皇太后囑咐司馬光要「早至闕庭」。[1]太皇太后的殷切期望之情，讓司馬光不勝感激。可是「早」還能「早」到哪裡去呢？無論如何，也是要等到陳州的迎接隊伍來了才能出發的。顯然，太皇太后是迫不及待了。

本朝慣例，老臣高官調任之際，奉旨「過闕覲見」，往往是入相的前奏。也有前任宰相千方百計謀求赴闕面君，以便營求復相的。太皇太后的心意已經十分明朗。鄭州知州、司馬光的老朋友孫固就已經把司馬光看作是候任宰相。司馬光途經鄭州，孫固殷勤送迎。二人促膝長談，縱論天下事。臨別之際，孫固長揖到底，鄭重地拜託司馬光，言道：「大人眼看著就要拜相了，請務必斟酌輕重緩急，審慎處置天下之事。」孫固的政治觀點與司馬光十分接近，是最初反對王安石參政的少數幾個人之一，並且自始至終對新法持保留態度，但他是神宗的潛邸舊人，所以神宗對他寵遇不替。孫固官至樞密院長官，在神宗晚年和司馬光一樣稱病退居，哲宗即位之後才又出來擔任鄭州知州。[2]

太皇太后在等待機會。五月十七日，首相王珪薨逝。王珪「自輔政至宰相凡十六年，無所建明，守成而已」，[3]是神宗朝服務時間最長、最聽話的宰相。斯人已逝，宰相府空出了一個寶貴的位置，對於太皇太后來說，簡直是天賜良機。五月二十三日，司馬光抵京，三天之後，五月二十六日，司馬光被任命為門下侍郎，也就是副宰相。

天下人千呼萬喚的「司馬相公」終於要出場了！司馬光官僚生涯中最輝煌也是最富有爭議的最後時光即將展開——如果沒有這一段，那麼司馬光就只是一個被迫「在野」的批評者，是一個遭受排斥打擊「而不改其樂」的賢良士大夫，錚錚其骨，磊落其心，通體透亮，沒有任何瑕疵可供指摘。政治實踐錯綜複雜，思想交鋒、利益爭鬥、人事糾纏、風氣浸染，可能是這世界上最複雜、最難以黑白分明的事情。而司馬光脫離政治實踐已經整整十五年了，他又是一個有道德潔癖的人，自知「稟賦愚闇，不閑吏事，臨繁處劇，實非所長」，[4]此番重返政壇，出任宰相，無異於以皎皎如明月之身投濁流而欲其清，他的內心深處，是否也有過猶豫、動搖？

蘇軾在《司馬光行狀》中說：太皇太后下詔任命司馬光知陳州，並請他到首都來面談。一路之上，太皇太后不斷派出「使者勞問，相望於道」。司馬光一到首都，就被任命為門下侍郎，官拜副宰相。司馬光極力推辭。太皇太后不允許，幾次頒下親筆詔書，最後說：「先帝剛剛駕崩，皇帝是個小孩子，這是什麼時候啊，您還要推辭嗎?!」司馬光這才不敢再辭了。照蘇軾的記載，司馬光本來是不打算接受門下侍郎任命的，要不是太皇太后極力相請，責以天下大義，司馬光也許會推辭到底。

持類似說法的，還有司馬光的哥哥司馬旦的傳，《宋史·司馬旦傳》描述了一個耐人尋味的細節：

> 司馬光得到門下侍郎的任命，堅決不肯接受。司馬旦曉之以大義，說：「你平生稱頌堯舜之道，希望讓咱們的皇帝達到那個高度。如今時機允許，而你卻要逃避，這可不是進退的正道啊！」司馬光聞聽，幡然醒悟，隨即接受任命。在那個時候，天下人都擔心司馬光會堅持不復出，聽到這件事，都感到慶幸。人們稱讚司馬旦說：「老人家說的真是長者之言啊！」[5]

司馬旦與文彥博同庚，比司馬光年長十三歲。司馬光住洛陽，司馬旦在老家夏縣，司馬光每年回一趟夏縣給哥哥問安，有時候司馬旦也到洛陽來看弟弟，兄友弟恭，始終無間。《司馬旦傳》說：「凡司馬光平時所討論的天下事，司馬旦都有幫助。」從《司馬旦傳》的記載來看，司馬光在是否出任宰相的問題上是相當糾結的，如果沒有哥哥這一「推」，他也許就真的不會接受門下侍郎的任命了。

然而，這兩條記載，卻恐怕都有誇張的嫌疑。朝廷發表司馬光為門下侍郎是在五月二十六日，二十七日司馬光打了第一道辭讓報告，太皇太后接獲之後，於二十八日派宦官吳靖方前來，敦促司馬光接受任命。吳靖方的傳信，並未打消司馬光的辭職念頭。他隨即擬好了第二道辭讓報告。正在司馬光謄抄辭讓報告的當口，太皇太后的特使宦官梁惟簡送來了太皇太后的手詔。拜讀手詔，司馬光打消了辭讓念頭，所以這第二道辭讓報告並未發出。應當是在三十日，司馬光接受任命，正式出任副宰相。也就是說，從任命發布到司馬光就職，前後最多四天，司馬光只提交了一份辭讓報告，而太皇太后那邊，前後來了兩撥特使，一傳口諭，一送手詔。時間如此之短，遠在夏縣（或者洛陽）的司馬旦怎麼可能有機會勸說司馬光？《司馬旦傳》的記載不免失真，而蘇軾的文字文學色彩也未免過於濃厚了。

在司馬光的心中，官職意味著責任，官職愈崇高，責任愈重大。他決定是否接受任命的標準，一是是否志同道合，最高統治者要認同自己的施政理念；二是是否德配於位，自己的能力要符合職務要求。仁宗朝，他先被任命為知制誥，後又得到諫官一職。知制誥人人羨慕，司馬光自忖文采稍遜，才思不敏，無論如何也不肯遷就；諫官以批評為職業，而司馬光自認無人能出其右，曾無一辭。神宗曾許以樞密副使的高官，要換取他對王安石新法的沉默，司馬光堅拒，神宗無奈，只得收回成命——二府大臣的任命覆水重收，這在宋朝歷史上是「破天荒」的。如今，能夠得到太皇太后的信任，出掌國政，撥亂反正，救民出水火，司馬光義不容辭。至於成敗，那要看老天的意思，非所逆料。既然如此，身為儒者，司馬光所能做的就是遵循「道」的指引，努力盡人事，鞠躬盡瘁，死而後已，又何辭焉?!這段心曲，他在元豐八年（一〇八五）正月寫就的《無為贊》中早已明白道出：「治心以正，保躬以靜。進退有義，得失有命。守道在己，成功則天。夫復何為，莫非自然。」[6]可惜蘇軾並不了解這些，卻非要繞了那麼大的彎子去編故事，竭力表白司馬光的謙沖。

有懼無喜

司馬光是當仁不讓的，他從來如此；然而，面對天降大任，他的內心又是充滿憂懼的。司馬光曾經用了一個比喻來描述自己剛剛就任門下侍郎時的心情。這個比喻，在千載之後讀來，仍覺驚心動魄。

司馬光把自己比作什麼？「如一黃葉在烈風中，幾何其不危墜也？」烈風中的黃葉，離開枝頭、墜入塵埃是它不可避免的命運。司馬光所感慨擔憂的，是生命的行將終結，還是使命的無法著落?!他在內心深處所畏懼的究竟是什麼？

這個比喻出現了兩次，一次是在給涑水親人的家信中，這封家信作於六月三日，收信人應當是他負責主持家務的侄子司馬育。[7]家信的主要目的是告誡家人，切勿因為自己榮任宰相而驕傲，「不可仰仗我的聲勢，做不公不法的事情，打擾地方政府，侵凌小民」。南宋的汪應辰（一一一八—一一七六）認為，此信是高級官員約束家人的典範，「對家人的訓誡約束峻厲嚴密，凜凜然不可侵犯，這才是最真摯的愛」。[8]在家信中，司馬光表示，榮任宰相是「出人意表」的事情，對於前路，他「有懼而無喜」。為什麼會這樣？「放眼朝廷，看不見一個老朋友，而那些對我心懷忌恨的人，不知道有多少！像我這樣性格愚蠢剛直的人，孤零零地處身於陌生的充滿忌恨的官場，就像是一枚枝頭的黃葉在烈風中，怎麼可能不岌岌可危，搖搖欲墜呢？」[9]

同樣的文字、同樣的比喻又出現在給范純仁的信中，這封信的寫作時間應當也是在六月初。范純仁（字堯夫）深得乃父范仲淹風範，正直敢言，不畏強權，不貪權勢。他比司馬光小八歲，二人政見相近，平輩相交，私誼甚篤；私誼之外，又為姻戚，范純仁有個女兒嫁給司馬光的侄子司馬宏。[10]范純仁也曾在洛陽御史臺賦閒，那時，他常在司馬光家留宿，他們秉燭夜談，彼此不時在心內驚嘆，兩個人的心意竟然可以如此相通。離開洛陽之後，范純仁寄詩給司馬光，表達思念之情：「何情堪久別，無翼不能飛。愚直相知少，非公誰與歸！」[11]玉壺冰心，肝膽相照。

此時，范純仁正在陝西前線，擔任的是范仲淹曾經擔任過的邊帥之職。司馬光的動向，范純仁一直在關注。在從洛陽到京師的路上，司馬光兩次接到范純仁寄來的書信。敦促司馬光復出，應當是范純仁寫信的最主要目的。司馬光回信給范純仁，一方面希望范純仁回朝跟自己共濟艱難，另一方面則希望得到范純仁的幫助，「望深賜教，有不足之處，不吝督責」，聽說我有什麼短處、錯誤，隨時相告，千萬不要客氣。這一點，我唯獨敢寄希望於堯夫，不敢寄希望於其他人。

司馬光與范純仁都自認「愚直」，心意相通。因此，在給范純仁的信中，司馬光有更為深刻的自我剖白，他說：「我一向愚蠢笨拙，看事情不夠敏銳，待人太實誠，對任何人說話都不懂得要有所保留——這是個人才能和品性上的短處，我自己知道。」「我這樣的一個人，又在洛陽閒居了十五年，本來想混到七十就按制度退休的，早就沒有了上進心，不再管朝廷的事情；更何況這幾年以來，又越來越糊塗健忘，實在沒想到有一天會被抬上這樣的高位。然而，太皇太后和皇帝的賞識待遇超出一般，我義難力辭，只得黽勉就職。只是，舊制度我都忘得差不多了，新法度我也全然不懂。朝廷官員，一百個人當中，我認得的不過三四人。我就像是一枚枝頭的黃葉在烈風之中，怎能不岌岌可危，搖搖欲墜呢？世俗虛妄地把浮名加在我身上，他們不知道這裡面其實空空如也。上上下下對我寄予了極高的期待，我該怎樣才能應付得來呢?!堯夫，教我，鞭策我！」[12]

「上下責望不輕，如何應副得及？」這是司馬光內心最深處的擔憂與畏懼，他深知責任的重大與形勢的複雜，也知道自己在政治經驗與政治資源方面的雙重不足。他因清醒而畏懼，因責任而畏懼，他「有懼而無喜」。在他的心裡，高位只是意味著更重的責任。在閒居中，他擔憂國家的命運，如今得上高位，他擔憂自己德不配位，無法給國家一個更好的未來。這兩封信中所展現的，是一個心懷畏懼的政治領袖，他戰戰兢兢、如履薄冰。然而，畏懼並不等於軟弱，有所畏懼而不憚前行，這才是理性的勇敢。

憂心殷殷，卻不憚迎難而上，這應當就是司馬光當日心情的寫照。他知道有多難，可是他義無反顧。

戰戰兢兢，如履薄冰

然而，在接到副宰相的任命之後，司馬光還是寫了兩封辭讓報告。他究竟為何而辭？他的第一封辭讓報告是否屬於禮儀性推辭？又為什麼收回了第二道辭讓報告？

機不可失時不再來，新舊間暗鬥激烈，雖然許多人在呼喚司馬相公，但也有很多人不想讓司馬光回來，在這種情形之下，任何過分的扭捏作態都恐怕要授人以柄。這一點，司馬光很清楚。他沒有推辭陳州知州的任命，太皇太后請他「過闕覲見」，他也很乾脆地來了。太皇太后好不容易抓住王珪過世的機會，發表他出任副宰相，這一點，他十分清楚，可他還是老實不客氣地打了第一份辭職報告。這一份辭職報告，措辭簡單極了，寥寥數語，只說是年老多病，不堪重任，懇請朝廷收回成命，讓自已依舊「赴陳州本任」，與之前所表達的積極態度全然相悖，令人費解。在短短的幾天之內，司馬光的態度為何發生如此變化？

這個答案就存在於那第二封沒有發出的辭職信中。在這封辭職信中，司馬光再度提到了五月五日那份「名為求諫，其實拒諫」的求言詔，他說「言路不通，新法為患，皆當今切務」，又說：「如果陛下覺得我的建議是對的，就請親自拿主意，予以推行，那麼，我可以竭盡疲駑之軀，為陛下提供微薄的幫助；如果陛下認為我的建議沒有任何可取之處，那就是我狂妄愚蠢，沒有見識，不懂得政治，如果是這樣，我又怎麼可以竊據高位，讓朝廷蒙羞呢？」[13]

簡單地說，司馬光給太皇太后出了一道選擇題：要麼接受我的建議，力排眾議，真正打開言路；要麼我離開，不做這個宰相也罷；總之，不能再拿那種「六個必罰無赦」的偽求言詔來糊弄事兒了！類似的選擇題，熙寧四年，司馬光曾經把它擺在神宗皇帝的面前，神宗皇帝以樞密副使的高位誘惑司馬光向新法屈服，而司馬光則說，要麼陛下聽我一言，重新思考新法，要麼我離開。那一次，神宗皇帝選擇了讓司馬光離開。這一次，太皇太后又會做出怎樣的選擇？

就在司馬光在家中奮筆疾書、抄寫第二道辭職報告的時候，宦官梁惟簡送來了太皇太后的親筆手詔。太皇太后寫的是：「我將再次降詔大開言路，但要等大人就任之後親自來執行。」

得君如此，司馬光自覺可以為政了。五月底，新的中央領導班子正式亮相，宰相府這邊兩名宰相——首相蔡確，次相韓縝（一〇一九—一〇九七），三名副宰相張璪（？—一〇九三）、司馬光、李清臣（一〇三二—一一〇二）；原副宰相章惇升任樞密院長官，樞密院這邊除章惇外，還有副長官安燾（一〇三四—一一〇八）。太皇太后對司馬光的倚重，是明眼人都看得見的。按照正常的排位順序，宰相、樞密院長官之外，副宰相、樞密院副長官級別基本相同，應當「以除拜先後為序」，按照任命順序排位。四位副宰相、樞密院副長官，司馬光入職最晚，應當排在最後。六月四日，中央領導班子集體在延和殿覲見，張璪等人卻共同請求讓司馬光排第一，而太皇太后竟然就允許了。

升任首相十天之後，蔡確接任神宗的山陵使，暫時離開了中樞。[14]六月十四日，司馬光再上札子，以副宰相的身分建議開言路，強調求言詔書必須「遍頒天下，首都開封要在尚書省衙門前面還有最熱鬧的馬行街張榜；外地，各州級單位都要在最熱鬧的通衢大道上張榜；允許一切官民人等討論朝政缺失、民間疾苦，密封上報朝廷」。[15]六月二十五日，朝廷終於頒布詔書，下令「中外臣庶許直言朝政缺失、民間疾苦」。此時，上距司馬光三月二十三日建言太皇太后請求開放言路，已經過去了三個月。

一個新的時代終於拉開了序幕。司馬光心懷憂懼、戰戰兢兢地走上政治舞臺的中央。

三十一、「司馬相公」的體制困境

「司馬相公」動不得

司馬光死後，蘇軾為他作的《司馬光行狀》是第一篇司馬光傳，也是後來所有司馬光傳的藍本。後人對「司馬相公」的認識，主要便來源於此。在蘇軾筆下，「司馬相公」的形象崇高而偉大，堪稱一時中流砥柱，政治主導，「當時皇帝恭敬孝順，太皇太后儉樸慈愛，對老百姓的疾苦感同身受，銳意更張，毫無保留地聽從司馬光的指導。司馬光知無不為，以病瘦的身軀承擔天下興亡的責任」。[1] 這一形象，就政治理想、政治態度而言，基本屬實；就政治實踐而言，則不無誇張。至少，在執政的前九個月時間裡，司馬光還做不到左右政局。

這實在是無可奈何的事。

首先，從中央領導集體的人員構成來看，新舊力量對比懸殊，司馬光一派處於弱勢。元豐八年（一〇八五）五月底，司馬光就任副宰相，七月，呂公著出任尚書左丞，中央領導班子的力量出現微弱調整，但是，真正主宰開封朝堂的，仍然是神宗留下來的舊人。宰相府的兩名正職蔡確和韓縝都是舊人，四名副宰相司馬光、張璪、呂公著、李清臣，兩舊兩新；樞密院長官章惇、副長官安燾都是舊人。這種新舊力量的對比狀況，一直延續到第二年也就是元祐元年（一〇八六）的二月，共計九個月。

更為要緊的是，從制度設計所造成的權力分配格局來看，新人司馬光和呂公著是不可能在體制內主導政局的。元豐年間，神宗親自主導了一場官僚制度改革，史稱「元豐改制」。元豐新制與舊制的一大不同是對宰相府的改造，舊的宰相府（中書）就是宰相府，只此一家，別無分號。新的宰相府卻一分為三，成了三家——中書省、門下省和尚書省，三省的主要負責人都是宰相，按照政務處理程序分工，「凡遇重大人事任免案或者政策調整、制度興廢，先由中書省長官與皇帝會議決策，形成決議後以詔敕的形式下發到門下省，由門下省審核通過，再下發到尚書省執行。三省宰相與皇帝的辦公會是分省舉行的。三省宰相同時面見皇帝商議大政的情況，不是沒有，但是非常罕見」。三省宰相之中，門下省長官排名最靠前，為首相，名義地位最高；中書省長官為次相，排第二。但實際上，「政治的權柄卻全歸了中書省」，[2]因為中書省長官是面見皇帝參與決策的那名宰相，擁有穩定的議政權。那麼，此時的中書省掌握在誰的手裡？司馬光和呂公著的位置又在哪裡？中書省長官韓縝，門下省長官蔡確，司馬光是門下省的第二把手，呂公著是尚書省的第三把手。[3]在三省宰相制的權力分配格局中，司馬光與呂公著施政空間有限，這是「體制內的約束」。

當然，如果太皇太后和司馬光願意，那麼，他們可以用至高無上的皇權為依託，打破體制，另起爐灶，繞開這種約束。這樣做，本朝並非沒有先例。最近的例子，便是王安石變法。變法之初，在神宗的強力支持下，王安石設置「制置三司條例司」，拋開舊有的財政主管機構三司，繞開宰相府，專門領導理財變法事宜。可是，王安石的做法，恰恰是司馬光眼中的「亂政」，[4]他自己當然不屑於此。而太皇太后初涉政壇，更無此魄力。既然如此，「司馬相公」的作為也就相當有限了。

在最初九個月的時間裡，外界和後人想像中轟轟烈烈、說一不二的「司馬相公」，其實只做得兩件事。

第一件是整理「告狀信」。在司馬光的反覆請求、太皇太后的強力干預之下，六月二十五日，朝廷終於面向全國頒布詔書，允許全體臣民「上言朝政缺失、民間疾苦」。正常情況下，意見收集上來，經皇帝親覽之後，就要有所作為了。那些對改善朝政有幫助的陳情書，皇帝會親自批示下發到宰相府或樞密院，要求拿出整改方案來。改善朝政，解民疾苦，這才是求言的最終目的。讓司馬光沒有想到的是，都快到七月底了，這批辛辛苦苦徵集來的「告狀信」，卻仍然安安靜靜地躺在宮裡，除了內尚書的宮中女官做了一些簡單的整理裝訂工作之外，無人問津。

太皇太后究竟是何主張呢？司馬光反覆思忖，不得其解。一日退朝回家，路過劉家香藥鋪，見一小廝在門首坐著，貌似讀書，手中的書卷卻是倒持的。僕人當笑話指給司馬光看，司馬光笑罷，忽然心中洞明——太皇太后其實無甚主張，她只是沒有能力快速處理這許多文字，僅此而已。初掌大政的太皇太后所需要的幫助和指導，比想像的多。

在司馬光的建議下，太皇太后將第一批三十卷「告狀信」發付司馬光等人協助處理。司馬光花了將近一個月的時間，對「告狀信」進行了整理歸類，凡有可取之處的，都用黃紙貼上標籤，還附了簡單的處理建議。[5]司馬光最重視的，是其中一百五十道來自農民的「訴疾苦實封狀」，除重複部分外，他都貼了黃籤。在給皇帝和太皇太后的奏狀中，司馬光深情而悲憤地寫道：「士農工商四民之中，農民的日子是最苦的。正常情況之下，他們已經是最勤勞也最貧困的了……又有一班聚斂之臣，在租稅之外，行青苗、免役、保甲、保馬之法，巧取百端，以邀功賞。」農民「身受實患」，受新法的毒害最深。農民的告狀信，「儘管文辭鄙陋粗俗，語言雜亂囉嗦，但是，」司馬光說，「還是要請太皇太后陛下和皇帝陛下，都認真地讀一讀……因為，這才是建設太平事業的開端。」[6]讓最高統治者聽到來自下層的聲音，這是「開言路」的題中應有之義，卻不是它的終極目的——一切思想討論、輿論動員，最終都還是要落實到政策調整上去的。而這項工作，靠著整理「告狀信」是推不動的。

「司馬相公」所做的第二件事，是主持司法改革。之前，曹州發生了一起強盜案，三名強盜搶劫傷人，數額巨大，但是被害人的傷情卻未在第一時間經政府檢驗核實。曹州方面於是將此案作為疑案上報中央。中央的兩大司法審核機構發生了分歧：大理寺依據《宋刑統》的律文，判定三名強盜當處死刑；刑部援引判例，判定三名強盜免死，刺配嶺南。司馬光支持了大理寺的判決，並且指出：第一，強盜罪危害公共安全，罪大惡極，應當按律嚴懲；第二，《宋刑統》是國家大法，地位高於判例，不能用判例破壞律條。儘管有刑部侍郎范百祿（一〇三〇—一〇九四）等人的反對，司馬光的意見還是成為了司法新規。關於這項司法改革的效果，北宋人留下了兩種完全對立的說法：反對的人說它導致了死刑判決的增加；支持的人則說，「司馬光當國時期，天下的死刑判決比之前減少了一半」。[7]孰是孰非，由於缺乏更多的材料，我們今天已經很難判定了，只能存疑。司法很可能是司馬光在宰相府和門下省所分管的工作，在這方面，他遇到了范百祿等人的挑戰，但雙方的爭論是職務和法理範圍內的，不涉及其他。從總體上看，司馬光在司法領域的工作是順利的。

整理「告狀信」和主持司法，是司馬光入相初期的兩項主要工作。這兩項工作，都沒有涉及國家的核心權力，也不是司馬光的核心關注。司馬光的核心關注是與國計民生直接相關的青苗、免役、保甲、保馬諸法。而這些領域，都是他無法直接干預的。司馬光主張立即廢除保甲法，他的意見在四月末就已經向太皇太后表達過，七月十二日，他又利用宰相府和樞密院集體面見皇帝和太皇太后的機會，正式提出廢除保甲法。然而，讓司馬光完全沒有想到的是，六天之前，主管保甲法的樞密院就已經單獨向太皇太后提出了他們的保甲法改造方案。這個方案非常保守，可是已經取得太皇太后的批准，變成了朝廷命令。縱然司馬光說的全對，剛執行六天的法令就要推倒重來，朝令夕改，豈不貽笑大方？天下哪有這樣的道理?!司馬光的一番慷慨陳詞，最終換來的是一句「保甲法仍按本月六日樞密院已得聖旨執行」。這分明是樞密院聽說司馬光要上奏，所以才利用樞密院和三省分班奏事的漏洞，搞了這麼一齣，來圍堵司馬光。

這件事讓司馬光忿恨不已，他在乎的不是自己的面子，而是老百姓痛失了一次徹底免除保甲之害的機會！[8]這件事也在司馬光的追隨者心中投下了憤怒的種子，司馬光可以不在乎自己的面子，追隨者卻無法忍受自己所愛戴的領袖受到欺騙和屈辱，一旦追隨者的憤怒爆發起來，那種力量，縱然是領袖本人也未必有能力加以控制，這是後話。

歪打正著的制度改良

司馬光一派的二號人物呂公著是仁宗朝宰相呂夷簡的長子，深得乃父器重，呂夷簡曾經預言此子「他日必為公輔」。《宋史．呂公著傳》對呂公著父子的施政風格有一段耐人尋味的評價：「夷簡多智數，公著則一切持正，以應天下之務……蓋守成之良相也。」[9]這句話，倘若做庸俗化的理解，則可以認為，呂夷簡有手腕能變通，呂公著是謙謙君子，一切從原則出發，不太懂得變通。同司馬光比，呂公著相對務實，有「道」有「術」；然而，比他老子，終究還是差了一截。換句話說，應對複雜局面，呂公著也和司馬光一樣，並非上佳人選。

在制度拘束中的司馬光艱難圖存求變，同樣在制度拘束中的呂公著則把變革的目光投向了制度本身。司馬光重視制度中的人，特別是人的道德水準，而呂公著更重視制度設計。在呂公著看來，神宗搞的這一套三省宰相分班奏事制度，存在嚴重缺陷，尤其不適應眼下的局面。三省宰相分班奏事，各管一段，沒有一位宰相掌握完整的相權，相權被分割得七零八落，皇帝實際上成了「太上宰相」，而宰相則成了皇帝的祕書和助手。這套制度，神宗自己用，是沒有問題的。元豐五年（一〇八二）三省宰相制推出的時候，神宗已經當了十幾年的皇帝，是一位經驗豐富的政治家，精力也尚稱充沛。朝廷大事，神宗親自拍板，宰相奉行成命，可以做到朝政運行平穩。但是眼下，哲宗幼小，太皇太后是女流，完全沒有執政經驗，再這樣搞下去，三省宰相扯起皮來，事情非亂套不可。政策調整？那就更是想都不要想了。呂公著建議三省合班奏事——遇有大事，三省宰相一起覲見面商，退下來之後，再各回各省，分工協作。[10]

呂公著的建議是在七月十一日提出的，三省宰相合班奏事的實現卻是在兩個月之後。改制的直接原因，也不是呂公著那一套正大光明的說辭，而是由於兩個人的私心。歷史如此弔詭，真令人哭笑不得。

神宗的三省宰相制中，中書省長官握有穩定的議事權，雖名次相，實握政柄。元豐五年改制之初，首相王珪，次相蔡確。[11]朝廷大事，都是蔡確同神宗商量，王珪「拱手不復計較」。「三旨相公」王珪本來就是一個好說話的人，心中縱有不滿，但既然一切都是皇帝的安排，也會微笑接受。倒是當時的副宰相王安禮眼見蔡確弄權，任用私人，憤懣不平，想要糾正又力所不及。[12]王珪過世之後，元豐八年五月底，蔡確從次相升任首相，韓縝自樞密院長官升任次相。這下，議事權落到了韓縝的手裡，輪到蔡確「拱手」了。蔡確不是王珪，哪裡肯「拱手不復計較」！自然是睜大了眼睛找尋韓縝的過失，隨時準備出擊。

韓縝也真不負所望，很快就讓蔡確抓到了小辮子。按照規定，韓縝做了宰相，韓家子侄應當避嫌，調離尚書省等核心部門。八月十六日，韓縝的兩個侄兒韓宗道從戶部郎中調任太常少卿，韓宗古從司門郎中調任光祿少卿。同時避嫌調任的，還有呂公著的兒子呂希績，從吏部員外郎調任少府少監。[13]這三項調令名義上是韓縝作為中書宰相與太皇太后商定的結果，但是以太皇太后當時的施政水準，是很難辨別其中貓膩的，所能做的也只是點頭允准而已。明眼人一眼就看出，韓縝是藏了私的。同樣是避親，呂公子降到了本班的最末，兩位韓公子，韓宗道升了兩班，韓宗古升了一班。「本朝的傳統做法，凡宰執避親，都是在同等官職之中稍降名次處置……從來沒有聽說過要因此升官的。」九月，御史中丞黃履（一〇三〇—一一〇一）上疏彈劾韓縝「以權謀私」「公器私用」。最終，太皇太后親自下令調低兩位韓公子的職位，同時下詔三省，凡遇應當由皇帝批示的事情以及需要討論的臺諫官章奏，都由三省宰相共同觀見討論——議政權不再是中書宰相的專屬了！

這樣一項重大的中樞決策制度調整，竟然是韓縝私心作祟、濫用權力的結果。彈劾韓縝並最終引發制度調整的，是御史中丞黃履；而隱藏在黃履背後的推手，則是蔡確。後來，劉摯（一〇三〇—一〇九八）在彈劾蔡確時，所列的第四條罪狀，便是「（蔡確）掌握中書兩年，人事任免案從來沒有跟三省合奏過；等到自己升任了門下長官，卻暗地裡唆使言官，要求改變三省宰相分班奏事制度」。[14]

劉摯是站在司馬光一邊的，當他義正辭嚴地譴責蔡確的私心時，似乎全然沒有理會，正是蔡確的私心歪打正著，引發了制度的改變，從而讓司馬光和呂公著可以更大程度地參與重大政務的討論了。

贊「獨斷」司馬真無奈

儘管如此，司馬光仍然感到寸步難行。新制規定，「凡遇應當由皇帝批示的事情以及需要討論的臺諫官章奏，都由三省宰相共同覲見討論」。在新制之下，問題的關鍵就變成了，由誰來判斷什麼是「應當由皇帝批示的事情」。判斷的權柄在首相蔡確手裡。新制實行之後，「大概每隔三五天，宰相和副宰相會有一次聯合辦公會」。不開會的時候，宰相們是分署辦公的，日常政務，仍然由小吏抱著文書挨個到各位宰相的辦公室報告，而最終拿主意的，是首相蔡確，其他宰相的意見很難影響決策、進入政令。司馬光曾經懇求蔡確多開會，以便讓宰相們各抒己見。蔡確微笑著聽取司馬光的意見，卻並不接納。[15]

膚淺的學者常常會截取古人的片段言語，完全不體貼當時人當時事當時情境，只作字面理解，給古人或者貼上「落後」的標籤，或者戴上「進步」的高帽，然後得意洋洋地宣稱自己發現了真理。他們喜歡給司馬光貼的標籤，一個是「保守」，用其貶義；一個是「專制」，說司馬光鼓吹君主專制——下面這段話，就很可以用來論證司馬光鼓吹君主專制。十一月末，司馬光上疏，力勸太皇太后「獨斷」。司馬光說：

> 皇帝陛下年幼，太皇太后親臨萬機，大事小事，皆委託給宰相，想要學古代的聖王，垂拱仰

成。可是萬一群臣的意見有所不同，勢均力敵，不能統一，還是要請太皇太后陛下特留聖意，審察是非。……不然，陛下縱然有求治的心，卻無法獲得成功。《尚書》上說：「惟闢作福，惟闢作威。」不能讓用人和賞罰之權柄，都歸了宰相，那樣的話，權柄就不再是皇帝的專屬了。

又說：

古語云「謀之在多，斷之在獨」。……當今的執政之臣……若萬一有議論實在不能統一的，請允許他們各自書面上奏己見，希望陛下能仔細審察其間的是非可否，做出抉擇，然後，或者在簾前宰相辦公會上當眾宣布，或者親筆在奏札上批示「按照某人所奏辦理」。16

司馬光主張皇權的至高無上，主張皇帝把握國家事務的最高和最終決策權，這一點，不必否認。司馬光是一個帝制時代的純粹的儒家學者，他維護君臣父子的等級秩序。在司馬光的時代，這是保持國家穩定、社會和諧發展的正確道路。但是，僅此而已嗎？當我們把上面這兩段話回放到當時語境中，能夠看到什麼？那是執政半年以來的無奈、隱忍與焦慮——權力仍然掌握在舊人手中，太皇太后缺乏經驗，根本駕馭不了這樣的局面；而司馬光與呂公著這兩位誠實迂腐的君子，被牢牢地困在體制之內，只能眼睜睜地看著時間流逝。在體制的規定之內，能夠有所突破的，就只能是太皇太后（作為皇權代理人）的「獨斷」了！可是以太皇太后的政治經驗，又如何能料理如此棘手的問題？難！難！難！

三十二、神宗舊相

蔡確的「體面」

每一個人都是「以己度人」的，我們把自己代入規定情境，想像著別人可能做出的選擇，從而做出判斷，這在心理學上叫做「感情投射效應」。

要想改變神宗的政策，就必須罷免神宗時代的舊宰相——「除舊」方可以「布新」。這道理，司馬光明白。然而，該如何「除舊」？司馬光所想像的，是一種自然平和、符合本朝政治傳統的方式：蔡確上表請辭；太皇太后和哲宗下詔慰留；蔡確堅辭，願處江湖之遠，以適沖退之志；太皇太后和哲宗不得已而受之，下詔罷相。罷相詔書以褒揚老臣歷史貢獻開頭，以伴隨著優厚待遇的新任命作結。如此一來，「臣行其志，茲為自得之全；君篤於恩，深惜老成之去」，[1]舊相的謙沖與新皇的大度相映生輝，既實現了高層的人事調整，又弘揚了「君子難進易退」的美德，為天下士大夫做了表率。整個罷相過程，從頭到尾都閃耀著儒家政治理性的光輝，這就是司馬光理想中的「除舊布新」方式。可能嗎？可能。本朝慣例，先帝葬禮結束，舊宰執便會主動請辭，以便給新皇帝更為廣闊的施政空間。想當初，神宗初政，韓琦就是這樣體體面面地離開，衣錦還鄉的。幼稚嗎？有一點兒。因為蔡確不是司馬光。

蔡確有兩個時間節點可以請辭。第一個是元豐八年（一〇八五）十月二十四日，神宗的安葬儀式結束。這一次，他沒有請辭。[2]第二個是十一月五日，神宗的祔廟之禮結束，在莊嚴盛大的「大成之舞」舞樂伴奏下，神宗的神主被奉入太廟第八室，[3]進入「列祖列宗」序列，先帝葬禮正式告成。倘若蔡確是司馬光，那麼，這一次無論如何都應該上表請辭了。然而，五天，十天，二十天……直到十二月蘇軾還朝，司馬光所設想的那一幕仍未發生。舊宰相應得的升祔恩澤——品階提升與優厚賞賜，蔡確坦然接受，甘之如飴，卻並未提出司馬光預想中的辭首相表；相反，蔡確的追隨者在不斷地製造輿論，鼓吹蔡確在先帝駕崩之際擁立今上的定策之功。

蔡確怎麼可能輕易放棄到手的權位呢？想都不要想，蔡確又不是你司馬光！侍御史劉摯冷笑一聲，搖搖頭，繼續奮筆疾書，寫作他的又一份彈章。劉摯小司馬光十一歲，長蘇軾七歲、蘇轍九歲，中第卻在蘇軾、蘇轍兄弟之後（嘉祐四年，一〇五九），是與蘇氏兄弟資輩相近的政治人物。劉摯初任縣令，便敢於頂撞上司，為民請命，政績突出，因而得到韓琦、王安石的賞識，王安石試圖將他延入門下，神宗又任命他做監察御史里行（助理監察御史）。劉摯目睹新法推行過程中的種種弊端，正愁無法上達，一旦得到御史之位，「欣然就職」，下班回來就吩咐家人「收拾好行李，我們在開封不會住太久的」。果然，不到四個月，劉摯就被貶去衡州管理鹽倉了。[4]然而他該說的、想說的、能說的話，都說出來了。劉摯的名言是「做臣子的，怎能一受到權勢的壓迫，就緘口不言，讓皇帝不知道實際情況呢！」[5]這就是劉摯，不畏強禦，嫉惡如仇，正直敢言，朋友們讚美他堪比包拯、呂誨，劉摯也以此自詡，下定決心，要把蔡確趕下臺。

神宗升祔之前，劉摯和監察御史王巖叟（一〇四三—一〇九三）已經幾次上疏，請求罷免蔡確。

司馬光請人給劉摯帶話，說：「過不了多久，蔡確自己就會離開了，做事情何必如此露骨呢？」[6]司馬光所愛惜的不是蔡確，而是朝廷大臣的體面，大臣的體面即是朝廷的體面。捎話的人是劉摯的上司傅堯俞。當著傅堯俞，劉摯沒有多做辯解。私底下，他跟王巖叟都覺得司馬光實在是過於一廂情願了，蔡確倘若如此高尚，那就不是蔡確了。

高尚與蔡確無緣，蔡確的特點就是為了追求權位不擇手段。他是怎樣上來的呢？羅織罪名審查別人，搞掉一個，取代一個，步步高昇。他搞掉的第一個人是知制誥、判司農寺熊本（一〇二六—一〇九一），然後他就當了知制誥、判司農寺；他搞掉的第二個人是御史中丞鄧潤甫（一〇二七—一〇九四），然後他就成了御史中丞；他搞掉的第三個人是參知政事元絳（一〇〇八—一〇八三），然後他就當了副宰相。「批其亢拊其背而奪之位」，[7]這就是蔡確的風格！

蔡確當然知道「體面」對於士大夫來說意味著什麼，但是，他對「體面」的態度卻是利用而不是維護。他搞掉參知政事元絳，是從太學的一個小案子入手的。太學生虞蕃控告學官，本來是樁小案子，結果卻被蔡確搞成了一樁牽連甚廣的大案，包括翰林學士許將（一〇三七—一一一一）在內的一干人犯都被抓了起來。覺得冤枉，羞辱，不肯低下你們高貴的頭顱嗎？好辦！蔡確把這幫「體面」的士大夫和讀書人戴上刑具，關進一間窄小的牢房，吃喝拉撒都在裡面，還派了獄卒混雜其中探聽消息。牢房之中，置大盆一只，羹、飯、餅、肉都丟進盆裡，用勺子粗暴地攪和在一起，就像是豬食狗食一樣。然後，就這樣關著這幫「體面」人，不審不問。過了幾日，再拉一個出來審，就問什麼招什麼了。[8]這就是蔡確對於「體面」的認識——「體面」是士大夫的軟肋，除了讓人軟弱，沒有其他用處。所以，他怎麼可能為了「體面」主動求退呢？要想讓蔡確離開，必須抓住他的把柄，或者由太皇太后出面，因此，說服太皇太后才是當務之急。對於不愛惜「體面」的人，是不必講究什麼「體面」的，凡可以奏效者，皆可一試，何必擇手段？這就是劉摯的態度。

燈花爆亮，旋即暗淡。劉摯喚書僮進來給燈剪芯添油，自己趁機伸了一個懶腰。生性好鬥的劉摯興奮得頭皮發緊、肌肉發癢，他決定不睡了，趁著思如泉湧，把這一篇彈章作好！蔡確必須下臺，章惇必須下臺！

章惇之囂張

次相韓縝雖然名列第二，但是在臺諫官的彈劾序列中卻不占主要地位。被排在第二位的彈劾對象是樞密院長官章惇。劉摯認為：「蔡確和章惇，都是當初欺罔先帝造作法令，鼓吹維護新法態度最堅決、在位時間最久的人。如今這兩位，一個占據宰相府為首相，一個占據樞密院為長官，氣焰囂張，權勢震懾中外，又安插朋黨，一天到晚地算計如何鞏固權位，就等著有一天路線再翻轉過來，好清算今天的事情。人們之所以恐懼觀望，不能定下心來專心一意地為朝廷做事，就是因為這兩個人的存在！」[9]

為什麼是章惇？性格決定命運，此人太囂張了！就連太皇太后也曾當面領教過章惇的囂張與凌厲！十月初，三省－樞密院合署辦公，同時面見太皇太后，第一項議程是討論諫官人選。仁宗朝行之有效的諫官制度和諫議傳統，在神宗朝遭到破壞，幾乎蕩然無存。御史臺的監察御史則被新建的「六察制度」困在了瑣細的行政監察事務中，「專事檢點文書，計算得失，糾正過錯」，無法對朝政展開有效批評；而在此制度之下，大小官員天天忙著改錯都忙不過來，也沒有心思認真檢討施政得失。[10]規定細如牛毛，管住了人，疏略了事。密如網羅的考核制度之下，是朝廷國家治理乏力的不堪事實。呂公著回朝之後，極力勸說太皇太后恢復元豐改制前的臺諫言事傳統，允許御史言事，重新充實諫官隊伍，[11]作為政策調整的輿論先導。

會議伊始，太皇太后親自提出了五名諫官人選，命令宰相、樞密共同討論：左諫議大夫范純仁，左司諫唐淑問（？—約一〇八六），左正言朱光庭（一〇三七—一〇九四），右司諫蘇轍，右正言范祖禹。這五個人都在呂公著和司馬光的推薦名單上，資歷、官聲、人品都是響噹噹的。太皇太后很是得意，故意問道：「這五個人怎麼樣？」眾人回答：「符合外界的期望。」照常理，太皇太后提名，中央領導集體通過，剩下的事情就是走流程形成公文下發了。

讓太皇太后完全沒有想到的是，就在議程即將結束之時，章惇忽然開口了。章惇說：「按照慣例，諫官的任命首先需要由兩制以上的官員推薦，然後由執政官擬定候選人，再報請皇帝選擇批准。如今這個名單是從宮裡出來的，但不知陛下是怎樣了解這些人的呢？難道是身邊的人推薦的嗎？這個僥倖之門實在是不能開呀！」

太皇太后「身邊的人」，不是宦官，就是外戚，外戚干政、宦官擅權，這在本朝的政治傳統中是大忌。太皇太后愛惜羽毛，自律甚嚴，聞聽此言，頓時就聳起腰背，挺身坐直，脫口而出，答道：「這都是大臣推薦的，不是身邊人！」

太皇太后急於為自己辯護，殊不知此言一出，正墮入了章惇的算計。章惇說：「大臣薦人應當公開，怎麼能密薦呢？」

章惇說罷，用凌厲的目光將朝堂上的眾人巡視一過，又轉回頭來望著簾子後面的太皇太后，接著說道：「臺諫是用來糾彈宰相大臣的不法行為的，本朝傳統，每任命新的宰相執政，他的親戚、他推薦過的人中有做臺諫官的，都要調職。如今皇帝年幼，太皇太后攝政，更應事事遵循傳統，不可違背祖宗法度。」章惇這一番講話，義正辭嚴，並且有非常明確的指向。范祖禹是呂公著的女婿，范純仁與司馬光和韓縝都有姻親關係。這都是要避嫌的！

果然，司馬光先沉不住氣了，說：「范純仁、范祖禹做諫官，是眾望所歸。如果是因為我妨礙了賢者的進路，我情願避位！」

老實說，這句話實在是不夠高明，簡直近於賭氣，水準只與太皇太后接近。果然，這個球，章惇毫不費力地接住，又穩穩地擊了回來：「韓縝、司馬光、呂公著肯定不至於有私心，只是萬一將來有奸臣執政，把二范的任命當作先例援引，引用親戚和自己推薦的人當臺諫官，矇蔽皇帝的聰明，那就絕非國家的福氣了。」在章惇的堅持下，朝廷重啟了諫官的推薦程序，最終，最初的五個人選之中，除了范祖禹、范純仁，都做了諫官。章惇成功地阻擊了二范的諫官任命，也打擊了司馬光和呂公著。

這場交鋒讓太皇太后和司馬光、呂公著深刻地領略了章惇的厲害！也讓我們（這千載之下的旁觀者）看到了司馬光和呂公著的愚鈍。章惇質問太皇太后的前提其實是大有問題的。章惇說，「諫官的任命首先需要由兩制以上的官員推薦，然後由執政官擬定候選人，再報請皇帝選擇批准」。這話對，也不對。第一，在宋朝的政治傳統之中，一直都有皇帝「不經臣僚薦舉而親命臺諫官」的做法，比如英宗朝，御史臺兩名御史出缺，「推薦的名單還沒上呈，英宗就從宮裡邊降出了范純仁、呂大防的名字任命為臺官」。[12]第二，從政治倫理上講，皇帝親自任命臺諫官是說得通的——臺諫官最重要的功能是監督朝政，而朝政的領導人是宰相大臣，因此，臺諫官盯防的重點是宰相大臣，所以，臺諫官要嚴格迴避宰執。作為個人的皇帝當然也在臺諫官的監督範圍之內，然而作為朝廷國家象徵的皇帝則有權力選擇臺諫官，因為「這個皇帝」是大私為公，並無私利的。太皇太后雖然不是皇帝，但是此時此刻，她是皇權的代理人，直接任命臺諫官，憑什麼英宗做得，太皇太后就做不得?!司馬光、呂公著的腦子如果足夠快，搬出英宗、仁宗來，是完全可以駁倒章惇的！太皇太后政治經驗有限，又是自身受到攻擊、急於自衛之人，想不到這一點，可以原諒。司馬光、呂公著也想不到，我們就只能說遺憾了。而他們之所以想不到，恐怕也和太皇太后一樣，都太過在意自身道德的完美，一遭攻擊，便轉內省，完全忽略了自身所處的地位與所持的政治目標！這種道德潔癖，就政治家而言，簡直就是幼稚病！

至於章惇所說的，生怕二范以宰執親戚的身分為臺諫官會被奸臣利用，也實在牽強尷尬。臺諫官迴避宰執的制度恐怕早就已經被破壞了吧？王安石執政之初，御史臺上上下下，有多少是王安石的人？一心為新法唱讚歌的李定是在王安石的力挺之下破格進入御史臺的；御史臺的副長官謝景溫一直跟王安石關係很好，而且還是王安石弟弟王安國的姻親；薛昌朝、王子韶進入御史臺，都是因為王安石的賞識。[13]這些事例，司馬光、呂公著不容不知，然而這兩個人都沒有提到。是沒有想起來，還是不屑於拉低水準，與較高下？這就不得而知了。

回到朝堂之上，十月初的這場宰執合署辦公會，以章惇的趾高氣昂、司馬光、呂公著的慚愧不平宣告結束。章惇又一次成功地羞辱了司馬光，但是，倘若他認為這是一種勝利，那麼，我們只能說，章惇也犯了幼稚病，而且病得著實不輕。

蘇軾的調停

章惇在羞辱司馬光，司馬光一味隱忍，這已經是開封政壇盡人皆知的祕密。十二月中剛剛回到開封的蘇軾，幸而不幸地，做了司馬光與章惇之間唯一的調停人。

元豐八年（一〇八五）五月，蘇軾被任命為登州知州，結束了黃州東坡七年的貶謫生涯。他於七月下旬啟程赴任，十月十五日，抵達登州；五天之後，便接獲了回京出任禮部郎中的調令。此時的蘇軾，心中竟然不無遺憾——他早就聽說登州有海市蜃樓，如此人間奇景，千里迢迢而至，不得一見而去，這如何使得？以蘇軾的性格，豈容抱憾而歸。他跑到海神廣德王廟求告了一番，第二天竟然就看到了通常只在夏秋季節出現的海市奇觀。老天如此眷顧，「率然有請不我拒，信我人厄非天窮。……自言正直動山鬼，豈知造物哀龍鍾」。[14]蘇軾高興得簡直要跳舞。蘇軾本就生性樂觀，在登州得見海市的幸運更加堅定了他的信心，他堅信他本人和大宋王朝都將迎來一個更美好的新時代。

元豐八年十二月初，蘇軾抵達首都開封，就任禮部郎中。他先去拜訪的，是老師司馬光。在司馬光家的客廳裡，蘇軾終於親眼見到了聞名遐邇的「客位榜」。「客位榜」即「告來客書」，是司馬光就任副宰相之後，親自起草親手抄錄的。[15]僕人去通報的當口，蘇軾仰讀榜文，心中大不以為然：

來訪諸君，如發現朝政缺遺、庶民疾苦，想要向朝廷貢獻忠言的，請按制度以合適的文書形式上報……倘若只是用書信的形式來報告我私人，是不會有任何好處的。……至於對官職待遇有所不滿，要求調整的，有冤屈希望平反昭雪的，但凡與自身利益有關，並請按制度上狀申訴……私人宅第之中，請勿談及。司馬光再拜上稟。

今夕何夕？正當大門洞開，接納申訴，凝聚人心，盡可能團結各路人馬，形成一支調整變革的力量！而榜文之中所表達的，卻是對規章制度近乎嚴苛的執守，對於潛在同盟的推拒。真真是個「迂叟」啊！司馬光的「清德雅望」的確令人敬重，然而，他的「應務之才」卻實在堪憂。[16]這樣的「司馬相公」，如何能應付得了當下這複雜的局面？蘇軾心中閃過一絲隱憂。

待看到「迂叟」本人，蘇軾忍不住熱淚盈眶。一別經年，司馬光真的是一個老人了，鬚髮花白稀疏，瘦得幾乎不成樣，精神卻還好。見禮過後，又說了幾段往事，司馬光屏退左右，只剩下師生二人。蘇軾以為老師這是要有所囑託、有所吩咐了，沒想到司馬光所說的卻是這樣一件事——司馬光要蘇軾代為向章惇致意，希望章惇不要總是當眾留難自己。這件事司馬光說得十分吃力，雖然並無旁人在場，司馬光的臉還是漲得通紅。

這便有何難呢？蘇軾滿口答應，從司馬府上出來，便直奔章惇府第。章惇一聽是蘇軾到了，先嚷著讓夫人張氏置酒，要與蘇軾同醉，一洗數年風塵。酒過三巡，半是真話，半是笑話地，蘇軾把司馬光託他的事講了。章惇聽罷，先大笑了一陣，然後便說起司馬光的種種愚鈍，又說：「用這樣的人來主持大局，太皇太后的眼力顯然不行啊！」

等章惇笑夠、說夠，蘇軾給他講了一段三國故事：「你老兄知道，蜀國有個許靖，名氣大得不得了，可是沒什麼真本事。劉備很瞧不起他。法正勸劉備說：『許靖的虛名天下盡人皆知，倘若你不尊重他，天下人一定會認為你輕視賢人，這會搞壞你的名聲。』劉備覺得很有道理，就用許靖做了司徒。」[17]說完，蘇軾笑吟吟地盯著章惇，說：「許靖尚且不可輕慢，更何況是司馬光呢？」

章惇一怔，隨即把杯中美酒一飲而盡，拊掌大笑道：「好！說得有理！咱們且敬敬這賢人！」蘇軾酒量不行，不再陪飲。剛好張氏帶著丫鬟親自來上剛出鍋的熱炒，說是特意為蘇軾準備的，要他嚐嚐是什麼。蘇軾嚐了一箸，不禁大叫起來：「哎呀呀，苦筍！[18]真真的想死我了！子厚兄與嫂夫人厚意，軾感激不盡！」

在後來的歷史書寫中，章惇是奸臣，蘇軾是忠良，忠奸判然，勢不兩立。然而回到歷史現場，章蘇之間的友誼卻是那樣真實。章惇比蘇軾大兩歲，嘉祐二年（一〇五七），二人同榜中進士。但是，章蘇友誼的起點卻並非他們的同年關係——章惇棄官了，原因簡單而粗暴：嘉祐二年的狀元名叫章衡（一〇二五—一〇九九），是章惇的侄子，名次排在侄子後面，章惇感到羞恥，受不了，乾脆回家「復讀」去也。兩年之後，章惇以第一甲第五名的好成績再次考中，做了劉摯的同年，官授商洛縣令。又過了兩年，蘇軾考中制科，也被分配到陝西工作。嘉祐七年（一〇六二）秋，長安（當時叫做永興軍）解試，蘇軾和章惇都被抽調來參與考務，二人這才正式相識，結為好友。那一年，蘇軾二十六，章惇二十八。[19]後來王安石變法，章蘇政見分歧；再後來，禍起烏臺，蘇軾落難，章惇得神宗賞識，步步高昇；章惇對蘇軾的友誼卻未有絲毫中斷。「烏臺詩案」，章惇是為蘇軾說了話的；蘇軾被貶黃州之後，章惇又曾主動寫信表示慰問。[20]錦上添花易，雪中送炭難，蘇軾能不感激？

蘇軾為司馬光充當說客的自信，便來自章蘇之間二十年的友誼，以及章惇對蘇軾難得的「看得起」。章惇真正看得起的人，這普天之下，能有幾個？

近乎變態的驕傲，構成了章惇生命的底色。「復讀」只是一個令人驚豔的開端，更能說明問題的，是「絕壁題字」的故事，這個故事同樣有蘇軾的參與。有一天，章惇和蘇軾把臂同遊終南山，路過仙遊潭，潭水下臨絕壁，平滑可愛，遠遠觀之，如同粉牆，邀人題詩。上去之後，章惇問蘇軾要不要下去題字，蘇軾搖手，笑說不敢。沒想到，章惇卻真的讓人從附近的廟裡找到了大筆、漆墨和繩子。他把繩子一頭拴在崖邊的樹上，一頭拴在腰上，又把袍子的下襬繫在腰帶上，慢悠悠地滑了下去。蘇軾眼睜睜看著這一切，目瞪口呆。等到隨從們把章惇拉上來時，蘇軾的心還在突突地跳個不停，章惇卻神色如常。下山路上，回首望去，絕壁上是五個龍飛鳳舞的大字——「蘇軾章惇來」！章惇得意地問蘇軾：「這幾個字還入得子瞻兄法眼否？」蘇軾含笑點頭，先撫了撫自己的胸口，又拍了拍章惇的後背，開玩笑說：「子厚兄將來一定能殺人！」章惇不解，問為什麼。蘇軾一本正經地說：「自己的命都不惜，更何況是別人的命呢！」蘇軾說罷，兩人一齊哈哈大笑。21

這樣一個故事出現在正史的《奸臣傳》中，具有強烈的暗示色彩，它彷彿在告訴讀者：「看，這是一個狠角色，他將來是一定會造惡的！」奸臣自來惡，這是傳統史書的書寫邏輯。拋開這種邏輯，我們能看到什麼？一個爭強好勝到可以不要命的年輕人！章惇高大的軀體裡蘊藏著巨大的能量，這種能量，無論遇到善，還是遇到惡，都可以發揮到極致。

那麼，章惇遇到了什麼？神宗—王安石對效率不顧一切的追求。所以，在章惇的身上，我們看到的便是排除一切「不可能」貫徹上級意志的力量。熙寧五年（一〇七二），章惇主持梅山開邊，武力征服現在湖南湖北山區的少數民族，「殺戮過當，無辜死者十之八九，浮屍遮蔽了南江的江面，下游的人幾個月都不敢吃江裡的魚」。——章惇果然「能殺人」。我們還看到了一流的行政執行力和領導力。章惇管理首都的兵工廠「軍器監」期間，三司發生火災，他指揮救火，鎮定自若、有條不紊，如大將臨陣。神宗在樓上現場視察救災，看在眼裡，第二天就提拔章惇做了三司使。我們還看到了近乎苛刻的廉潔自律，元豐三年（一〇八〇），章惇就已經當上副宰相，進入了中央領導集團，但他從未為家人親戚謀求官爵，即使是正史的《奸臣傳》都承認，「他的四個兒子都是進士出身，只有老二章援進入了開封的館閣，剩下的三個都是像普通人家的子弟一樣，由人事部門按部就班地安排調遣，這四個兒子沒有一個出人頭地的」。[22]章惇的自律其實是有一點「過」的，作為宰相，他本來可以合理合法地給兒子更多的照顧。在當時，王安石、呂惠卿對自家子侄都沒少了特殊關照。可是，作為章惇，追求極致則是必須的。

極致驕傲，極致自律，極致聰明，極致能幹，對法令制度瞭如指掌，且具備一流的執行力，這就是章惇。這樣的章惇是能夠欣賞蘇軾的，因為蘇軾的才華亦臻極致。對於司馬光這樣的「迂叟」，以及其他所有人所表現出來的任何錯誤，章惇都會毫不留情地予以揭露和批評。他辭鋒凌厲，笑聲乾硬，嘴角永遠掛著一絲不屑，讓被批評的人和旁觀者既憤怒又無奈。章惇以為，這樣的自己已經是天下第一了。他永遠也不會認識到，作為一個國家的領導人，同宋朝最優秀的前輩相比，他終歸還是差了一格。這一格便是包容大度的宰相格局，是整體感和大局觀。章惇是神宗—王安石時代所培養出來的官僚中的佼佼者，時代要求於他們的，是服從而非思考，所以章惇的視野永遠是在行政和執行層面，而不是在政治層面的。那種把江山社稷、天下蒼生融為一體作戰略性思考的自覺，章惇沒有。他再優秀，也只是工具化的官僚，不是高屋建瓴的政治家。

三十三、僵局

「對鈞」行法誰之意？

元豐是神宗的第二個年號，元豐八年（一〇八五）三月，神宗駕崩，按照傳統，哲宗繼續使用元豐年號直至年底，「即位逾年，改元布政」，[1]次年正月初一，改元元祐。「元」是「元豐」的「元」，「祐」是「嘉祐」的「祐」，「嘉祐」是仁宗的最後一個年號。「『元祐』所表達的政治訴求，是說元豐之法有所不便，因此要恢復嘉祐之法加以補救；可是也不能全都變回去，總體而言，還是要新舊二法並用，只要對老百姓有利。」當時民間笑噱，管這叫「對鈞行法」，「對鈞」的意思是五五開。有人開玩笑說：「豈止是法令要五五開呢，年號也要對半分。」多年以後，時任司門郎中的呂陶（一〇二八—一一〇四）回顧改元往事，這樣寫道：「雖說是玩笑話，也頗有深意，由此可見當時改元意。」[2]

「當時改元意」，究竟是誰之意？「對鈞行法」，肯定不是司馬光之意。對於司馬光和所有反對神宗—王安石政策、渴望深刻改變的人來說，眼前的大宋政治已經陷入僵局。太皇太后被困在簾子後面，司馬光被困在體制中間，蔡確把持朝政，對司馬光虛與委蛇，對太皇太后陽奉陰違。人人都知道，如今這朝廷是一個長著兩個腦袋的怪物，這兩個腦袋，一個要往西，維護神宗—王安石新法；一個要往東，「以母改子」，恢復仁宗舊制。

高層的首鼠兩端導致了惡劣後果：神宗朝曾經開足馬力勇往直前（且不論方向是否正確）的官僚機構失去了方向，集體陷入猶疑觀望，「文書命令的滯留成了經常現象，上上下下苟且偷安，得過且過」。[3]那些經司馬光、呂公著建議所形成的政令，艱難地釋出有限的善意，卻又遭到中下層官員的抵制，基本上推行不動。[4]尚書省（相當於今天的國務院）尤其是重災區，六部尚書、侍郎都做起了「甩手掌櫃」，對於下面的郎中、員外郎，不管是能力不行的，還是工作態度敷衍的，一概不聞不問，任其自然，就讓整個機構一天一天這麼下去。那麼，是誰在掌管尚書省呢？兩個宰相，蔡確、韓縝分任左右僕射！[5]表面上友善和氣的蔡確、韓縝實際上所採取的，是完全不合作的態度。要想打破僵局，就必須請蔡確、韓縝離開。而蔡確分明是拒絕主動請辭的，那麼，接下來該怎麼辦？似乎只能由太皇太后下旨請他離開了，可是，這一步究竟該如何走，才能保全朝廷體面，不繼續破壞殘存的和氣？眼前的情勢遠遠超出了司馬光的信仰、知識和閱歷，他一時竟不知如何是好了，只得暫時擱置不想。

對於蔡確、章惇這些神宗朝留下來的舊宰執來說，眼前又何嘗不是僵局？作為政策的執行者，他們當然明白，王安石的新法、神宗朝的舊政不是沒有問題的。自從新皇登基以來，他們已經擺出了改變的姿態，配合太皇太后處分了一些民憤極大的官員，關停了一些民怨極大的項目工程，也準備對新法做進一步調整。然而，太皇太后顯然並不滿足於此。王珪一死，太皇太后就急慌慌地把司馬光請回來做了宰相。司馬光是誰？那是王安石反對派的精神領袖！王安石變法之初，遭遇強烈反對，神宗皇帝為了緩和矛盾，曾經想要提拔司馬光做樞密副使。王安石說：「司馬光能力有限，但他是反對派所愛戴的人。把這樣一個人提拔到宰執的高位，分明是在為反對派立大旗！」[6]神宗不聽，執意下達任命，卻遭到了司馬光的拒絕。如今，王安石言猶在耳，有太皇太后做後盾，這一面「大旗」終究還是立起來了！

放任司馬光掌權，必然會帶來對神宗時代的全面反動。司馬光不早就說了嗎？「況今軍國之事，太皇太后權同處分，是乃母改子之政，非子改父之道也，何憚而不為哉！」[7]他要攛掇太皇太后「以母改子」，那就沒有什麼不能做，沒有什麼可顧忌的了！要改變先帝的政策，必然要疏遠、驅逐先帝提拔起來的人，蔡確、韓縝、章惇，這都是跑不了的。

這「以母改子」是何等的不通！《大戴禮記》云：「婦人，伏於人也。是故無專制之義，有三從之道，在家從父，適人從夫，夫死從子，無所敢自遂也。」[8]兒子對母親固然有孝道的義務，可是，自從周公孔子以來，有哪一本經書裡說過，母親有資格改變兒子的做法呢？退一步說，縱然太皇太后可以憑藉權勢「以母改子」，那麼，如此一來，又將置小皇帝對神宗的孝道於何地呢？須知，這小皇帝才是趙宋王朝的正宗主人啊！待得小皇帝成年追思孝道之時，看你司馬光如何應對?!每想到這一層，章惇便忍不住要冷笑，笑司馬光的顢頇不通。這樣一個不通的人，能有多大作為呢？早晚是要跌跟頭的。章惇打定主意要拭目以待，作壁上觀。

蔡確的心情就沒有這麼瀟灑了，神宗祔廟之後，他仍然拒絕請辭，太皇太后和司馬光也無可奈何，但是，蔡確也知道，這樣的情形顯然不能延續，接下來必然有一場惡鬥。司馬光在「朝廷體面」之前的躊躇與無奈，是蔡確不能想像的；蔡確所能想像的，是司馬光正在磨刀霍霍，指使他的「爪牙」——臺諫官對自己進行惡毒攻擊。進入正月以來，這幫人似乎就沒有一日是安靜的，蔡確所接獲的通進司密報顯示：

正月九日，侍御史劉摯、監察御史王巖叟上疏；十二日，左正言朱光庭上疏；十五日，監察御史王巖叟上疏；二十一日，侍御史劉摯上疏……

自從十月分復置諫官、允許御史言事以來，臺諫官制度已經得到了恢復。但是，臺諫官並未獲得面見太皇太后定期接見的，仍然只有三省宰相和樞密院長官。[9]臺諫官的意見以書面的形式，從通進司奏報給太皇太后。臺諫官的上疏是密封的，在抵達太皇太后之前，任何人不得開拆，所以通進司只有上奏記錄，至於奏疏的具體內容如何，倘若太皇太后不說，便誰也無從知曉。而所有這些臺諫章疏，都被太皇太后留在了宮裡——這叫做「留中」，是皇帝處理臣僚奏狀的一種傳統做法。留中不發，奏狀就不會對朝政產生直接影響。但是，進奏的人員和頻密程度是可以探知的，彈劾的大致方向也是可以揣度的。而揣度極易引發極端想像，在想像中，蔡確看到了黑雲壓城，暴雨將至，感到了呼吸困難，他喃喃自語，「不能再這樣下去了」——僵局必須打破。

臺諫章疏寫決裂

蔡確沒有誤判，劉摯等人攻擊的對象正是自己和章惇。

臺諫官對蔡確所指斥的罪名，第一是不肯求退，第二是不敬。退意不堅，貪戀權位，只能說明道德水準低下，縱然不合前例，也不算是有罪。然而，當「不肯求退」和「拒不宿衛先帝靈駕」合在一起的時候，那便令人不能不重視了。神宗的靈駕從開封的皇宮送往洛陽鞏縣的皇陵安葬，作為山陵使，蔡確理應全程陪護。按照制度，出發前一天晚上，就應當入宮陪宿。可是蔡確竟然缺席了這關鍵的一晚！他到了嗎？到了，是拖到深夜才到的，而此時宮門早已下鑰。夜開宮門是大忌，更何況是在先帝晏駕、悲傷忙亂的關鍵時刻，守門官堅持原則，拒開宮門。蔡確大怒，在門口鬧了一場，生了一回氣，就回家睡覺去了，第二天凌晨才趕到先帝靈前。關鍵性的夜晚不能陪宿先帝，已然有錯在先，事後又沒有向太皇太后報告。想先帝在時，蔡確是何等的溫馴，如今先帝一旦晏駕，竟然禮數闕如至此。是可忍孰不可忍！侍御史劉摯憤然上奏：「做臣子的本分如何，蔡確豈有不知？這分明就是認為皇帝陛下年幼，可以不恭；認為太皇太后陛下是女子，出不了宮門，可以無禮；又覺得天下的公論反正早就廢了，可以欺罔。所以泰然自若，一心貪戀權位！……大臣如此，朝廷的體面尊嚴何在，又怎麼可能鎮服百姓、讓四夷尊重呢?!」[10]這話很對，也很惡毒，為了扳倒蔡確，劉摯不惜無限上綱，誅心立論，把可能是無心的疏失放大到極限。

監察御史王巖叟對章惇的指控同樣散發著惡毒的氣息，並且直指太皇太后的內心——他成功地把章惇塑造成了太皇太后個人的敵人。王巖叟報告說：

> 當初，執政大臣們討論太皇太后陛下的垂簾儀制的時候，章惇當眾大言：「待與些禮數！」[11]

「還是要給些禮數的！」這用詞，這語氣，是何等的傲慢，簡直無禮之極，哪裡還有一點臣子對君上的尊重呢?!這樣的指控其實不難核實，然而又何須核實呢？太皇太后絲毫不懷疑章惇會說出這樣的話來，她親眼見識過章惇是如何搶白司馬光的，那高亢尖利的聲氣、輕蔑的微笑、咄咄逼人的態度，直往簾子上撲，讓太皇太后覺得脊背發涼。

在撩撥憤怒、激發仇恨這一點上，臺諫官大獲全勝。在「文字」中，大臣之間、朝堂之上的矛盾性質早已上升到「忠賢」與「奸邪」對立的高度。九月底，王巖叟就已經吹響號角，大聲疾呼「不屏除群邪，太平終是難致！」「治亂安危，在忠邪去留之間爾！」[12]由於太皇太后的「留中」處理，這些充滿火藥味的臺諫章疏並未公之於眾。即便如此，通進司流出的上奏記錄卻足以攪動人心，仇恨的暗流伴隨著猜疑蔓延滋長。海面上風平浪靜，在大海的深處，一場火山爆發正在醞釀。

「倒蔡驅章」逐漸已經成為臺諫官自覺的追求目標，元祐元年（一〇八六）初春，他們終於找到了一個冠冕堂皇的理由。去年冬天以來，天下大旱，滴水不下，旱情如此，太皇太后和皇帝都已經親自出來祈雨了，身為首相，蔡確竟然不肯主動辭職，以答天譴，「只此一事，自合竄黜」！這句話聽起來理直氣壯，殺氣十足；然而老實說，理論基礎並不牢靠。宰相固然有「燮理陰陽」的責任，但是，自從漢文帝宣稱「天下治亂，在朕一人」以來，占主流的觀點是君臣風險共擔而以君為第一責任人，宰相可以因災異請求避位，皇帝卻是多半要慰留的。[13]為了促使太皇太后盡快下決心罷免蔡確、章惇，臺諫官已經顧不得這許多了。劉摯、王巖叟輩相信，君子為追求正義之目標，使用不義之手段，仍不害其為君子。殊不知，手段之不義必將損害目標之正義。在未來的日子裡，臺諫官將越走越遠，他們高舉著正義的旗幟，羅織罪名，煽動仇恨，最終挖掉了宋朝政治的寬容根基，而當大廈崩塌之時，他們自己也將深陷其中。

臺諫官自身的不安絲毫不遜於蔡確——攻擊者更擔心遭遇攻擊，這是自然之理。在「文字」之中，臺諫官已經宣誓與蔡確、章惇「勢不兩立」，他們把自己的忠誠連同仕途前程，乃至身家性命，一起奉獻、託付給了太皇太后，而太皇太后卻遲遲不肯表態，也不曾接見他們。太皇太后究竟作何打算？萬一這中間有任何變故，他們必將成為首當其衝的犧牲品。在想像中，鬥爭已經趨於白熱化。作為「君子」，他們並不畏懼犧牲，卻唯恐這犧牲流於無謂。於是，他們紛紛在奏札的正文之外「貼黃」附言，請求太皇太后公開「我的章疏」，召集百官大會，「以決是非」。「倘若大會認為我說錯了，那我甘願接受開除流放的責罰；倘若眾人認為我說得對，那麼就請罷免蔡確、章惇！」[14]「只要章疏公開，即使受到責罰，我也心甘情願，免得被人陰謀算計了！」[15]要麼蔡確、章惇下臺，要麼我們離開，「風蕭蕭兮易水寒，壯士一去兮不復返」，慷慨悲歌，壯心許國——這就是他們心目中此刻的自己，而這種狀態，在很大程度上是他們自己靠文字和想像造成的。

蘇轍的謊言

為達目的不擇手段，這樣的做法，正是司馬光所不齒的；然而，他卻沒有出面約束臺諫官。他唯一做過的事情，就是請老朋友傅堯俞帶話給劉摯，請他耐心等待蔡確主動辭職，劉摯並未聽從，而事件後來的發展則證明司馬光判斷失誤。除此之外，司馬光就再也沒有對臺諫官進行任何耳提面命，而是放任他們各行其是。王安石、神宗和蔡確都把司馬光當作反對派的旗幟，反對新法的人也把司馬光視為領袖。然而，這卻是一個毫無組織意願和領導力的領袖——他追隨者眾多，卻沒有一個聽從號令、統一行動的隊伍。那些把司馬光和他的追隨者視為一「黨」的人，實在不了解司馬光。

不錯，蘇軾在跟司馬光爭論役法的氣頭上，的確喊出過：「難道說您如今做了宰相，就不許我說話了嗎？」這段文字，我在《司馬光和他的時代》中曾經也引用。那時，我的判斷和之前幾乎所有人一樣，絲毫沒有懷疑它的真實性，並且認為這一幕表明司馬光已經走到了寬容的對立面，「『許人說話』的風氣一去不返」。[16]今天看來，這段記載的真實內涵是非常值得推敲的。茲事雖小，卻關係到「司馬相公」的政治形象與宋朝政治的走向，所以，請允許我花一點筆墨，細述端詳。

在為蘇軾一生蓋棺論定的《亡兄子瞻端明墓誌銘》中，蘇轍這樣寫道：

司馬光要改革役法，只有蘇軾敢於公開反對。有一天，蘇軾親自跑到政事堂（宰相辦公廳）去，當著司馬光的面批評他的方案是如何的不可行。這讓司馬光很生氣。蘇軾也不理會，反而高聲抗議說：「想當年韓琦作宰相，要把陝西的民兵刺青變成準軍人，您是諫官，極力反對。韓琦不高興，您一點都不在意。這件事我從前聽您詳細說過。難道說您如今做了宰相，就不許我說話了嗎？」這話勾起了司馬光對往事的追憶，他笑了，不再生氣。[17]

司馬光能夠笑，說明至少現場氣氛已經得到緩解。然而，緊接著，蘇轍又繼續寫道：

蘇軾知道司馬光不會聽從自己的意見，說了也白說，因此請求離開首都去外地做官，可是司馬光沒有批准。司馬光生氣的時候，已經萌生了把蘇軾趕出中央去的念頭，只是因為病故，沒來得及付諸實施。

行文至此，蘇轍成功地在讀者面前展現了一副剛愎而虛偽的司馬光形象。蘇軾提起往事，他也笑了，笑歸笑，心裡頭卻已經厭煩了蘇軾，要趕他走。然而，我們仔細推想，則可以發現，蘇轍的說法不通之處甚多。司馬光心裡想什麼，並沒有說出來，蘇轍是怎麼知道的呢？還有，既然如此，當蘇軾主動請求外放的時候，司馬光為什麼不放行呢？關於這一點，蘇轍倒是有所暗示，他筆鋒一轉，說到了臺諫官：

當時的臺諫官大多是司馬光的人，這幫人只想著迎合司馬光來謀求升遷，討厭蘇軾正直，都爭著挑蘇軾的毛病，可是又抓不到把柄，只好舊事重提，拿「熙寧年間謗訕朝政的案子」來噁心蘇軾，這讓蘇軾感到十分不安。

言外之意，司馬光不放蘇軾去外地，是因為他想要繼續打擊、挫傷蘇軾，那些臺諫官就是司馬光的爪牙。只可惜，「臺諫官」這個情節不僅靠不住，而且簡直就沒有良心。蘇轍說「當時的臺諫官大多是司馬光的人」，他似乎忘了，他本人也是受司馬光推薦，在那一時期擔任過「臺諫官」的；那麼，蘇轍也是「司馬光的人」嗎？蘇轍又說那些臺諫官拿「熙寧年間謗訕朝政的案子」來噁心蘇軾，哪有什麼「熙寧年間謗訕朝政的案子」呢？蘇軾被汙衊「謗訕朝政」的，分明是元豐年間的「烏臺詩案」！而司馬光分明是受到「烏臺詩案」牽連的人！[18]

所以，真實情況應當是這樣的：蘇軾與司馬光的確就役法問題發生過爭執，但是，司馬光並未因此對蘇軾抱持敵意，「他笑了，不再生氣」，此事到此為止。之後，蘇軾繼續在中央工作，獨立思考，持續發聲，表達自己的觀點，直到司馬光死後三年。

那麼，蘇轍為什麼要故意編排這樣一個故事，把司馬光與蘇軾的關係描繪得如此不堪呢？當我們把目光投向這篇墓誌銘的寫作時間，宋徽宗崇寧元年（一一〇二），便恍然大悟了。「崇寧」者何意？「崇尚熙寧」，而「熙寧」正是神宗的第一個年號，是王安石變法開始的時間——徽宗要崇尚熙寧，高舉神宗—王安石的旗幟了！波折反覆不斷的北宋後期政治，又到了一個轉折關頭，反對司馬光再度成為「政治正確」。作為一個在政治旋渦中摸爬滾打了四十年的老牌政治家，蘇轍當然要盡可能地強調蘇軾與司馬光的分歧，標榜司馬光對蘇軾的排斥！

「司馬相業」的寬容悖論

終其一生，司馬光始終堅信，掌權者對不同意見要採取開放寬容的態度，「尊眾兼聽」，「尊其所聞，則高明矣；行其所知，則光大矣」。

司馬光最欣賞的政治家是春秋時期的子產。子產主持鄭國國政，改革力度極大，反對派聚集在鄉校裡指手畫腳，手下人建議拆毀鄉校。子產說：「鄉校是我們的老師啊，為什麼要拆毀鄉校呢？……『我聞忠善以損怨，不聞作威以防怨』。我只聽說過盡忠職守、善意為政可以減少抱怨，從未聽說過訴諸暴力可以制止批評。」訴諸暴力制止批評，短期效應可見，長期效應可怕。人們的怨氣就像是洪水，一直堵著它，不讓它釋放，早晚會出現大規模潰堤，而大規模的潰堤所造成的傷亡損失是無法彌補的，甚至可能帶來滅頂之災。[19]

司馬光多次提醒掌權者要警惕剛愎自用，因為那會導致官僚集團的集體墮落和政治腐敗，破壞朝廷國家的安定。他精準地描述了剛愎自用的掌權者把朝廷國家引向死路的過程：掌權者一意孤行，討厭批評，破格提拔應聲蟲、跟屁蟲，羞辱打擊異議分子、反對派。那麼，能夠「立取美官」、升進到官場上層的，就會是一些「躁於富貴者」。而這些人的得志，將大大提升整體環境對於無恥行徑的容忍程度，從而徹底敗壞官僚隊伍的作風。這樣一來，臺諫官員不再批評政治缺失、彈劾奸臣弄權、報告下民疾苦，中央派出的調查組只會依仗權勢壓迫州縣官員以滿足「上面的」意圖，州縣官員奉承上官還奉承不過來，哪還有精力去講求本地治理的得失利弊？最終，皇帝得到了「粲然可觀」的報告，對實際情況卻一無所知。當權者變成了聾子、瞎子，在膚淺虛偽的吹噓中飄飄然篤信天下太平，在自我麻醉中走向滅亡。[20]

晚年的司馬光仍然主張寬容政治，希望宋朝在政治風氣上能重返仁宗時代，恢復多元並存、「異論相攪」的政治局面。然而，堅信寬容政治的「司馬相公」卻註定無法實現寬容，王安石和神宗為寬容政治開掘了墳穴，而司馬光將眼睜睜看著寬容政治被埋葬，他自己也將揮鍬劇土。這就是「司馬相業」的寬容悖論。

一方面，出於對寬容政治的信仰，司馬光對臺諫官採取了不管束的態度，放任他們恣意發聲，哪怕是批評自己。司馬光以為這樣就回到了仁宗朝，回到了自己當諫官的時代。然而，這顯然是一個嚴重的誤判。仁宗朝的總體政治環境是寬鬆的：士大夫具有獨立思考的精神，總體面貌積極向上；統治集團內部存在分歧，但沒有嚴重裂痕，在國家需要的時候總能求同存異，一致向前。

而哲宗初政時期的統治集團，卻是裂痕深嵌、矛盾重重，士大夫嚴重工具化，政治家缺乏大局觀。對於神宗朝遺留下來的官僚集團而言，司馬光的上臺已經是一個不祥的信號。當此之時，一點風吹草動都會被他們放大解讀，引發恐慌。唯有戰戰兢兢，如履薄冰，方能修補裂痕，培壅和氣。在反對派的眼裡，司馬光所提拔的臺諫官當然是司馬光的爪牙，臺諫官的一舉一動都反映了司馬光的意圖。司馬光對臺諫官的放任，就等於放棄了對思想宣傳戰線的管理。而這群臺諫官是什麼人呢？他們大多四五十歲，就像是大多數處在那個年齡段的中生代政治家一樣，他們飽讀詩書，對自己和他人都懸以抽象的道德高標，高度自以為是，也略懂一些奇正相生的變通之術。因此在打擊敵人時有不擇手段的決絕，卻唯獨沒有學會中庸之道，不懂得寬容和妥協的共存之理。在此特定背景之下，放任臺諫官就等於放棄了寬容政治，而司馬光對此顯然缺乏警覺。

另一方面，在政策層面，信仰寬容政治的司馬光必將固執己見——這聽起來有些荒唐，然而卻是一個真實存在的悖論。何以致此？第一，司馬光理想的政治秩序是尊卑有序、權力與責任並重的。在朝堂之上，持不同意見的宰相大臣各抒己見，「異論相攪」，互相競爭。在充分聽取各方意見之後，皇帝「尊其所聞以致高明」，綜合評判，做出符合國家利益的決策。第二，在這個開放的朝堂之上，司馬光的「己見」只是諸多意見中的一種，與其他意見是平等競爭的關係。而作為「己見」的持有者，司馬光對「己見」堅決維護，誓死捍衛，因為他肯定認為，這種意見是正確的。第三，當司馬光成為「司馬相公」，司馬光的「己見」與其他意見之間，實際上已很難做到平等。地位變了，司馬光的「己見」披上了道德的輝光，人們將越來越難以客觀地看待它。最後，在司馬光所構想的理想政治秩序的頂端，必須有一個具有超越性立場和一流判斷力的皇帝（或者是皇帝代理人），只有這樣的皇帝，才能做出符合宋朝國家利益的決策。但是，很不幸，在現實的政治實踐中，並不存在這樣一個人物。小皇帝哲宗年幼，代行皇權的太皇太后高氏，政治經驗缺乏，政治立場也並不超脫。太皇太后對司馬光的高度信任和依賴，導致的結果是司馬光（藉由太皇太后）來做出最終的裁斷，那麼，在司馬光的眼裡，哪一種意見最正確？當然是司馬光的「己見」。在政策層面，主張寬容政治的司馬光最終將倒向誓死捍衛個人立場的司馬光，這就是「司馬相業」中的「寬容政治悖論」。

當然，這一切都發生在蔡確、章惇離場，「司馬相公」實專朝政之後。那麼，蔡確和章惇是怎樣離開的？元祐元年初春的政治僵局又是如何打破的呢？

三十四、「奸臣」去

役法詔書藏玄機

讓蔡確不得不黯然離場的，正是他親手炮製的役法改革詔書。

元祐元年（一〇八六）二月七日，宋朝政府頒布了當年的「一號文件」——役法改革詔，宣布廢除王安石所推行的免役法，恢復差役法。

免役法和差役法的差別究竟在哪裡？宋以前的「役」可以分為「兵役」和「勞役」兩種，兵役就是當兵報國，勞役就是以無償勞動的形式向政府提供一定時長的服務。宋朝實行職業兵制度，老百姓沒有「兵役」，只有「勞役」。差役法和免役法最大的區別在於服役的方式。「差役法」就是輪差服役，老百姓以家庭為單位，按照男丁的數量和財產的多少輪流服役，輪到誰誰上，輪不到的時候休息。「免役法」就是交錢免役，老百姓出錢，政府拿這個錢僱人來幹活，向市場購買服務，所以「免役法」又可以叫作「僱役法」。「免役法」與「差役法」的利弊得失，下一章會集中談到，這裡只說政策轉變。北宋開國以來所實行的是「差役法」，而王安石變法的一項重要措施就是改差為僱，實行「免役法」。

司馬光痛恨「免役法」，斥之為「大害」，必欲除之而後快。他在給三省的諮文中這樣寫道：「當今法度，最先應當革除的，莫過於免役錢。它不僅苛刻地剝削貧民，使民不聊生；又僱傭四方無賴浮民，用這些靠不住的人來為官府服役，使官不得力。為今之計，不如全面取消免役錢，恢復差役舊制。」[1]全面推翻免役法，改行差役法，符合司馬光的想法。然而，二月七日，司馬光卻在病假之中——病弱的身體成了司馬光的牢籠，北宋的官員仍然是騎馬上朝的，而上馬、下馬這些簡單的日常動作，他已經無法完成，更不用說跪拜行禮了。自正月二十日起，司馬光便不得不休假在家，透過奏札向太皇太后，透過諮文向三省和樞密院提出他對朝政的意見和建議。二月七日的役法改革詔書便全文引用了司馬光於正月二十二日所進呈的《乞罷免役錢依舊差役札子》。[2]

在過去的八個月裡，司馬光人在宰相府，當面力爭，尚且寸步難行，被蔡確處處留難。如今司馬光居家養病，不能親自出席政務會議，蔡確所主導的政府竟然發生了急遽的政策轉向，這怎麼可能呢？

其中必有玄機。

第一個對「役法改革詔」提出質疑的，是新任右司諫蘇轍。蘇轍於二月十四日到任，十六日即上狀討論役法改革詔。在大方向上，蘇轍贊成差役法，他認為「此法一行，民間必定鼓舞相慶，如飢餓的人得到食物，如久旱的土地得到雨水」。同時，蘇轍特別提醒太皇太后要堅持差役不動搖，「既然役法改革的大方向已經擺正，即使出現一些小問題，只要隨時隨事調整，過個一年左右，各項法令制度也就完備了」。[3]新法剛剛推出，蘇轍就已經在擔心太皇太后發生動搖，為什麼？

因為在蘇轍看來，這則役法改革詔是先天不足的，它有兩大缺陷，而這兩大缺陷必然招致反對派的強烈攻擊：第一，它沒有實施細則，所以是漏洞百出、經不起實踐檢驗的，一經推行，必然問題叢生。這些問題縱然並非差役法所固有的，然而，當問題成堆出現的時候，那些在免役法體系中得到好處的官員必然會歸咎於差役法，群起而攻之。第二，詔書所展現的決策程序存在重大缺失，它完整地抄錄了司馬光的札子，在前面標註了司馬光的姓名，在後面標註了太皇太后的批示「依奏」，卻沒有說明役法改革決策是否經過了三省宰相御前會議的集體討論——而這一點，按制度是必須有的，倘若詔書不寫，那就意味著「未經討論」。如此重大的政令，未經宰相大臣集體討論，單憑司馬光一通報告、太皇太后簡單批示便面向全國推行，豈不太過草率?!這樣的一則詔書，又是在向天下官員傳遞怎樣的信息和情緒呢？

蘇轍的性格比其兄謹慎，又兼初到諫院，所以，他給太皇太后的奏疏措辭相對溫和克制：

> 我認為，司馬光討論差役的札子，大方向是合適的、恰當的，但是中間難免有疏漏，細節難免有問題，這些疏漏、這些問題，執政大臣怎麼可能看不出來呢？倘若各位大臣是出以公心的，懂得同舟共濟的道理，那就應當根據司馬光所奏請的大方向，把實施細節盡量設計完整，然後再推出。如今只抄錄司馬光的札子，前面寫著司馬光建議，後面寫著聖旨「依奏」，詔書炮製者的心思，可想而知。今後肯定會有人試圖利用推行中出現的反對意見，動搖改革大計……[4]

同蘇轍相比，監察御史孫升（一〇三八—一〇九九）的措辭就激烈得多了。他與蘇轍同日上疏。孫升直言，詔書所顯示的決策程序缺失，可能會導致地方大員們認為役法改革之意「獨出於司馬光一人」，從而造成不必要的思想混亂，「茲事體大……此不可不察也」。[5]

役法改革詔書的兩大缺陷，沒有實施細則的問題是現實存在的——這本來應該是戶部的工作。司馬光請戶部尚書曾布主持修訂役法實施細則，曾布毫不猶豫地拒絕了，他說：「免役法的相關法令，事無鉅細，都是我主持制定的，現在您讓我自己動手去推翻它，出爾反爾，義不可為。」[6]曾布是曾鞏（一〇一九－一〇八三）的弟弟，王安石的追隨者。這番回答擲地有聲，讓司馬光心中暗贊。可是，制定新役法實施細則的工作也只得暫時擱置。司馬光陣營的人才之匱乏，以及司馬光作為政治領袖的資源調度能力之缺失，由此可見一斑。

作法自斃蔡確去

那麼，決策程序的缺失是真實存在的嗎？二月七日的役法改革詔真的未經御前會議集體討論嗎？我們來聽聽章惇的證詞。

大約在二月二十日左右，章惇上疏，分八條批駁了司馬光兩篇役法改革札子的「牴牾事節」。這則駁議充分展現了章惇的理性思維和傑出的行政才能，對於役法改革方案的完善發揮了重要的推動作用。然而，它卻直接成了壓倒章惇迫其下臺的最後一根稻草——歷史的真實如此弔詭，令人唏噓，具體細節，且容後述。這裡先看駁議的開頭，這一段是章惇對於役法討論原委的介紹，非常詳細。章惇是這樣說的：

近來我奉旨與三省共同進呈司馬光的《乞罷免役錢依舊差役札子》，已於（二月）初六日在御前會議，共同討論，經陛下批示完畢。役法的事情，我本來認為不歸樞密院管；事實上，自從去年秋天以來，直到今年春天，司馬光都是在和三省商議，樞密院沒有參與討論；而且，司馬光的《札子》陛下是只下發到三省的，陛下的親筆批示也是只下發到三省的。但是不知道為什麼，三

> 省在初四日卻請求樞密院參與共同討論。初五日，樞密院與三省聯合辦公，我在會上提出，要想共同進呈，就應該讓我把司馬光的札子留下來，仔細閱讀思考三五天，然後才能參透有關役法的利害本末。當時，韓縝說：「司馬光的文字，我們怎麼敢滯留呢？明天就要進呈！」我既然沒有參與之前的討論，又沒有仔細閱讀過司馬光的札子，相關利害，斷斷不敢隨便評論。所以，在共同進呈的時候，我就只是跟隨眾人一起展開了司馬光的文字，至於其中所述是否合適，一切由三省判斷，我的確不知。三省共同進呈之時，雖然已經奉到聖旨要「依（司馬光所）奏」，但我還是在簾外向陛下剖白了我與役法討論之間的關係。後來，戶部下發役法改革令，那上面有陛下的詔書，詔書裡有司馬光的札子，我利用一早一晚的時間反覆閱讀思考，才發現其中頗多疏漏。[7]

像章惇這樣一個絕頂聰明的人，是不會費心為「迂叟」司馬光辯護的，當然，他也不屑於抹黑司馬光——在章惇看來，司馬光本人所犯的錯誤就夠多夠愚蠢的了，根本無需抹黑。況且，這段文字的寫作時間就在事發十多日之後，包括太皇太后在內的當事人一應俱在，也容不得章惇說謊。所以，這段文字反而是最真實可靠的。根據這段文字，再加上其他資料，我們可以大致復原出二月七日役法改革詔實行的全過程：

正月二十二日，居家養病的司馬光向太皇太后提交了他的役法改革方案——《乞罷免役錢依舊差役札子》；與此同時，他以諮文的形式向宰相府通報了自己的改革思路，懇求蔡確、韓縝，「若太皇太后將札子降至三省，還望諸公同心協力，贊其成功，如此行之，可以革除長期以來的弊端，讓疲憊的老百姓得到休息」。[8]

二月三日，太皇太后將司馬光的札子下發到宰相府，交由三省宰相討論，而蔡確已經打定主意要設計陷害司馬光。對於蔡確來說，免役法與差役法孰優孰劣，已經無關緊要，要緊的是讓司馬光犯錯、走人，不要在這裡指手畫腳了。可憐司馬光一腔赤誠，只化作了蔡確嘴角一閃而過的一絲冷笑。

為了加大說服力，分攤責任，蔡確決定引入樞密院章惇的力量，所以，在二月初四，他請求太皇太后讓樞密院參與討論。讓他沒有想到的是，章惇偏偏是個認真的人，竟然要求細讀司馬光札子，這讓他略感為難。在這個時候，愚蠢的韓縝替他解了圍。是的，司馬光的意見，我們怎麼敢滯留呢？韓縝說罷，蔡確一臉無辜地看著章惇，全然不理會章惇目光中的懷疑與譏諷。

初六，三省、樞密院共同參與御前會議，共同進呈司馬光的《乞罷免役錢依舊差役札子》，圍繞札子討論役法改革方案。會議進行得十分順利，蔡確帶頭表達了對司馬光勇於承擔、敢啃硬骨頭的欽佩，太皇太后指示「依司馬光所奏」施行。

第二天也就是二月初七，蔡確就把役法改革詔搞出來了，完全「依司馬光所奏」，且沒有絲毫留滯。[9]太皇太后這個可憐的老太太對政治仍然是一竅不通，全然沒有注意到實施細則和程序缺失的問題。蔡確帶著一臉謙卑畢恭畢敬地告別了太皇太后，回到自家書房裡，讓人打開窗子，對著窗前盛開的紅梅花，喝起了滾燙的羊羔美酒。花好，酒好，人也好！

蔡確大概沒有想到，此舉的最終結果是倒持干戈，授人以柄，為臺諫官扳倒自己送去了一個重磅武器。正月二十日司馬光的病休，讓以劉摯為代表的臺諫官感到了極度不安。二十七日，在給太皇太后的奏狀中，劉摯寫道：「如今司馬光老了，又病弱得如此嚴重，萬一事有不幸，司馬光不能支撐，那麼，陛下的仁政就沒辦法延續，老百姓也無法從苦難中得到復甦了，而陛下所提拔的善人君子將要遭到蔡確等人的陷害。善人遭難也就罷了，倘若讓蔡確等人再次得志，肆其流毒於天下，肯定會變本加厲，比之前茶毒更甚。請陛下試著這樣想想，如何能夠不為江山社稷的大計而擔憂呢！」在劉摯的心中，包括他本人在內的臺諫官與蔡確、章惇是你死我活、勢不兩立的關係，臺諫官的旗幟是司馬光，倘若司馬光有個三長兩短，旗幟就倒了。到那時，萬一蔡確、章惇用政府裹挾了太皇太后，重回神宗時代，那麼，這一群臺諫官將死無葬身之地。「倒章驅蔡」必須立見成效，否則功虧一簣，必將萬劫不復。劉摯的注意力都放在了這上面，所以，二月七日的役法改革詔頒布之初，他並未十分留意。然而，一旦劉摯認識到蔡確在役法改革詔中的邪惡用心，他的攻擊就是直接而猛烈的：

這樣一份程序上有明顯瑕疵的詔書，已經讓所有地方官員感到了疑慮恐慌，他們說，這是因為朝堂之上，意見無法統一，大臣們各懷私心，謀國不忠，才把這樣一份詔書魯莽頒下。這樣一份詔書的執行，目的就是引發異論紛紛，希望各地對役法改革提出質疑，從而讓人們誤認為役法改革本身就是動搖國本。此不可不察也！[10]

這一批臺諫奏札，太皇太后沒有全數留中，也沒有原文下發，而是陸陸續續地把內容滲透給了三省和樞密院。二月二十三日，在強大的壓力之下，蔡確終於遞交了辭呈。九日之後，閏二月二日，蔡確罷相，出知陳州。[11]

太皇太后的新老師

蔡確親手操盤的「役法改革詔」最終葬送了他的宰相生涯。難道說蔡確事先就一點也沒有想到，搬起石頭可能會砸了自己的腳嗎？縱然想到，也顧不得這許多了，蔡確必須一搏，因為太皇太后的態度已經發生了根本性的變化。

二月三日，太皇太后下詔聲明，自下個月也就是閏二月起，擴大垂簾聽政的引見範圍，而臺諫官在此範圍之內，可以提前一天提出申請，每次兩人同對。[12]這與臺諫官所期待的單人獨對仍有差距，但是，臺諫官終於有機會跟太皇太后面對面，連比帶畫，反覆陳說，把道理掰開揉碎講明白了。[13]四日，蔡確的親信黃履被罷免御史中丞，調離關鍵性的喉舌職位，改任翰林學士、知制誥兼侍講。[14]從御史中丞到翰林學士是平調，黃履並無損失；喉舌之地，親信全無，蔡確的損失大了！十二日，侍御史劉摯被提拔為試御史中丞，成為御史臺的實際長官和臺諫官的共同領袖。[15]十四日，監察御史王巖叟被提拔為左司諫，成為更自由、言論責任更重的諫官。[16]兩個抨擊蔡確、章惇火力最猛的臺諫官都獲得了升遷，這是再明顯不過的政治信號了。蔡確明白，太皇太后雖然坐在簾子後面，但是，她的耳目和爪牙卻將穿過簾子，越過宰相大臣，伸張開去。太皇太后的政治實習歷經九個月，成績斐然！

事實上，還沒到閏二月，太皇太后就已經接見過王巖叟；讓太皇太后最終下定決心罷免蔡確的，正是王巖叟的當面進言。

太皇太后之所以遲遲不能下定決心罷免蔡確、韓縝、章惇，有一個非常實際的顧慮，那就是，這幾個人都是先帝留下來輔佐哲宗的老臣，他們有「受遺顧命」之功，「受遺」即「承受先帝遺詔」。宋朝的皇位傳承與前代大不相同，基本上排除了外戚、武將、宦官這些傳統勢力的干擾，在其中起主導作用的，當然是先帝遺志，而秉承先帝遺志、幫助最高權力實現平穩交接的，則是文官士大夫集團的領袖——宰相大臣。這也是「陛下與士大夫共天下」的一個重要表現。對「受遺顧命」之功的承認和尊重，構成了宋朝皇室的一項重要傳統。蔡確等人為「建儲受遺之臣」，顧命之功人所共知。去年十二月，神宗祔廟禮畢，宰執普加官階，司馬光堅辭，理由便是當時自己「閒居西京」「不預顧命」，司馬光同時承認：「宰臣蔡確等啟迪神宗皇帝建立儲貳，傳授大寶，宜遷一官。」[17]

王巖叟終於得以覲見，當面勸說太皇太后罷免蔡確。隔著簾子，王巖叟能夠感覺到太皇太后的顧慮猶疑。太皇太后低著頭沉吟了一會兒，嘆了一口氣，無奈地說：「只是因為他曾經受遺啊。」

王巖叟聞言，沒有絲毫猶豫，乾脆利落地說：「啟稟陛下，一個大臣怎麼能夠在受遺之後長期占定這個地位呢？況且大主意是太皇太后拿的，此輩只是坐享其成，卻濫稱受遺，實質上哪有什麼功勞?!」這一席話衝口而出之後，王巖叟也覺得有些過了，他停頓了一下，接著說道，「就算他們是受遺的吧，但不知他們的功勞跟韓琦比如何？韓琦可是擁立了英宗、神宗兩位皇帝的。然而在英宗入土之後，神宗堅決挽留，韓琦還是主動離開了！」[18]

同進札子、讀札子相比，當面交流畢竟還是最有效的，哪怕隔著一層簾子。王巖叟的話，在很大程度上打消了太皇太后的顧慮，她慢慢地把臺諫官的批評透露給蔡確，終於促成了蔡確請辭，而她也順理成章地罷免了蔡確。蔡確倒臺之後，右正言王覿（一〇三六—一一〇三）更進一步否定了蔡確的「受遺定策」之功。他說，哲宗之立「都是太皇太后的聖德」，蔡確等人乃是「貪天之功，妄自張大，盜取受遺定策之名以自負」。[19]透過「文字」，臺諫官把蔡確等人從「顧命大臣」醜化成與太皇太后爭奪擁立之功的無恥之徒，從而成功地在太皇太后心中種下了嫉恨的根苗。

進入閏二月之後，太皇太后與臺諫官之間的面談頻頻舉行，並且越來越私密。閏二月六日，右諫議大夫孫覺、右司諫蘇轍聯袂覲見，太皇太后有旨：「等簾子放下，宦官們都出去，再開始奏事。」在潛意識中，太皇太后把臺諫官當作了自己的老師和智囊，開始向他們討教朝政的應對技巧，特別是與宰相大臣打交道的方式方法。太皇太后是信任司馬光與呂公著的，司馬光、呂公著也曾經充當過太皇太后的政治教練。但是，這兩位進入宰相府，承擔起繁重的行政決策事務後，已經沒有多少時間和精力體察太皇太后的處境，為她出主意、解危難。相比之下，臺諫官更為年富力強，又較少具體政務的拖累，而臺諫官在奏疏中所表達的忠心也讓太皇太后感動，於是，她選擇了這群新的政治教練，開始與他們頻密接觸，主動尋求輔導。臺諫官方面，當然是積極配合，獻言獻策。

老實說，這一群「新老師」對太皇太后的影響實在不正面。他們太熱衷於煽動仇恨了。閏二月二日，蔡確罷相，制書所持的罷相理由仍然是經典的、體面的，它以小皇帝哲宗的口吻聲稱：「蔡確在朕少年登基之初，膺受先帝顧命之囑託。朕本想依仗舊德，共建太平。沒想到蔡確屢上封章，表示願意交還機務政柄。……（朕雖不捨，確意難回。只得放老臣出鎮。）」[20]這樣一封溫情脈脈的罷相制書，臺諫官是不滿意的。蘇轍批評道：「蔡確等人都是被彈劾下去的，可是竟然不公布他們的罪狀，這真讓世人感到遺憾。」蔡確等人究竟有什麼罪狀呢？「前後反覆、歸咎先帝」！[21]先帝在時，積極追隨先帝的政策；先帝死後，一反先帝之政，並且把之前的政策失誤歸咎於先帝。「前後反覆」固然有之，但是倘若之前的政策錯了，加以糾正，又何罪過之有？而那些錯誤，明明是先帝犯下的，歸到先帝的頭上，又何罪過之有?!照蘇轍的邏輯，在一個剛愎自用的君主手下，想要保全清白，就只有靠邊站一條路，而那些曾經跟隨錯誤路線的人，就只能「一條道兒走到黑」，不然就會變成可恥的背叛者，唯有先帝將永永遠遠地光榮正確下去！這套邏輯倘若推廣開去，那麼，所有在神宗時代王安石路線下獲得升遷和榮耀的士大夫就只能辭職，方可保全名節！可如果是那樣，還有誰來支持政策調整，維護國家機器的運轉?!蔡確的罷相制書是保全了大臣的體面的，然而這份體面，臺諫官看不懂，也不屑一顧。

在臺諫官的猛烈攻訐下，閏二月十三日，章惇被免去了樞密院長官的職位，出知汝州。章惇的罷樞密制書，可就沒有那麼客氣了，役法討論中的首鼠兩端成了章惇的主要罪狀：「討論役法改革方案，本指望章惇參與修訂。可是他在御前會議之時，什麼意見都沒說；等到政令下達之後，卻又多方阻撓。朕加意包容寬貸，章惇卻鬧得越來越凶。鞅鞅非少主之臣，硜硜無大臣之節……」[22]「非少主之臣」「無大臣之節」，這罪名已達上限，再往上一點兒，性質就全變了。「鞅鞅」「硜硜」二句，出自中書舍人錢勰（一〇三四—一〇九七）手筆，當時傳誦一時。後來章惇上臺，錢勰被貶，蔡卞（一〇五八—一一一七）送行，問他：「您明知道章子厚這個人惹不得，為什麼還要這樣詆譭他？」錢勰苦笑，說：「讓鬼劈了嘴了！」[23]

錢勰大概是忘了，這鏗鏘的文字固然是他寫出來的，那無限上綱的罪名卻並非他本人的發明。二月二十六日，右正言王覿在奏札中這樣寫道：

……章惇身為大臣，當時不能盡忠批評，待施行之後，才跳出來挑錯，就是要向全天下彰顯司馬光的短處，表白自己的長處。這哪還有一點赤心直道裨補聖政的意思呢?!司馬光的看法縱然有不足，不害其為君子；章惇的見解縱然有所長，豈免為小人！……章惇一貫奸邪欺罔，在役法這件事上，更加處心積慮，只想陷害司馬光，而不顧傷害國體、誤導陛下。陛下請看，像章惇這樣的，還可以置於樞機之地，以為腹心之人嗎?!……必須嚴厲黜責，以戒不忠！[24]

在同一篇奏札之中，王覿還寫下了這樣一些話：「我聽說章惇給陛下上了一封奏疏，討論役法。……章惇的文字，我雖然沒能看到，但是猜想其中必定有可以施行的，所以還是要請陛下與執政臣僚認真商議。倘若章惇所言果然有助於役法的完善，那麼就按他說的辦，又何必遲疑？關鍵是把事兒辦好——『要之濟務而已』！」[25]這段文字中所透露出來的態度，頗耐思索：論道德人品章惇是小人，必須嚴厲黜責；論才幹經驗章惇是行家熟手，他的建議可行則行之。非大度君子，哪裡能有這樣的胸襟？然而實踐起來，卻是難！難！難！

三十五、政治中的政策

章惇「說底卻是」

那麼，關於司馬光的役法改革方案，章惇到底說了些什麼？

章惇首先指出司馬光兩份役法札子存在前後矛盾之處，二月三日札子認為上戶（鄉村上等人戶）是免役法的受害者，二月十七日札子則說上戶是免役法的受益者，「十幾天之內，兩上札子，而所言上戶利害正好相反，如此自相矛盾，究竟是為了什麼？」章惇自問自答，「司馬光是至誠之人……必定是對役法的調查研究不到位，大概一說吧！」諸如此類的錯誤，在傳統時代的士大夫筆下並非罕見，同一事物從不同視角關照，可以有相反的判斷，是非跟隨筆意，只求文氣相合，不做嚴謹的概念界定和性質分析。只要不是大是大非，寫的人姑妄寫之，讀的人姑妄讀之，彼此心照，兩不追究，本無大礙。可是，經過章惇如此嚴格的比對分析，司馬光作為役法改革設計者的嚴肅性頓時便大打折扣了，「以此類推，司馬光設計變法的方式方法，恐怕是不能盡善盡美的了」。

在司馬光的想像中，役法改革很簡單，直接回到熙寧元年（一〇六八）以前便好，「各色役種所需人數，一概依照熙寧元年以前舊制辦理……著刑部檢查熙寧元年所施行的差役條例，雕版印刷，下發諸州，照此辦理」。章惇則毫不留情地指出，這種說法「全然不可施行」。別的不說，單說役人數量，「熙寧元年的數額是過於龐大的，後來屢經裁剪，已經減掉了三分之一，如今怎麼可以完全按照熙寧元年的舊額辦理呢?!」而且，役是政府所需的服務，「如今的政務，與熙寧元年以前相比，不知發生了多少改變，今日之政務非昨日之政務，怎麼可以按照熙寧元年的條例施行呢?!」過去是回不去的！

過去之所以回不去，是因為部分是整體的部分，部分的調整不可能單獨實現。章惇說：「我揣度司馬光的想法，肯定是以為役法就是役法，無關其他，既然要回到差役法，那麼只需要把當時條例施行起來就可以了。殊不知，役法一事，牽涉上上下下各個有關部門，各級各類的各種制度條例，哪裡是單單施行一個差役條例就可以搞定的？」在章惇看來，司馬光的建議，處處流露出對於實際政務運作的無知與傲慢。司馬光說：「當初差役法的最大弊端是富戶因『衙前』役破產。可是後來『衙前』役中最害民的部分，比如：負責官府公務接待的廚酒庫、茶酒司，已經改派軍人管理；押送上京綱運物資，已經改為招募卸任官員或者武官、軍人押送；粗重、零星物資的押運，也改由軍人來管。因此，差役舊法中的『衙前』重役實際上已經消失。」改革「衙前」役、紓解富戶重壓，曾經是當初王安石改差為僱、實行免役法的最大動力。按照司馬光的說法，「衙前」重役已經消失，免役法也就失去了推行基礎。那麼，實際情況究竟是怎樣的呢？章惇冷笑著提醒太皇太后，司馬光所說的這些現象都是事實，但是，司馬光只知其一，不知其二，他不知道的是「管理官府公務接待的軍人需要按月發放錢糧，應召押送上京綱運的官員、武官以及他們的隨從，還有軍人，都需要路費。這些錢哪裡來呢?統統來自免役錢！」——司馬光所說的「衙前」重役的替代措施，其實是免役法的一部分，要靠免役法提供資金支持。「如果改行差役，那就沒錢可用了，還拿什麼去差派軍人、招募官員呢？」

章惇並不認為免役法沒有問題，但是，他反對司馬光對於免役法缺乏依據的指責。比如倉場錢物的管理、押運，差役法按照戶籍攤派，能夠攤到此類勞役的都是有田產的鄉村上戶；免役法改為收錢僱役，僱來的多半是「城裡人」。宋朝是中國歷史上第一個為「城裡人」設置專屬戶籍的時代，「城裡人」被登記為「坊郭戶」。「坊郭戶」的特點是住在城市之中，靠經營工商業、出賣技藝和勞力為生——他們多半沒有田產，是所謂「浮浪之人」。傳統中國是農業文明，重農抑商，一貫對「浮浪之人」懷有偏見，視之為社會的不安定因素，認為他們「無恆產，因無恆心。苟無恆心，放辟邪侈無不為已」。[1]司馬光認為，免役法僱傭「四方浮浪之人」充役，造成了官倉錢物的更大損失。章惇指出，司馬光的說法缺乏事實依據，差役、僱役與官倉錢物損失之間的關係，尚有待查證。章惇建議，每路選取一個州，調取該州差役法施行最後三年和免役法施行前三年的數據，進行比對研究，數據應當包括侵占、盜竊官物的人數、社會背景和罪行輕重情況；比對之後，再做結論。即便是今天看來，這個方法也是相當「科學」的，章惇真不愧是行政專家。

作為經驗老道的行政專家，章惇對於官僚群體的脾性瞭如指掌。經司馬光建議的「役法改革詔」中有這樣一條：「各縣在施行過程中，倘若發現問題，限於詔書下達五日之內，將情況上報本州；本州匯聚整理下屬各縣的報告，限於詔書下達一月之內，將情況上報轉運司；轉運司匯聚整理下屬各州的報告，限於詔書下達一季之內，將情況上報到中央。」這一條本來是「役法改革詔」預留的改善後門。章惇卻一針見血地指出，此條全無誠意，「乃是空文」：第一，五日限期太短了，各縣根本沒時間認真考察差役法的實施給本縣可能帶來的問題。第二，五日之限已經透露出急如星火的意思，轉運司和州看到這一條，必然會認定朝廷的意圖就是迅速推行，根本不想讓人說三道四。第三，為了配合中央，他們一定會立定期限，逼迫敦促各縣立即推行差役法。「望風承旨，只求讓上邊滿意，以速為能，哪肯還讓底下人再提意見?!」

司馬光歷數了免役法的諸多弊端，章惇只承認其中的兩條：第一，在差役法之下，鄉村下戶（貧困人口）並不承擔「衙前」等重役，受害不多；而在免役法之下，他們也要交納「助役錢」。窮人不缺力氣和時間，缺的是錢，免役法的確損害了這一部分人的利益。第二，錢這個東西是官府鑄造的，莊稼地裡不長銅錢，老百姓必須把糧食賣了，才能換成錢來滿足官府的需要。官府逼著收錢，老百姓急著售糧，糧食就越發的不值錢，這一點對所有老百姓都構成了傷害。這兩條，章惇認為，的確擊中了免役法的要害。但是，章惇辯解說，這兩條並非免役法自身所固有的屬性，而是因為當時推行免役法令的人，一心想要出政績，一味地貪多圖快，這才導致「新法推行之後，差役法的舊害雖然盡數除去，免役法的新害卻又悄然滋生」。

制度改革，最怕的就是「急就章」，想法再好，推得太猛，也難以穩當。王安石變法，「以僱代差，推得太快，才導致了今天這些弊端。如今以差代僱，必須詳議熟講，才有可能成功」。[2]那麼，怎樣才能做到「詳議熟講」呢？章惇也提出了解決方案：

首先要調動地方官員的積極性，讓他們結合本地實際，講求役法利弊，思考設計適合本地情況的具體役法。第二，先拿京東、京西兩個路來試辦。由朝廷選拔公正強明、通達政事的官員充當役法改革專使，給與充分的信任和權力，讓他們到地方上去，與路級主管官員一起，逐州逐縣實地走訪調查，究竟什麼樣的人戶願意出錢免役，什麼樣的人戶願意親身服役；什麼樣的役種適合差派，什麼樣的役種適合僱傭；什麼樣的人戶雖然不情願但還是出得起役錢；有哪些役種繁重難耐，應當酌減；有哪些役種優厚清閒，可以適當增加。上述情況，「州州縣縣不同」，必須逐一調查，才能制定出適合本地情況的役法改革方案。役法改革專使的工作，就是聚合一路地方官員的智慧，拿出各州各縣的具體方案來，然後再報中央批准，下詔施行。第三，逐步推向全國。京東、京西兩路搞完之後，經驗出來，人才也訓練出來了。以這些經驗和人才為基礎，就可以向其他各路逐漸推廣了。

以上就是章惇《駁司馬光論役法札子》[3]的主要內容，觀點明確，邏輯清晰，能破能立，反駁有理有據，建議實際可行。毫不誇張地說，這篇札子體現了王安石時代所培養出來的官僚的最高行政水準。

一百多年以後，朱熹給學生講本朝史，講到了這一節，他說：「章惇和司馬光爭論役法，章惇悖慢無禮，諸公爭相攻擊他。然而，我看章惇『說底卻是』。司馬光的說法，自己前後無法照應的，被他一一捉住病痛，敲點出來。諸公想要維護司馬光，所以排擠他出去。再說，章惇又是個不好的人，所以人們都樂於看他被趕出去。」[4]

政策分歧讓位於「政治正確」

說上面這一大段話的時候，朱熹曾經仰頭長嘆了多少次呢？他的眼角是否有淚滴？明明章惇「說底卻是」，可是「章惇又是個不好的人，所以人們都樂於看他被趕出去」。朱熹的這番話，無奈地道出了人性的真實。在太多的關鍵時刻，推動人們做出選擇的，是情感而非理性。

在役法改革問題上，司馬光的追隨者——或者更準確地說，王安石的反對派意見並不一致，有人傾向於免役法，有人支持差役法。但即便是那些支持恢復差役法的人，也一致認為，司馬光的役法改革方案，至少是有瑕疵的、需要進一步完善的。[5]

作為司馬光最親密的朋友，范純仁在上奏之前就讀到了司馬光的役法改革奏稿，他極力反對司馬光全盤推翻免役法、回到差役法的激進方案，建議先拿一個州試辦，再推廣到一個路，緩行熟議，慢慢摸索，卻遭到了司馬光的斷然拒絕。在給司馬光的信裡，范純仁憤憤然表達了自己的不解和不滿，他說：「為什麼您寧可把這疏略的方案交給悖謬的官吏去急速推行，要眼睜睜地看著老百姓再次遭到侵害和騷擾呢？一個農夫沒有收成，您都感到心疼，可是您竟然忍心要把全天下的老百姓推到一場草率的政策變革中去。我想來想去，這實在不像是您的作為！我向您建議，把您的方案先在京西一路推行，只要做到讓老百姓滿意，那您的方案就成了。可是您竟然不為所動，我真不知道您是怎麼想的！」[6]

中書舍人范百祿同樣反對改僱為差，他用來勸說司馬光的，是自己的親身經歷。免役法剛剛推行的時候，范百祿是開封府咸平縣的知縣，新法的推行讓幾百名本來應當承擔「衙前」重役的老百姓鬆了一口氣，就咸平縣的情況來看，老百姓是支持免役法的。免役法後來之所以遭到詬病，是因為執法者一味追求朝廷增收，加重了人民的負擔。因此，范百祿建議司馬光，對於免役法，要減少役錢保留役法。范百祿與司馬光淵源甚深，他的叔父是司馬光的同年摯友范鎮，他的侄子是司馬光最親密的學生范祖禹。范鎮因為反對王安石的新法，提前退休，悠遊林下。范百祿卻在王安石當政時期穩扎穩打，受到神宗的賞識，不斷獲得提升，從普通的縣令做到京縣的知縣，又被提拔為諫官。[7]范百祿是進士出身，又考取過制科。宋朝開國以來，制科考入第三等的只有三位，第一位是吳育做到宰執，第二位是蘇軾，第三位便是范百祿。范百祿的學問之好，自視之高，可見一斑。從仁宗朝歷經英宗、神宗兩朝，直到哲宗初年，范百祿的履歷一直是連續的、上升的，這在很大程度上得益於他的超越立場，范百祿是只認是非不管其他的。范百祿的建議，司馬光也沒有接納。八年之後，范百祿過世，范祖禹為叔父作墓誌銘，記錄了范百祿的役法改革意見，並不無遺憾地寫下了四個字——「溫公不從」。范祖禹是多麼希望司馬光能夠聽進批評，不要在役法改革的路上走得那麼遠，可惜，「溫公不從」！

二月七日的「役法改革詔」在開封政壇引發了兩波熱潮：第一波是臺諫官利用詔書的程序缺失彈劾蔡確，最終導致了蔡確被迫辭職；第二波則是對於役法改革內容本身的討論（司馬光的役法改革方案簡單薄弱，太過脫離實際了）真正完全站在司馬光一邊的人幾乎沒有。在所有的批評當中，章惇的批評是最有力的，很多人像王覿一樣，還沒讀到就相信章惇的文章一定有切實可行的東西。隨著章惇奏札內容的逐漸公開，其影響力越來越大。它就像是一把雙刃劍，一方面推動朝廷重新審議役法改革方案，另一方面也對司馬光的威望構成了強烈的威脅，這讓司馬光的支持者深感不安，許多曾經批評司馬光方案的人因此改變了對役法改革的立場。比如諫官王覿，本來是支持免役法，主張謹慎改革的，[8]在章惇的批評公布之後，則改口說：「朝廷體恤老百姓的隱憂，不避繁難，恢復差役法，這是天下人的幸運。……即便是其中有小小不便，也要繼續推行，不斷完善。但願良法早定，不為浮議動搖。」[9]這其中的道理很簡單：既然章惇出面如此有力地攻擊了司馬光，那麼，擁護司馬光就成了「政治正確」——具體政策可以討論，「大旗」絕不能倒！

派別利益占了上風，是非暫時退場。理性給情感讓了路。

彼時的開封政壇，波譎雲詭、瞬息萬變，有一段小插曲耐人尋味。

就在蔡確下臺之前，曾經出現過一個異常理性的聲音，說當今的執政大臣，「皆苟且迎合，取容於世，無足賴者」，沒有一個值得依靠。一個「皆」字，否定了所有當時在位的宰相大臣，既包括飽受臺諫官攻訐的神宗舊臣蔡確、韓縝、章惇，也包括深受太皇太后倚重、朝野愛戴的司馬光和呂公著。當幾乎人人都對「司馬相公」的班子寄予厚望的時候，這個人對司馬光、呂公著的評價卻是「雖有憂國之志，而才不逮心」——才幹配不上心志，雖然道德高尚，目標高遠，然而終歸是辦不成事的。在八位宰相大臣當中，此人對章惇的評價反而是最高的，說他「雖有應務之才，而其為人難以獨任」[10]，行政才能毋庸置疑，只是難以獨當大任，比較適合在別人的領導下工作。這個理性到令人在感情上難以接受的聲音，究竟來自於誰？

右司諫蘇轍！蘇轍建議太皇太后，早日罷免蔡確、韓縝兩位宰相，「別擇大臣負天下之重望、有過人之高才而忠於社稷、有死無二者以代之」。[11]這「有過人之高才」的宰相人選，肯定不是「才不逮心」的司馬光和呂公著。蘇轍屬意的那個人究竟是誰？我猜想很可能是他們兄弟的恩師張方平。[12]蘇轍回京之前，曾經在南京駐留，與張方平盤桓數日。張方平曾經是神宗最初選定的宰相人選，雖已年近八十，身體狀態卻是極好的。當然，這只是我的猜測，蘇轍並沒有明說。大臣「皆無足賴」的說法，出現在元祐元年（一〇八六）二月二十七日蘇轍上給太皇太后的奏狀中。太皇太后雖不以為然，卻也對蘇轍的孤立忠誠產生了好感。然而，這個理性的雜音一閃而過，沒有產生任何影響就徹底消失了，就連蘇轍本人也不再重申「別選宰相」的立場。

「小人之德草」

在《駁司馬光論役法札子》中，章惇對司馬光有一個總體評價：「光雖有憂國愛民之志，而不講變法之術，措置無方，施行無緒。」老實說，這是一個相當公允的評價。「術」與「道」相對而言，「道」是意義是情懷，「術」是方法是道路；「道」可以凌空架虛、天馬行空，「術」必須腳踏實地、切實可行。司馬光的「變法之術」的確弱之又弱。

關於人性，司馬光的了解顯然不如章惇。司馬光對免役法的一項指責，是針對「聚斂之臣」的。免役錢在滿足僱役所需的常規役錢之外，還要加徵一筆「免役寬剩錢」，作為政府的營運成本和風險準備金。中央規定，「免役寬剩錢」按照免役錢的五分之一徵收，但是，下邊的具體執行官員卻往往多收，以此來向中央表忠，為自己積累升官資本。[13]哲宗上臺以後，已經三令五申，嚴令「免役寬剩錢」不得超過五分之一。而司馬光仍然憂心忡忡，認為縱然如此，那些聚斂之臣還是會巧立名目，橫徵暴斂，損害百姓利益。因此，司馬光認為，唯有徹底廢除免役法才能根除聚斂之患。

對於司馬光的擔憂，章惇嗤之以鼻，以為「全然不合情理」。章惇說：「大抵人之常情，自私自利者多，奉公愛民者少。因此，倘若朝廷政策獎勵多收，那麼大部分官員都會聚斂邀功。如今朝廷既然不許多收，又能嚴厲責罰聚斂之臣，那麼，負責徵收役錢的官員如果不是失心瘋了，又怎麼會主動謀求責罰呢？」[14]孔子曾經說過：「君子之德風，小人之德草，草上之風，必偃。」[15]大多數官員的作風就像草一樣，哪邊風來哪邊倒，一切以皇帝的意志為轉移，這是人性的弱點。這一點，極致驕傲的章惇能夠明白，謙謙君子司馬光卻不能明白。

司馬光很快就有機會領教了什麼叫「小人之德草」。司馬光的役法改革方案，原本規定各縣有五天的準備時間，可以提意見。這五天，卻被很多人理解成推行差役法的期限。用五天的時間把一項關係到各家各戶的法令恢復到十八年前的樣子，人人都覺得不可能。但是，有一個人卻毫無保留地做到了，他下屬的兩縣在五天之內，變僱役為差役，完全回到了熙寧元年的狀態。這人是誰？

開封府知府蔡京（一〇四七—一一二六）！

所有人都覺得，開封府改僱為差的阻力應當是最大的：第一，此地富戶極多，不差錢，情願花錢買自由，改僱為差，富人們又要再度服役，焉能欣然接納？第二，免役法推行十八年來，開封府的役種發生了變化，役人數量也有了大幅裁減，行之有效，重返差役法，怎麼回去？回到哪裡去？困難如此之大，人人都覺得頭疼，蔡京卻在五天之內完成了十八年的跨越，向中央報告「已經恢復舊制，下屬開封、祥符兩縣，差一千人充役」。[16]

什麼叫「令行禁止」「符到奉行」？如蔡京者便是！

蔡京的做法讓很多人感到不屑。蘇轍更指責蔡京包藏禍心，「存心擾民，破壞差役法。老百姓長期飽受役錢剝削之苦，突然間取消役錢，差役還沒有攤派下去，因此沒有太多的牢騷。等時間一長，必定會出現各種糾紛、爭鬥，危害社會穩定」。蘇轍質問蔡京：「明明知道本地恢復差役存在種種障礙，卻不申請報告，而是像這樣火急火燎地催督辦理，究竟打的什麼主意？」蘇轍建議朝廷，「必須對蔡京進行懲戒，以警告天下那些懷揣私心、有意敗壞法度的人」。[17]

但是，據說司馬光聞訊之後，卻喜形於色，當面稱讚蔡京說：「如果人人都像閣下一樣奉行法令，那還有什麼做不到的呢？」[18]究竟是什麼矇住了司馬光的眼睛呢？

章惇的批評最終還是起了效果。二月二十八日，經呂公著建議，太皇太后宣布成立「詳定役法局」，委派韓維、呂大防、孫永、范純仁四人牽頭，專門研究役法得失。四日之後，閏二月二日，朝廷又發文到各轉運司，下令以兩月為期，允許各州縣的官員百姓陳述役法利害。一項關係如此重大的政策，竟然是先執行後調研。本末倒置，令人唏噓；但亡羊補牢，或猶未晚。

太皇太后也許是被章惇說服了，對詳定役法的工作表現出高度重視。閏二月八日，詳定局四大臣覲見，太皇太后諄諄教誨，要求他們仔細考量，選拔屬官一定要選當過知縣、了解民情的。[19]然而，第二天，她卻下令取消了允許各州縣官員百姓陳述役法利害的命令。二日下令，九日取消。朝令夕改，何以至此？

促使太皇太后做出上述決定的，是她的政治教練臺諫官。臺諫官所持理由可歸結為三點：第一，要維護社會穩定，朝廷政令的尊嚴；第二，要維護司馬光的威望；第三，要堅決防止反對派趁機動搖差役法，大方向絕不能變！此時的役法已經與政治力量的進退捆綁在一起，喪失了它的本意。

役法的本意是什麼？一言以蔽之，是朝廷國家與社會之間關係的調節器。老百姓必須服役，才能維持政府的正常運作和社會秩序的穩定，而服役的正確方式，應當盡可能地實現朝廷國家的需求與百姓利益之間的平衡。誠如章惇所言：「差役法和免役法，各有利害，關鍵是仔細考察，認真研究，制定切實可行的方案，才能做到盡善盡美。」[20]

在如此龐大的帝國範圍內，一刀切地施行單一的免役法，或者單一的差役法，都會產生問題。以家庭為單位考察，則「富貴安逸的討厭輪差，不願意親身服役；窮人卻最好是出力，因為沒有錢」；以地域而論，江南、四川擁護僱役，陝西、山西擁護差役。所謂「法無新舊，便民就是良法」，只有兼採差、僱之長而去其弊，才能創造出「可以長期行用的便民之法」。這話是誰、在何時說的？元祐二年（一〇八七）十一月，時任戶部尚書的李常。[21]這是一個心中有尺度、不以寒溫改其節的人——李常曾經受到王安石的提拔，但他卻反對王安石的青苗法，不惜因此被貶。在王安石已經成為禁忌的時代，他卻敢於肯定王安石新法的可取之處！只是這樣的人太少了。南宋呂中說過：「因其利而去其害，那麼，兩種役法都是可行的。可惜啊，士大夫在熙寧年間得到提拔的，便主張僱役；在元祐年間得到重用的，便主張差役。是非取捨，全無公心，令人嘆息！」

人性如此，奈何！

三十六、病榻上的宰相

居家拜相第一人

元祐元年（一〇八六）閏二月的開封政壇經歷了一場溫和的大換血：二日，蔡確罷相出知陳州，司馬光出任尚書左僕射兼門下侍郎，為首相；四日，呂公著出任門下侍郎，成為第一副宰相；十八日，呂大防出任尚書右丞；二十三日，章惇罷知樞密院事；二十七日，范純仁被任命為同知樞密院事，成為樞密院的二把手，正式進入中央領導集體。神宗舊相中戰鬥力最強的兩個——蔡確和章惇都被趕出了中央，力量大為削弱。司馬光、呂公著的提升，范純仁、呂大防的入閣，再加上二月底新成立的「詳定役法局」中的韓維、孫永兩位，主張改革王安石—神宗弊政的力量得到了空前加強，中央的新舊力量對比出現了明顯的轉折。當然，臺諫官顯然並不滿足於此，他們乘勝追擊，窮追猛打，向仍然在位的次相韓縝等人發起了密集攻擊。到了四月初二，韓縝也下臺了。

司馬光的宰相任命儀式非常特別——太皇太后直接派人把告身和敕書送到了司馬府上，拜相於私邸之中，這在宋朝歷史上是前所未有的。司馬光的身體狀況，自元豐五年（一〇八二）正月中風以來，就一直在走下坡路。元豐八年三月，神宗突然駕崩之後，他接受太皇太后的囑託，重返政壇，出任副宰相，夙興夜寐，日夜操勞，一直支撐到元祐元年正月二十，終於病倒，「以疾謁告」；二月下旬，病情略有好轉，胃口也比之前好些，只是身體虛弱，容易疲乏，足部腫脹生瘡，步履艱難，只能拄著枴杖在房間裡走幾步，無法正常出席朝會活動，只好在病榻之上透過書信參與國事的討論與籌謀。[1] 閏二月初二，是司馬光病休的第四十二天。任命發布的當天，太皇太后派禮賓司的官員先行前往司馬府上通報，請司馬光出來接受任命。讓太皇太后沒有想到的是，這樣簡單的禮儀，司馬光病弱的身軀竟也無法完成。司馬光上表請辭。六日，太皇太后派出更高級別的禮賓官將任命文書送到了司馬府上。司馬光深感不安，第三次上表懇辭。第二天，太皇太后又派親信宦官攜帶親筆書信前往，敦促就職。[2] 最終，司馬光只得含淚接受。

一直到五月十二日，司馬光才在兒子司馬康的扶持之下，出席了延和殿的簾前辦公會。此後，經太皇太后特許，每三天一次，司馬光乘轎到宰相府集合中央領導集體議事，開始正式主持朝政。[3]

對於禮儀秩序的尊重是司馬光生命的底色，縱然事急從權，然而，不能行禮如儀，還是讓司馬光感到萬分不安。對於有些人來說，制度只是用來約束別人的把戲——他們服從制度，只是因為暫居人下；一旦大權在握，便會恣意妄為，把制度踩在腳下。司馬光則不然，他對秩序的尊重是發自內心的。按照宋朝制度，告假百日停發俸祿。到了四月，司馬光告假滿一百天，隨即停止領取俸祿。司馬光雖然名義上在休病假，可是他哪有一天停止工作？太皇太后聽說，無限感慨，親自下旨，指示有關部門「宰臣司馬光特旨給假養病，俸祿正常發放」，並且特地讓人把這份文件抄錄了一份送到司馬光家裡，以慰其心。太皇太后的好意，司馬光只願心領，他對太皇太后說，「百日停俸，著在舊章」，他身為首相，「當表率百僚，豈敢廢格不行？」[4] 這就是司馬光，這才是司馬光，在道德上，他是真正的凜凜松柏，寒溫不能改其節！

太皇太后之所以堅持要把權力交給一個病榻之上的老人，是因為這老人是她本人和萬千官員百姓心中的「司馬相公」。司馬光的個體生命，已經和政策調整，甚至大宋安危緊緊地捆綁在一起。他的健康成了政治風向標。追隨者擔心，「萬一事有不幸，司馬光撐不下去了，那麼，太皇太后陛下的仁政便難以為繼，老百姓的疾苦便無法解除，陛下所提拔的善人君子也將遭人陷害！」[5]反對派慶幸司馬光年老病重，「望望然幸光之死」，[6]期待他早日去逝，政策調整趕緊結束。

一個國家的命運竟然維繫在一個病弱的老人身上，恐怕很難說是幸運。這份沉重，又豈是司馬光承受得起的?!一人身死不足惜，國運興衰豈可忽?!在得知太皇太后欲任命自己為首相的第一時間，司馬光向太皇太后建議，請老臣文彥博（一〇〇六—一〇九七）回朝來穩定局面。文彥博八十一歲，健康狀況良好。司馬光所看重的，除了他豐富的政治經驗，更重要的是其平衡能力。「自古為人臣者，或得於君而失於民，或得於民而失於君」，很難做到兩全。比如司馬光自己，在神宗朝便是「得於民而失於君」，只能賦閒養志。而文彥博卻能做到「上得於君，下得於民」，「君賴之如股肱，民依之如父母」。[7]有文彥博坐鎮護航，呂公著與范純仁掌舵，那麼，即便司馬光離世，大宋這艘大船也應當可以順利地走過路線調整的險灘！這封札子關係重大，司馬光親筆書寫，甚至對司馬康都沒有透露，司馬光請求太皇太后：「如果能接受我的請求，請不要對任何人提起這是我的建議。如果我的首相任命已經進入程序，難以無故換人，那麼，我可以公開上表保舉文彥博，然後陛下只要把我的上表批示下發即可。」[8]這個建議，太皇太后並未接納。沒有誰可以取代司馬光！

「若作和羹」

商王武丁是著名的賢君，他的王后是女將軍婦好，他的宰相傅說則是賢相的代表。傅說做宰相的基本原則，來自武丁的教誨。武丁說，做宰相，「若作酒醴，爾惟麴糵。若作和羹，爾惟鹽梅」。[9]這也是司馬光所信奉的為相之道，他對武丁的話做了進一步的解釋：「釀酒需要酒麴和酒米，麴子過多會太苦，酒米過多會太甜。製作和羹需要用鹽、梅調味，鹽放多了會太鹹，梅子放多了會太酸。調和適宜，最為難得。好宰相為政，無論大事小事，都要努力在寬鬆與緊張之間尋找平衡，做到平和允恰，讓方方面面都合適，這才是好。」[10]酒麴與酒米、鹽與梅這些不同的東西以合適的比例混合在一起，才能釀出美酒、熬成和羹；朝堂之上多元共存，異論相攪，和衷共濟，才能產生美好的政治。這其實就是儒家的「中庸之道」。

眼下宋朝的政壇風氣已經遠遠地背離中庸之道。重返開封之前，司馬光就明白，這朝廷早已不是教育他成長、鍛鍊他成熟的那個朝廷；如今九個月過去，現實更讓他深刻地領教了過去十八年給大宋政壇帶來的改變。

第一個給司馬光當頭棒喝的，正是蔡京。司馬光要改僱役為差役，蔡京竟然就能夠在五天之內給他想要的結果。當時，司馬光還口頭表揚過蔡京。可是後來揭露出來的事實卻證明蔡京在中間玩了多少貓膩！范純仁說的是對的，「如今這些官員執行起上級命令來，根本就不理會老百姓的利害疾苦，他們甚至會公開揚言『我只知道執行命令，哪裡管得了其他！』」[11]只要上級滿意，這就是他們的原則——這「原則」實在是太可怕了。像蔡京這樣的人不是一個兩個，而是很多。成都府路的綿、漢兩州從來都沒有過「鄉戶衙前」這個役種，可是，成都府路的轉運判官蔡朦在接到中央役法改革命令之後的兩個月內，竟然就「創造性地」把「鄉戶衙前」役種在綿、漢兩州攤派開來。[12]上面要差役，我就給你差役。多麼有效率啊！

中央的「役法改革詔」中明明寫著，「若有妨礙，即具利害擘畫」，允許地方官根據本地的實際情況提出適合本地的實施細則。既然綿、漢兩州本來就沒有過衙前攤派，那麼就直接上報中央不好嗎？蔡朦為什麼不報？作為一名在王安石時代成長起來的官員，他已經習慣了不折不扣、甚至變本加厲地完成「上面」交下來的任務；而他對中央政策的理解也很簡單——司馬光上來了，就是要反對王安石。至於中央文件裡說的什麼「因地制宜」，在蔡朦看來，都不過是套路而已！

每個人所能看見的，都是他心裡的世界。像蔡京、蔡朦這樣的人，不可能明白，司馬光想要的，不是跟王安石對著幹，而是要改掉王安石政策的弊端，讓新政策更加符合國家與百姓雙贏的原則！

不斷揭露出來的蔡京、蔡朦之流，讓司馬光感到憤怒、悲哀而乏力。他越來越悲哀地認識到，這些人才是當今官場的一般狀況。大宋官場早已不是司馬光青壯年時期所熟知的大宋官場，風氣壞了。

風氣是怎樣敗壞起來的呢？

讓司馬光至今印象深刻的，有兩件事。一件是熙寧三年（一〇七〇）的王廣淵事件，這是去年過世的程顥對他講的。早在青苗法推行之前，熙寧二年初，京東轉運使王廣淵向本路富戶強制攤派貸款，收取百分之五十的高利，引發巨大民憤。當時，程顥是御史臺官，他和諫官李常一起彈劾了王廣淵。[13]神宗基本上已經被說服。然而最終，在王安石的勸解下，神宗還是決定對王廣淵免於追究。王安石是如何打動神宗的？王安石說：「王廣淵的為人，我不是很了解。但是，他見陛下想要追求功利實績，便能努力跟上，來迎合聖意之所向，這種行為便值得嘉許。古代曾設有專職官員，向四方傳布有關君主好惡的信息，讓老百姓在行動上盡量避免惹惱君主，王廣淵迎合上意，恐怕不應該怪罪。」司馬光想到的第二件事，是熙寧七年的程昉事件。程昉在河北圩田，大水淹了老百姓的莊稼、墳地和田園；又謊稱是當地百姓主動請求圩田的，犯有欺罔之罪。可是，王安石和神宗就因為程昉圩田為朝廷帶來了「實利」，便不予追究。

害民無所謂，欺罔無所謂，得到「實利」最重要，迎合上意最重要，這是多麼可恥的想法！而王安石引經據典，振振有詞。王安石所說的那個專職傳播君主好惡的官職，叫作「掌交」，是戰國時期人們想像中的周代官職，出自《周禮．秋官》：「掌交，手持使節，帶著禮物去循行各諸侯國，宣揚周王的德行、心意、理想和關注，讓他們都知道周王的好惡，在行動上避開王之所惡。」王安石直接把這段話解釋成了「迎合有理」，從字面上看，並沒有錯。然而，以王安石之博學，他不應該不知道《禮記．緇衣篇》對於「掌交」的職責還有進一步的解釋，那便是「章好以示民俗，慎惡以御民之淫，則民不惑矣」，提倡王之所好來引領民風民俗，宣揚王之所惡來防止人民放蕩，人民就不會感到困惑了。程顥向司馬光說起這一段時，二人都是義憤填膺，不住地搖頭嘆息。王安石是博學的，可惜，他的博學沒有用對地方！

神宗要打仗，王安石要「理財」，「富國」為「強兵」之後盾，兩者都追求高效。怎麼才能高效？下對上唯命是從。為了做到惟命是從，當然必須鼓勵「迎合」。朝廷樹立的標竿是吳居厚這樣不顧百姓死活的理財能臣，只要能夠立竿見影、不折不扣地執行中央命令，增加朝廷國家的收入，便會得到褒獎提拔；是否會損害百姓利益，已經變得無關緊要。上行下效，風氣焉能不壞?!

神宗朝十八年，「風俗頹弊」，士大夫的精神氣質徹底敗壞了。在績效第一的政策之下，官員們習慣了欺上瞞下，來博取上級的歡心。一味追隨的人被視為智者，獨立思考、敢於批評的人被視為瘋子。君主厭惡逆耳忠言，臣子只為自己考慮。[14]這條路，再這麼走下去，絕對是死路一條，亡國就在眼前了。司馬光憂心如焚。他遙想自己的青年時代，范仲淹、韓琦、富弼、文彥博和恩師龐籍掌政的時候，那是多麼美好的年代啊！那個時候的士大夫是神清氣朗、氣宇軒昂的，人們心中有理想，有獨立的是非判斷，不論官職高卑，都自認為是頂天立地的儒者，為了江山社稷，敢於頂撞皇帝和上級。風氣的頹敗是很難扭轉的，縱然是貴為首相——他們自有一套辦法來對付你，讓你昏昏然墮入算計而不自知。這一點，司馬光從蔡京的身上已經領得教訓。然而，今日不努力振作，明日更當墮入下流。既然占定了這個位置，也只有拚命努力，做得多少是多少了。

爾惟鄉校

今日之官僚積習已成，難以頓改，司馬光把振作風氣的希望放在了學校和科舉，這是未來人才的養成之地和選拔之道。

神宗—王安石時代，對學校和科舉進行了三項重要改革，司馬光的糾偏工作也圍繞這三項展開。

第一項，改革科舉考試的內容，把考察重點從唐代以來的詩賦，轉移到經義（儒家經典的閱讀）和策論（對時務的觀察理解應對）上。這一點，司馬光是贊成的，考這些，比吟詩作賦更有價值，更貼近現實。但是，「只考校文學，不勉勵德行」，司馬光是不滿意的。他和慶曆年間的范仲淹一樣，希望透過改革把道德水準引入人才的培養和考察。范仲淹的解題思路是透過學校，司馬光的思路是透過薦舉制——讓現任官員推薦新進士，如果被推薦人後來有貪瀆不法，推薦人連坐。

神宗－王安石時代的第二項教育改革，是把王安石學派的著作當作科舉考試的標準教材，壟斷思想，排斥不同觀點。[15]用王安石的學術來統一思想，是神宗的主張。北宋建國以來，政治寬容，思想自由，儒學逐漸恢復成長，積累以至於神宗朝，優秀的士大夫普遍具有較高的儒學修養，他們好學深思，不迷信權威，敢於挑戰傳統註疏，新見迭出。王安石、程顥、程頤、張載便是其中的傑出代表。對於這種狀況，神宗非常不滿。他對王安石說：「如今的經學理論，每個人都有自己的一套，怎麼統一道德？我們可以把您的經學著作頒行於世，把學者統一在一套理論之下。」

神宗下令國子監雕版印刷王安石的《三經新義》，頒行全國，作為官學教材和科舉考試的標準讀本。名義上古人的註疏還能用，可是有皇帝的指示在上，哪個考官不心領神會，哪個考生不想金榜題名？自此以後，「考生只要寫一句話，也要引用《新義》。有的人甚至連經書都不讀了，只讀王安石的書，照樣考得上，讀得滾瓜爛熟的還能名列前茅」。[16]就這樣，在神宗「一道德、定於一」的方針指導下，依託先進的印刷技術和強大的國家機器，王安石的學術透過學校教育和科舉考試以大水漫灌之勢傳播流布，整整十年，一代讀書人都成了王安石思想的產物。

王安石的水準，司馬光並不否認，但以王學來壟斷學術，鉗制思想，排斥異己，則是司馬光深惡痛絕的。這一點，蘇軾深有同感，他痛心疾首地控訴：

> 文字的衰弊，從來沒有像今天這樣的。衰弊的源頭，毫無疑問出自王安石。王安石的文字，未必不好。他的毛病在於喜歡讓別人跟自己一樣。孔子都不能讓別人跟自己一樣，孔門弟子之中，

顏回仁，子路勇，都不曾改變。王安石卻夢想用他自己的學問統一天下。肥沃土地的共同點，是都適於莊稼生長，但是上面長什麼，是不一樣的。只有荒瘠的鹽鹼灘，才滿眼望去一片黃茅白葦這就是王安石所追求的統一。[17]

據說王安石還把儒家「六經」之一《春秋》斥之為「斷爛朝報」，並趕出了科舉的考場。《春秋》固然簡單，但《春秋》的學習一向是配合著「三傳」的，而其中的《左傳》是充滿了政治智慧的史書。不考《春秋》，專用《新義》，一千年的政治智慧就這樣被王安石和神宗扔到了一邊。這一點，必須改變。元祐元年（一〇八六）四月三日，經蘇轍建議，朝廷下令，來年科場，考試科目等一切如舊，「然而有關儒家經典的解釋，可以兼取前人註疏，以及諸家議論，或者獨出新見，不專用王氏之學」。[18]

神宗—王安石時代的第三項教育改革是關於學校的，學校的規模得到了空前的發展。科舉興而學校衰，這是唐宋之間的一個有趣現象。神宗以前，國子監招收二百人，太學百人。學校不僅規模小，而且教育功能弱，學生很少在學讀書，學校只是為他們提供了一個參加科舉考試的資格和錄取優待。神宗把太學的規模提高到了二千四百人，並且讓太學成為名副其實的宋朝第一學府。但是，太學的管理卻走向了教育的背面——由於太學多次被捲到政治漩渦中，有關部門制定了簡直比司法審判還要煩苛的制度，最終把學生管「死」了。各種千奇百怪的禁令，防範學生和老師就像防範盜賊一樣。除上課外，老師不得隨意接見學生，雙方唯一的接觸就是老師每月巡察所管的宿舍。宿舍的巡察制度就更奇怪了。宿舍是按照專業分配的，但老師負責巡察的卻又不是本專業的宿舍。於是乎，《易經》老師巡察《禮經》宿舍，《詩經》老師巡察《尚書》宿舍，師生雙方見面，客客氣氣地行禮、問好，甚至一句話都不說就可以解散了。這樣做的目的就是防止私人請託，杜絕賄賂發生。在這樣的學校之中，「上上下下，互相猜疑，各懷心事，以求苟且免於責罰」。

這哪裡是學校應有的樣子？這樣的學校缺乏對人的基本尊重，因此絕不可能培養出真正的謙謙君子、忠厚長者。劉摯批評說：「學校培育人才，為首善之地，教化由此產生。即便是因為人多了要建立秩序，不能沒了規矩，可是這規矩也要包含禮義。……必須要改革，取消這些惡毒的制度。」[19]改造學校，也在司馬光的計畫之中，然而他的改造計畫尚未全面展開，太學就出事了。這件事情的起因，是王安石之死。

三十七、復仇與和解

蓋棺論定王安石

元祐元年四月六日（一〇八六年五月二十一日），王安石薨於江寧府（今南京）。

王安石的生命已經結束，蓋棺論定的權柄掌握在司馬光的手上。他們曾經是朋友，後來成為政敵。對於朝廷國家，兩人懷著同樣熾烈的熱愛和深沉的責任感，可是他們所主張的路線方針卻是南轅北轍、水火不容。猶如冰炭不能同器，司馬光與王安石不能同時並立於朝堂之上，所以，當王安石得君行道之時，司馬光拒絕了樞密副使的高位，主動離開政治中心，這一走便是十五年。這十五年，可以說是司馬光的主動選擇，也可以說是拜王安石所賜。如今，司馬光大權在握，已經死去的王安石等待著司馬光的評判。司馬光必須給王安石，給他們共同經歷、共同塑造的過去、現在，以及在他們影響之下的未來一個交代。

司馬光的態度如何？

消息傳到開封時，剛過晚飯時分，司馬康正攙扶著父親在堂前的小院欣賞新開的第一朵白芍藥。宰相府的差人送來江寧府的文書，司馬光捧讀之後，命人焚香，取來公服和襆頭。在兒子幫助下穿戴整齊之後，司馬光對著南方長長一揖，而後肅然站立，默默不語，許久，眼角淌出兩行清淚。司馬康不知道該說些什麼，正躊躇間，只聽司馬光輕聲吩咐：「去書房。」

司馬光要寫一封信，這封信，他不要兒子代筆，堅持自己親筆書寫。收信人是呂公著，信中所談的，正是他們共同的朋友和對手王安石：

> 介甫（王安石的字）這個人，文章、節義過人之處甚多，只是性子不通達，喜歡跟大家對著幹，以致忠誠正直的人都疏遠了他，他的身邊圍繞著阿諛奉承的奸佞小人。最終導致國家制度敗壞，到今天這個地步。如今我們正努力矯正他的錯誤，革除他施政的弊端，而不幸介甫謝世。那些反覆之徒必定會趁機百端詆譭他。所以，我認為，朝廷一定要對介甫予以特別的優厚禮遇，以此來振作浮薄的風氣。倘若你覺得我說的有幾分道理，就請轉告太皇太后和皇帝。不知晦叔（呂公著的字）以為如何？你也不用再麻煩回信了。只是兩位陛下面前，全仗晦叔主張了。

這封信是司馬康連夜親自送往呂公著府上的。呂公著讀罷，也是默然不語，老淚縱橫。

在司馬光、呂公著的主持下，太皇太后宣布停止朝會活動兩天，以示哀悼，贈給王安石正一品的太傅官階，給予七名王安石後人入官資格，並下令江寧府配合王家料理喪事。[1]王安禮一直在擔任江寧知府，目的就是為了方便就近照顧哥哥。四月四日，朝廷已經發布王安禮調任青州知州。長兄過世後，安禮請求繼續留任，以便營辦喪事。朝廷立即批准了他的請求。[2]

何其大度乃爾！清人蔡上翔讚嘆說：「司馬光與王安石雖然意見不合，但是論人品都是君子！」這話固然不錯，卻未免小看了司馬光，他忘記了司馬光作為政治領袖的身分。作為一個政治領袖，司馬光要顧全的是大局，是朝廷的體面，是大宋王朝統治集團內部的團結。廢除新法，厲行政策調整，這是司馬光所堅持的。其中是非，當時與後世各有評說，卻很少有人注意到司馬光為修復團結所做的努力。王安石追求「同」，司馬光追求「和」。「同」是單調的一律，而「和」是「不同」的和諧共處、融為一體。「若作和羹，爾惟鹽梅」，[3]這就像是烹製美味的羹湯，需要水，需要火，需要鹽，需要梅，需要各種調味醬，「水火醯醢鹽梅，以烹魚肉」。[4]王安石的理想朝廷是「我」最正確，別人都聽我的，所以他鼓勵迎合，為達目的不擇手段。司馬光的理想朝廷則是像仁宗時期那樣，各種意見並存，所以他鼓勵批評和討論。司馬光願從本人做起，提倡和解，提倡對不同意見乃至政敵的寬容。

敕：朕式觀古初，灼見天意。將有非常之大事，必生希世之異人，使其名高一時，學貫千載；智足以達其道，辯足以行其言；瑰瑋之文，足以藻飾萬物；卓絕之行，足以風動四方。用能於期歲之間，靡然變天下之俗。

具官王安石，少學孔、孟，晚師瞿、聃。網羅六藝之遺文，斷以己意；糠粃百家之陳跡，作新斯人。

屬熙寧之有為，冠群賢而首用。信任之篤，古今所無。方需功業之成，遽起山林之興。浮雲何有，脫屣如遺。屢爭席於漁樵，不亂群於麋鹿。進退之美，雍容可觀。

朕方臨御之初，哀疚罔極。乃眷三朝之老，邈在大江之南。究觀規模，想見風采。豈謂告終之問，在予諒暗之中。胡不百年，為之一涕。於戲。死生用舍之際，孰能違天；贈賻哀榮之文，豈不在我。寵以師臣之位，蔚為儒者之光。庶幾有知，服我休命。可。[5]

以上就是《王安石贈太傅制》的全文，它出自中書舍人蘇軾的手筆。如椽蘇軾筆，是否忠實地傳達了司馬光的意思？中書舍人的職責是「代王者立言」，準確地傳達高層的政治意圖，然而，執筆者總有辦法把自己的觀點和情緒帶入文字。蘇軾這一篇制書，表面上看都是讚美之詞，細讀卻能品出諸多的不滿。

制書首先肯定，王安石是老天用來成就「非常之大事」的「希世之異人」，王安石的智術、辯才、文章之美與影響力之高，都是睥睨當世、曠絕古今的；也只有這樣一個人，才「能於期歲之間，靡然變天下之俗」，在短短的一年內，贏得皇帝的絕對信任，獲取巨大權力，改變整個國家的政策、風俗與走向。這幾句話是寫實，卻未必是讚美。因為在蘇軾這裡，學問、智術、辯才、文章、影響力都是中性詞，本身並不包含價值判斷，可以服務於仁，可以服務於義，也可以服務於功利；而一個追求功利的人，倘若才智過人，則會走得更遠，錯得更嚴重。[6]而「智足以達其道，辯足以行其言」一句，更是化用了《史記．殷本紀》對商紂王的評價「知足以距諫，言足以飾非」，[7]對於王安石的學術指向暗含深刻批評。

王安石「於期歲之間，靡然變天下之俗」，那麼，他所創造的新風俗究竟是好是壞？在制書中，蘇軾保持沉默，並未加以評論。可是，在另一篇大約作於同一時期的文字中，蘇軾卻把王安石時代的文學園地比作長滿了「黃茅白葦」的鹽鹼灘，發出了痛徹心扉的吶喊。[8]

在制書中，蘇軾還總結了王安石的學術淵源，說他「少學孔、孟，晚師瞿、聃」。孔、孟是儒家；瞿指佛家（瞿曇今譯喬達摩，是釋迦牟尼的姓氏；聃指道家）老子姓李名耳，字聃。這就等於在說王安石的學術是駁雜的，他從儒家出發，最終卻倒向了佛道。這種並不純粹的知識取向，一方面催生了更具創造力的《三經新義》，另一方面卻也把《春秋》趕出了科舉的考場——這是創造，也是破壞！蘇軾運筆至此，胸中蘊蓄著多少憤怒與無奈！

最後，蘇軾輕描淡寫地提到了王安石的政治作為，說神宗對他的信任是「古今所無」的。對於安石相業，蘇軾不置一詞，既不肯定，也不否定，而這種絕口不提實際上就是無言的否定。緊接著，蘇軾就談到了王安石的罷相，他稱讚王安石主動退休是灑脫高蹈的。再往下，就是以哲宗名義說的一些客氣話了。[9]

蘇軾以高度克制的筆法曲折地表達了對王安石的高度不滿和有限敬意。這番意思，我們今天能讀出來，當時那些飽讀詩書的士大夫怎麼可能讀不出來?!這則制書，在頒布之前，作為門下省長官的司馬光和呂公著都是讀過的，他們也都簽了字——王介甫高才，只可惜路走錯了。此時不便明言，是為了團結。要革除王安石施政的弊端，又要透過對王安石身後事的處理來表達和解的意圖，振作風氣、維護團結——這是司馬光和呂公著想要的。然而，把「安石其人其學」與「安石相業」一分為二，區別對待，是難之又難的，並不是每一個人都有這樣的認知高度。

復仇之火

既然王安石倒了，那麼，跟他有關的一切人、一切事都應該被打倒、被推翻。這應該就是太學副校長兼教務長國子司業黃隱的真實想法。

王安石去世的消息傳到太學之後，有太學生集資，打算在學中為王安石擺設靈堂，公開祭祀，以表達哀思。結果王安石的寫真像還沒有掛好，黃隱就怒氣沖沖地帶著隨從趕到，衝散了靈堂，捲走了王安石像，把領頭的學生關了禁閉，罪名是非法斂財。[10]黃隱的做法在太學諸生中引發了強烈不滿。什麼叫「非法斂財」？分明是反對紀念王安石！皇帝和太皇太后都停止上朝致哀了，為什麼不許我們哀悼！太學裡這麼多年讀的都是王安石的《三經新義》，受王安石的教導，就是王安石的學生，學生祭祀老師，天經地義！他黃隱小小一個的國子司業有什麼資格阻攔?!朝廷都在說要給太學更大的自由，禮遇諸生，黃隱卻背道而馳，對學生濫施刑法，是何道理?!

太學諸生透過各種管道紛紛上告。一時之間，黃隱的種種惡行被揭發：朝廷命令並沒有禁絕王安石的《三經新義》，只是強調不能只用《新義》，可是，這黃隱卻在去年十二月到任之後，[11]即刻下令焚燬《三經新義》的書版，擺出一副與王安石的學問勢不兩立的架勢。朝廷命令並沒有禁止學生在作文時引用《三經新義》，可是黃隱判卷子，只要一見到「新義」兩個字，就會大為光火，狠狠地打上難看的紅叉不算，還會在旁邊東拉西扯、無限上綱地批上一大篇，最後，還要把這份試卷張榜示眾。

太學諸生早就恨透了黃隱，可是也拿他沒辦法。太學不是現代學校，而是官員養成所。經神宗改革後的太學分為三舍，也就是三級：外舍二千人、內舍三百人、上舍百人，透過考試，一級一級往上升，上舍考試合格，就可以直接當官了。上舍考試的功能與科舉中的省試相當，所以，上舍考試的級別也是省試級的。下上舍考試一等，是從內舍升上舍的考試，稱為「公試」，朝廷也極為重視，一直都是從諫官、御史等官員中臨時任命考官，以防作弊。元祐元年（一〇八六）三月，太學制度改革，把「公試」的考試權正式賦予太學。負責主持「公試」的，正是國子司業！[12]也就是說，黃隱其實把持著太學二千三百名內舍生和外舍生的前途命運！正因如此，對於黃隱的作為，諸生一直敢怒不敢言。而王安石祭祀事件正好提供了一個出口，諸生蓄積已久的憤怒這才爆發了。

大多數臺諫官都站在太學生這邊，對黃隱提出了批評。殿中侍御史呂陶的看法最合司馬光的心意，呂陶說：「關於經文意義的解釋，無論古今新舊，最可貴的是恰當。漢代以來儒家的解釋未必全都對，王安石的解釋未必全都不對，善於學習的人可以做出自己的判斷。又何必是古非今，厚此薄彼，一定要趕時髦呢？想當初王安石得勢的時候，他的書成為標準讀物，天下流傳，膚淺之士尊崇他、信奉他，把他比作孔、孟之間的人物；等到王安石失勢了、死了，這幫傢伙又群起而詆譭他，認為他的學問沒有任何可取之處，這實在是一群不明道理的混蛋！」

呂陶又說：「士大夫最可怕的毛病，就是勢利跟風，不能獨立做出公正判斷。勢利跟風這種行為，往小處說，是一個人道德廉恥的淪喪；往大處說，是社會風俗的敗壞。」[13]呂陶是有資格說這番話的。他是唐介的門生，而唐介是仁宗朝最耿直的臺諫官，後來做到副宰相，被王安石活活氣死（見本書第十五章之「唐介之死」）。熙寧三年（一〇七〇），呂陶應唐介推薦參加制科考試，在對策中批評王安石新法，一度打動神宗。當然，那一榜批評王安石最犀利的，不是呂陶，而是孔文仲（見本書第十九章之「孔文仲制科風波」）。在神宗朝，呂陶曾經因「抵制破壞新法」而遭貶。在哲宗朝，呂陶則敢於反對司馬光，在役法的問題上，他主張「不如參用新舊二法，裁量取中」。[14]呂陶所秉持的永遠是自己心中的標準，他從未勢利跟風。

那麼，黃隱就是勢利的嗎？說黃隱勢利，似乎也有欠公平。元豐五年（一〇八二），黃隱入朝擔任監察御史里行。當時正是王安石的學問最盛行的時代。神宗問黃隱以誰的學術為皈依，黃隱大聲回答「司馬光」。[15]出任國子司業之前，黃隱所擔任的職位是御史，他積極彈劾熙豐舊相，支持司馬光的政策調整。[16]可以說從頭到尾，黃隱都沒有改變他的立場，他並不是隨風倒的牆頭草。那麼，如此不顧體面地焚燒《三經新義》印版、阻止學生紀念王安石，黃隱意欲何為？唯一的解釋只能是，在黃隱的心中，王安石與司馬光是你死我活的關係，他既然是司馬光的「忠臣」，那就一定要把王安石的影響連根剷除！在黃隱近乎癲狂的行為之中，蘊含著一種仇恨的力量，這種力量不顧大局，拒絕和解，就像是野火一樣，倘若放任它蔓延，必定會燒燬整個官僚集團。

范純仁謀和解

范純仁在「鄧綰事件」上看到了同樣的仇恨之火。鄧綰這個人，我們在第二十章中早已做過介紹，此人以歌頌新法得官，從一個小小的寧州通判被直接提拔進宰相辦公廳，從此青雲直上。「笑罵從汝笑罵，好官我須為之」[17]就是此公名言。他曾任諫官，又長期在御史臺任職，為新法鼓吹張目，後來得罪王安石，被貶出朝，徘徊地方。再後來，經過多次大赦恩典，鄧綰的官銜待遇得到恢復，四月四日，也就是王安石過世前兩日，鄧綰被從鄧州調往揚州。這本來是一次正常調動——前任宰相韓縝外放，出知潁昌府（今許昌），現任潁昌知府曾孝寬要給韓縝騰地方；而曾孝寬是前任吏部尚書，要換也得換個好地方，於是改任知鄭州（今鄭縣）；所以，現任鄭州知州鄧綰要改任揚州知州，以便給曾孝寬騰地方。[18]潁昌府、鄭州、揚州雖然都是州級單位，但在宋朝的官場序列當中，權重是依次遞減的。鄧綰改任揚州知州是一次骨牌式連環調動的最後一環，本來很正常。然而，誰也沒有想到，這番調動卻驚動了新任殿中侍御史林旦（？—一〇九一），[19]惹來了一連串殺氣騰騰的攻擊。林旦上疏，指責鄧綰「人品下流，是個天生的兩面派、馬屁精」，又說鄧綰冥頑不靈，從鄧州改揚州，尚且心懷不滿，因此請求太皇太后對鄧綰「特出聖斷，重行誅殛！」由於林旦的彈劾，朝廷將鄧綰的任命從揚州知州改為滁州知州。林旦卻仍不滿意，繼續窮追猛打，「請求朝廷削去鄧綰一切官職，把他流放到邊遠地方，終身不予恢復，以謝天下！」20

鄧綰縱然曾經荒唐，可無論如何也罪不至死；況且，鄧綰已經為自己曾經的無恥付出了代價，朝廷又有什麼理由對鄧綰削官奪職？難道真像笑話裡講的，龍王要殺死所有長著尾巴的水族，連青蛙也不肯放過，就因為青蛙在蝌蚪時期曾經有過尾巴？倘若這樣處置鄧綰，那麼，所有那些在王安石時代曾經逢迎的官員都將不寒而慄，不能安心本職，而試看今日之大宋，三十歲以上的官員，又有哪一個不是王安石和神宗提拔起來的？倘若如此，搞得官心惶惶，這天下靠誰來治理?!范純仁感到了強烈的不安。在御前會上，當太皇太后拿出林旦的彈章徵求意見時，范純仁據理力爭，終於打動太皇太后，為鄧綰贏得了滁州的任命。退朝之後，范純仁左思右想，仍然覺得不安穩。他自己做過御史，了解言官那種除惡務盡、務求必勝的心態，他擔心林旦惱羞成怒，把矛頭指向自己，更擔心太皇太后改變主意。於是，他又給太皇太后連上了兩道奏疏，一道重申寬宥鄧綰的意義：「如此，則陛下的度量包納洪荒，廣如天地，那些過去犯了錯誤的人，都有機會改正，心裡輾轉反側的人，都可以獲得安寧，這是事關朝廷治國根本的事情。」一道表明自己無由偏袒鄧綰：「先帝在時，曾經任命我知襄州，因為鄧綰的彈劾，降級改任小州知州。鄧綰與我，無恩有隙。我今天所說的這些，不是為了鄧綰，而實在是痛惜朝廷的體面，還望太皇太后陛下詳察。我昨日在簾前為鄧綰分說，已蒙陛下當面表揚，表示接納。我擔心其他宰相大臣的意見可能與我不同，因此不免多說兩句，希望陛下認真考慮。」21

此時的范純仁，年屆六旬，已經是政治場上一名飽經風霜的老將。三十四年前，他父親范仲淹去世，歐陽修以老友的身分為范仲淹作神道碑銘，堅決主張范仲淹在中年時期與他年輕時彈劾過的宰相呂夷簡實現和解，二十六歲的范純仁強烈反對，甚至把歐陽修的神道碑文刪掉了二十幾個字才刻石，結果徹底惹惱了歐陽世叔，歐陽修當面扔掉了范純仁送來的碑文拓片，說：「這不是我的文字！」那個時候的范純仁不理解，為什麼歐陽修一定要在碑文中讓范仲淹與呂夷簡和解。在年輕的范純仁心中，父親是正義的化身，呂夷簡則是邪惡的代表，正義與邪惡之間，怎麼可以有和解的空間！二十一年前，范純仁是侍御史，韓琦是宰相，歐陽修是副宰相。英宗要尊崇生父濮王，歐陽修、韓琦主張英宗可以稱呼濮王為「父親」，范純仁堅決反對，憤然上疏，甚至暗指宰相操弄權柄、威脅皇權，惹得韓琦當眾墮淚。那個時候的范純仁四十歲，他相信自己是正義的代表，他越是激烈地批評韓琦、歐陽修，便越是對大宋王朝好。如今時光流轉，范純仁坐到了當年韓琦、歐陽修的位置，也終於明白了韓琦的傷心與歐陽修的堅持。父親有父親的偉大之處，作為宰相，呂夷簡也有他不可磨滅的貢獻。英宗是否稱呼濮王父親，對於本朝政治又有何損傷？真正分裂了士大夫群體、損傷了大宋元氣的，不是濮王的稱號，而是圍繞著濮王稱號的那一場曠日持久的激烈爭論。現實政治之中，不可能有純粹的非黑即白，妥協、和解都是必須的，「召和氣」才是當務之急。

第二天，范純仁收到了太皇太后派心腹宦官送來的密封手詔。范純仁一邊讀，一邊在心中讚嘆太皇太后的聖明。這封信是這樣寫的：

我讀了你關於鄧綰一事的奏疏，所論公允恰當。那些逢迎拍馬、刻剝百姓最嚴重的官員，朝廷已經罷黜、放逐。當時迎合時勢、苟求利己、靠搞錢晉身的人太多了，如果朝廷一個都不放過，那麼追究起來會沒完沒了，這恐怕不是安定團結的路子，只會讓那些人日夜恐懼，不能自安。我有意頒降一則詔書，宣布寬大恩澤，對於上述行為不再追究，讓官員們各安職業，改過自新。你以為如何？請你仔細斟酌，說明你的意見，親筆書寫，密封報告。

范純仁請送信的宦官飲茶相待。不一會兒，他就寫好了回信：

陛下的這番心意實在是聖明……我忻歡感嘆都來不及，哪還有什麼愚見可以補助陛下的睿智與聰明呢？陛下只要把這番意思交付給學士舍人，讓他們敷衍潤色，就是一篇極好的訓誥，可以垂之萬世，永為帝範了！[22]

范純仁的讚美是發自內心的。

可惜，這樣一封承載著太皇太后「聖意」的和解詔書，並未如約產生。四月二十八日，惴惴不安的鄧綰在鄧州過世。鄧綰之死引發了更大範圍的恐慌，很多人相信鄧綰是嚇死的——因為，這些人相信，倘若鄧綰不及時消亡，必然會面臨一系列嚴厲處分。

三十八、人間最是寬容難

臺諫復仇理舊帳

這種猜測並非空穴來風——就在范純仁力圖謀求和解的同時，臺諫官正在積極清理舊帳。首先遭到清算的是神宗的親信張誠一和王安石的幹將李定。這兩位，按照當時的道德規範，的確都夠得上是混蛋。張誠一的父親張耆，從真宗還是皇子的時候就服侍左右，真宗最心愛的女人，即後來的劉皇后、劉太后被太宗嫌棄的時候，就藏嬌在張耆府上。這樣的靠山，奠定了張耆一生的榮華富貴。作為張耆的小兒子，張誠一靠恩蔭起家，做到神宗的樞密都承旨（樞密院的第三把手，深得信任。可這個張誠一，卻是個徹頭徹尾的不孝子）生母過世，他明明有條件，卻不肯及時營葬。這還不算，更離譜的是，張耆的墓遭盜掘未遂，張誠一趕去安撫亡魂，發現老爹的犀角腰帶漂亮，竟然就取出來修整一番，洋洋得意地紮在自己腰上到處顯擺；又是這廝，還趁機把嫡母身上的陪葬首飾洗劫一空，拿回家來「子孫永保用」了。李定也是個不孝子。他是王安石當政之初破格提拔的御史，後來一直做到御史中丞，蘇軾「烏臺詩案」就是他的「傑作」。跟張誠一相比，李定的劣跡略輕一些——他只是拒絕承認自己的生身庶母，以此來避免服喪。但是，李定是科舉出身的文官士大夫，在宋朝的政治文化中，理應遵循更高的道德標準。想當初，王安石提拔李定的時候，就遭到了臺諫等一眾官員的強烈抵制，而王安石力排眾議，誰反對就拿掉誰，硬是把李定推了上去。張誠一、李定都是混蛋。但是，他們的混蛋事蹟已經過去很多年了，此時翻出來重加處分，還是讓人覺得有政治報復的味道，很多人感到了強烈的不安，前任參知政事呂惠卿就是其中之一。

呂惠卿是王安石一手提拔起來的幹將，對新法「投入的心計和力量最多」。[1]熙寧七年（一〇七四）四月，王安石第一次罷相離朝前，為保新法推行不輟，力薦呂惠卿為參知政事，號稱「護法善神」。呂惠卿長於吏幹，精於算計，然而格局褊小，人品低劣，掌政之後，野心膨脹，以權謀私，失去了神宗的信任，熙寧八年十月，罷政外放，從此徘徊地方，至今已十年有餘。[2]哲宗即位時，他正擔任太原知府兼任河東路軍政長官，負責整個河東戰區的邊境防禦。呂惠卿是奸邪小人，這一點，好像從王安石變法一開始就已經成為定論——司馬光就曾經預言「顛覆王安石的，一定是呂惠卿」。可是，這奸邪小人外放已久，遠在河東，而且遭到王安石和司馬光兩大陣營的唾棄，對中央政治已經毫無影響力。按道理講，不應該再有人去找他的麻煩，呂惠卿是安全的。可是，呂惠卿的舊帳還是被翻了出來。

認真說起來，暴露了目標的，倒是呂惠卿自己。

太原春晚，三月桃花始開。在乾冷的空氣中，呂惠卿一遍又一遍讀著從開封來的邸報，認真思索著中央人事變動的消息，感到了徹骨的寒冷和強烈的危機。思來想去，呂惠卿決定靠邊站，主動上疏朝廷，請領宮觀閒職——這是宋朝官員特有的福利，掛一個「主管某某宮或者某某觀」的虛銜，有工資可領，「官齡」也可以連續計算，卻不必管事。比如，司馬光在洛陽就掛過「主管嵩山崇福宮」。

呂惠卿請領宮觀的報告打到開封，臺諫官就像獵人忽然發現了獵物一樣，興奮得鼻翼抽動、目光灼灼。第一個發現目標的，仍然是蘇轍。蘇轍對呂惠卿的定性是非常駭人的，必欲置之死地而後快：「像這種小人，天生邪惡，安於不義，性本陰賊，尤喜害人。若不死亡，終必為患。」[3]可是，蘇轍的彈劾似乎並未打動太皇太后——五月十九日，蘇轍發起彈劾，而太皇太后直到六月中旬才有所反應。

原因其實是不難想見的。蘇轍所指稱的呂惠卿罪名，比如助成青苗等惡法、排擠忠良引用邪黨、主動對西夏發起挑釁、背叛陷害王安石等等，都是前朝舊帳，因此很難觸發太皇太后的警覺。真正觸動了太皇太后的是「呂惠卿違赦出兵事」。其大致情節如下：元豐八年（一〇八五）三月六日，哲宗發布登極赦書，嚴令緣邊守將不得侵擾外界，保持邊境和平。三月中旬，登極赦書已經抵達太原，皇帝和太皇太后的旨意，呂惠卿不容不知。然而，就在四月十七日，呂惠卿卻發動幾萬大軍入侵西夏，挑起戰端。五月，夏人發起反攻，宋朝損兵折將。「違赦出兵」性質惡劣，是對皇帝和太皇太后權威的悍然挑釁，「勞師動眾，謊報功勛，挑起邊境爭端，這些都還無所謂。公然違反詔令擅自發兵，內心深處已經毫無人臣之禮，如此罪行是不可以不懲處的！」[4]「像這樣的強臣，廢詔出兵都敢做，還有什麼事是他不敢做的?!」[5]「正當先帝駕崩之際，臣子理應哀悼，呂惠卿卻猖狂發兵，這是大不孝！正當陛下登極之時，大臣應當禮敬，呂惠卿卻傲慢違令，這是大不忠！」[6]如此不忠不孝的「強臣」，竟然沒有受到任何懲罰，還夢想著請領宮觀，悠遊山野，頤養天年，君臣之大義何在?!本朝之綱紀何在?!

六月二日，右正言王覿首言「呂惠卿違赦出兵事」。八日，御史中丞劉摯、左司諫王巖叟各自上疏彈劾呂惠卿，攻擊的目標卻一致集中在「違赦出兵事」上。如果說他們事先不曾有所溝通，那實在也太過巧合了。右司諫蘇轍暫時保持了獨立的姿態，沒有加入到聲討「違赦出兵」的行列中去。他於八日再上彈疏，提醒太皇太后「近歲奸邪，惠卿稱首」，必須誅殺。[7]透過太皇太后，來自臺諫官的輿論壓力不斷傳遞到宰相府，十八日，朝廷發布命令，褫奪呂惠卿文臣榮譽職銜，連降四級，發往蘇州，監視居住。對於這一處理結果，臺諫官十分不滿。二十日，四名諫官全員出動，採取了集體行動。左司諫王巖叟、左正言朱光庭、右司諫蘇轍、右正言王覿在太平興國寺戒壇集會，聯名上疏，重申呂惠卿罪在不赦，要求太皇太后「特賜裁斷」，「為國去凶」。[8]接獲奏札之後，太皇太后當即批示：「呂惠卿罪惡貫盈，目前的處分太輕，諫官意見極大。要流放到更偏遠荒涼的地方，以平息公論。」諫官的集體奏札、太皇太后的批示與十八日的「呂惠卿蘇州監視居住令」一起，被送到了宰相府。就在司馬光、呂公著等人還在商討之際，二十二日，御史臺全臺出動，聲討呂惠卿違赦出兵，無父無君之罪，請求太皇太后「要毫不遲疑地清除奸邪，賜呂惠卿一死，以安天下！」[9]喊殺之聲，甚囂塵上。

太皇太后的批示，呂公著在宰相辦公會上反反覆覆讀了三遍，最後總結說，太皇太后的意思，只是要把呂惠卿貶到更偏遠的地方，以示警戒。二十三日，經宰相府集體討論，上報太皇太后和小皇帝批准，朝廷公布了對呂惠卿的新處分——貶往條件更差的建州監視居住，官階降為建寧軍節度副使，不得簽書公事，這與蘇軾被貶黃州的情形差相彷彿。[10]

呂惠卿的貶官制書同樣出自蘇軾的手筆。這一次，蘇軾絲毫沒有掩飾復仇的快感，他以小皇帝哲宗的口吻，這樣寫道：「凶人在位，民不安居。懲罰不當，士有異論。滔天罪惡，必須嚴加懲處，才能垂範後世。……我即位之初，首先發布的就是安邊詔令，而呂惠卿假稱號令，肆行奸謀。王者發令，譬如出汗，汗出不返，令行禁止，卻沒想到會被奸賊利用。如此禍國無道的行為，自古罕聞。孔子治魯七日即殺亂臣少正卯；舜帝英明仁武，對奸臣賊子流放的流放，殺戮的殺戮。朕初即位，心懷寬宥，對呂惠卿只薄示懲戒。」換句話說，論罪行，有三個呂惠卿也不夠殺；不殺他，只是因為太皇太后和皇帝的仁義。

在這樣的背景之下，太皇太后怎麼可能想到發布和解詔書？

范呂決意示寬仁

呂惠卿固然有罪，然罪不至死，眼下尤其不是窮追猛打的時候。司馬光、呂公著、范純仁不約而同地想起了晁仲約的故事。那還是在仁宗朝，范仲淹與富弼主持新政，晁仲約為高郵知軍，賊來無兵可擋，為保一方平安，竟然以地方長官的身分親自出面號召富戶出錢來犒勞土匪，土匪拿了錢物，果然就繞道他往了。晁仲約的荒唐事蹟報到開封，富弼勃然大怒，誓必殺之，以為不殺不足以明朝廷之尊嚴、正官場之風氣。范仲淹卻堅持認為事出有因，二人在仁宗面前發生了激烈爭論，富弼乃至面紅耳赤、怒髮衝冠。終於，在范仲淹的堅持下，晁仲約的腦袋保住了。富弼當時極度不服。范仲淹說：「本朝不殺大臣，這是非常仁厚的好傳統。你今天攛掇皇帝殺死一個晁仲約不要緊，萬一他殺得手滑了，早晚有一天會殺到你我頭上啊！」11

沒有任何人、任何機構和制度可以硬性約束皇帝，而皇帝卻掌握著每個人生殺予奪的大權。這便是秦始皇建立帝制以來華夏政治的最大祕密。本朝以仁厚立國，「與士大夫共天下」，不殺大臣，不殺言事官，這才有了一百二十年的清明政治。臺諫官與大臣同在「不殺」之列，同樣是被「祖宗之法」的寬容滋養著的。而如今這群臺諫官卻殺聲震天，這樣下去，本朝的仁和之氣必將消失殆盡。必須尋找機會，重提和解議題，恢復本朝和氣。這是司馬光、呂公著、范純仁的共識。

重申和解的機會被呂公著找到了，這就是「賈種民任命案」。神宗朝的大理寺一度專治刑獄，特別是官員犯罪，而大理寺丞是法官。賈種民在擔任大理寺丞期間，與時任御史中丞蔡確遙相呼應，「專門中傷善良」，後來被貶到地方擔任副州長。[12]如今賈種民副州長任滿回朝，正在等待新的任命。賈種民的到來引起了殿中侍御史林旦的注意，林旦舊事重提，彈劾賈種民「舞文深酷之罪」，請求予以嚴懲。林旦所舉的例子，恰好是賈種民借「陳世儒殺母案」陷害呂公著一事。

對於「陳世儒殺母案」，太皇太后印象深刻——那可是當年轟動朝野的惡性案件，審理過程長達三年，從開封府轉到大理寺，又從大理寺轉到御史臺，最終，包括陳世儒在內的十七名案犯被處斬，因此案遭受處分的官員多達數十人。

陳世儒是前任宰相陳執中的兒子。陳執中家風著實不堪，仁宗朝就出過陳執中愛妾張氏凌蔑正妻、打死婢女的醜聞。嘉祐四年（一〇五九）四月，陳執中過世之後五日，正妻謝夫人獲得仁宗皇帝允准，在陳執中柩前剃髮出家，與陳家一刀兩斷，京城之人，「莫不稱快」。[13]這位性情殘暴的張氏如夫人，就是陳世儒的生母。陳世儒「頗承母教」，同樣喜歡虐待婢女。終於，在元豐元年（一〇七八），有婢女不堪忍受，逃離陳家到開封府上告，揭發陳世儒夫婦謀殺張氏。殺母悖逆人倫，大傷風化，是十惡不赦的大罪。神宗立即指示開封府嚴查。陳世儒夫人李氏的母親呂氏，是呂公著的侄女。呂公著當時是樞密院的二把手。[14]呂氏回到娘家，一把鼻涕一把淚地懇求呂公著給開封知府蘇頌遞個條子為女兒說情。呂公著深知神宗脾性，知道請託不但於事無補反而會牽連無辜，咬緊牙關一口回絕，眼睜睜看著老侄女抽抽噎噎地走了。

後來這案子從開封府移送大理寺，大理寺丞賈種民在訊問的時候故意誘導李氏，試圖把呂公著拖下水。呂公著的女婿都被叫去問了話。呂公著則一度主動停職謝罪，直到神宗親自出面澄清，這才重新出來工作。大約正是因為意圖誣陷呂公著，讓神宗對賈種民產生了結黨營私的懷疑，最終，賈種民被貶出京，降級擔任副州長。[15]

林旦的彈章，勾起了太皇太后的回憶，她忽然產生了強烈的好奇，想要看看呂公著會怎樣處理這舊仇人。在第二天的簾前辦公會上，太皇太后主動拋出了林旦的奏札。讓太皇太后完全沒有想到的是，呂公著卻要求任命賈種民為州長，這分明是提拔了。太皇太后大惑不解。

呂公著說：「太皇太后明鑑，這個人的確害過我，但是他已經得到了懲罰。如今我正在相位，倘若賈種民因為過去的錯誤而獲罪，那麼，這會向天下傳遞怎樣的信息呢？懲罰賈種民是小事，朝廷因此喪失寬容的大體，這才是大事啊。」[16]

這句話，顯然並非只針對「賈種民任命案」而發，太皇太后陷入了沉思。「朝廷大體」是司馬光、呂公著、范純仁反覆陳說、極力維護的。惡要除，但是除惡不能傷了和氣。王安石的路線統治宋朝十五年，幾乎眼下所有的官員都是在王安石路線下成長起來的，政策調整和高層的人事變動已經讓他們感到了不安，再繼續擴大打擊面，只會讓不安的情緒持續發酵。想當初朝廷罷黜吳居厚的時候，開封城裡的鞭炮聲噼噼啪啪響了一宿，那種喜悅，太皇太后是感受得到的。而如今，蔡確、章惇已經下臺，可是朝廷的各項政策、措施仍然推行不利，似乎各地的官員都在猶豫觀望。那種不斷蔓延的疲沓情緒，太皇太后在簾子後面也能感受得到。呂惠卿的處分案，甚至在宰相大臣中都得不到共鳴。這樣下去，實在不是朝廷之福。唉，恐怕是時候告別先朝舊怨，卸下包袱，勉力向前了。

太皇太后一宿沒闔眼。

「和解詔書」遭閹割

六月二十六日一早，宮中傳旨，今日視朝，著三省與樞密院共同進對。見禮已畢，簾子後頭遞出了一封太皇太后的親筆手詔。呂公著奉命宣讀，展開捧定，未及開口，一眼掃去，頓時淚盈於睫。諸大臣聽罷，也是異口同聲讚美太皇太后聖明。手詔內容如下：

先帝變法，目的是要行寬厚之政，讓老百姓得到好處。而某些官員不能體會朝廷本意，一味追求立功受賞，導致先帝法令在推行中出現重大偏差。政策制定不當者有之，搜刮聚斂毫無節制者有之，奸邪附勢者有之，掩蓋錯誤者有之，結交權貴者有之，開邊生事者有之。上述種種，對民生造成了極大傷害，時間越久，弊端越突出，導致輿論一片批評之聲。倘若不加肅清，必定擾亂綱紀。朝廷因此對其中的罪大惡極者進行了貶謫驅逐。但這也造成了其餘相干人等日夜恐懼，焦灼不安。朕則以為，當此新政初開之際，一定要存恤朝廷大體，昭示寬容之恩。對於上述人等，一概不再追究彈劾，令其改過自新，安心本職。請照此意，擬作詔書，布告中外。[17]

這是真的要拋棄前嫌，協力向前了。何天下之幸也！

呂公著召來了中書舍人范百祿，[18]當面叮嚀，要他務必仔細體會太皇太后的美意，斟酌成文。太皇太后的這封手詔，最核心的內容是什麼？第一是要對神宗朝做一個總結，結束爭論，穩定人心先帝的政策，出發點絕對是好的，問題都出在了執行層面上。保住先帝這面旗幟，才能避免思想的混亂，維護大局的穩定。第二是要肯定太皇太后攝政以來懲處貪官惡吏，整肅政風、調整政策的做法，罪大惡極者必須懲處，此事大快人心。第三是要宣布整肅的結束——整肅是必須的，但絕不能擴大化，擴大化就亂了。第四是要給那些在神宗－王安石時代成長起來的官員吃一顆定心丸，讓他們能與朝廷同心同德——這便是「朝廷大體」。范百祿草成之後，呂公著反覆斟酌。兩天之後，六月二十八日，一封洋溢著和解精神，維護朝廷大體的詔書呈送到了太皇太后面前。范百祿完美地傳遞了太皇太后手詔和呂公著口頭指示的精神。詔書以哲宗皇帝的口吻宣布：

> 朕追思先帝在位，講求法度，目的就是要行寬厚之政，惠澤天下百姓。而某些官員，不能推原朝廷本意，或揣測聖旨肆行掊克，或膽大妄為騷擾邊境，或接連興起大獄牽連無辜。弊端積累，久而彌甚。這就是為什麼批評不能停歇，朝廷必須懲奸處惡，革除弊端。端正風俗，振作綱紀，是出於公心，不得已而為之。如今罪行昭彰者已正法度，作惡為巨者已遭貶斥。其餘的錯誤問題則可以寬大處理，不再追究，以免破壞天地間的和諧。孔子不為已甚，舜帝崇尚寬容，為國之道，務必要保全大體。凡今日以前有相關問題錯誤的，一概不問，言官不得再行彈劾，有關部門不得再加懲處，讓他們自我反省，共同營造美好的風俗。謹此布告，中外臣僚，深體朕意。[19]

這是一則信號明確的「和解詔書」，它相當於一次專門針對官員的大赦，目的就是要營造團結的氛圍，把官僚集團從舊日恩怨、恐懼和焦慮中解脫出來，共同應對當下的治理任務。

六月二十八日，「和解詔書」草成。與此同時，和解的信息像春風一樣迅速傳遍了開封政壇——這是宰相大臣們不約而同的「有意為之」。然而，出乎所有人意料的是，這則「和解詔書」一直拖到七月十一日才得頒降；[20]並且，最終的詔書中刪掉了至關重要的一條，那便是「言官不得再行彈劾」八個字。[21]沒有了這八個字，整個詔書就成了一紙空文。那麼，究竟是什麼力量讓太皇太后改變了心意？臺諫官！御史中丞劉摯、殿中侍御史林旦、監察御史上官均、左司諫王巖叟、右正言王覿聞風而動，紛紛上疏猛烈攻擊「和解詔書」，說它是「戒言之詔」，[22]「名義上是安慰罪人，其實卻是要約束臺諫官，不讓人說話！」[23]「懲處一兩個奸臣就擔心他們的同類會恐懼，因此感到疑惑，要說好話來慰勞他們，這分明是姑息之政！」[24]「這樣一則詔書頒降之後，老奸巨猾倒是安心了，可是忠臣義士呢？陛下讓他們如何安心？如何自處？」[25]

臺諫官沉浸在他們用文字所構築的「忠奸對立」當中，把任何一點有關和解的信號都看作是對「奸邪」的妥協，對「忠賢」的背棄。而太皇太后此時顯然缺乏作為一個最高統治者應有的格局、襟懷和定見，她在兩種政治勢力之間搖擺，司馬光、呂公著、范純仁是她所信任的，臺諫官也是她所信任的。司馬光、呂公著、范純仁拚命想把她往上拉，拉到一個超越派別、超越個人得失的立場上去，從江山社稷的長遠利益出發來看問題，把大宋看作是一個整體，要給大宋體面，拋棄前嫌，領導朝廷團結一致向前走。而臺諫官則拚命想把她往下拽，拽回到更為現實的利益得失中來，「陛下以為呂惠卿違赦出兵是這麼簡單的嗎？呂惠卿一個地方官哪有這樣的能力？陛下試想，當時如果沒有蔡確、韓縝、章惇這些人的支持，區區一個呂惠卿又怎麼可能做出這樣的大事？陛下，陛下！」「必定是宰相大臣與邊帥內外勾結，才會發生這樣的惡性事件，這樣的事情也要放棄追究嗎？倘若如此，太皇太后與皇帝陛下的權威何在？若陛下之權威都不能保全，那還有什麼『朝廷大體』可言？」

太皇太后被臺諫官所描述的陰謀嚇住了，又是一夜未眠。第二天上朝，她隔著簾子看諸位宰相大臣，怎麼看都覺得面目模糊，態度可疑。「和解詔書」被再度提交到簾前辦公會，太皇太后表現出了前所未有的堅決，「『言官不得再行彈劾』八個字必須拿掉」。

宰執之中，司馬光病情惡化，自六月十二日起再度病休，缺席討論。在場眾臣，乍聞此語，都有一種被打了一記悶棍的感覺，隨即低頭噤聲，范純仁爭而不得，呂公著欲言又止，最終，還是集體「領旨」退下了。

「和解詔書」遭遇宮刑。臺諫官開始了對「呂惠卿違赦出兵」一事的窮追猛打，最終得到了他們想要的答案。八月十四日，王巖叟、朱光庭在延和殿奏對，與太皇太后當面「複盤」此事。

朱光庭先發言，他說：「呂惠卿擅自發兵一事，無疑是蔡確、章惇有意欺罔陛下。不錯，呂惠卿確實拿到了兩份中央命令，那兩份中央命令上也確實有『三省、樞密院同奉聖旨』的字樣。但是，請陛下務必留意時間，那兩份命令，第一份是在先帝彌留之際。以先帝那個時候的健康狀況，怎麼可能有力氣簽字批示？無非是蔡確他們要應付呂惠卿，故意作假！」

「沒錯！」王巖叟接著說，「第二份命令的發出時間是先帝的二七之日，太皇太后陛下正在哀痛悲傷之際，哪有精力仔細審察每一份文件?!肯定是蔡確、章惇他們把這份文件混雜在常規政務當中，矇蔽陛下，騙取了簽字！」

王巖叟、朱光庭正說得義憤填膺，忽聽得簾後一聲怒喝：「恁時那裡理會得，只做熟事來謾過！」[26]

那一刻，就在那一刻，太皇太后相信，臺諫官才是最忠誠的臣子，宰相大臣們都是有私心的，權力越大私心越重。

三十九、葬禮與哀歌

黃葉落

六月十二日，司馬光病情再度加重。這一次發病，腳上的瘡引發的膿腫一直腫到前腳掌，導致整個腳面都不能著地，只能仰面躺著。[1]太皇太后遣來的醫官回去之後，得到的結論是「司馬相公恐怕是來日無多了」。太皇太后聞言，神色泫然，良久不語，隨後下旨，司馬相公居家休養，為國珍攝，暫可不必憂勞國事。

然而，值此新舊交替、路線變換之際，司馬光哪裡可以靜得下心來踏實休養？他的心裡有太多的事情放不下。

司馬光放心不下的頭一件事是對西夏政策。他主張盡早與西夏正式休兵，結束邊境的緊張狀態，與國休息，與民休息。司馬光認為，用兵是神宗時期一切惡政的源頭。他在給哲宗和太皇太后的形勢分析報告中寫道「在我看來，如今公家和民間資源耗竭，疲敝不堪，一切的根源都是因為用兵」，[2]尤其是既無戰略規劃、又無充分準備的非正義的用兵。先帝為什麼要打仗？說得好聽點，是因為先帝認為本朝的疆域「跟漢、唐相比，還不夠完整，深感恥辱，於是慨然生出征伐開拓之志」。說得難聽點，還不是為了滿足大國虛榮、證明自身血統的高貴?![3]打仗您倒是認真打呀，十年生聚，十年教訓，厲兵秣馬，選將練兵，蒐集情報，充分準備，認真謀劃。可是，神宗的西北拓邊行動，既沒有通盤的戰略考慮，也缺乏有秩序的戰場組織。一個大國主動發動的對外戰爭，就像是做小買賣，放任「邊鄙武夫」去折騰，贏了是皇帝英明，輸了便處罰將領。戰場之上，宦官成為統帥，神宗遙控指揮，朝令夕改（打著打著，一封手詔下去，將領之間的統屬關係就變了）种將軍手下的軍隊、所控制的給養，原本歸王宦官節制，忽然就不歸他管了，王宦官的如意算盤全數落空，只好眼睜睜地看著麾下的數萬軍隊在沙漠的朔風裡餓死、凍死和逃跑。這樣的戰爭簡直就是災難本身！

司馬光希望，趁著新帝即位，擺出大國胸懷，高屋建瓴，早下詔書，赦免夏人罪過，歸還宋朝從西夏掠取的土地，恢復之前的朝貢關係，重建兩國間的和平。只有這樣，才能重新把握宋夏關係的主動權，恢復「天子」的體面與尊嚴，[4]與民休息，與國休息。

六月，聽說夏國使節前來，司馬光連上三札，請求扶病入見，早定大計。太皇太后制止了司馬光。司馬光建議將邊疆問題交由文彥博討論，最終，文彥博的意見與司馬光相同，太皇太后接納了二人的建議，宋與西夏恢復了和平交往。

役法改革也是司馬光心心念念的。司馬光堅信，原則上差役優於僱役；但他也承認，部分役種「僱」優於「差」，各個地區的情況也有不同，必須予以尊重。蔡京、蔡蹊事件更讓他意識到事情的複雜性。六月二十八日，司馬光專門上疏重申役法改革問題，特別強調，權力下放到縣，允許各縣因地制宜，制定適合本地的差役執行辦法，他說：「對於民間利弊的深入了解，轉運司不如州，州不如縣。」[5]假以時日，司馬光也許可以成長為一個更為務實的政治家。

八月六日，司馬光最後一次上殿，面見太皇太后。這是一次突如其來的上殿，事先並未報告。司馬光為什麼要上殿？因為竟然有人要恢復青苗錢！青苗錢，在司馬光眼裡是如假包換的害民之法。在司馬光的堅持下，朝廷已於閏二月下令廢除青苗錢。可是誰想到，才到四月間，「青苗錢」竟然改頭換面，又偷偷地溜回來了。司馬光起初被矇在鼓裡，到八月五日，才得知真情。他憤然上殿，在簾前高聲抗議：「不知是哪一個奸邪之人，勸陛下復行此事的！」[6]

當司馬光拚著老命喊出這一聲的時候，有一個人的臉色頓時變得煞白，像被雷劈了一樣站在當地，一句話也不敢說。這人不是別人，正是范純仁。司馬光所選定的政治接班人范純仁做出了部分恢復青苗法的提議。范純仁有充足的理由——政府缺錢花啊！神宗朝攢下的錢並沒有拿出來打入正常的財政支出，司馬光主政之後所做的主要努力是減少民間稅費，換句話說，也就是減少政府的收入，可是政府的開支並沒有相應減少。在范純仁看來，青苗法害民，是因為執行不當，如果適當控制，為什麼不可以用？當然，他也知道司馬光對青苗法的態度，所以，青苗法的恢復推行是遮遮掩掩的。如今，被司馬光當面這麼一喝，范純仁真如五雷轟頂，不能動彈。

司馬光感到了深深的失望。他沒有能力也沒有時間像我們一樣理智地思考青苗法與國家財政之間的關係。他只是感到了失望，並因失望而憤怒。

在接下來的日子裡，司馬光的失望在一點一點加深。朝廷要求推薦學官，司馬光推薦了王大臨，那是他在鄆州做通判管理州學的時候認識的一個老學生，「通經術，會講課，安仁樂義，譽高鄉曲，貧不易志，老不變節」。[7]朝廷立刻批准，任命王大臨為太學錄。可是朝廷的任命狀抵達的時候，王大臨已經過世。司馬光並沒能等來多年後的師生重逢。

壞消息接踵而至。司馬光推薦過的一個官員孫準出了問題。孫準跟老婆娘家的人發生訴訟，遭到了罰金處分。這件事本身跟司馬光沒有關係，可是司馬光自責，自己可是在推薦詞裡說「孫準行誼無缺」的，這能算得上「行誼無缺」嗎？司馬光上奏朝廷，自責「舉非其人，請連坐」。「我最近上奏，要求提高薦舉在官員選任中的權重，建議舉人不當者，薦舉人要負連帶責任。……我是宰相，自己立的法，自己第一個違犯。倘若不加處罰，又憑什麼約束別人？」[8]這件事情發生在八月二十六日。

兩天之後，司馬光上奏朝廷，請求授予已故殿中侍御史里行陳洙的一個兒子官職。陳洙是誰呢？仁宗末年的御史，跟司馬光一起力諫仁宗及時立儲，「忘身殉國，繼之以死，而天下莫知」。[9]他們共同奮鬥，把英宗扶上了皇位，可是英宗之子神宗卻把國家搞成這個樣子。司馬光淚眼迷離。

三天之後，九月一日清晨，司馬光溘然長逝，得年六十八歲。那一枚烈風中的黃葉終於墜落。

舉國同悲哭文正

司馬光死了，他是累死的。病中的司馬光「躬親庶務，不舍晝夜」。朋友擔心他的身體，勸他說：「諸葛孔明二十罰以上的罪過都親自處理，操心太細，因此落下一身的病。大人不可不引以為戒啊！」司馬光答以「死生，命也」，反而更加用力。

在生命的最後時光，司馬光已經失去意識，他喃喃自語，就像是在說夢話，又像是在做臨終囑託。司馬康俯身貼耳傾聽，斷斷續續聽到的都是朝廷、天下，只聽得司馬康滿臉淚水。司馬光死後，家人在他的書房裡找到八頁文稿，那上面說的都是當世要務。司馬光真的是在「以身殉國」，他用生命實踐了修齊治平的理想。[10]司馬光二十歲中進士，為宋朝服務四十八年，官至宰相，位極人臣，然而終身衣著樸素、飲食簡單，保持了書生本色，只在洛陽置下一處小小宅院和三頃田地，那三頃田地，元豐五年張夫人去世，「質田以葬」，已經不無損失。

在司馬光的心中，是非最大。他直道而行，夢想建立一個上下和諧、秩序井然、安定富足的國家，「讓中外之人都能安閒地吃飯、喝茶、遊賞、嬉戲，不受戰亂的驚嚇，不用擔心有人窺視竊聽」，[11]沒有戰爭和動亂，社會秩序穩定，老百姓春耕夏耘、秋收冬藏，豐年留客有雞有肉，臘酒雖渾，賓主盡歡。這是最簡單的夢想，也是最宏偉的藍圖。為了這個理想，司馬光反對朝廷對百姓的過度剝削，他主張皇帝和國家要削減開支，要藏富於民，給老百姓休息的時間。當朝廷政策違背他的理想，司馬光斷然離去，對於神宗捧出的樞密副使的高位，他不屑一顧，情願躲在洛陽編著《資治通鑑》，一躲就是十五年，開封的榮華富貴只等閒。當太皇太后發出召喚，委以大政，給他調整政策、救民出水火的機會時，司馬光明知艱險，仍毅然還京，主持調整大計，「盡人謀而聽天命」，[12]這就是「司馬相公」的態度。司馬光曾經為韓琦祠堂寫作碑文，他借韓琦的口說：「為人臣者，當盡力以事君，死生以之，只看事情本身的是非如何。至於成敗，那是天命。怎麼可以因為事先擔心事情不能成功，就撒手不管呢！」[13]

這樣的司馬相公死了。太皇太后得到消息，慟哭了一場，小皇帝也掉了眼淚。司馬光是九月初一過世的，初六日正是每年一度明堂祭天大典的日子，而這一次的明堂是哲宗即位以來的第一次。作為首相，司馬光本來是當仁不讓的明堂大禮使，這個光榮的差使，由於身體狀況，司馬光辭掉了。可是誰也沒有想到，司馬光竟然沒能撐到明堂這一天。想到這裡，太皇太后、呂公著、范純仁諸人都無比感傷。國之大典不可廢，六日，太皇太后忍住悲傷，完成了明堂大典。可以告慰司馬光的是，此番明堂大赦所頒布的利民措施，比以往任何一次都多。[14]明堂大典完畢，哲宗宣布，由於司馬光之喪，此次明堂，取消祥瑞展示、百官稱賀環節，只行大赦之儀。[15]大赦儀式後，太皇太后和皇帝一起駕臨宰相府，弔唁司馬光，「哭之哀甚」。

哲宗下令，司馬光「贈太師、溫國公，賻銀三千兩、絹四千匹，賜龍腦、水銀以斂」。[16]哲宗御篆，親自為司馬光書寫了神道碑的碑額——「忠清粹德之碑」，並命令蘇軾為司馬光寫作神道碑文，又賜銀二千兩，專門為司馬光修蓋碑樓。司馬光的謚號被定為「文正」，這是一個文官所能得到的最崇高的謚號。

司馬光得到了一個宋朝高官所能得到的所有哀榮，還有一般高官得不到的老百姓的愛戴。得知司馬光過世的消息後，「首都百姓主動罷市，前往司馬府外弔祭，很多人典當了衣物來置辦祭品」。司馬光的靈柩離開首都，運往涑水老家安葬，起靈那天，開封人「巷哭以過車者，蓋以千萬數」。

司馬光在涑水故園下葬的日子，是元祐二年（一〇八七）正月初八日。這一年的冬天，天氣格外寒冷。可是在初八這天，從四面八方趕來送葬的人卻有好幾萬，從司馬家的墓園一直排到遠處的峨眉嶺上。這些素昧平生的人素服哀嚎，就像是在哀悼自己死去的父母親人。負責主持司馬光安葬儀式的戶部侍郎趙瞻、大宦官內侍省押班馮宗道回朝報告，惹得太皇太后又是淚水漣漣。開封有人畫了司馬光的像，刻印出來到市場上去賣，開封人家幾乎一家一幅，外地人也紛紛到開封來購買司馬光像，不少畫工因此致富。人們像供奉祖先和神明一樣供奉司馬光。

為什麼人們這樣愛戴司馬光？答案很簡單，因為司馬光愛百姓，在朝廷與百姓之間，司馬光所考慮的，不單單是皇帝和朝廷，還有老百姓。皇帝、朝廷、文武百官和老百姓合在一起才構成了宋朝國家，司馬光所關注的是國家的整體利益，他希望在朝廷和老百姓之間求得和諧，建立平衡的統治秩序。司馬光的這番努力，這番心意，老百姓收到了。

蓋棺重說先帝知

蘇軾為司馬光書寫了《行狀》和《神道碑》。這是兩種完全不同性質的寫作。《行狀》是私人寫作，代表著司馬光家族；《神道碑》是官方書寫，代表宋朝官方對司馬光的評價。在這兩份出自一人之手的不同性質的文字當中，蘇軾反反覆覆地提到一個關鍵詞，強調著同一件事。

這個詞就是「神宗」，這件事就是「神宗對司馬光知遇最深，司馬光的復出是神宗的旨意」。《行狀》說：「司馬光歷事四朝，皆為人主所敬重，而神宗對他的知遇是最深刻的。」《神道碑》說得更為直接透徹：

> 輿論只看見今上（哲宗）與太皇太后對司馬光的提拔之快，任用之至，卻不知道神宗皇帝對司馬光的知遇之深。

在蘇軾的筆下，神宗對司馬光的知遇是一種更高級的知遇，「知之於方異」——明知意見不同而格外愛惜：

> 從普通老百姓到公卿大夫，不管是上下級、師生還是朋友，即便是彼此間都沒有足以干涉對方命運的權力，可還是會親近跟自己觀點相同的，疏遠跟自己觀點相左的，沒有人聽到批評而歡喜、受到教訓而不怒。更何況是君臣之間呢？可是在熙寧年間，有關朝廷政事，司馬光沒有一件

不反對的，他上疏幾十封，全都直言不諱、言無不盡。這樣的情形，平等相交者尚且難以忍受，而先帝安然受之，非但不生氣，反而想要讓司馬光做自己的宰相大臣，甚而至於親自為司馬光的書作序，在邇英閣研讀。倘若不是深知司馬光，怎麼可能做到這些呢？

蘇軾總結說：

今上和太皇太后對司馬光的知遇，是「知之於既同」；而先帝對司馬光的知遇，是「知之於方異」。

蘇軾所說的，司馬光對神宗政策的批評，神宗要司馬光做樞密副使，為《資治通鑑》作序，將《資治通鑑》納入經筵講讀，都是事實。然而事實與事實之間的關係和解釋，卻顯然是蘇軾的「創作」。蘇軾力圖在司馬光與神宗之間建立更為緊密的良性聯繫。在《行狀》中，蘇軾把司馬光在哲宗朝的復出描述成神宗的意圖：

儘管司馬光的言論違逆了神宗的意思，但是神宗卻深知他的心意，待他越發的好。神宗晚年，拜司馬光為資政殿學士，肯定是有意再度起用司馬光的。有意再度起用，難道會白用嗎？他必定會踐行司馬光的主張！司馬光也懂得神宗的心意，因此當政之日，銳意調整，自信而不疑。嗚呼！像先帝這樣，才可以說是「知人」，他的知遇是深刻的；像司馬光這樣，才可以說是「不負所知」，他的報答是偉大的。

可是，神宗畢竟沒有用司馬光做過宰相。關於這一點，蘇軾解釋說，司馬光是神宗為下一代皇帝所儲備的宰相人才。在蘇軾的筆下，神宗對司馬光的安置高瞻遠矚，充滿了預見性：

古代的君主為子孫考慮長遠的，都是這樣的，寧可自身不享有「知人」的虛名，也要讓子孫享受「得賢」的實利。神宗如此了解司馬光而終於未盡其用，誰知道他的心意不是這樣的呢？

對於「司馬相業」，《神道碑》的銘文做了如下總結：

> 為政一年，疾病半之。功則多矣，百年之思。知公於異，識公於微。匪公之思，神考是懷。天子萬年，四夷來同。薦於清廟，神考之功。

未來的人將會懷念司馬光的功德，而在對司馬光的懷念之中，天然寄託著對神宗的感激，因為是神宗的賞識、拔擢把司馬光推上了宰相的高位。

這樣的說法，在熟知本末的人看來，簡直近乎胡編亂造。然而，在這樣的「胡編亂造」之中，卻蘊含著蘇軾作為政治人的高度敏感。司馬光當政以來所進行的一系列路線政策的調整，都是「反王安石」或者直接說是「反神宗」的——這一點，千真萬確，不容否認。司馬光的權力來自哪裡？來自神宗之母太皇太后高氏的授權；而在當時的政治倫理結構中，太皇太后自身無權干政，她的權力來自皇帝——哲宗年幼，無法行使皇權，作為祖母，太皇太后代行皇權。所以，原則上，太皇太后所行使的皇權應當貫徹哲宗的意志，太皇太后本身無所謂意志。那麼，哲宗是誰呢？神宗之子！子之於父，孝道第一。何為孝道？「三年無改父之道」，繼承發揚父親的想法和做法，這才是孝道的正宗！司馬光在太皇太后的支持下大改神宗之政，對錯得失姑且不論，這種行為本身就隱含著巨大的政治風險。哲宗親政之後不認怎麼辦？萬一哲宗不認，要重回神宗路線，那麼，司馬光必定死無葬身之地——不僅司馬光，所有跟隨他一起推翻神宗路線的人都將粉身碎骨。因此，必須讓人們相信，司馬光的當政和他所推行的反神宗路線都出自神宗的本意。

「現在」需要跟「過去」和解，才能走向更好的「未來」，此事關係「天下所以治亂安危者」。[17]悠悠萬事，唯此為大。蘇軾已經嗅到了統治集團分裂、惡鬥的危險，他想要用文字來補救。神道碑就矗立在那裡，它是司馬光的豐碑，也將成為神宗賞識、支持司馬光的明證。蘇軾想要給司馬光的事業和大宋王朝的未來加上一道保險。然而，談何容易！

風更烈

葬禮是與死亡相聯的儀式，而儀式提供了不同於日常的氛圍、場合和規則。葬禮的主題是哀悼，它的規則是死者為大，莊嚴肅穆，哀傷而節制。在葬禮中，真實生活中的矛盾對立暫時退場，人們掩藏起素日的不滿和憤懣，專意表達哀悼——「日常」暫停了。然而，儀式過後，「日常」還要繼續，舊問題仍待解決。

司馬光死得很不安靜。司馬光生命最後十八個月的大宋朝廷就像是一艘大船，路線政策發生了方向性調整，換了船長、大副，調整了航線。那麼，應當怎樣對待那些舊日的船員水手？照道理，舊的船長撤職了，可以換去做非領導性的事務。一般水手，只要不搗亂，就應當留下他們，既往不咎。這才是同舟共濟的道理。只可惜，人世之中，寬容最難。在很多時候，人們會忘記大家是在同一條船上，會因為人與人之間眼前鼻尖的矛盾糾葛忘記海上的驚濤駭浪。

司馬光過世的當天，左司諫王巖叟即上疏太皇太后，指出「『去奸』和『進賢』是穩定局面的兩大法寶。如今司馬光薨逝，更不能把奸人繼續留在中央領導職位上了」。這「奸人」指的就是神宗舊臣副宰相張璪、李清臣等人。九月二十四日，張璪出知鄭州。第二年四月，李清臣出知河陽。18

元祐元年（一〇八六）十月間，還發生了一件對後來政局影響深遠的人事案。章惇自汝州調任揚州，途經開封上任，卻被堵在城門之外「奉聖旨」，當場收繳了知揚州的任命敕書，勒令即刻返還汝州舊任。章惇跪接聖旨，心中羞憤難當，滿腔的血一下子衝上臉頰，臉紅得就如殘陽一般。如果不是兒子章持在一旁扶持，恐怕直接暈死在當地亦未可知。等到章惇在兒子的連扶帶抱之下掙扎站起身來，挺直了腰桿，他臉上的血紅已經褪去，人們看到的，又是那個驕傲無比的章惇了。他嘴唇緊閉，牙關緊咬，顯露出頜角堅硬的輪廓，昂著頭，一語不發，面色就像日落之後的天空一樣陰沉平靜，深不可測。看到那一幕的人，心中都充滿了恐懼。

遭遇了這樣的奇恥大辱，章惇竟然一語未發。只有他的兒子章持忿然上疏，為父鳴冤：「太皇太后、皇帝陛下把我的父親調任揚州，是為了方便他就近照顧我八十七歲的老祖父。兩位陛下的深恩厚德，我們祖孫三代感激涕零，粉身碎骨，無以為報。可是，沒想到卻發生了這樣的事。這一定是執政大臣與臺諫官相互勾結，欺罔陛下……」

章持的話只對了一半，臺諫官的確對章惇進行了猛烈的攻訐。諫官王巖叟說：「像章惇這樣跋扈的人，心懷怨望，任性無禮，對太皇太后和皇帝所為悖逆，要是按照制度來，絕對是應當殺頭的。給他一個汝州知州，已經是罪大責輕，憑什麼又改到揚州?!一定是有人想要為章惇翻案，揚州之後，必定還有後續節目，請陛下務必留意。」章持沒有說對的，是執政大臣的態度。隔著簾子，太皇太后手中揮舞著臺諫官的奏疏，怒氣沖沖地問道：「是誰在為章惇主張？」呂公著毫不猶豫地回答說：「大家的意見。」太皇太后又要處分章持，也被呂公著攔下了，呂公著說：「兒子為父親，做什麼都不過分。」[19]孝道在上，太皇太后不再窮追。然而，想當初章惇在討論垂簾儀制時說過的那句話卻一直在她的耳邊迴繞——「待與些禮數！」「待與些禮數」，輕慢無禮，大逆不道，這樣的人就應當萬劫不復！惟其如此，才能讓他們明白君臣之道！

在維護自身權威的問題上，太皇太后心如鐵石，不可轉移。[20]司馬光死後三年，元祐四年（一〇八九），前任宰相蔡確被指控所作《車蓋亭詩》謗訕太皇太后，責降英州別駕，流放到新州（今廣東新興）監視居住。蔡確的貶謫決定是太皇太后在簾前辦公會上當眾親口宣布的，事先並未與宰相們商量。各位宰相的第一反應是倒吸了一口涼氣，流放嶺南，豈不是要置蔡確於死地嗎？本朝上一次給卸任宰相如此嚴厲的處分，還是在六十年前。真宗晚年，丁謂當政，把寇準流放到雷州；仁宗即位，劉太后當政，又把丁謂流放到崖州。寇準和丁謂雖然忠奸有別，但都是當時在位的宰相，在激烈的政治鬥爭中敗北，遭遇對手清算，容或有之。可是蔡確三年以前就已經離開相位，如此處置，豈不過分？這一年的二月，呂公著已薨，當時的首相是呂大防，次相范純仁，副相孫固、劉摯、王存。呂大防、劉摯想用孝道來打動太皇太后，說：「蔡確的母親已經很老了……」卻沒想到，這話被太皇太后直接打斷，簾後傳出的聖諭簡短有力，不容置疑：「山可移，此州不可移。」太皇太后的回答透露出滿腔的怨憤。今上即位奉的是先帝遺詔，還有太皇太后的庇佑，蔡確當時恰在相位，躬逢其時，又非首相，卻敢自詡有定策大功，眩惑皇帝，謀求復相，是可忍孰不可忍！話已至此，呂大防只得率領一眾宰相領旨退下。只有范純仁不死心，與王存二人單獨留下，繼續為蔡確求情，太皇太后沒聽完，就轉身回宮了，丟下范純仁和王存兩個，從頭頂涼到了腳底。

范純仁一身疲憊，滿面憂傷地對呂大防說：「這條往嶺南的流放之路荒廢了七八十年了，為什麼要重新開啟呢？此路既開，咱們這些人恐怕也無法倖免啊！」這句話，像極了慶曆新政時期范仲淹對富弼說過的，不要引導皇帝殺人，「萬一他殺得手滑了，早晚有一天會殺到你我頭上！」范仲淹說這話的時候，富弼是不服的，後來，當富弼遭到皇帝猜疑，命懸一線的時候，他終於理解了范仲淹。慶曆一代的政治家與皇帝之間，終究還是做到了君敬臣忠，有始有終。那麼，范純仁的話是張大其詞的杞人憂天，還是會一語成讖呢？

又一次延和殿會議，太皇太后主動問起了外間輿論對責降蔡確的反應。呂大防回奏說：「蔡確積惡已久，此番罪狀尤其不堪，正該這樣處理。心中不樂的，只有蔡確的朋黨。」誰是蔡確的朋黨呢？難道說所有反對蔡確流放嶺南的人，都是蔡確的朋黨嗎？對於這樣的質疑，太皇太后會毫不猶豫地回答：「是的。」經歷了五年的垂簾聽政，太皇太后想問題的方式，已經非常接近神宗——這是王安石思想的偉大勝利！

因為「不言」——沒有批評蔡確或者試圖「營救」蔡確遭到處分的官員已達八名。到了六月，范純仁、王存主動上章求退，二人的奏章，太皇太后「皆留中不出，亦不批答，亦不封還，亦不遣使宣押」，只等宰相主動表態。最終，還是老臣文彥博體悟聖意，主動提出了對范純仁、王存的處理意見。范純仁罷相，出知潁昌府；王存解除副宰相職務，出知蔡州。雖是外放，所得之州都是好地方，太皇太后的意圖是明確的——她並不懷疑范純仁、王存的忠誠，但是，在蔡確這件事上，二人處置嚴重不當，必須懲戒，以觀後效！

就在司馬光的弔祭過程中，還出現了一段小插曲。明堂大禮之後，一群中央官打算前往司馬府上弔喪。崇政殿說書程頤覺得不合適，說：「『子於是日哭則不歌』，怎麼能大赦才了，就去弔喪呢？」程頤（一〇三三—一一〇七）是大儒，一直不肯做官，司馬光和呂公著聯名推薦他以布衣身分直接出任小皇帝的老師，程顥、程頤兄弟與司馬光都住在洛陽，忘年相交，相知甚深。程頤曾說，與范純仁討論，十件事若能有三四件爭論到底，便覺得滿足；與司馬光討論，則可以斤斤計較，不放過任何一處細節。別人問他為什麼，程頤說：「司馬光是真能容納直言不諱的，不管別人怎麼違逆他，也不會生氣，這是司馬光的好處。」[21]程頤的毛病是書生氣太重，喜歡掉書袋。這一句「子於是日哭則不歌」出自《論語‧述而》，意思是說孔子遇到哭喪之事，那麼在這一天之中就不會再唱歌了。

蘇轍當即表示反對，說：「孔子說的是『哭則不歌』，沒有說『歌則不哭』。現在咱們慶賀大赦已畢，前往弔喪，論禮是沒問題的。」蘇轍的話是順著程頤的邏輯來的，程頤掉書袋，蘇轍也便跟著他掉書袋，只不過比程頤分析得還要精準。蘇轍的話縱然不能完全說服程頤，但基本在理論上解決了大赦之後弔喪的問題。這番談話，倘若到這裡就結束，雙方面子上都還是過得去的。可是，就在這個當口，蘇軾說了一句俏皮話，他笑著對程頤說：「您這是枉死市上叔孫通所制的禮呀！」周圍的人都哈哈大笑。[22]枉死市是民間傳說中冤死鬼的所在，叔孫通是漢初儒生，為漢高祖制禮；叔孫通所制的禮，在後世儒家看來是簡陋無比的。「枉死市上叔孫通所制禮」，何其不通乃爾！這樣聰明的比喻，大概也只有蘇軾想得出。

程頤用大笑遮掩了尷尬，程門弟子卻嚥不下這口氣。元祐元年（一〇八六）十二月，左司諫朱光庭上疏，指控學士院館職考試出題官「不忠」，這出題官便是蘇軾。[23]

館職是宋代文官的高級人才儲備庫，進入館職需要考試，考試內容是一篇命題策論。蘇軾在題面中代天子立言，表達了對於當前局勢的深刻憂慮，問計於宋朝未來的領袖人才：「當今之勢，我們在政治上左右為難，想要師法仁宗的忠厚寬容，卻擔心百官有司不能振舉職事，陷入偷墮；想要效法神宗的勵精圖治，又恐怕路、州、縣各級長官不能領會精神，流於苛刻。……漢文帝是寬大長者，卻沒聽說他治下有怠惰廢弛效率低下的問題；漢宣帝綜核名實，卻沒聽說他治下有監督審察過分嚴苛的錯誤。這是為什麼呢？我們怎樣才能進入中庸平衡的狀態？」

這樣一段憂國憂民的敘述，竟然被朱光庭讀出了「不忠」的味道：「仁宗、神宗的偉大，只能讚美，豈容評論？策問如此措辭，實在不知大體。仁宗這樣的深仁厚德，竟然被指為偷墮；神宗這樣的雄才大略，竟然被指為苛刻。一面讚頌漢文帝、宣帝完美，一面聲稱本朝仁宗、神宗不足為法，還有比這更加不忠的嗎！必須懲處，以戒人臣之不忠者！」[24]朱光庭的指控，完全不顧蘇軾原文的邏輯，斷章取義，深文羅織，誣以重罪。

類似的誣告，元豐年間蘇軾就曾經遭遇過，那一次，誣告來自王安石的爪牙；而這一次，誣告來自二程的學生、司馬光提拔的諫官。難道他們不應該是一條船上的人嗎？然而，這樣的誣告也便發生了。「王安石的反對派」內部也在嚴重分裂中。

尾聲：石頭的故事

人都是會死的，哪怕權勢赫赫。元祐八年（一〇九三）九月初三，太皇太后高氏薨逝，結束了長達九年的攝政，十八歲的哲宗終於親政了。九月二十八日，司馬光的學生范祖禹對哲宗發出了祈求：

如今一定會有小人進言說「太皇太后不當改先帝之法，放逐先帝舊臣」。這是離間陛下與太皇太后感情的話，陛下一定要警惕啊！……太皇太后與陛下一同改法，是順應天下人心而改，非為一己之私而改。……她所放逐的那些人，都是上負先帝，下負萬民，為天下人所切齒痛恨的。對於這些人，太皇太后本人哪有個人憎愛呢！只是因為，當時若不如此，則天下不安啊！

范祖禹的話流露出強烈的不安。可惜，在哲宗看來，這番話說得太晚，也太虛偽了。什麼叫「與陛下一同改法」呢？哲宗有充足的理由感到悲憤——這九年來，這幫人張口閉口都是「太皇太后」，有誰把他這個皇帝放在眼裡嗎?!在他們的眼裡，朕就是個小孩子，一言一行都受到嚴格管束，連飲食器具都是陶製的，說是要「疏遠紛華」「服勤道義」，[25]敢問他們在私宅之中也是如此嗎？太皇太后和元祐眾臣所營造的威壓時代終於結束了！第二年四月九日，哲宗下令，改元祐九年為紹聖元年。「紹」，意思是繼承發揚；「聖」，指的當然是先帝神宗。

又一個新的時代開始了，死去的和活著的都將被重新安排，從前在上的要打入泥潭，從前在下的要奉上高臺。神宗朝的歷史被改寫。太皇太后攝政時期臣僚所上章疏被編類整理，編類章疏的對象從三省、樞密院擴大到侍從臺諫官，然而並未就此打住，哲宗去世之後，有關部門發現，已經編類整理的章疏達到了一千九百冊，如果按「人為一本」算，那麼就是一千九百人的規模了。編類的目的是甄別立場，提供未來官僚選任的依據，凡是曾經反對神宗—王安石的，就算是「記錄在案」，永不提拔了。[26]報復和打擊都不再遮遮掩掩，而是光明正大，理直氣壯。

章惇還朝，出任首相，安燾、許將、蔡卞等出任副宰相，曾布出掌樞密院。太皇太后提拔起來的宰執范純仁、呂大防、劉摯、蘇轍、梁燾被一貶再貶，同樣遭到貶謫的，還有蘇軾、范祖禹、程頤等人。已經退休的文彥博、韓維等人也遭到了黜責。貶謫報復性地不斷加重，比如蘇軾先貶惠州，後來又被趕到昌化軍（在今海南）。他的老朋友章惇未再援之以手。以上是對活人的處置。

死人方面，同樣是天翻地覆，王安石獲得了配享神宗廟庭的榮譽，富弼被趕出了配享隊列。蔡確恢復名譽，追贈高官美謚。司馬光先被剝奪了謚號，繼而又被追貶為清遠軍節度副使，最後是崖州司戶參軍。受到類似處分的還有呂公著等人。據說，章惇和蔡卞本來是主張要對司馬光「發冢斫棺」的，掘開墳墓、砍裂棺材，暴露屍骸，還有比這更惡毒的嗎？哲宗沒有允許，只是下令褫奪了司馬光的「文正」謚號，推倒了他親自撰額的司馬光神道碑。曾經銘刻著光榮與恩寵的豐碑轟然倒地，跌為三塊，逐漸被雜草所覆蓋。

元符三年（一一〇〇）正月，哲宗駕崩，剛剛邁入生命的第二十五個年頭，在位十五年，親政六年零四個月。在哲宗嫡母、神宗向皇后的主持下，哲宗異母弟、十九歲的端王即位，這就是徽宗。對於端王的即位，章惇曾表示反對，理由是「端王輕佻，不可以君天下」。事實上，即位之初的徽宗也曾胸懷大志，有過敉平新舊矛盾的想法和努力，只可惜力不從心，「建中靖國」（一一〇一）只維持了短短的一年，便改志「崇寧」，宣示重歸神宗—王安石之道，崇尚熙寧，拜王安石的學生蔡京為相。

蔡京應當是非常迷信石頭的告示和銘記作用的，他熱衷於刻石。拜相兩個月之後，蔡京就搞出了一個一百二十人的黑名單，自司馬光以下，舉凡元祐年間曾得太皇太后重用者悉入其中，名為「元祐奸黨」，由徽宗御書刻石，豎立於端禮門外。端禮門為皇帝正衙——文德殿的南門，是文武百官入朝的必經之地，[27]設碑於此，目的是不言而喻的。「上行之，下效之」，為了向中央表達忠誠，陳州有人在本州復刻了端禮門的石刻。陳州的做法反過來又啟發了中央，徽宗於崇寧二年（一一〇三）九月下旨，命令各路、州長官在官廳復刻「元祐奸黨碑」。但是，蔡京並不滿足於此，第二年六月，他又搞出了一個更大規模的黑名單——「元祐黨籍碑」。[28]這個黑名單上，除了司馬光、呂公著、范純仁這些「元祐奸黨」以外，王珪和章惇的名字也赫然在列，這兩個人的罪名是「為臣不忠」。什麼叫「為臣不忠」？據說王珪是因為沒有絕對支持哲宗的上臺，而章惇當然是因為反對徽宗即位！凡是反對徽宗的，反對蔡京的，都屬奸黨。凡入黨籍者，生者「不得與在京差遣」，「不得擅到闕下」，監視居住者不得同在一州；「不得入京」的禁令同樣適用於黨人的子孫和兄弟，「不得到京城注官，入太學、應科舉，甚至京城有宅亦不能歸」。[29]「元祐黨籍碑」也分為中央和地方兩個版本，中央的版本仍由徽宗御書，「置之文德殿之東壁」，地方的版本則由蔡京親筆書寫，「將以頒之天下」。[30]蔡京和宋徽宗都是中國歷史上造詣極高的書法大家，可惜了這樣的兩手好字！

崇寧二年九月、三年六月的兩次刻碑，等於是兩次全國範圍內的石刻黑名單的活動。這兩次刻碑活動，幾乎沒有遭遇來自官僚集團內部的任何抵制，卻有兩名卑微的刻工表達了抗拒。

應當是在崇寧二年九月的刻碑活動中，江西九江的碑工、「琢玉坊」主人李仲寧對江州知州祈求說：「我們家原來窮得揭不開鍋，後來刻印蘇東坡、黃庭堅的詩詞文章，才吃飽穿暖了。如今這碑文卻把蘇、黃兩位當作奸人，我實在是不忍下手。」

崇寧三年六月，刻碑的命令下達到永興軍（古長安，今西安），當差的石工名叫安民。面對著光滑的石頭，安民遲遲不忍動刀，他說：「我是個愚蠢的人，實在不知道立碑的用意。但是像司馬相公這樣的人，全天下都讚美他正直，這碑文卻說他是奸邪。這樣的碑，我實在不忍刻啊！」

這兩位刻工的遭遇大不相同，李仲寧得到了江州知州的諒解，贈給他美酒，批准了他的請求。知州甚至感嘆，李仲寧的行為「賢哉！士大夫所不及也！」那麼，江州的這塊碑還要不要刻呢？當然要，換一個只認得刻刀不認得文章的便好。安民的祈求則令管事的人大怒，威脅說要治他的罪。安民無奈，哭著請求說：「既然是輪到我當差，那我也不敢不刻。我只求老爺允許我不在石頭上刻上我的名字，我怕後世的人會怪罪我啊！」說完嚎啕大哭，碑，還是刻了。[31]

在大宋的疆域之內，曾經存在過多少塊「元祐黨籍碑」呢？徽宗初年的州級單位是三百一十六個，[32]分為二十四路，路級分設四種機構，粗略計算，州級衙門需立碑三百一十六塊，路級衙門須立碑九十六塊，兩者相加，四百塊應當是有過的。那麼，這些碑到今天還有多少塊呢？蕩然無存。消滅這些碑的，並非歲月，而是政治風雲和行政命令。崇寧五年（一一〇六）正月初五，「彗出西方，其長竟天」，[33]徽宗下令毀棄「元祐黨籍碑」，表面上是應答「天譴」，實際上則是在對蔡京勢力的膨脹表達不滿和抵制。[34]用行政命令立起來的碑，又被行政命令毀棄，無根之物，片石不存。

說到這裡，有必要對廣西桂林龍隱巖的摩崖「元祐黨籍碑」做個簡單的介紹。那是對北宋政治鬥爭的遙遠迴響。在徽宗和蔡京的手上，北宋走向了滅亡，北方異族的打擊固然是滅亡北宋的直接原因，然而，徽宗和蔡京也難辭其咎，是他們的施政讓北宋政治走向了徹底的腐敗，完全失去了應變抗擊的能力。徽宗是神宗之子，蔡京是王安石之徒，他們高舉的正是神宗和王安石的旗幟。皇帝永遠正確，臣子的忠奸卻是可以隨政治形勢而發生變化的。在南宋，高宗金口玉言，宣布王安石為導致北宋滅亡的罪魁禍首；相應的，王安石的反對派獲得了無比崇高的評價，作為王安石反對派的絕對領袖，司馬光則被塑造成為一個完人，一個本來可以挽救北宋的，出師未捷身先死的英雄——這樣的故事，得是多麼一廂情願的人才肯相信！伴隨著政治的翻雲覆雨，「元祐黨人」也從罪人的標籤變成了英雄的勋章，甚至有人冒充黨人後裔。於是，敏感的黨人後裔開始了重刻、重刊、重抄「黨籍碑」的活動。這便是龍隱巖摩崖的來歷。黨人後裔所關心的，其實也只是那一點來自皇帝和朝廷的微小的實惠罷了。但不知，南宋之人，站在龍隱巖摩崖之前，可曾有片刻回想起東京夢華？

後記

二〇一九年十一月五日晚九點，我完成了本書的第三十九章〈葬禮與哀歌〉——「光哥」的生命故事終於講完，還差一個〈尾聲〉，要交代北宋政治史的後續發展，然而水入河床車入軌，大勢已定，剩下的（不管是我的稿子還是北宋政治）都只是時間的事兒了。我微信問編輯張潔，稿子交了還能再改嗎？她顯然更希望得到最後的定稿。我於是沒有交稿。接下來是各種忙，還差一個〈尾聲〉的稿子就停在那裡。十一月十四日，飛美國去看泱，在跨越太平洋的航程中，我開始了又一輪的通讀和修改。有一陣子，飛機遭遇不穩定氣流，晃得像拖拉機在土路上開，我心裡忽然怕得要死——萬一我「中道崩殂」了，我的泱肯定會更迅速地成長為一個頂天立地的男子漢，老爹老媽也有曉寒和李嶙照顧，可是「光哥」怎麼辦呢？我的稿子還沒交，那這世界上就失去了這樣一部如此用心的「『光哥』和他的時代」的傳記了。第一次，我覺得自己是一個「死不得」的人了，可發一笑。

從二〇一三到二〇二〇年，七年了，在漫長的寫作過程中，有太多的人和事讓我心懷感激。首先要感激的是中央電視臺「百家講壇」的朋友們。欄目組容忍了我的一貫拖拉、偶爾停頓甚至推倒重來，允許「司馬光」成為錄製時間可能是最長的節目。二〇一八年一月十二日到二月八日，「司馬光」第三部[1]二十八集在CCTV10播出，刪繁去冗，保留了我所講的核心內容。「司馬光」第三部所涵蓋的時間段與本書相同，但其內容只是本書的一小部分。我採取的是「麥地裡種玉米」的「套作」方式，埋頭寫作書稿，然後提取其中衝突相對激烈的部分，轉換成口語，對著鏡頭把「故事」講出來。書本所能呈現的信息，遠比鏡頭裡的更為緻密、豐富和遼闊。當然，電視的傳播能力，卻也是書本無法媲美的。感謝「百家講壇」，讓我擁有更廣大的讀者。

從「司馬光」第三部播出開始，就一直有朋友詢問「書何時出」，還有不少出版界的朋友發出熱情的邀請，我會銘記你們的認可和支持！我最終「託付終身」的，是從未謀面的廣西師範大學出版社。打動我的，是張潔編輯的「做書夢」，還有趙豔主任的嚴謹與熱忱。而本書的編輯過程讓我深感「所託得人」。

我還要感謝宋史學界的前輩與同行，學術共同體的知識積累，以及越來越開放的學術態度，讓本書的寫作成為可能，請恕我不一一稱名道謝。鄧小南老師，冀小斌兄，劉成國、方誠峰二君，我或曾當面請益，或熟讀其書，深受啟發。學輝范兄是我「雲端」好友，拙作《和解的破滅：司馬光最後十八個月的北宋政治》蒙范兄抬舉，被《文史哲》雜誌收容，只可惜付梓之時，范兄已經仙逝。范兄為人，有古人風，如今真是古人了……二〇一八年，我得柏文莉教授提攜，在加州戴維斯分校訪學半年，柏文莉教授和Mark Haleprin教授在寫作上對我有極大啟發。

二〇一四年一月的一天，在巴黎的大街上，我和藍克利老師邊走邊聊，我向他描述我正在寫的這部以司馬光為線索的北宋政治史，對我的生命有多重要。說著說著，我忽然停了下來，看著藍老師，說：「不行，不能再拖了。我必須得專下心來寫作，不然就永遠也寫不完了。」我當時的眼神一定是充滿焦慮的。然後，我聽見藍老師操著他那口有一點地方口音的流利普通話說：「當然。你自己決定！」

藍老師是七〇年代的北大校友。二〇一〇年我的《文武之間：北宋武選官研究》剛剛拿到最初的幾本樣書，藍老師正好在北大開會，我照例先送前輩，包括初次見面的藍老師。過了些日子，他突然打電話到家裡，問我願不願意去巴黎社會科學高等研究院講學。我當然願意了。二〇一二年十二月，我抵達巴黎，藍老師親自接機，讓我頓生「晚輩何德何能」之嘆。本來是單次一個月的訪問，藍老師又協助申請，改成三年三次。我既享受巴黎的自由讀書講學之樂，又苦於長途奔波不能專心寫作，於是就有了二〇一四年一月街頭的那一幕。最終，我放棄了第三年的訪問（當然，書稿也並未因此如我所想的迅速完成）畢竟，生活不是在巴黎讀書，它太複雜了。

最後，我想感謝生活本身，它給我的一切好的、不太好的，都增加了我對生命的理解。我的導師祝總斌先生今年九十歲，我去看他，他說：「我這一輩子，沒有別的，就是想得開！」學歷史學的人，多經歷一點，是好事，只要「想得開」，能過去。

趙冬梅，於二〇二〇年四月七日，新冠陰影將褪的

北京，陽光常滿的空中花園

北宋（一〇六三—一〇八六）大事記

英宗（一〇六三—一〇六七）

嘉祐八年（一〇六三）

正月，范鎮主持科舉省試，王安石、司馬光同為副主考；范祖禹中進士甲科。
三月二十九日，仁宗駕崩，四月一日，趙宗實（已改名趙曙）即位，尊曹氏為皇太后。趙曙廟號英宗。
四月五日，英宗突發疾病，曹太后垂簾聽政。
八月，王安石丁母憂，扶柩歸金陵。

治平元年（一〇六四）

四月二十八日，英宗首次出宮祈雨，表現了「君臨天下」的能力。
五月二十九日，宰相韓琦強撤簾，次日，曹太后還政。
帝后生隙，身為諫官的司馬光多次上書調解。
十一月，司馬光六次上言請罷陝西義勇，與宰相韓琦激辯於中書。

治平二年（一〇六五）

四月，英宗命群臣議崇奉其生父濮王趙允讓典禮，「濮議」之爭起。韓琦、歐陽修等慶曆一代政治家（除富弼）主張稱濮王為「皇考」，中生代政治家司馬光、王珪、范鎮、呂公著、呂誨等主張稱「皇伯」。
十月初四，司馬光、呂公著除龍圖閣直學士；司馬光免諫職，專任經筵侍講，重心轉向編撰《通志》（即後來的《資治通鑑》）。
十一月，南郊大典。知雜侍御史呂誨彈劾韓琦專政。

治平三年（一〇六六）

正月，范鎮罷翰林學士，外放知陳州。呂誨集合范純仁、呂大防，集全臺之力，對以韓琦為首的宰相府提出全面彈劾。
在宰相的斡旋下，曹太后出面下詔，命尊濮王為「皇考」，呂誨等爭之愈激，皆罷職出京。
司馬光多次上書，稱「皇考」為非禮虛名，營救「皇伯派」，且請同受降責，英宗不予理會。
三月，出使契丹的臺諫官傅堯俞、趙鼎、趙瞻回京，與呂誨等同進退，自請罷言職。
三月起，英宗將注意力轉向國事，頒布多項改革措施。
四月，司馬光將《通志》八卷進呈英宗，英宗命續修為「歷代君臣事蹟」，特命專設書局。劉攽、劉恕入書局。

神宗（一〇六七－一〇八五）

治平四年（一〇六七）

正月初八，英宗駕崩，皇長子趙頊嗣位，史稱神宗。二十五日，司馬光主持科舉省試，韓維、邵亢為副主考，至三月二十二日放榜，三人在貢院中度過了神宗即位初的兩個月。

三月，參知政事歐陽修罷政，出知亳州。

三月底，司馬光被任命為翰林學士；四月，新任御史中臣王陶對宰相府發起攻訐，外放陳州，司馬光轉任御史中丞。

四至九月，司馬光先後彈劾王廣淵、高居簡、王中正；反對神宗招納西夏叛將，主張先勤內治。

九月，神宗下詔召王安石自知江寧府入京，為翰林學士。

九月二十六日，神宗罷免首相韓琦、參知政事吳奎，任命張方平、趙抃為參知政事；任命樞密副使呂公弼為樞密使，罷免樞密副使陳昇之，任命韓絳、邵亢為樞密副使。司馬光極力反對張方平任參知政事。

九月二十八日，司馬光罷臺職，任翰林學士兼侍讀學士。

十月初，張方平丁父憂離職；熙寧三年正月，張方平服喪期滿，出任陳州知州。

十月初四，神宗「開經筵」，命司馬光講《通志》，九日，神宗為《通志》作序，賜名《資治通鑑》。

熙寧元年（一〇六八）

四月初四，剛剛抵京的王安石奉詔「越次入對」，神宗、王安石君臣初會。

夏末，阿云殺夫案引發司法大討論。允許在謀殺罪中適用自首減刑原則，成為司法新規。

八月，神宗在延和殿召見群臣討論南郊賞賜方案，司馬光和王安石意見分歧。

熙寧二年（一〇六九）

二月，王安石任參知政事，設立「制置三司條例司」，相繼頒均輸法、青苗法，開始實行變法。滕甫、鄭獬、呂誨、范純仁、蘇轍、富弼等，先後以反對新法而罷職出京。

三月二十九日，副宰相唐介去世。

熙寧三年（一〇七〇）

二月初五，韓琦狀告青苗法，神宗動搖，王安石「告病」。

二月十一日，神宗擢司馬光為樞密副使，司馬光連上六道扎子，堅辭不就。二十八日，神宗收回成命，令司馬光重回翰林學士院供職。

二月二十一日，王安石結束病假，重回宰相府，開始對反對派進行嚴厲打擊：范鎮、李常、呂公著、程顥、趙抃、陳襄等先後被罷職出京。

三月，因與王安石爭論青苗法不勝，宰相曾公亮、陳昇之告病。

八月，司馬光提出武舉省試改革方案，被否。

八月，韓絳以副宰相身分出征，任陝西路宣撫使；十一月，改任陝西、河東宣撫使；十二月十一日，即軍中拜相，排名在王安石之上。
九月二十六日，司馬光自請離京，以端明殿學士知永興軍（今西安），臨去三札，為永興軍百姓請命。
十二月十一日，王安石拜相，始行免役法、保甲法。王珪參政。
是年，范祖禹入《資治通鑑》書局，成為司馬光助手。

熙寧四年（一〇七一）

二月，西夏攻陷宋撫寧堡，主帥韓絳被貶，調任鄧州知州。在王安石的支持下，王韶開始主持西北戰事。
四月，司馬光以端明殿學士判西京留司御史臺，自此閒居洛陽十五年，轉向《資治通鑑》。
朝廷全面推行免役法，立太學三舍法。反對新法者黜罷略盡。

熙寧五年（一〇七二）

是年，岳父張存過世，司馬光為作墓誌銘，流露出強烈的憂國之情；呂誨病故，司馬光以筆為槍，討伐王安石。
朝廷推行市易法、保馬法、方田均稅法。
《資治通鑑》書局由開封遷往洛陽。
八月，歐陽修卒。

熙寧六年（一〇七三）

三月，置經義局，由王安石主持修撰《詩經》《尚書》《周禮》義（即《三經新義》），呂惠卿及安石之子雱參修。
司馬康入書局，負責校檢文字。

熙寧七年（一〇七四）

三月二十六日，監安上門鄭俠進「流民圖」。
三月二十八日，頒布「求言詔」。旱災、財政困難、契丹的威脅讓神宗發生動搖，神宗與王安石分歧加深。
四月，太皇太后曹氏、皇太后高氏向神宗哭訴「王安石亂天下」。
四月十八日，司馬光應詔上疏，指斥朝政缺失，批評新法。
四月十九日，王安石罷相，出知江寧府。韓絳繼任首相，呂惠卿參知政事。

熙寧八年（一〇七五）

二月，王安石復相。
六月，王安石所撰《三經新義》頒於學官。
七月，神宗「命韓縝如河東割地」。宋遼地界交涉持續四年，神宗退讓，最終導致宋朝失地七百里。
十月，呂惠卿罷政，出知陳州。

熙寧九年（一〇七六）

十月，王安石第二次罷相，出判江寧府。吳充、王珪並相。

熙寧十年（一〇七七）

七月，黃河決口，在澶州曹村，向東匯入梁山泊。分為二道：南入淮，北入海，淹四十五縣。

元豐元年（一〇七八）

正月，王安石受封舒國公。

四月，曹村黃河新堤築成。

元豐二年（一〇七九）

五月，蔡確參知政事。

十月，仁宗曹后崩。

「烏臺詩案」：御史中丞李定、御史舒亶羅織罪名，誣陷蘇軾作詩誹謗，蘇軾八月入獄，十二月定罪，流放黃州。受其牽連，蘇轍等三人責降，司馬光、張方平等二十二人罰銅。

元豐三年（一〇八〇）

二月，章惇參知政事。

九月，宋神宗開始推行官制改革，史稱「元豐改制」。首先推行的是文官品位制度改革。王安石改封荊國公。

元豐四年（一〇八一）

三月，章惇罷政，出知蔡州。張璪參政。

十一月，宋五路出師，攻打西夏靈州，大敗。

元豐五年（一〇八二）

正月三十日，司馬光夫人張氏去世。

四月，「元豐改制」推行至中樞機構，宰相府一分為三：中書省取旨，門下省審議，尚書省下達政令，監督推行。王珪與蔡確並相。

九月，西夏攻陷永樂城（今陝西米脂西），宋軍再度遭遇慘敗。

是年秋，司馬光預作《遺表》，請罷青苗、免役、保甲、市易法，禁約邊將貪功危國，防止宦官握兵生亂。

元豐六年（一〇八三）

自春至夏，西夏屢次進攻蘭州。

閏六月，富弼卒。應西夏請求，宋夏開始和平談判。

元豐七年（一〇八四）

宋夏邊境局勢持續膠著，互有勝負。

十二月，《資治通鑑》歷時十九年而成，進獻神宗。

哲宗（一〇八五—一一〇〇）

元豐八年（一〇八五）

三月，神宗駕崩，十歲的長子趙煦即位，史稱哲宗，祖母高太皇太后臨朝。三月十七日，司馬光奔喪開封，上表請開言路。三月三十日，再乞開言路。

高太皇太后施德政，處分吳居厚。四月十一日，在蔡確的主持下，朝廷發布詔書，重申神宗路線。

四月，朝廷發布司馬光起知陳州，太皇太后急詔司馬光過闕覲見。

五月，首相王珪卒，蔡確代為首相。章惇出任樞密使。司馬光出任門下侍郎（副宰相），七月，呂公著任尚書左丞。「新」「舊」聯合執政。

十月，恢復臺諫官制度，在諫官人選問題上，章惇高調戲弄司馬光。臺諫官連章彈劾蔡確、章惇。

元祐元年（一〇八六）

二月七日，蔡確主導的政府頒布役法改革詔，遵從司馬光建議，宣布廢除免役法，恢復差役法。詔書表述扭曲事實，意圖打擊司馬光。

閏二月，蔡確罷相出知陳州，章惇罷樞密使。司馬光出任首相，呂公著、呂大防出任副宰相，范純仁進入樞密院。「舊」勢力增強。

同月，廢除青苗法。成立「詳定役法局」，研究役法得失與實施細則。

四月六日，王安石卒於江寧府。

六月，在司馬光、文彥博建議下，宋與西夏恢復和平交往。

七月一日，被閹割的「和解詔書」頒布。呂公著、范純仁力勸太皇太后謀求政治和解，摒棄前嫌，以安反側，存朝廷大體。臺諫官堅決反對，終令「和解詔書」淪為空文。

八月，范純仁以財力不足恢復部分青苗取息之法。

九月初一，司馬光卒，諡號「文正」。同日，諫官王巖叟上疏，要求加大「去奸」「進賢」的力度；二十四日，張璪出知鄭州，次年四月，李清臣出知河陽。

附：司馬光身後的北宋

元祐二年（一〇八七）

正月初八，司馬光葬禮在夏縣涑水故園舉行。哲宗親撰碑額「忠清粹德之碑」。

元祐四年（一〇八九）

蔡確被指控作《車蓋亭詩》謗訕太皇太后，責降英州別駕，流放新州（今廣東新興）監視居住，四年之後，死於貶所。范純仁、王存為其求情，被罷黜出京。

元祐八年（一〇九三）

高太皇太后卒，臨朝九年，悉罷新法。哲宗趙煦親政，次年改元紹聖，重回神宗—王安石路線。章惇還朝出任首相，安燾、許將、蔡卞等出任副宰相，曾布出掌樞密院。舊黨范純仁、呂大防、劉摯、蘇轍、梁燾、蘇軾、范祖禹、程頤、文彥博、韓維等遭黜責。

元符三年（一一〇〇）

正月，哲宗駕崩，無子，異母弟趙佶為帝，史稱徽宗。徽宗初政，試圖「建中靖國」，打破新舊，重建平衡；一年後改志「崇寧」，拜王安石的學生蔡京為相。司馬光、文彥博等人被列入政治黑名單，名曰「元祐奸黨」。政治鬥爭日趨激烈，「元祐奸黨」名單舉凡三變，隊伍不斷擴大，甚至王珪、章惇也上了榜。直至崇寧五年（一一〇六），徽宗下令毀碑除禁，以表達對蔡京勢力的抵制。在蔡京的支持引導下，徽宗好大喜功，大作表面文章，政治日趨腐敗；又昧於國際大勢，棄宋遼一百二十年的和平協定於不顧，與新勢力——金朝結盟，共擊遼朝。

宣和七年（一一二五）

遼亡。金攻宋，徽宗禪位給太子趙桓，是為欽宗，年號靖康。

靖康之變（一一二六—一一二七）

靖康元年（一一二六）年底，金軍攻陷東京；靖康二年三月，金人扶立張邦昌傀儡政權；四月，已經淪為臣虜的徽、欽二帝與三千宗室被逼北行。

五月，徽宗第九子康王趙構在南京（今商丘）即位，為高宗改元建炎，趙宋王朝在風雨飄搖中掙扎圖存，前途未卜。

附圖一：元豐改制前宋朝國家機構與政府組織示意圖

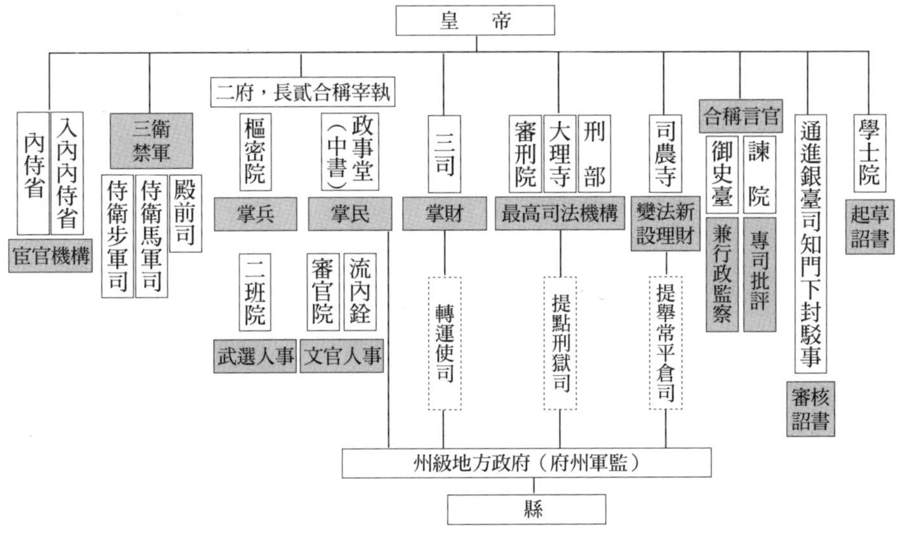

附圖二：元豐改制後宋朝國家機構與政府組織示意圖

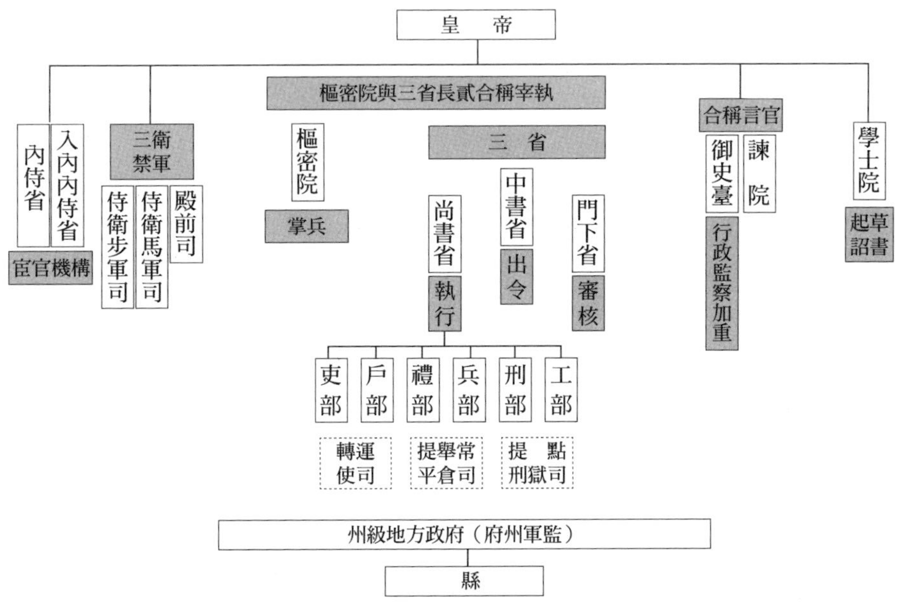

注釋

前言

1 此王安石言王廣淵語，施之安石，當無大礙。《宋朝諸臣奏議》卷一一一李常《上神宗論王廣淵和買抑配取息》原注，上海古籍出版社，一九九九年版，1204頁。

2 出自王安石《本朝百年無事札子》。〔宋〕呂祖謙編，齊治平點校《宋文鑑》卷五一《論本朝百年無事》，中華書局，一九九二年一版，774頁。

3 祝總斌《試論我國封建君主專制權力發展的總趨勢——附論古代的人治與法治》，《北京大學學報》一九八八年第二期。

4 這一宰相概念來自祝總斌《兩漢魏晉南北朝宰相制度研究》，中國社會科學出版社，一九九〇年初版，一九九八年重印。

5 我有意沒有使用「黨爭」這樣常用的詞語，主要是因為「黨爭」含義的不確定性。個人認為，既往的黨爭研究大多在某種程度上沿襲了傳統的君子—小人二分法，並且習慣於站在傳統的「君子」一邊論其成敗，對於政治中本來就應該存在的分歧與鬥爭的涵容度不夠。

6 葛金芳《熙寧新法的富民與富國之爭》（一九八八）、《王安石變法新論》（一九九〇）認為王安石的目標是「富民」，宋神宗的目標是「富國」。李華瑞《神宗與王安石共定「國是」考辨》（二〇〇八）引用葛說。筆者認真閱讀葛文，沒有被說服。所以我在這裡不嚴格區分王安石主政時期與神宗主政時期。

7 熙寧二年制置三司條例司上言，《宋史》卷一七六《食貨志上四．常平義倉》，4279頁。

8 〔宋〕李燾撰，上海師範大學古籍整理研究所、華東師範大學古籍整理研究所點校《續資治通鑑長編》卷四〇七，中華書局，二〇〇四年第二版，9904頁。

9 鄧廣銘《北宋政治改革家王安石》，《鄧廣銘全集》第一卷，河北教育出版社，二〇〇五年版，101頁。

10 〔美〕劉子健著，趙冬梅譯《中國轉向內在：兩宋之際的文化轉向》，江蘇人民出版社，二〇一二年版，77頁。

11 《續資治通鑑長編》卷三一九，8161頁。

12 張呈忠《神宗法度與北宋晚期改革史研究》，清華大學博士論文，二〇一七年三月，83頁。

13 〔宋〕朱熹《三朝名臣言行錄》卷二。〔宋〕歐陽修著，李逸安點校《歐陽修全集》附錄卷二《朱子考歐陽文忠公事蹟．連典大郡》，中華書局，二〇〇一年一版，2648頁。

14 此為漆俠批評梁啟超《王荊公》的話。漆俠《王安石變法》，上海人民出版社，一九七九年第二版，9頁。

15《續資治通鑑長編》卷四五六，10918-10919頁。

16〔清〕黃以周等輯注，顧吉辰點校《續資治通鑑長編拾補》卷九，中華書局，二〇〇四年版，404頁。

17《宋史》卷二〇三《藝文志二》，5090頁。

第一章

1〔宋〕不著撰人，司義祖點校《宋大詔令集》卷七《嘉祐遺制》，中華書局，一九六二年版一九九七年二印，30頁。結尾部分意譯，原文如下：「死生之際，惟聖為能達其歸，矧天之寶命，不墜於我有邦，更賴文武列闢，輔其不逮，朕何慊焉？」

2《續資治通鑑長編》卷一九八，4792-4795頁。〔元〕脫脫監修《宋史》卷一三《英宗本紀》，中華書局，一九七七年第一版，254頁。

3 錢玄《三禮通論》，南京師範大學出版社，一九九六年版，601-602頁。

4《續資治通鑑長編》卷一九八，4796頁。〔宋〕司馬光撰，李文澤、霞紹暉點校《司馬光集》卷二五《告哀使札子》，四川大學出版社，二〇一〇年一版，645-646頁。

5《司馬光集》卷五八《與范景仁書》，1237-1239頁。

6〔宋〕蘇軾撰，〔明〕茅維編，孔凡禮點校《蘇軾文集》卷一四《范景仁墓誌銘》，中華書局，一九八六年一版，438頁。《宋名臣言行錄．後集》卷五。《續資治通鑑長編》卷一八四，4454頁。

7《續資治通鑑長編》卷一九五，4727-4728頁。

8《續資治通鑑長編》卷一九三，4675頁。

9《續資治通鑑長編》卷一九四，七月戊申條，4698頁。《續資治通鑑長編》卷一九五，4719頁，閏八月丙午，皇第十三女薨，贈楚國公主，其生才六十一日云。

10《宋史》卷一三《英宗本紀》，254頁。

11《宋史》卷二四五《宗室三》對於仁宗諸子的記載簡單得淒涼：「仁宗三子：長楊王昉，次雍王昕，次荊王曦，皆早亡。徽宗時改封。」《宋史》卷二四八《公主．仁宗十三女傳》，8776-8778頁；《續資治通鑑長編》詳細記錄了各位公主的誕育與薨逝，這些可憐的公主，通常只活到兩三歲，有一個活了六天，還有一個活了六十一天。仁宗長女（一〇三九—一〇七〇），封兗國公主，英宗進封越國長公主，神宗進楚國大長公主。

12《宋史》卷二四五《宗室．濮安懿王允讓傳》，8708頁。

13 蘇轍《龍川別志》卷下。

14《續資治通鑑長編》卷一八二，4406頁。

15《續資治通鑑長編》卷一八二，嘉祐元年五月甲申，4406頁。《續資治通鑑長編》卷一九五，嘉祐六年十月壬辰條有對這件事的簡單回顧4727頁。

16《續資治通鑑長編》卷一八二，4406頁，記載：「參知政事王堯臣之弟純臣為王府官，數與堯臣言宗實之賢，堯臣以告彥博等。彥博等亦知宗實帝意所屬，乃定議，乞立宗實為嗣，既具稿，未及進而上疾有瘳，其事中輟。」

17《續資治通鑑長編》卷一九七，4777頁。

18《續資治通鑑長編》卷一九七，4777頁。

19 治平元年閏五月，英宗親政之後富弼的回憶，《續資治通鑑長編》卷二〇一，4879頁。

第二章

1《續資治通鑑長編》卷一九八，4804頁。

2《續資治通鑑長編》卷一九八，侍御史呂誨上疏言，4811頁。

3《續資治通鑑長編》卷一九八，四月壬午條，4797頁。

4《續資治通鑑長編》卷一九八，4811、4812頁。

5《續資治通鑑長編》卷二〇二，4893頁。

6《續資治通鑑長編》卷一九八，4815頁。

7《續資治通鑑長編》卷一九八，4815-4816頁。

8《續資治通鑑長編》卷一九八，4815頁。

9「百官大起居每五日舉行，又稱五日起居，在紫宸殿或垂拱殿舉行。」「每天一早，皇帝御垂拱殿，首先接受到場『宰臣、樞密使以下要近職事者，並武班』的行禮朝拜，稱為常起居。」英宗此番御紫宸殿，應當屬於五日起居。趙冬梅《試論宋代的閤門官員》，《中國史研究》二〇〇四年第四期。

10《續資治通鑑長編》卷一九九，4825頁。

11《續資治通鑑長編》卷一九九，4825頁。

12《續資治通鑑長編》卷一九九，4825頁。

13《續資治通鑑長編》卷一九九，4828頁。

14 大河網二〇一三年一月二十三日報道《少女因「心病」挺著大肚子十五年》，http://newpaper.dahe.cn/dhb/html/2013-01/23/content_843370.htm?div=-1，二〇一四年九月一日查詢。

15《歐陽修全集》卷一一九《奏事錄》，1842頁。

16《續資治通鑑長編》卷一九九，嘉祐八年九月己未條，4827頁。

17 《歐陽修全集》卷一一九《奏事錄》。

18 《宋史》卷一三《英宗本紀》：「冬十月甲午，葬仁宗於永昭陵。」255頁。

19 《續資治通鑑長編》卷一九九，4838頁。

20 續資治通鑑長編》卷二〇一，4880頁。當時的樞密使一共兩位，富弼之外，還有張昇，但是富弼並未提到他，張昇可能在休病假。《宋史》卷二一一《宰輔表二》：「張昇，嘉祐六年（一〇六一）閏八月除樞密使，治平二年（一〇六五）七月，以疾辭。」5480、5482頁。

21 《宋史》卷二四二《后妃上．慈聖光獻曹皇后傳》。

22 《續資治通鑑長編》卷一九八，4804頁。〔宋〕邵伯溫撰，李劍雄、劉德權點校《邵氏聞見錄》卷三，中華書局，一九八三年一版，20頁。

23 《邵氏聞見錄》卷三，20頁。

24 符寶在太后手裡，見《續資治通鑑長編》卷二〇一，御史龔鼎臣、傅堯俞、呂誨的批評，4877頁。

第三章

1 現代學者仍多抱持這一傳統印象，比如張明華《從曹皇后的道德自虐看北宋中期儒學復興對宮廷女性的負面影響》認為：「作為當時社會婦女的懿範，宋仁宗皇后曹氏一生以遵守、維護倫理道德為己任，犧牲家庭幸福和政治上的獨立性，既是受害者，也是衛道士，充分體現出北宋中期儒學復興對宮廷女性的負面影響。」《浙江萬里學院學報》二〇〇四年第一期。

2 《宋史》卷二四二《后妃上．慈聖光獻曹皇后傳》，8621頁。

3 《宋史》卷二五八《曹彬傳》，8980頁。

4 《宋史》卷二四二《后妃上．慈聖光獻曹皇后傳》，8620頁。

5 《續資治通鑑長編》卷一八二，4395頁。

6 《續資治通鑑長編》卷一九九，開經筵在十二月己巳，4839頁；淮陽王出閣在十二月乙亥，4849頁；引文出自呂誨的奏疏，4837頁。

7 《續資治通鑑長編》卷二〇一，4862頁。

8 《續資治通鑑長編》卷二〇一，4862頁。

9 《續資治通鑑長編》卷二〇一，4864頁。

10 《續資治通鑑長編》卷二〇一，4866頁。

11 「後猶未轉御屏，尚見其衣也。」《邵氏聞見錄》卷三，22頁。這一細節，又見朱熹編《宋名臣言行錄．後集》卷二「富弼」。

12 《續資治通鑑長編》卷二〇一，4886頁。

13 侍御史知雜事龔鼎臣、御史中丞呂誨的上疏，《續資治通鑑長編》卷二〇一，4877頁。

14 《續資治通鑑長編》卷二〇一，4868頁。

15 《續資治通鑑長編》卷二〇一，4868頁。《司馬光集》卷二八《二先札子》，703-706頁。

16 《續資治通鑑長編》卷二〇一，4869頁。

17 《司馬光集》卷二九《取索札子》，709-710頁。《續資治通鑑長編》卷二〇一，治平元年五月壬子條，李燾注「光雖有此書，其從違當考」，4871頁。既不見改善太后待遇的詔書，本書姑且作此書寫。

18 《續資治通鑑長編》卷二〇一，4866頁；卷一九三，嘉祐六年六月甲戌，富弼辭起復，4673-4675頁；卷一九五，嘉祐六年閏八月庚子，韓琦升宰相，4718頁。

19 治平元年（1064）七月十八至二十日，司馬光連上三札彈劾任守忠，二十一日，任守忠被解除大內總管（入內內侍省都都知）職位，蘄州安置。《司馬光集》卷三〇《任守忠札子》《第二札子》《第三札子》，734-738頁。「替罪羊」（scapegoats）是冀小斌的說法，Politics and Conservatism in Northern Song China: The Career and Thought of Sima Guang (A.D. 1019-1086)（《北宋的政治與保守主義：司馬光的治學與從政》），香港中文大學出版社，二〇〇五年版，90頁。

20 此事見於富弼治平元年閏五月辛未的上疏，此前，戊辰日，為了酬謝宰相、樞密使的推戴之功，英宗下詔提高二宰相韓琦、曾公亮，二樞密使富弼、張昇的級別，富弼上疏辭謝，認為無功，不配受賞，並勸英宗要珍惜皇太后的大恩。《續資治通鑑長編》卷二〇一，4878-4883頁。

21 《司馬光集》卷三〇《（任守忠）第三札子》，737頁。

第四章

1 《司馬光集》卷三《新遷書齋頗為清曠偶書呈全董二秀才並示侄良富》，59-60頁。此詩繫年，從李昌憲《司馬光評傳》，南京大學出版社，一九九八年版，62頁。

2 《司馬光集》卷一一《光皇祐二年謁告歸鄉里，至治平二年方得再來，愴然感懷，詩以紀事》，350頁。

3 《司馬光集》卷一一《辭墳》，351頁。

4 《司馬光集》卷一一《光皇祐二年謁告歸鄉里，至治平二年方得再來，愴然感懷，詩以紀事》，350頁。

5 周振甫先生譯為：「衰微啊衰微，為什麼不歸？不是君主的緣故，為什麼身上受露？」周振甫《詩經譯註》卷二《國風·邶風·式微》，中華書局，二〇〇二年一版，二〇一〇年二印，49頁。按郝懿行《爾雅義疏》以「微」有幽隱蔓昧之意。故余冠英等學者將「式微」解作「天將暮」，特此註明。

6 《司馬光集》卷八《寄清逸魏處士》：「鄉樹三搖落，臨風歌式微。徒嗟俗緣重，端使素心違。茅閣杉松冷，山園藥草肥。不能如海燕，歲歲一西飛。」272頁。「鄉樹三搖落」，距離皇祐二年探訪魏閒的山莊已歷三春，此詩蓋作於皇祐五年（一〇五三）。

7《續資治通鑑長編》卷二〇四，治平二年三月己丑，司馬光上疏。原文是：「臣近蒙恩給假至陝州焚黃，竊見緣路諸州倉庫錢糧，類皆闕絕，其官吏軍人料錢、月糧，並須逐旋收拾，方能支給。竊料其餘諸州，臣不到處，亦多如此。」4954頁。

8《續資治通鑑長編》卷一九六，嘉祐七年司馬光上疏論財利，4751頁。

9 前一數字的具體時間是景德、大中祥符中（一〇〇四—一〇一六），來自《包拯集》卷一，後一數字的具體時間就是治平年間，來自《續資治通鑑長編》卷二〇四。參見鄧小南《宋代文官選任制度諸層面》，河北教育出版社，一九九三年，第213頁《宋代官僚員數統計》表。

10 王曾瑜《宋朝兵制初探（增訂本）》，中華書局，二〇一一年版，30頁。

11《續資治通鑑長編》卷一九八，嘉祐八年四月癸巳，鄭獬上疏語，4803頁。

12《續資治通鑑長編》卷一九八，嘉祐八年四月癸巳，4803頁。

13《續資治通鑑長編》卷一九八，4806頁。

14《續資治通鑑長編》卷一九八，4816頁。

15《續資治通鑑長編》卷一九八，鄭獬語，4803頁。

16《續資治通鑑長編》卷一九八，4797-4799頁。

17 司馬光論「義勇」的札子一共是六道，《司馬光集》卷三一，749-764頁。

18《續資治通鑑長編》卷二〇三，4922頁。

19《續資治通鑑長編》卷二〇一，治平元年四月辛未條，4861頁。

20《續資治通鑑長編》卷一九六，4746-4748頁。

第五章

1 人數據司馬光《上英宗乞行禮官所奏典故》，〔宋〕趙汝愚編，北京大學中國中古史研究中心點校《宋朝諸臣奏議》卷八九，上海古籍出版社，一九九九年一版，964頁。

2《續資治通鑑長編》卷二〇一，4872頁。

3 司馬光《上皇帝疏》，《司馬光集》卷二五，655頁。

4 司馬光《虞祭札子》，《司馬光集》卷二六，675頁。

5《儀禮．士虞禮》鄭玄注。

6 韓悅《宋代喪葬典禮考述》，浙江大學碩士論文，二〇一二年，54-57頁。

7 司馬光《虞祭札子》，《司馬光集》卷二六，675頁。

8《續資治通鑑長編》卷一九九，嘉祐八年十一月庚子條，4830頁。司馬光《虞祭第二札子》，《司馬光集》卷二六，676頁。

9《續資治通鑑長編》卷一九九，4830頁。

10《司馬光集》卷二八，704頁。

11《續資治通鑑長編》卷二〇一，4872頁。

12 司馬光《上英宗乞早賜責降》，《宋朝諸臣奏議》卷九〇，978-979頁。

13 王珪《華陽集》卷四五《濮安懿王典禮議》。王珪的文集雖然收錄了這篇《禮議》，然而卻保留了完整的公文格式，因此並非有意掩蓋事情的本來面目。《禮議》的格式文字如下：翰林學士王某等奏：今月某日中書批送到門下侍郎兼兵部尚書同門下平章事昭文館大學士監修國史韓琦等狀（梅按：狀的具體內容略，其最核心的部分就是要求討論濮王及其三位夫人的「合行典禮」。）……治平元年五月二十八日進呈，奉聖旨「候過仁宗皇帝大祥別取旨」。治平二年四月九日再進呈，奉聖旨「送太常禮院，與兩制、待制已上同共詳定聞奏」。（梅按：以上為中書兩次上狀以及英宗批示的過程。）臣等謹按（梅按：以下為《禮議》正文。）……

14 王珪等《上英宗議乞依先朝封贈期親尊屬故事》，《宋朝諸臣奏議》卷八九，958頁。

15《續資治通鑑長編》卷二〇五，4972頁。

16《續資治通鑑長編》卷二〇五，4972頁。

17「集三省、御史臺官定議奏聞」，韓琦等《上英宗請集三省御史臺官再議》，《宋朝諸臣奏議》卷八九，959頁。

18《宋史》卷二四五《宗室．濮安懿王允讓傳》，8710頁。

19 呂誨《上英宗論不當罷集議，乞別降詔以王珪等議為定》，《宋朝諸臣奏議》卷八九，962頁。

20 司馬光《上英宗乞行禮官所奏典故》，《宋朝諸臣奏議》卷八九，964頁。

21 趙冬梅《「先帝皇后」與「今上生母」：試論北宋政治文化中的皇太后》，張希清等主編《10—13世紀中國文化的碰撞與融合》，上海人民出版社，二〇〇六年。

22《新五代史》卷一七《晉家人傳．贊》，中華書局，一九七四年一版，187-188頁。通常認為，《新五代史》皇祐五年（一〇五三）已成書，但並未公開。熙寧五年（一〇七二）八月，方以詔徵取入朝；熙寧十年，正式頒行於天下，列為正史。參見王樹民《中國史學史綱要》，中華書局，一九九七年九月版，105-106頁。朱熹認為，與濮議相關的內容是後來增補的，《晦庵先生朱文公文集》卷七一：「（歐陽修）又於《五代史記》書晉出帝父敬儒、周世宗父柴守禮事，及李彥詢傳，發明人倫父子之道尤為詳悉。」

23《三朝名臣言行錄》引《蘇氏談訓》。《直齋書錄解題》卷一一載：「《蘇氏談訓》十卷，朝請大夫蘇象先撰述其祖魏公頌子容遺訓。」蘇頌，字子容，封魏公，是歐陽修在南京時的僚佐，深得歐陽修和杜衍的賞識。杜衍曾任宰相，是歐陽修的老師，當時在南京閒居。

第六章

1《續資治通鑑長編》卷二〇六，5003-5004頁。

2 嘉祐七年三月，改天章閣待制兼侍講，仍知諫院。〔清〕顧棟高《司馬溫公年譜》卷二，〔明〕馬巒、〔清〕顧棟高編著，馬惠民整理《司馬光年譜》，中華書局，一九九〇年一版，63頁。

3 《司馬光集》卷八〇《初除待制祭先公文》，1622頁。

4 《司馬光集》卷三四《辭龍圖閣直學士第一狀、第二狀、第三狀》，804-806頁。

5 《司馬光集》卷七一《功名論》。趙冬梅《司馬光和他的時代》，生活．讀書．新知三聯書店，二〇一四年版，60頁。

6 《司馬光集》卷六六《諫院題名記》，1371頁。

7 《司馬光集》卷一八《進五規狀》之「務實」，嘉祐六年八月十七日上，547頁。《續資治通鑑長編》卷，嘉祐六年八月丁卯條，4701頁。

8 《司馬光集》卷五七《進通志表》，1197頁。

9 《續資治通鑑長編》卷二〇五，4964頁；卷二〇六，4992頁。

第七章

1 《續資治通鑑長編》卷二〇六，4984頁；《宋史》卷一三《英宗本紀》，257-258頁。

2 《續資治通鑑長編》卷二〇六，4987-4988頁。

3 《續資治通鑑長編》卷二〇六，4995頁。

4 《宋史》卷一三《英宗本紀》，258頁；《續資治通鑑長編》卷二〇六，5007頁；《宋大詔令集》卷一二一《治平二年南郊赦天下制》，414頁。

5 《續資治通鑑長編》卷二〇六，5010頁。

6 《續資治通鑑長編》卷二〇六，5012頁。

7 《續資治通鑑長編》卷二〇六，4988頁；《司馬光集》卷三四《上皇帝疏》，治平二年八月十一日上，795頁。

8 《續資治通鑑長編》卷二〇七，5020頁。

9 《續資治通鑑長編》卷二〇六，5004頁。

10 《續資治通鑑長編》卷二〇七，5030-5031頁。

11 《續資治通鑑長編》卷二〇七，5030頁。

12 《續資治通鑑長編》卷二〇七，5032頁。

13 《續資治通鑑長編》卷二〇六，4923頁；卷二〇七，5033頁。

14 《續資治通鑑長編》卷二〇七，5040頁。

15 參見趙冬梅《司馬光和他的時代》第二十五章《恩師的冒險》、二十六章《無處訴委屈》，248-265頁。

16 〔宋〕呂中撰，張其凡、白曉霞整理《類編皇朝大事記講義》，上海人民出版社，二〇一四年版，258頁。

17 Ji, Xiaobin. Politics and Conservatism in Northern Song China: The Career and Thought of Sima Guang（A.D. 1019-1086）.（冀小斌《北宋的政治與保守主義：司馬光的治學與從政》）

18 《續資治通鑑長編》卷二〇七，5022頁。

19 《續資治通鑑長編》卷二〇一，4868頁。

20 《續資治通鑑長編》卷二〇八，5053頁。

21 《續資治通鑑長編》卷二〇八，5054頁，治平三年「六月乙酉，吏部郎中、知磁州李田監淄州鹽酒稅務。嘉祐六年，始置考課法，至是考課院言田再考在劣等，故有是命。坐考劣降等自田始」。苗書梅的《宋代官員選任和管理制度》（河南大學出版社，一九九六年）沒有注意到英宗朝在考課執行方面的努力，可能是因為時間太短了。

第八章

1 《續資治通鑑長編》卷二〇八，5066-5067頁。

2 《宋會要輯稿》選舉三治平三年十月六日詔。

3 《宋史》卷二四八《公主．英宗四女．魏楚國大長公主傳》，8779頁。

4 參見趙冬梅《千秋是非話寇準》，90-92頁。

5 《續資治通鑑長編》卷二〇八，5068頁。

6 《宋會要輯稿》選舉一之一一。

7 《宋會要輯稿》選舉二之一〇。

8 《續資治通鑑長編》卷二〇九，5075頁。

9 《續資治通鑑長編》卷二〇九，5076頁。

10 吳曾《能改齋漫錄》卷一三「英宗山陵不及嘉祐十分之一」：陝西之民供英宗山陵之役，不比嘉祐十分之一。韓子華曰：「非上旨丁寧，不能如是。」歐陽文忠公曰：「上云『朕成先帝之志，天下必不以朕為不孝』。」商務印書館，一九三九年版，340頁。

11 據王珪《華陽集》卷五九《安簡邵公（亢）墓誌銘》，「公主下嫁不可殺舅姑之尊，以屈人倫之序」是邵亢給英宗的建議。

12 《續資治通鑑長編》卷二〇九，5077頁，二月乙酉，韓維上疏陳三事，若在貢院，應當無此。或者《續資治通鑑長編》繫日錯誤。

13 神宗搬出宮來單住的時候，「辭別皇帝和皇太后，悲傷哭泣，難以抑制，太后也哭，好生安慰了送出去。從那以後，（神宗）每天兩次，看望皇太后」。曹太后雖然跟兒子不和，對兒媳婦兼外甥女也不滿意，但是非常喜歡這個長孫，老太太曾經對宰相誇獎神宗說：「皇子近日非常有禮法，這都是你們選的好老師教的，應當把這些老師招到宰相府來表揚表揚。」《續資治通鑑長編》卷一九九，4840頁；卷二〇二，4893頁。

14 孫旭《宋代駙馬升行探微》（《宋史研究論叢》第十輯，河北大學出版社，二〇〇九年）和周紹華《宋代駙馬升行制度探析》（《江西社會科學》二〇〇九年八期）兩篇文章對駙馬升行的實施情況和原因，以及宋代皇族「異輩為婚」的現象進行了梳理。孫旭的文章更指出邵亢在這個問題上對神宗的影響。但是，兩篇文章都沒能指出神宗下詔廢除駙馬升行的深意。

15 《續資治通鑑長編》卷二〇九，5080頁，把貢舉放榜置於丙辰（八日）之前，誤。據《宋會要輯稿》選舉二之一〇，貢舉放榜在三月二十二日。

16 《續資治通鑑長編》卷二〇九，5082頁。

17 〔宋〕歐陽修撰，劉德清、顧寶林、歐陽明亮箋註《歐陽修詩編年箋註》卷一五《感事四首》其四，中華書局，二〇一二年版，1785頁。

18 《歐陽修詩編年箋註》卷一五《明妃小引》，1791頁。

19 《歐陽修詩編年箋註》卷一五《送道州張職方》，1789頁；同卷《再至汝陰三絕》之「題解」，汝陰即潁州，1794頁。

20 吳充《歐陽修行狀》，《歐陽文忠公集》附錄卷一，四部叢刊景元本。

21 《續資治通鑑長編》卷二〇九，治平四年三月壬申。5083頁。

22 《續資治通鑑長編》卷二〇九，5080頁。

23 《續資治通鑑長編》卷二〇九，5088頁。

24 《續資治通鑑長編拾補》卷一，6頁。

25 〔宋〕彭百川《太平治跡統類》卷一二，基本古籍庫據文淵閣四庫本。

26 《司馬光集》卷三五《王陶乞除舊職札子》，823頁。

27 《司馬光集》卷三六《留吳奎札子》，825頁。

第九章

1 〔宋〕徐自明撰，王瑞來校補《宋宰輔編年錄校補》卷七，中華書局，一九八六年版，362、366頁。《續資治通鑑長編拾補》卷一，17頁。

2 《續資治通鑑長編拾補》卷一，18頁。

3 《司馬光集》卷三六《作中丞初上殿札子》，826-827頁。

4 范仲淹《范文正公文集》卷一《靈烏賦並序》。

5 《東都事略》卷八五《王廣淵傳》，王廣淵的職銜是「編排中書五房文字」。

6 《司馬光集》卷三二《王廣淵札子》，770頁。

7 《續通鑑長編拾補》卷一，中華書局，二〇〇四年版，21頁。

8《東都事略》卷八五《王廣淵傳》。

9 王銍《默記》卷上，誠剛點校《默記．燕翼詒謀錄》，中華書局，一九八一年一版，一九九七年二印，16頁。

10 趙冬梅《司馬光和他的時代．寫在前面的話》，5頁。

11《續資治通鑑長編》卷二〇九，5084頁。

12《東都事略》卷八五《王廣淵傳》。《續資治通鑑長編》卷二六九，6609頁。

13《司馬光集》卷三六《高居簡札子》，838頁。

14《司馬光集》卷三七《高居簡第五札子》，850頁。

15《續資治通鑑長編拾補》卷一，31-32頁。

16《司馬光集》卷三七《王中正第三札子》，857頁。

17《司馬光集》卷三七《王中正第二札子》，855頁。

18《續資治通鑑長編拾補》卷一，24頁。

19《續資治通鑑長編》卷四四，951頁。《遼宋西夏金代通史．社會經濟卷》第十七章《西夏的經濟和賦役》，人民出版社，二〇一〇年版，692，699，703頁。

20《續資治通鑑長編拾補》卷一，24頁。

21《宋通鑑長編紀事本末》卷八三「种諤城綏州」。

22《司馬光集》卷三八《橫山疏》，862頁。

第十章

1《太平治跡統類》卷一三。

2 趙概於熙寧元年正月罷知徐州，三司使唐介代之。

3《續資治通鑑長編拾補》卷一，9-10頁。

4《續資治通鑑長編》卷二〇七，5022頁。蘇軾《張文定公墓誌銘》，《蘇軾文集》卷一六，451頁。

5《容齋隨筆》續筆卷三，「執政四入頭」，〔宋〕洪邁撰，孔凡禮點校《容齋隨筆》，中華書局，二〇〇五年一版，253頁。

6《續資治通鑑長編》卷二〇八，治平三年四月庚戌條。《宋史》卷二九〇《傳論》：「宋至仁宗，承平百年……起健卒（士兵）至政府，隱然為時名將，惟（狄）青與（郭）逵兩人爾。」

7《續資治通鑑長編拾補》卷二，62頁，有闕文。據《太平治跡統類》卷一二補。

8《續資治通鑑長編拾補》卷二，62頁。

9《太平治跡統類》卷一二。

10 《續資治通鑑長編》卷一八九，嘉祐四年（一〇五九）三月己亥，4553頁。

11 這件事情，在蘇軾為張方平所作《墓誌銘》和《宋史．張方平傳》中都隻字未提。蘇軾不提，是因為張方平對他父子有大恩；《宋史》不提，是因為它的《張方平傳》基本上抄蘇軾的。《宋史》卷三一八《張方平傳》，三十冊，10356頁。《朱子語類》卷一三〇，朱傑人等主編《朱子全書》，上海古籍出版社，安徽教育出版社，二〇一〇年版，十八冊，4053頁。

12 《朱子語類》卷一三〇，《朱子全書》，十八冊，4054頁。

13 《資治通鑑》卷六六，漢獻帝建安十五年（二一〇），2100頁。

14 關於通進銀臺司的研究，可以參看曹家齊《宋朝皇帝與朝臣的信息博弈——圍繞入內內侍省與進奏院傳遞詔奏之考察》（《歷史研究》二〇一七年一期）、田志光《北宋通進銀臺司在中樞決策中的封駁權》（《史學月刊》二〇一四年一期）、李全德《通進銀臺司與宋代的文書運行》（《中國史研究》二〇〇八年二期）。

15 《東都事略》卷八八《呂公著傳》所記最全。《宋史》卷三三六《呂公著傳》，10773頁。

16 《續資治通鑑長編》卷三三八，元豐六年（一〇八三）八月癸巳條注，8151頁。

17 《續資治通鑑長編拾補》卷二，65頁。

18 《續資治通鑑長編拾補》卷二，65頁。

19 《東都事略》卷八八《呂公著傳》；《續資治通鑑長編拾補》卷二，65-66頁。

20 《太平治跡統類》卷一二；《能改齋漫錄》卷一三。

21 《續資治通鑑長編拾補》卷二，66頁。

22 楊伯峻《論語譯註》，中華書局，一九八〇年二版，二〇〇二年十六印，133-135頁。

23 《史記》卷七四《孟子荀卿列傳》，中華書局，二〇一四年版，2343頁。

第十一章

1 王鞏《張方平行狀》，《樂全集附錄》；蘇軾《張文定公墓誌銘》，501頁。

2 王鞏《張方平行狀》，《樂全集附錄》。

3 《宋宰輔編年錄校補》卷七，369頁。張方平（同）知貢舉的時間，據《宋會要輯稿．選舉》一之一〇。

4 邵伯溫《邵氏聞見錄》卷九。鄧廣銘《北宋政治改革家王安石》，人民出版社，一九九七年版，7頁。

5 鄧廣銘《北宋政治改革家王安石》，7-27頁。

6 司馬光《溫公易說》卷三「遯」九四。

7 趙冬梅《司馬光和他的時代》，158頁。

8 《東軒筆錄》卷九。鄧廣銘《北宋政治改革家王安石》，14-15頁。

9《東都事略》卷七九《王安石傳》。

10《臨川文集》卷七四《上執政書》。鄧廣銘《北宋政治改革家王安石》，16頁。

11《續資治通鑑長編》卷二〇九，5087頁。

12 張舜民《畫墁錄》。燒朱院原名燒豬院，是和尚開的烤肉館，「有僧惠明善庖，炙豬肉尤佳」，佛教徒楊億是常客，以為僧人燒豬，於義不安，為改名。

13 陸游《渭南文集》卷二八《跋居家雜儀》：「某聞此語六十年矣。偶讀《居家雜儀》，遂識之，慶元庚申（六年，一二〇〇）五月四日書。」此事又見王銍《默記》卷下，談話內容基本相同，而細節有出入。陸游的故事是從王銍那裡聽來的，王銍的故事則是聽他父親王莘說的，據王銍的說法，談話發生在王元澤和王莘、閻詢仁之間。此用陸游的版本。

14 趙冬梅《司馬光和他的時代》，286頁。

15 王安石被招不辭，友人王介作詩嘲諷，安石不以為忤，以七絕《松間》答之云：「偶向松間覓舊題，野人休送《北山移》。丈夫出處非無意，猿鶴從來自不知。」宋人筆記王明清《玉照新志》卷一、葉夢得《石林詩話》卷下俱載其事。劉成國《王安石年譜長編》卷四，中華書局，二〇一八年版，765-766頁。

16 陸游《渭南文集》卷二八《跋居家雜儀》。王元澤的原話是：「大人之意乃欲與司馬十二丈卜鄰，以其修身齊家事事可為子弟法也。」

17 Hymes, Robert P., and Conrad Schirokauer, editors, Ordering the World:Approaches to State and Society in Sung Dynasty China. Berkeley: University of California Press, 1993.

18 鄧廣銘《北宋政治改革家王安石》，29頁。

19 徐度《卻掃編》卷中。

20 徐度《卻掃編》卷中。葉夢得《避暑錄話》卷四，17頁。劉子健《歐陽修的治學與從政．引言》，臺北：新文豐出版公司，一九八四年版，7頁。

21 趙冬梅《司馬光和他的時代》，305-309頁。

22 當在嘉祐五年四月梅堯臣沾染時疫去世之前。

23 南宋之後，由於政治風雲的變幻，出現了以《明妃曲》誣衊王安石鼓勵變節、無父無君的說法，聚訟的關節是「漢恩自淺胡自深」一句中「自」的含義。鄧廣銘先生《北宋政治改革家王安石》有專節為《明妃曲》辯誣，引王安石詩證明「自」字可以作「儘管」解，可為定論，45-50頁。

24《司馬光集》卷三《和王介甫明妃曲》，86頁。

第十二章

1 鄧廣銘《北宋政治改革家王安石》，71頁。

2 《宋通鑑長編紀事本末》卷五九《王安石事蹟（上）》。

3 《續資治通鑑長編拾補》卷三上，95頁。

4 《司馬光集》卷一八《進五規狀·保業》，562頁。

5 治平四年九月，司馬光上《衙前札子》，討論差役害民問題，見《司馬光集》卷三八，110頁。

6 王安石《本朝百年無事札子》，四川大學古籍所編，曾棗莊、劉琳主編《全宋文》卷一三八二，巴蜀書社，一九九三年一版，第三十二冊，360-362頁。《續資治通鑑長編拾補》卷三上，95頁。

7 《續資治通鑑長編拾補》卷三上，庚申條注，90頁。

8 「願陛下以講學為事，講學既明，則施設之方不言自喻。」「若陛下擇術未明，實未敢條奏。」《續資治通鑑長編拾補》卷三下，95頁。

9 《司馬光集》卷六〇《與王介甫書》，371頁。

10 《續資治通鑑長編拾補》卷三上，92頁。

11 《續資治通鑑長編拾補》卷三上，115頁。

12 《續資治通鑑長編拾補》卷三上，116頁。

13 〔清〕趙翼《廿二史札記》卷二五，中國書店，一九八七年版，331頁。當然，中下級官員的日子就沒有那麼好過，而各衙門最基層的辦事員——胥吏則長期沒有工資。

第十三章

1 司馬光《八月十一日邇英對問河北災變》，《司馬光集》卷三九，885頁。

2 《續資治通鑑長編拾補》卷三下，126頁。

3 成書於五代後晉時期的《舊唐書》卷一一九是楊綰、崔祐甫、常衮三位宰相的合傳，卷末「史臣曰」對楊綰移風易俗的能力、崔祐甫選任官員的識鑑力大加讚賞，最後說「常衮之輩不足云爾」，很是瞧不起常衮，3447頁。宋人編修的《新唐書》卷一五〇《常衮傳》對常衮的評價有所提高，4809-4810頁。

4 《新唐書》卷一一三《張文瓘傳》，4187頁。

5 《資治通鑑》卷二二五，7247頁。

6 《乞聽宰臣等辭免郊賜札子》，熙寧元年八月九日上，126-128頁。《續資治通鑑長編拾補》卷三下，124頁。

7 王安石《上仁宗皇帝言事書》，鄧廣銘《北宋政治改革家王安石》，29頁。

8 《司馬光集》卷二三《論財利疏》，嘉祐七年（1062）七月上，619頁。

9 《資治通鑑》卷一九、卷二〇。呂思勉《呂著中國通史》第五章〈財產〉，當代世界出版社，二〇〇九年版，69頁。

10 司馬光《八月十一日邇英對問河北災變》，《司馬光集》卷三九，885頁。

11 王安石《風俗》，寫作時間判斷見鄧廣銘《北宋政治改革家王安石》，65頁。

12 不著撰人，汪聖鐸點校：《宋史全文》卷一一，中華書局，二〇一六年一版，642頁。

13 《賜宰相曾公亮已下辭南郊賜賚不允詔》全文見《臨川先生文集》卷四七，曾棗莊、劉琳主編《全宋文》，六十三冊，1364頁。《宋史全文》卷一一，643頁。《續資治通鑑長編拾補》卷三下，127頁。

14 《續資治通鑑長編拾補》卷三下，127頁。

15 〔宋〕呂中《類編皇朝大事記講義》卷一五，289頁。

16 這是蘇轍在第二年三月上書中對南郊賞賜的批評，〔宋〕蘇轍著，陳宏天、高秀芳點校《蘇轍集》卷二一《上皇帝書》，中華書局，一九九〇年版，378頁。

17 《續資治通鑑長編拾補》，135頁。

第十四章

1 本節的案情復原依據《司馬光集》卷三八《議謀殺已傷案問欲舉自首狀》注釋一所引明本、康熙本、乾隆本、四庫本題注，876頁。這一段題注不見於四部叢刊影宋紹興本《溫國文正公文集》，應是明朝以後增入，與明人所編《歷代名臣奏議》卷二一一司馬光奏後所附案情簡介文字完全相同。《宋史》卷三三〇《許遵傳》對這段案情的敘述有一個非常顯著的不同，「（阿）云許嫁未行」，也就是說二人並未成親。這一情節不見於南宋人王稱所作之《東都事略．許遵傳》，其對案情的敘述只有簡單的一句話：「有婦人阿云謀殺夫而自承者。」《宋通鑑長編紀事本末》卷七五載：「初，登州言，婦人阿云有母服嫁民韋阿大，嫌其陋，謀夜以刀殺之，已傷不死。」《宋通鑑長編紀事本末》的依據是南宋李燾的《續資治通鑑長編》。由此可見，一直到南宋，阿云案的案情敘述中都沒有出現「許嫁未行」的情節。阿云嫁阿大，發生在服喪期間，這一點確定無疑；而阿云已嫁，同樣也是確定無疑的。司馬光、王安石、許遵等人的討論就建立在這一基本事實基礎之上。

2 蘇基朗《神宗朝阿云案辨正》，氏著《唐宋法制史研究》，香港中文大學出版社，一九九六年版，156頁。

3 《東都事略》卷一一二《許遵傳》；《宋史》卷三三〇《許遵傳》，10627頁。

4 《宋史》卷三三〇《許遵傳》，10627頁。

5 《司馬光集》卷三八《議謀殺已傷案問欲舉自首狀》，874-876頁。

6 趙冬梅《司馬光和他的時代》，268-269頁。

7 以殺止殺，以死刑震懾犯罪，曾經是人類在一定階段的司法共識。現代文明在這個問題上已經變得越來越審慎。二〇一二年，全球一百四十個國家廢除及不使用死刑，仍然維持死刑的只有五十八國，其中二十一國在二〇一一年有執行死刑。

8 中國法制史專家蘇基朗總結說：「司馬光的觀點……自從《唐律》實施以來，一直是通行觀點。直到清朝，大多數儒家官僚更傾向於接受的，還是這種觀點。這些官僚當中包括了著名法律專家、清末修訂法律大臣沈家本（1840-1914）。」「Sung Criminal Justice and the Modern Implication of Chinese Legal Tradition：The Case of A Yun 阿云（1068-69） Revisited.」 In Liu Tseng-kuei ed., Papers from the Third International Conference on Sinology, History Section: Law and Custom. Taipei: Institute of History and Philology, Academia Sinica, 2002. p.75.

9 陳立軍《論北宋阿云案的流變及影響》（《歷史教學（下半月刊）》二〇一七年九期）是有關阿云案的最新綜述，對於既往研究蒐羅較全，讀者可以按圖索驥，自行判斷案情是非。

10 《司馬光集》卷六〇《與王介甫書》，熙寧三年二月二十七日，1255頁。

11 這是呂公著對神宗的批評，出自《哲宗實錄．呂正獻公公著傳》，杜大珪編《名臣碑傳琬琰集》下卷十。

第十五章

1 《名臣碑傳琬琰集》下卷一四《神宗實錄．王荊公安石傳》：安石既執政，上曰：「人皆不能知卿。」又曰：「朕察人情，比於卿有欲造事傾搖者。朕常以呂誨為忠，毀卿於時事不通。趙抃、唐介數以言扞塞，惟恐卿進用。」

2 《宋史》卷三四一《孫固傳》，10874頁。

3 《宋史》卷一四《神宗本紀一》，270頁。《華陽集》卷五七《唐介墓誌銘》言：熙寧二年三月遘寢疾，四月乙未（神宗）幸其第，明日公薨。然四月丁酉朔，乙未在三月二十九。可能是三月乙未去世，四月丁未（十一日）臨喪。

4 《宋史》卷一四《神宗紀一》：「秋七月癸酉，詔：謀殺已傷，案問欲舉自首者，從謀殺減二等。」268頁。

5 《文獻通考》卷一七〇。

6 「介素有剛勁之名」是司馬光對他的評價，《資治通鑑長編拾補》卷三上引〔清〕徐乾學《資治通鑑後編》，88頁。

7 趙冬梅《司馬光和他的時代》，206頁。

8 《宋宰輔編年錄校補》卷七。王珪《華陽集》卷五七《質肅唐公墓誌銘》。

9 《華陽集》卷五七《質肅唐公墓誌銘》。王珪隻字不提唐介的死因，可見是大大的滑頭。徐紅梅醫學博士認為，可能是潛伏在背部神經末梢的皰疹病毒發作。

10 呂誨《乞追還王拱辰等四敕奏》，《全宋文》，第二十四冊，492頁。

11 《名臣碑傳琬琰集》下卷一五《神宗實錄．鄭翰林獬傳》載，鄭獬的官銜是翰林學士「權發遣開封府」，《宋史》卷三二一《鄭獬傳》同。《東都事略》卷七六《鄭獬傳》：「神宗即位，除翰林學士知開封府。」

12 〔宋〕邵博《聞見後錄》卷二三。

13 《司馬光集》卷六七《范景仁傳》，1390頁。

14 《太平治跡統類》卷一三。

15 《續資治通鑑長編》卷二一五，5238頁。

16 王安石《與劉原父書》，《臨川先生文集》卷七四，中華書局，一九五九年版，474頁。鄧廣銘《北宋政治改革家王安石》，19頁。

17 《宋史》卷一四《神宗本紀一》，熙寧二年十二月丙戌，增三京留司御史臺、國子監及宮觀官，以處卿監、監司、知州之老者。272-273頁。

18 鄧廣銘《北宋政治改革家王安石》，121頁。「恢復漢唐舊境」語出《續資治通鑑長編》卷二三〇，熙寧五年二月己卯條。

19 蘇轍《上皇帝書》，熙寧二年三月上，《欒城集》卷二一。

20 鄧廣銘《北宋政治改革家王安石》，75-77頁。

21 《臨川先生文集》卷一〇《兼併》詩，轉引自鄧廣銘《北宋政治改革家王安石》，81頁。

22 呂誨《乞追還王拱辰等四敕奏》，熙寧二年五月上，《全宋文》，第24冊，492頁。

23 呂誨《論王安石奸詐十事狀》，《全宋文》，第二十四冊，494頁。

24 《行狀》，《全宋文》，第四十五冊，428頁。

25 王安石《論館職札子之二》，《全宋文》，第三十二冊，360頁。

26 「閉而亂者以小人道長，通而治者以小人道消。小人道消，則禮義廉恥之俗成，而中人以下變為君子者多矣；禮義廉恥之俗壞，則中人以下變為小人者多矣。」《續資治通鑑長編拾補》卷四，153-154頁。

27 《宋通鑑長編紀事本末》卷六六。《全宋文》，第十七冊，8頁。

28 神宗欲用蘇軾修中書條例，《資治通鑑長編拾補》卷四，189頁。

29 蘇轍進入制置三司條例司在三月癸未四日，《資治通鑑長編拾補》卷四，158頁。辭職始於八月，有《制置三司條例司論事狀》與《條例司乞外任奏狀》，591-595頁。

第十六章

1 《宋史》卷一一，658-659頁。

2 《宋史》卷一一，657頁。

3 《宋史》卷三四一《孫固傳》，10875頁。

4 《司馬光集》卷五六《賜參知政事王安石乞退不允批答》《賜參知政事王安石乞退不允斷來章批答》，1166、1167頁。

5 《續資治通鑑長編拾補》卷七，305頁。

6 《司馬光集》卷六〇《與王介甫書》，1261頁。

7 鄧廣銘先生認為，這一道「答詔」表明：「宋神宗對於保守派的議論並不作為不足恤的流俗之見而斷然加以拒斥，卻是十分明顯的。」《北宋政治改革家王安石》，254頁。

8 《宋史》卷一五《神宗本紀二》：「二月壬申，以翰林學士司馬光為樞密副使，凡九辭，詔收還敕誥。」275頁。此處言「九辭」，《司馬光集》只見六辭奏札。

9 《司馬光集》卷四一《辭樞密副使第一札子》《辭樞密副使第二札子》《辭樞密副使第三札子》，916-917頁；卷四二《辭樞密副使第四札子》《辭樞密副使第五札子》《辭樞密副使第六札子》，927-929頁。

10 《續資治通鑑長編拾補》卷七，317頁，引《太平治跡統類》。

第十七章

1 《續資治通鑑長編》卷二一〇，5109頁。

2 《續資治通鑑長編》卷二〇八，5056頁。

3 《續資治通鑑長編拾補》卷四，171頁。

4 《宋通鑑長編紀事本末》卷六八；《續資治通鑑長編拾補》卷七，334頁。劉成國《王安石年譜長編》卷四，1025頁。

5 《宋會要輯稿》食貨四之二四。《續資治通鑑長編拾補》卷七，二月甲申，314頁；三月乙未，327-328頁。

6 《續資治通鑑長編拾補》卷七，328頁。

7 這五位言官是御史中丞呂公著、監察御史里行張戩、監察御史里行程顥，右正言李常、右正言孫覺。《續資治通鑑長編拾補》卷七，335-336頁。《宋史》卷一五《神宗本紀二》，275頁。

8 《宋通鑑長編紀事本末》卷六八。

9 《續資治通鑑長編拾補》卷七，314-315頁。

10 蘇軾《范忠文鎮墓誌銘》，《名臣碑傳琬琰集》中卷一八。《東都事略》卷七七《范鎮傳》。

11 劉成國《王安石年譜長編》卷四，901頁。

12 《續資治通鑑長編》卷二一〇，李燾「考異」引《呂公著家傳》，5099頁。

13 《續資治通鑑長編》卷二一〇，5104頁。

14 《宋史》卷一五《神宗本紀二》，276頁。

15 《續資治通鑑長編》卷二一〇，5102頁。

16 《名臣碑傳琬琰集》下卷一四，引《神宗實錄·王荊公安石傳》云：「安石傳經，義出己意，辨論輒數百言，眾人不能詘。甚者謂『天變不足畏，祖宗不足法』，又以人言是非一歸之流俗，故二年間遍諫官御史以安石去者凡二十人，而安石不恤也。」又見《宋宰輔編年錄校補》卷八，465-466頁。鄧廣銘《北宋政治改革家王安石》認為：「儘管王安石從來不曾向宋神宗提出過這樣的『三不足』語句，但說這三句話之為王安石親口所說，卻是決無可疑的。」101頁。

17 《司馬光年譜》，150頁。

18 《司馬光集》卷七二《學士院試李清臣等策目》，522頁。

19 《續資治通鑑長編拾補》卷七，339頁；上古本，卷七之三十三，109頁下。

20 《續資治通鑑長編》卷二一五，卷七，320頁。

21 《宋史》卷一五《神宗本紀二》：三年三月壬子（二十一日）。《司馬光年譜》繫之正月，誤，140頁。范祖禹《范太史集》卷四一《直集賢院提舉西京嵩山崇福宮司馬（康）君墓誌銘》。

第十八章

1 楊仲良《宋通鑑長編紀事本末》卷六八，基本古籍庫收宛委別藏本；《續資治通鑑長編拾補》卷七，342頁。

2 《司馬光集》卷六〇《與王介甫書》，1262頁。

3 這段故事的原始記載出自蘇頌於元祐六年為孫永所作的神道碑文，《蘇魏公集》卷五三《資政殿學士通議大夫孫公神道碑》。按蘇頌的記載，故事發生的時間是治平三年，「諸王出閤建府，選公為侍讀」。李燾的轉錄在《續資治通鑑長編》卷二〇六，治平二年十月戊申命孫永為諸王府侍讀條，5005頁。

4 宋神宗《御製資治通鑑序》，中華書局標點本《資治通鑑》，一九五六年版，33頁。

5 宋神宗《御製資治通鑑序》後司馬光追記：「治平四年十月初開經筵，奉聖旨講《資治通鑑》。其月九日，臣光初進讀，面賜御製序，令候書成日寫入。」中華書局標點本《資治通鑑》，34頁。按《宋史》卷一四《神宗本紀一》，治平四年「冬十月丙午，漳、泉諸州地震。……己酉，初御邇英閣，召侍臣講讀經史。……甲寅，制《資治通鑑序》賜司馬光」。若丙午為朔日，甲寅正好是九日。《二十史朔閏表》治平四年十月丙子朔，與《本紀》繫日全悖，恐誤。

6 《貞觀政要》卷二。

7 《司馬光集》卷三九《辭免裁減國用札子》，877頁。

8 《宋史》卷二一一《宰輔表二》，5483-5485頁。

9 《孟子．萬章下》。

10 蘇軾《蘇文忠公全集．東坡集》卷三六《司馬溫公行狀》。

11 《司馬光集》卷六〇《與王介甫書》，熙寧三年二月二十六日，1262頁。

12 王安石《王文公文集》卷九三《台州天台縣令王君墓誌銘》，上海人民出版社，一九七四年一版，967頁。「勢」字基本古籍庫收四部叢刊影明嘉靖本作「於」。王無咎卒於熙寧二年閏十一月丁巳，四年二月葬。墓誌銘作於熙寧四年。

第十九章

1 《續資治通鑑長編》卷二一四，5201頁。

2 《續資治通鑑長編》卷二一四，5200頁；卷四，184頁。孔凡禮《蘇軾年譜》卷九，中華書局，一九九八年，184-185頁。

3 一〇五三年，司馬光三十五歲，龐籍因外甥趙清貺事件遭彈劾下臺，出守鄆州。

4 《宋通鑑長編紀事本末》卷六二「蘇軾詩獄」。

5 《蘇文忠公全集．東坡奏議》卷九《杭州召還乞郡狀》。

6 孔凡禮《蘇軾年譜》卷十引《蘇軾佚文彙編》之《與堂兄》，200頁。

7 據《宋史》卷二九五《謝景溫傳》，謝景溫調到中央、被提拔為侍御史知雜事，都是因為與王安石的關係：「景溫平生未嘗仕中朝，王安石與之善，又景溫妹嫁其弟安禮，乃驟擢為侍御史知雜事。」9847頁。

8 《續資治通鑑長編》卷二一四，5201頁。

9 《續資治通鑑長編》卷二一五，5235頁。王安石討厭陳襄，神宗拖了一年還是給了陳襄知制誥的位置。

10 《續資治通鑑長編》卷二一四，5207頁。

11 《續資治通鑑長編》卷二一四，5221頁。

12 方大琮《鐵庵集》卷二九《策問．武舉》，基本古籍庫「明正德八年方良德課本」有脫漏。文淵閣《四庫全書》文字略不同。

13 《續資治通鑑長編》卷二一五，5246頁。

14 《續資治通鑑長編》卷二一五，5245頁。

15 《續資治通鑑長編》卷二一五，5246-5247頁。

16 《續資治通鑑長編》卷二一四，「王安石獨對」，與神宗討論兩府人選時王安石的話，5207頁。

17 《續資治通鑑長編》卷一九四，4711頁。

18 《續資治通鑑長編》卷二一六，5263頁。

19 朱熹《孟子集註》卷十，《四書集註》321頁。

20 《續資治通鑑長編》卷二一一，5119頁。引文末句，神宗原話是「以釋所願聞」，君主「所願聞」者，為政之道也。陳襄《古靈集》卷二五附《國史本傳》。《宋史》卷三二一《陳襄傳》蓋以《國史本傳》為本，然文字刪改缺略處多，10419頁。

21 《續資治通鑑長編》卷二一五，5235頁。

22 《續資治通鑑長編》卷二一五，5235頁。

第二十章

1 《續資治通鑑長編》卷二一五，5238頁。

2《續資治通鑑長編》卷二一四，5220頁。

3《續資治通鑑長編》卷二一五，5237頁。

4《續資治通鑑長編》卷二一五，5240頁。

5《續資治通鑑長編》卷二一四，5217頁。

6《續資治通鑑長編》卷二一五，5232頁。

7《續資治通鑑長編》卷二一四，5218頁。

8《續資治通鑑長編》卷二一五，5232頁。

9《續資治通鑑長編》卷二一六，5256-5257頁。

10《續資治通鑑長編》卷二一六，5252頁。

11《宋會要輯稿．食貨》四之一八，必須承認，范鎮起初對青苗錢的理解有誤。唐代後期的「青苗錢」是赤裸裸的斂財惡法，《新唐書》卷五一《食貨志》載：「以國用急，不及秋，方苗青即徵之，號『青苗錢』。」相比之下，宋代青苗法是設計精良的政府有息貸款。魏泰《東軒筆錄》卷一五曾經辨正。

12《續資治通鑑長編》卷二一六，5264頁。

13《續資治通鑑長編》卷二一六，5264-5265頁。

14《續資治通鑑長編》卷二一六，5265頁。

15《司馬光集》卷六七《范景仁傳》，1389頁。

16《司馬光集》卷四三《諫西征疏》，942頁。

17《司馬光集》卷四三《諫西征疏》，942頁。

18《司馬光集》卷四二《乞免永興軍路青苗助役錢札子》，931頁。

19《司馬光集》卷三一《義勇第一札子》，749頁。

20 參見本書第四章《「式微」歌》。《義勇第一至第六札子》在《司馬光集》，「第一札」，卷三一，749-750頁，「第二、第三札」，卷三一，752-755頁；第四、五、六札，卷三一，757-765頁。

21《司馬光集》卷四二《乞不令陝西義勇戍邊及刺充正兵札子》，932頁。

第二十一章

1《司馬光集》卷四三《諫西征疏》，942頁。

2《司馬光集》卷四三《諫西征疏》，942-943頁。

3《司馬光集》卷四三《諫西征疏》，943頁。

4 《司馬光集》卷一一《登長安見山樓》，369頁。

5 《司馬光集》卷四四《申宣撫權住製造乾糧麨飯狀》，953-955頁。

6 漆俠《王安石變法》，132頁。

7 《司馬光集》卷四四《奏為乞不將米折青苗錢狀》，959頁。

8 《司馬光集》卷四四《奏乞所欠青苗錢許重疊倚閣狀》，956頁。

9 《司馬光集》卷四四《奏乞所欠青苗錢許重疊倚閣狀》，957頁。

10 據蘇軾《司馬溫公行狀》，在獲得判西京留司御史臺的閒職之前，神宗還曾命司馬光知許州，但他沒有接受。《三朝名臣言行錄》引《聞見錄》載：「帝必欲用公，召知許州，令過闕上殿。方下詔，謂監察御史里行程顥曰：『朕召司馬光，卿度光來否？』顥對曰：『陛下能用其言，光必來；不能用其言，光必不來。』帝曰：『未論用其言。如光者常在左右，人主自可無過。』公果辭召命。」據此，則神宗還有把司馬光召回開封的意思。但是，這個記載可能是有問題的，因為程顥在熙寧三年四月就已經罷監察御史里行，貶為外任，見《宋史》卷一五《神宗本紀二》，276頁；程頤《明道先生行狀》記載相同而略詳，〔宋〕程顥、程頤著，王孝魚點校《二程集》，中華書局，二〇〇四年二版，二〇一一年六印，634頁。

11 《司馬光集》補遺卷一《到任明年旨罷官有作》，1632頁；卷一一《別長安》末二句同，前兩句為「暫來還復去，夢裡到長安」，370頁。

第二十二章

1 司馬光在熙寧四年正月頻繁上疏，可以說是整月未閒，足見其「惠愛及民」的緊迫心情：一日，上《諫西征疏》；三日，上《乞罷修腹內城壁樓櫓及器械狀》；八日，上《乞不添屯軍馬》；十九日，上《求乞兵官與趙瑜同訓練駐泊兵士狀》；不詳其日的正月上疏還有《奏乞所欠青苗錢許重疊倚閣狀》。《司馬光集》卷四三，945、948、951頁；卷四四，957、961頁。

2 宋夏戰事及李秉常入侵事在八月辛未條，處分李復圭在十月丙子，《續資治通鑑長編》卷二一四，5203頁；卷二一六，5258頁。

3 《續資治通鑑長編》卷二一七，5283頁。

4 《續資治通鑑長編》卷二二〇，5353頁。《宋大詔令集》卷二一四《誡諭逐路各務安靜詔》，814頁。

5 《宋史》卷一五《神宗本紀二》，279頁。

6 《宋史》卷一五《神宗本紀二》，二月辛酉，三月辛卯，279頁。

7 《宋史》卷一五《神宗本紀二》，五月壬寅，279頁。

8 《宋史》卷一五《神宗本紀二》，281頁。

9 《宋史》卷三二七《王安禮傳》，10555頁。

10 《司馬光集》卷一一《初到洛中書懷》，370頁。「危辱」一詞，先秦常用語，意為危險、屈辱。《司馬光年譜》作「危逐」，誤，

168頁。「贏取」原作「贏」，基本古籍庫所收四部叢刊影宋紹興本同。《苕溪漁隱詩話》作「贏」，據改。

11 《續資治通鑑長編》卷二二〇，熙寧四年二月戊辰，5348頁。

12 《宋史》卷一五《神宗本紀二》，280頁。

13 〔宋〕邵伯溫《邵氏聞見前錄》卷一八。《司馬光年譜》，174頁。

14 《司馬光集》卷七七《吏部尚書張公墓誌銘》，1567頁。

15 據《司馬光集》卷七七《吏部尚書張公墓誌銘》，1563頁，張存歿於三月癸巳，前一日為壬辰。據《續資治通鑑長編》夏人陷撫寧堡在二月十八日，《宋史》卷一一五《神宗本紀二》繫之三月丁亥，當為開封得知確切消息的日子，279頁。

16 《司馬光集》卷七七《右諫議大夫呂府君墓誌銘》，1570-1571頁。

17 《三朝名臣言行錄》卷一四《御史中丞呂公》。

18 《司馬光集》卷七七《右諫議大夫呂府君墓誌銘》，1572頁。

19 《邵氏聞見前錄》卷一〇。《三朝名臣言行錄》卷一四《御史中丞呂公》。

20 《宋史》卷三四五《劉安世傳》，10952頁。

21 北島《回答》，一九七六年四月作，原載一九七八年十二月二十三日《今天》第一期，收入中國作家協會詩刊社編《中國新詩百年志·作品卷》，北京：中國工人出版社，二〇一七年版，上冊，590頁。

22 《續資治通鑑長編》卷二二三，5417頁。朱熹《三朝名臣言行後錄》卷五。

23 《邵氏聞見前錄》卷一〇。《司馬光年譜》，169頁。

第二十三章

1 《司馬光集》卷六五《投壺新格序》，1344-1349頁。

2 《司馬光集》卷六二《答景仁論養生及樂書》《答范景仁書》兩篇，1288-1296頁；卷六三《答范景仁書》《答景仁書》，1303-1305頁；補遺卷九《與范景仁第四書》《與范景仁第八書》《與范景仁第九書》，1736-1739頁。司馬光與范鎮最初關於禮樂的討論，始於皇祐二年（一〇五〇），補遺卷九《與景仁論樂書》《再與范景仁論樂書》，《司馬光年譜》，38-41頁。范鎮《東齋記事》曾經回顧二人對樂的討論，《司馬光年譜》對范鎮的記憶差失有辨正，196頁。

3 《司馬光集》卷六六《獨樂園記》，1378頁。

4 《司馬光集》卷六六《獨樂園記》，1378頁。

5 司馬光《書儀》共計十卷，「凡表奏公文、私書、家書式一卷，冠儀一卷，婚儀二卷，喪儀六卷」，《四庫全書總目提要》卷二二，180頁。

6 《四庫全書總目提要》卷二二，司馬光「《書儀》十卷」，180頁。

7 蘇軾《司馬光行狀》。

8 《司馬光集》卷四五《應詔言朝政闕失狀》，965-966頁。

9 《司馬光集》卷六〇《與王介甫書》，1258頁。

10 《司馬光集》卷四五《應詔言朝政闕失狀》，963-973頁。

11 《司馬光集》卷四五《應詔言朝政闕失狀》，963頁。

12 《宋史》卷三一三《富弼傳》載此言，但沒有明指說話人是王安石，10255頁。《富弼傳》的記載出自蘇軾所作《富鄭公弼顯忠尚德之碑》，《名臣碑傳琬琰集》上卷四。南宋呂中的《類編皇朝大事記講義》卷一六則直書「弼聞安石於上前」作此言，296頁。鄧廣銘《北宋政治改革家王安石》把這句話記在王安石名下，人民出版社版，91頁。

13 《續資治通鑑長編》卷二五一，6138頁。

14 《宋史》卷一七五《食貨志上三》，4254頁。

15 《續資治通鑑長編》卷二五一，6137頁。

16 陳振《宋史》，上海人民出版社，二〇〇三年版，228頁。

17 《名臣碑傳琬琰集》下卷一四《神宗實錄・王荊公安石傳》；《續資治通鑑長編》卷二四七，6022-6023頁。

18 《續資治通鑑長編》卷二四六，5990頁。

19 《續資治通鑑長編》卷二四八，6050-6051頁。

20 《續資治通鑑長編》卷二四八，6046頁。

21 《續資治通鑑長編》卷二五〇，6087頁。

22 《續資治通鑑長編》卷二一五，5238頁。

23 《續資治通鑑長編》卷二五一，6138頁。

24 《續資治通鑑長編》卷二四六，5990頁；卷二四七，6019頁；卷二四八，6037-6038頁。

25 《續資治通鑑長編》卷二五二，6147頁。鄧廣銘《北宋政治改革家王安石》，239頁。

26 《續資治通鑑長編》卷二五二，6169頁。

27 《續資治通鑑長編》卷二五二，6168頁。

28 《司馬光集》卷四五《應詔言朝廷缺失狀》，校勘記一：明本、乾隆本、四庫本於題下注云「熙寧七年四月十八日上」。《續資治通鑑長編》卷二五二繫於熙寧七年四月乙酉十八日，6160頁；《司馬光集》校勘記誤作甲申日。

29 《宋史》卷三三二《李師中傳》，10679頁；《續資治通鑑長編》卷二五三，6187-6188頁。

30 《宋宰輔編年錄校補》卷八，435-441頁。

第二十四章

1 《司馬光集》卷四五《應詔言朝政闕失狀》，968頁。

2 漆俠《王安石變法》，132頁。

3 葛金芳、柳平生《腳踏實地，開拓創新：評梁庚堯著〈宋代社會經濟史論集〉》，漆俠、王天順主編《宋史研究論文集》，寧夏人民出版社，一九九九年版，333頁。

4 《續資治通鑑長編》卷二二三，5423頁。

5 楊傑《無為集》卷一三《故朝散郎致仕朱君墓誌銘》，朱定國退休時只有六十一歲，卒於元祐四年，享年七十九。

6 《續資治通鑑長編》卷二四九，6073-6074頁。

7 劉成國《王安石年譜長編》卷四，998頁。

8 《續資治通鑑長編》卷二四九，6074頁。

9 《續資治通鑑長編》卷二四九，6074頁。「今附註，此當考」的標點，標點本作「今附註此，當考」，誤。原武縣民上《謝圩田表》事，李燾據林希《野史》。原武縣，熙寧五年廢為鎮，則其事或當在熙寧五年前。

10 《續資治通鑑長編》卷二二三，5425頁。劉摯《忠肅集》卷三《論役奏》。

11 劉成國《王安石年譜長編》卷四，1000頁。《宋史》卷三四三《陸佃傳》，10917頁。

12 《續資治通鑑長編》卷二五一，6124頁。

13 《續資治通鑑長編》卷二五一，6134-6135頁。

14 《續資治通鑑長編》卷三六〇，8611頁。

第二十五章

1 《司馬光集．補遺》卷二《進資治通鑑表》，1646頁。

2 〔宋〕胡寅撰《致堂讀史管見》卷二八。

3 司馬光《答范夢得書》，《司馬光集》補遺卷九，1741-1744頁。

4 這一解釋出自王曦學長，當得其真，我非常喜歡。「優入聖域：孔子回憶錄——論語體貼之二十」，微信公眾號「閒著也是閒著——老白」，二〇一八年二月一日。

5 熙寧元年七月，司馬光請辭免裁減國用，所持理由之一即「況臣所修《資治通鑑》委實文字浩大，朝夕少暇，難以更兼錢穀差遣」。《司馬光集》卷三九《辭免裁減國用札子》，877頁。

6 《司馬光集》卷一一《再使河北》詩。《司馬光年譜》繫於熙寧二年四月，云「蓋此時正以翰林學士修《通鑑》也」，128頁。

7 《司馬光集》卷四一《辭樞密副使第三札子》，918頁。

8 司馬光《答范夢得書》，《司馬光集》補遺卷九，1741-1744頁。

9 胡寅《致堂讀史管見》卷二八。《司馬光年譜》，202頁。

10 司馬光《進資治通鑑表》，《宋文鑑》卷六五。

11 《文獻通考》卷一九三《經籍考二十》。《司馬光年譜》，203頁。

12 《續資治通鑑長編》卷三五〇：「頒在局五年，通判泰州，知資州龍水縣范祖禹代之。」十四冊，8390頁。

13 《司馬光集》卷六五《劉道原十國紀年序》，1350頁。

14 劉成國《王安石年譜長編》卷四，902頁。

15 《司馬光集》卷六五《劉道原十國紀年序》，1352頁。

16 哲宗朝，書局同事與司馬光為劉恕請命，官其一子，讓劉恕也分享了《資治通鑑》的恩賞。《司馬光集》卷五三《乞官劉恕一子札子》，1112頁。《續資治通鑑長編》卷三八二，元祐元年七月辛酉，9307頁。

17 《史記》卷一三〇《太史公自序》。

第二十六章

1 韋驤《錢塘集》卷八《代虞學士遺表》。

2 「臣長男年若干，習進士業，伏望聖慈特賜俞允，於文資內安排。」《錢塘集》卷八《代潘中郎遺表》；游彪《宋代蔭補制度研究》，中國社會科學出版社，二〇〇一年版，123-125頁。

3 「妻族、外甥悉皆沾恩，門客、僕隸亦蒙擢錄。」《山堂群書考索》卷三九《官制門》；游彪《宋代蔭補制度研究》，123頁。

4 《司馬光集》卷五七《遺表》，1202頁。

5 柳開《河東集》卷三《李守節忠孝論》。趙冬梅《司馬光和他的時代》，285頁。

6 《續資治通鑑長編》卷三五五，8491頁。

7 《司馬光集》卷四五《再乞西京留臺狀》，976頁。

8 《宋史》卷一六《神宗本紀三》記載「帝有疾」。而《續資治通鑑長編》卷三五三則直接寫道「元豐五年秋，上不豫」，8455頁。

9 《宋史》卷一六《神宗本紀三》，308頁。曾瑞龍《北宋种氏將門之形成》，香港中華書局，二〇一〇年版，161頁。

10 《司馬光集》卷五七《遺表》，1204頁。

11 曾瑞龍《北宋种氏將門之形成》，156頁。

12 《續資治通鑑長編》卷三五三，8457頁。

13 《司馬光集》卷四五《再乞西京留臺狀》，976頁。

第二十七章

1 《宋史》卷一六《神宗本紀三》，313頁。

2 《宋史．邢恕傳》載：「（邢恕）從程顥學，因出入司馬光、呂公著門。……蔡確代（吳）充相，盡逐充所用人，恕深居，懼及。神宗見其送文彥博詩，稱於確，乃進職方員外郎。帝有復用光、公著意，確以恕於兩人為門下客，亟結納之。恕亦深自附託，乃為確畫策，稍收召名士，於政事微有更革，自是相與如素交。」《宋史》卷四七一《奸臣．邢恕傳》，13703頁。

3 《續資治通鑑長編》卷三五〇，8390頁。

4 《宋史》卷三一二《王珪傳》，10242-10243頁。王珪卒於元豐八年四月，九月，尚書右丞李清臣奉詔作《王太師珪神道碑》當然沒有提到這個情節。這篇文章收錄在《名臣碑傳琬琰集》上卷八，是一篇非常聰明的文字，巧妙地迴避了王珪作為宰相的無所作為，所列舉的王珪主要事蹟就是寫文章，終章蓋棺論定，說：「人以謂協濟大事，有翰墨之功。……公榮遇最久，諸臣無以為比，而謙儉慎默，未嘗有過焉。」

5 《宋史》卷四七一《奸臣．蔡確傳》，13699頁。

6 《宋史》卷三一二《王珪傳》，10242頁。

7 《續資治通鑑長編》卷三五三「史臣曰」，8457頁。

8 熙寧二年二月擔任副宰相，熙寧九年十月第二次罷相，刨除熙寧七年四月到八年二月短暫的離職，在相位時間共計八年。

9 《續資治通鑑長編》卷二五二，6172頁。

10 《續資治通鑑長編》卷三五五，8490頁。

11 《宋史》卷二一一《宰輔表》，5488頁。《宋史》卷三二七《王安石傳》，10548頁。

12 《宋史》卷四七一《奸臣．呂惠卿傳》，13706頁。

13 《續資治通鑑長編》卷二五三，6188頁。

14 《宋史》卷三三二《李師中傳》，10677頁。

15 《司馬光集》卷六一《與吳相書》，1275頁。

16 《宋宰輔編年錄校補》卷八，470頁。《司馬光年譜》，177頁。

17 《續資治通鑑長編》卷二五二，熙寧七年四月甲戌條，6152頁；卷二五九，熙寧八年正月庚子條，6310-6315頁。夏之文《鄭俠墓誌》，鄭俠《西塘集》卷九附。《宋史》卷三二一《鄭俠傳》，10434-10437頁。鄭俠《西塘集》卷一《三月二十六日以後所行事目》是他本人的記錄。

18 神宗關於鄭俠的批示原文是：「英州編管人鄭俠元犯無上不道，情至悖逆，貸與之生，已為大惠。可永不量移。」關於宰相府獨立審批權的喪失，原文作：「仍詔中書自今入奏敕札批狀，並候印畫出方得書押。」《續資治通鑑長編》卷二八四，6953頁。

19 《續資治通鑑長編》卷三二六，7845、7850頁。王安石的兩個弟弟安禮、安國與長兄安石之間都做到了「和而不同」，難得！《宋史》卷三二七《王安禮傳》《王安國傳》，10553-10558頁。

20 《宋史》卷四七一《奸臣．蔡確傳》，13699-13700頁。

21 《續資治通鑑長編》卷三二六，7840頁。

22 《續資治通鑑長編》卷三二六，7847-7848頁。

23 《續資治通鑑長編》卷三五三「史臣曰」，8457頁。

24 根據曾瑞龍的研究，神宗親自、直接指揮的西北拓邊充滿了任性。治平四年最初的開邊依靠知青澗城种諤、陝西轉運使薛向，「神宗直接指揮薛向，薛向則取謀於种諤，都不是正式的關係」。神宗把經略使陸詵放在一邊，「詔下諤奏付詵，乃詔薛向至延州召諤赴經略司」，討論經營策略。又如，种諤出兵綏州一事，謀議的過程，中書、樞密院知道，但意見未一，中書欲戰，樞密院欲守。最後种諤的出兵行動，則中書、樞密院皆不知。結果，綏州打不下來，种諤要受處分，有人為他抱不平：「种諤奉密旨取綏州而獲罪，後何以使人？」神宗也後悔。曾瑞龍《北宋种氏將門之形成》附錄三《种諤的四次戰役》有詳細論述，146-147頁。

25 《續資治通鑑長編》卷三二八，7902頁。

第二十八章

1 《禮記．奔喪第三十四》。

2 《司馬光集》卷四六《謝宣諭表》，981頁。《司馬光年譜》，205頁。

3 《司馬光集》卷一四《上皇太后疏》，治平元年五月二十八日上，712頁。

4 《宋史》卷二四二《后妃上．仁宗慈聖光獻曹皇后傳》，8621頁。

5 《續資治通鑑長編》卷二五二，王安石罷相條後，6169頁。

6 《宋史》卷二四二《后妃上．英宗宣仁聖烈高皇后傳》，8625頁。

7 《宋史》卷二四八《公主．英宗四女．魏楚國大長公主傳》，8779頁。送親事見《續資治通鑑長編》卷二〇八，治平三年十一月己巳條，5066頁。

8 《續資治通鑑長編》卷三五三，8460頁。

9 《續資治通鑑長編》卷三五三，8463頁。

10 蘇軾《獨樂園詩》，胡仔《（苕溪）魚隱叢話》引。

11 孔凡禮《蘇軾年譜》卷一八，446-469頁。

12 《司馬光集》卷四六，《謝宣諭表》，982頁。

第二十九章

1 《司馬光集》卷四六《乞去新法之病民傷國者疏》，990頁。

2 此數，《續資治通鑑長編》中華書局本作「一百七十五萬九千」，基本古籍庫引文淵閣四庫作「一百七十九萬五千」。

3 《續資治通鑑長編》卷三三九，元豐六年九月戊申，8161頁。

4 《宋史》卷三四三《吳居厚傳》，10920頁。《東都事略》卷九七《吳居厚傳》。《朱子語類》卷一二七。

5 吳居厚卒於徽宗朝，葛勝仲奉皇帝之命為他寫作墓誌銘，極盡讚美之能事，隻字未提這段不光彩的經歷。從神宗駕崩到哲宗親政之間，吳居厚因貪酷遭到免官處分，《墓誌銘》是這樣記載的：「元祐中，公擯不用且十年，榮悴一不嬰意。紹聖初，哲宗躬斷，以前所坐非罪，亟召用之，起知鄂州，未赴，改蘇州。」這樣一寫，明明是貪官被免，卻成了淡泊名利、榮辱不驚的表現。這個例子提醒我們，讀史必須謹慎。葛勝仲《丹陽集》卷一二《樞密吳公墓誌銘》。

6 《東都事略》卷七九《吳居厚傳》。

7 《宋史》卷一七《哲宗本紀一》，318頁。

8 《續資治通鑑長編》卷三五四，8476頁；《宋史》卷一七《哲宗本紀一》，318頁。

9 《續資治通鑑長編》卷三五二「考異」載：「又據《實錄》及《會要》等書……是冬，神宗諭輔臣曰：『皇子明年出閣，當以呂公著為師保。』」8420頁。按照《宋史》卷三三六《呂公著傳》的記載，「將立太子，帝謂輔臣，當以呂公著、司馬光為師傅」，10775頁。據此，則司馬光也是神宗欽定的哲宗師傅。然而，這條記載恐怕是靠不住的——倘若神宗有此口諭，蘇軾的司馬光《行狀》《神道碑》不可能不寫。

10 《司馬光集》卷四七，1003-1006頁。

11 《司馬光集》卷四六《進修心治國之要札子》，984-987頁。

12 楊新勛《王安石〈春秋〉「斷爛朝報」說辨正》，《中國典籍與文化》二〇〇四年二期。

13 《司馬光集》卷四七《乞開言路狀》，1005頁。

14 《續資治通鑑長編》卷一一八，景祐三年（一〇三六）申明禁令；卷一二六，康定改元（一〇四〇），解除禁令。

15 《司馬光集》卷四七《乞開言路狀》，1005頁。

16 《司馬光集》卷四七《乞開言路狀》，1006頁。

17 《續資治通鑑長編》卷三五七，元豐八年六月丙子條錄韓維奏，8535頁。

18 《司馬光集》卷四七《乞改求諫詔書札子》，1009頁。

19 關於這份求言詔，韓維的觀感與司馬光相同，認為中間那一段「恐非元論聖旨之本意，似增飾而為之者」。《續資治通鑑長編》卷三五七，8534頁。

第三十章

1《司馬光集》卷四七《謝御前札子催赴闕狀》，1006頁。

2《宋史》卷三四一《孫固傳》，10877頁。

3《宋宰輔編年錄校補》卷九，509頁。

4《司馬光集》卷一七《乞虢州狀》，嘉祐三年上，516頁。

5《宋史》卷二九八《司馬池傳附子旦傳》，9906頁。

6《司馬光集》卷七四《迂書·無為贊貽邢和叔》，1517頁。

7 涑水司馬家有聚族而居的傳統，每一代均有一人主持家政，見拙著《司馬光和他的時代》。這封信的收信人是「五通直以下」，則此時主持家政的應當是司馬旦的第五個兒子，而他當時的官銜是通直郎。與司馬光子嗣孤零不同，司馬旦一共生了十四個兒子，皇祐二年（一〇五〇），司馬光回老家度假，為這十四個侄子都取了「字」。排行第五的是司馬育，字龢之。《司馬光集》卷六四《諸兄子字序》，1329頁。

8《古今事文類聚》後集卷七「人倫部」，《司馬文正公與侄帖》。

9《司馬光集》補遺卷九《與侄帖》，1757頁。

10《范忠宣集》卷二〇《范忠宣公行狀》，基本古籍庫據元刻明修本。

11《范忠宣集》卷二《寄君實》。

12《司馬光集》卷五八《與范堯夫經略龍圖第二書》，1232頁。

13《司馬光集》卷四七《辭門下侍郎第二札子》，1012頁。

14《宋宰輔編年錄校補》卷九：「是月庚戌，左僕射蔡確為山陵使。」511頁。

15《續資治通鑑長編》卷三五七，8536頁。

第三十一章

1 蘇軾《司馬溫公行狀》，《蘇軾文集》卷一六，490頁。

2《續資治通鑑長編》卷三五八，8561頁。

3《宋史》卷二一一《宰輔表二》，此時的三省宰相位序如下：首相尚書左僕射兼門下侍郎蔡確，次相尚書右僕射兼中書侍郎韓縝，副宰相門下侍郎司馬光、中書侍郎張璪、尚書左丞呂公著、尚書右丞李清臣，5493-5495頁。

4《司馬光集》卷六〇《與王介甫書》，1256、1257頁。

5《續資治通鑑長編》卷三五八，8575頁。

6《續資治通鑑長編》卷三五九，8589-8590頁。

7《續資治通鑑長編》卷三五八，8570-8572頁。

8《續資治通鑑長編》卷三五八，8566頁。

9《宋史》卷三三六《呂公著傳》，10772、10780頁。

10《續資治通鑑長編》卷三五八，8561頁。

11《宋史》卷二一一《宰輔表二》，5493頁。

12《續資治通鑑長編》卷三五八，8561頁。

13《續資治通鑑長編》卷三五九，8584頁。

14《續資治通鑑長編》卷三五九，8595-8596頁。

15《續資治通鑑長編》卷三七七，9146-9148頁。

16《續資治通鑑長編》卷三六一，8648-8649頁。

第三十二章

1《宋大詔令集》卷六六《韓琦罷相除陳鄭兩鎮度出判相州制》，治平四年九月辛丑，332頁。

2《宋史》卷一七《哲宗本紀一》，320頁。

3《續資治通鑑長編》卷三六一，8636頁。

4 熙寧三年四月，劉摯進入館閣，次年二月，被王安石任命為中書檢正官，成為「宰屬」——王安石的直接下屬，「才月餘」，改任監察御史里行，七月，被貶監衡州鹽倉。《續資治通鑑長編》卷二一〇，5108頁；卷二二〇，5337頁；卷二二五，5488頁。《宋史》卷三四〇《劉摯傳》，10849頁。

5《宋史》卷三四〇《劉摯傳》，10851頁。

6《續資治通鑑長編》卷三五九，8598頁。

7《宋宰輔編年錄校補》卷九，右諫議大夫孫覺奏疏中語，529頁。

8《宋史》卷四七一《奸臣一・蔡確傳》，13699頁。

9《續資治通鑑長編》卷三六四，8729頁。

10 這是元豐八年蘇軾為呂公著代筆所作的政論中的說法，是蘇軾與呂公著的共識。〔宋〕蘇軾著，李之亮箋註《蘇軾文集編年箋註》卷四《上初即位論治道二首・刑政》，巴蜀書社，二〇一一年一版，322頁。

11《續資治通鑑長編》卷三五七，8546頁。

12 刁忠民《宋代臺諫官制度研究》，巴蜀書社，一九九九年一版，294頁。《續資治通鑑長編》卷二〇五，496頁。

13 刁忠民的結論是：「仁宗以來的臺諫薦舉之制，遭到最全面破壞的一次是熙豐變法時期，尤以王安石執政之初為最。」氏著《宋代臺諫官制度研究》，290-291頁。

14 蘇軾《海市詩並序》，《蘇軾文集編年箋註》附錄一《蘇軾詩集》卷一五，276頁。

15 《容齋隨筆》卷四《溫公客位榜》，46頁。

16 蘇軾與蘇轍對司馬光看法一致。蘇轍曾說司馬光「雖應務之才有所不周，而清德雅望賢愚同敬」。又說他「既以其清德雅望專任朝政，然其為人不達吏事」。前一句出自司馬光當政之時所作的《乞責降韓縝第七狀》，後一句出自司馬光遭到清洗之後所作的《潁濱遺老傳》，時局不同，表達方式各異，前後一致的，是對司馬光政治和行政能力的懷疑。

17 《宋史》卷三三八《蘇軾傳》，10810頁。蘇轍《亡兄子瞻端明墓誌銘》。

18 苦筍是蜀中名菜，蘇軾的家鄉風味。《東坡全集》卷九《春菜》詩云：「北方苦寒今未已，雪底波稜如鐵甲。豈如吾蜀富冬蔬，霜葉露芽寒更茁。久抛菘葛猶細事，苦筍江豚那忍說。」

19 吳肖丹《北宋「奸相」章惇與蘇軾的交遊新論》，《海南大學學報（人文社會科學版）》，二〇一七年第三期。

20 蘇軾《與章子厚參政二首》，《蘇軾文集》卷四九，1411頁。

21 《宋史》卷四七一《奸臣一·章惇傳》，13710頁。

22 《宋史》卷四七一《奸臣一·章惇傳》，13710、13713頁。

第三十三章

1 《宋大詔令集》卷二《改元祐元年御札》，元祐元年正月庚寅朔，8頁。

2 《續資治通鑑長編》卷三六四，8697頁。

3 《續資治通鑑長編》卷三六四，8697頁。

4 故元豐八年十月己卯詔書稱：「比者詔令屢下，冀以均寬民力，便安公私。如聞官吏狃習故態，不切奉行，或致廢格，使遠近之人未盡被惠。」《續資治通鑑長編》卷三六〇，8609頁。

5 《續資治通鑑長編》卷三六四，8698頁。

6 《宋史》卷三六五《司馬光傳》，10765頁。

7 《司馬光集》卷四六《乞去新法之病民傷國者疏》，元豐八年四月二十七日上，992頁。

8 〔清〕王聘珍撰，王文錦點校《大戴禮記解詁》卷一三《本命第八十》，中華書局，一九八三年一版，254頁。

9 《續資治通鑑長編》卷三六一，元豐八年十一月十一日，劉摯言：「伏見陛下聽政以來，除三省、樞密院執政奏中外，其餘應合上殿臣僚，至今未降指揮。」8637頁。

10 《續資治通鑑長編》卷三六二，8659頁。

11 《續資治通鑑長編》卷三六一，8650-8651頁。

12 《續資治通鑑長編》卷三五九，8600-8602頁。

13 陳侃理《儒學、數術與政治：災異的政治文化史》，北京大學出版社，二〇一五年一版，189-210頁。

14 《續資治通鑑長編》卷三六四，8711-8712頁。

15 《續資治通鑑長編》卷三六三，8693頁。

16 趙冬梅《司馬光和他的時代》序言〈寫在前面的話：我為什麼要寫司馬光〉。

17 原文為「君實笑而止」，司馬光並沒有收回他的役法改革方案，所以，這個「止」字的對象應當是上文所說的「忿然」。蘇轍《欒城後集》卷二二《亡兄子瞻端明墓誌銘》，基本古籍庫據四部叢刊景明嘉靖蜀藩活字本。

18 參見本書第28章《開封的呼喚》之《謝表建議開言路》。

19 《司馬光集》卷四一《乞不揀退軍置淮南札子》，熙寧三年二月十一日上，914頁。

20 《司馬光集》卷四五《應詔言朝政闕失狀》，熙寧七年四月十八日上，964-966頁。

第三十四章

1 《續資治通鑑長編》卷三六四，8732頁。

2 《司馬光集》卷四九《乞罷免役錢依舊差役札子》，1043-1046頁。

3 《續資治通鑑長編》卷三六六，8789頁。《蘇轍集》卷三六《右司諫使論事十首．論罷免役錢行差役法狀》，626頁。

4 《蘇轍集》卷三六《右司諫使論事十首．論罷免役錢行差役法狀》，626頁。

5 《續資治通鑑長編》卷三六六，8790頁。

6 《宋史》卷四七一《奸臣．曾布傳》，13715頁。

7 《續資治通鑑長編》卷三六七，8822頁。

8 《續資治通鑑長編》卷三六四，8733頁。

9 《續資治通鑑長編》卷三六五，8760頁。

10 《續資治通鑑長編》卷三六七，8832頁。

11 《續資治通鑑長編》卷三六八，8854頁。

12 《續資治通鑑長編》卷三六五，8748頁。

13 元豐八年十一月十一日，劉摯請求「令臺諫官以時上殿奏事」，認為靠文字根本說不透。「雖臣子論事自可列上章疏，然事固有言之猶不能盡者，而況文字之間哉！理之隱微，情之曲折，必假指畫，反覆於前，庶幾為能明之」。《續資治通鑑長編》卷三六一，8637頁。

14 《續資治通鑑長編》卷三六七，丁亥條考異，8820頁。

15 《續資治通鑑長編》卷三六五，8770頁。

16《續資治通鑑長編》卷三六六，8777頁。

17《司馬光集》卷四九《辭轉官第二札子》《辭轉官第三札子》《辭轉官第四札子》《辭轉官第五札子》，1036、1041、1042、1043頁。

18《續資治通鑑長編》卷三六八，8853頁。

19《續資治通鑑長編》卷三六九，8919頁。

20《宋宰輔編年錄校補》卷九，528頁。

21《續資治通鑑長編》卷三六八，8854頁。

22《宋宰輔編年錄校補》卷九，547頁。

23 丁傳靖輯《宋人軼事彙編》卷一三，中華書局，二〇〇三年一版，666頁。

24《續資治通鑑長編》卷三六六，8814頁。

25《續資治通鑑長編》卷三六六，8814頁。

第三十五章

1《孟子·梁惠王上》。

2《續資治通鑑長編》卷三六七，8829-8830頁。

3《續資治通鑑長編》卷三六七，8822-8830頁，標題為筆者所加。

4〔宋〕黎靖德編，王星賢點校《朱子語類》卷一三〇，中華書局，一九八六年一版，3126頁。

5《續資治通鑑長編》卷三六七，8832頁。

6《續資治通鑑長編》卷三六七，8839頁。

7 范祖禹《資政殿學士范公墓誌銘》，《全宋文》，第九十九冊，37頁。《宋史》三三七《范百祿傳》，10790-10791頁

8《續資治通鑑長編》卷三六六，8788頁。

9《續資治通鑑長編》卷三六七，8833頁。

10《蘇轍集》卷三十六《右司諫論時事十首·乞選用執政狀》，第634頁。

11《續資治通鑑長編》卷三六七，8819-8820頁

12 蘇軾《張文定公墓誌銘》，《全宋文》卷一九九五，第四十五冊，505頁。

13《司馬光集》卷四九《乞罷免役錢依舊差役札子》，1043-1046頁。

14《續資治通鑑長編》卷三六七，8824頁。

15《論語·顏淵十二》。楊伯峻將這句話譯為：「領導人的作風好比風，老百姓的作風好比草。風向哪邊吹，草向哪邊倒。」《論語

譯註》，129頁。

16《宋史》卷四七二《奸臣二．蔡京傳》，13721頁。《續資治通鑑長編》卷三六七，8833頁。

17《續資治通鑑長編》卷三六七，8833頁。

18《宋史》卷四七二《奸臣二．蔡京傳》，13721頁。

19《續資治通鑑長編》卷三六八，8874頁。

20《續資治通鑑長編》卷三六七，8827頁。

21《續資治通鑑長編》卷四〇七，9901頁。

第三十六章

1《續資治通鑑長編》卷三六六，元祐元年二月，8812頁。

2《司馬光集》卷五一《奏為病未任入謝札子》《辭左僕射第一札子》《乞留僕射制書在閤門札子》《辭左僕射第三札子》，1073-1076頁。《續資治通鑑長編》卷三六八，8854頁。

3 司馬光《乞與諸位往來商量公事札子》，元祐元年五月十八日上，《司馬光集》卷五三，1102頁。

4《司馬光集》卷五二《辭接續支俸札子》，1093頁。《續資治通鑑長編》卷三七五，9099頁。

5《續資治通鑑長編》卷三六四，8729頁。

6《續資治通鑑長編》卷三七〇，殿中侍御史呂陶言，在蔡確、章惇離開中央領導職位之後，8958頁。

7 司馬光《佇瞻堂記》，元豐六年八月作。元豐三年，文彥博第三次留守西京，神宗賜詩重之，云「西都舊士女，白首佇瞻公」。洛陽人因此修建「佇瞻堂」供奉文彥博畫像。《司馬光集》卷六六，1379-1381頁。

8《續資治通鑑長編》卷三六八，8855頁。

9《尚書．商書．說命下》

10《司馬光集》卷五一《辭左僕射第三札子》，1076頁。

11《續資治通鑑長編》卷三五七，8555頁。

12《續資治通鑑長編》卷三七五，9104頁。

13 劉成國《王安石年譜長編》卷四，998頁。《宋朝諸臣奏議》卷一一〇，李常《上神宗論王廣淵和買抑配取息》。

14《司馬光集》卷三一《乞開言路札子》，983頁。

15 劉成國《荊公新學研究》，上海古籍出版社，二〇〇六年版，158-159頁。《三經新義》中《周官新義》為王安石自注，《詩經新義》《書經新義》為王雱、呂惠卿帶人做的，王安石審查定稿。熙寧八年六月，修成，六月己巳，送國子監鏤板頒行。元豐五年，《字說》完成，雖未立學官，有司仍據以取士。頒行《三經新義》的目的，「就是統一思想和輿論，為新法的順利實施清除道路」。用王學來統一思想，是神宗的主動提議，熙寧五年正月，他對王安石說：「經術，今人人乖異，何以一道德？卿有所著，可以頒行，令學者定於一。」

16《宋史》卷三三六《呂公著傳》，10775頁。

17《蘇軾文集》卷四九《答張文潛縣丞書》，1427頁。

18《續資治通鑑長編》卷三七四，9060頁。

19《宋史》卷三四〇《劉摯傳》，10854-10855頁。

第三十七章

1《續資治通鑑長編》卷三七四，9069-9070頁。

2《續資治通鑑長編》卷三七六，9124頁。

3《尚書．商書．說命下》。

4〔清〕阮元校刻《十三經注疏》清嘉慶刊本七，《春秋左傳正義》卷四九，昭公二十年，中華書局，二〇〇九年一版，4546頁。

5《蘇軾文集》卷三八《王安石贈太傅制》，1077頁。

6 蘇軾《東坡書傳》解釋《商書．說命下》「惟學遜志」一句作：「『遜』之言隨也，隨其所志而得之。志於仁，則所得於學者皆仁也；志於義，則所得於學者皆義也。若志於功利，則所得於學者，皆功利而已。智足以飾非，辯足以拒諫，皆學之力也。」《蘇軾文集編年箋註》附錄六《東坡書傳》卷八《商書．說命下第十四》，378頁。

7《史記》卷三《殷本紀》，105頁。

8《蘇軾文集》卷四九《答張文潛縣丞書》，1427頁。此文的寫作與《王安石贈太傅制》大約同時。

9《宋大詔令集》卷二二一《王安石贈太傅制》，850-851頁。《續資治通鑑長編》卷三九〇，9497頁。

10《續資治通鑑長編》卷三九〇，9498頁。

11 元豐八年十二月乙酉，黃隱（當時名黃降）自殿中侍御史改國子司業，《續資治通鑑長編》卷三六三，8683頁。

12《續資治通鑑長編》卷三七一，8991-8992頁；《宋史》卷一六五《職官志五》「國子監」，3911-3912頁。《宋史》卷一五《神宗本紀二》，298頁。

13《續資治通鑑長編》卷三九〇，9497-9498頁。

14《宋史》卷三四六《呂陶傳》，10978-10979頁。

15《宋史翼》卷三《黃隱傳》。

16《續資治通鑑長編》卷三六八，8868頁。

17《續資治通鑑長編》卷二一六，5252頁。

18 《續資治通鑑長編》卷三六二，8668頁；卷三七四，9060，9063頁。
19 《續資治通鑑長編》卷三七〇，三月己卯，考功員外郎林旦為殿中侍御史，承議郎韓川、權發遣開封府推官上官均併為監察御史，從御史中丞劉摯之舉也，9024頁。
20 《續資治通鑑長編》卷三七五，9101-9102頁。
21 《續資治通鑑長編》卷三七五，9102頁。
22 《續資治通鑑長編》卷三七五，9102-9103頁。

第三十八章

1 鄧廣銘《北宋政治改革家王安石》，252頁。
2 呂惠卿罷參知政事制稱其「為謀弗臧，卒陷吏議。撓俳成於京邑，懷請託於私家。剡奏自明，尤為欺詆。行治如此，朕何望焉」。《宋宰輔編年錄校補》卷八，449頁。
3 《續資治通鑑長編》卷三七八，9180頁。
4 《續資治通鑑長編》卷三七九，9200頁。
5 《續資治通鑑長編》卷三七九，9202頁。
6 《續資治通鑑長編》卷三七九，9204頁。
7 《續資治通鑑長編》卷三七九，9205頁。
8 《續資治通鑑長編》卷三八〇，9235頁。
9 《續資治通鑑長編》卷三八〇，9239頁。
10 貶建寧軍節度副使，本州居住。《續資治通鑑長編》卷三八〇，9240頁。宋太宗端拱元年二月甲辰，升建州為建寧軍節度，《宋史》卷五《太宗本紀二》，82頁。
11 趙冬梅《司馬光和他的時代》第十二章《慶曆，慶曆》之「晁仲約的故事」，118-122頁。
12 《續資治通鑑長編》卷三八〇，9243頁。
13 《續資治通鑑長編》卷一八九，4563頁。
14 《宋史》卷二一一《宰輔表二》，元豐元年九月，呂公著除同知樞密院事，5491頁。
15 《續資治通鑑長編》卷三〇二，7359頁。《宋通鑑長編紀事本末》卷六五《何正臣誣呂公著》，清嘉慶宛委別藏本，基本古籍庫電子版。
16 《續資治通鑑長編》卷三八〇，9244頁。
17 《續資治通鑑長編》卷三八〇，9245-9246頁。

18 范祖禹《資政殿學士范公墓誌銘》紹聖元年七月，《全宋文》卷二一五五，34-44頁。

19 《續資治通鑑長編》卷三八一，9248頁。

20 《續資治通鑑長編》卷三八一，9248、9249頁。

21 《續資治通鑑長編》卷三八二，9316頁。

22 《續資治通鑑長編》卷三八一，林旦語，9256頁。

23 《續資治通鑑長編》卷三八一，王巖叟言，9260頁。

24 《續資治通鑑長編》卷三八一，上官均語，9256-9257頁。

25 《續資治通鑑長編》卷三八一，王巖叟語，9259頁。

26 《續資治通鑑長編》卷三八五，9386頁。

第三十九章

1 司馬光《與太師書》，《全宋文》卷一二二五，437頁。

2 《司馬光集》卷三四《革弊札子》，1037頁。

3 《續資治通鑑長編》卷三八一，9283頁。文彥博的討論：「臣以所議地界，不出二理，其一論義理曲直，其一計利害大小。（宋朝所興非義兵，得地亦無用，徒靡費錢糧，耗散國家。）」「且秉常來求我，如其意而得之，必須感恩戴德，三數年間，方且保無事。朝廷近經靈州永樂不振之後，可以粗得整齊兵勢，全養民力。異時或有邊事用兵，庶幾有備無患。」

4 《續資治通鑑長編》卷三八〇，9222頁。

5 《續資治通鑑長編》卷三八一，9277頁。

6 《續資治通鑑長編》卷三八四，9367頁。

7 司馬光《薦王大臨札子》，《全宋文》卷一二〇七，303頁。

8 《續資治通鑑長編》卷三八六，9399頁。

9 《續資治通鑑長編》卷三八六，9413頁。

10 《司馬光行狀》，《司馬光年譜》，475頁。

11 司馬光《傳家集》卷七一《韓魏公祠堂記》，元豐七年作。

12 張載《橫渠易說》卷二。

13 司馬光《傳家集》卷七一《韓魏公祠堂記》，元豐七年作。

14 《續資治通鑑長編》卷三八七，9419頁。

15 「司馬光薨，適在明堂散齋日內。嚴父配天，國之大典，固不可廢；至於御樓肆赦，恐亦難罷。惟紫宸殿受賀一節，緣慶賀之事，比之宗廟之祭為輕，為聖情軫悼元臣，而群官拜舞稱慶，恐於禮義人情，未為宣稱。」詔：「明堂禮畢，紫宸殿文武百官並依班次起居，更不奏祥瑞稱賀，並樓前行肆赦儀外，其稱賀並罷。」《續資治通鑑長編》卷三八七，9417頁。

16 《司馬光行狀》，《司馬光年譜》，474頁。

17 《司馬光行狀》，《司馬光年譜》，474頁。

18 《宋史》卷二一二《宰輔表三》，5502頁。

19 《續資治通鑑長編》卷三九〇，9478頁。

20 方誠峰《北宋晚期的政治體制與政治文化》，北京大學出版社，二〇一五年版，78-79頁。

21 語出《河南程氏遺書》卷一九：「先生每與司馬君實說話，不曾放過；如范堯夫，十件事只爭得三四件便已。先生曰：『君實只為能受盡言，盡人忤逆終不怒，便是好處。』」《二程集》，253頁。

22 《續資治通鑑長編》卷三九三，元祐元年十二月壬寅。《續資治通鑑長編》卷三八七，9420頁。

23 《宋元學案》卷三〇《劉李諸儒學案》之「學士朱先生光庭」：「先生……後從二程於洛……其為諫官，奮不顧身，以衛師門，遂名洛黨之魁。」〔清〕黃宗羲原著，全祖望補修，陳金生、梁運華點校《宋元學案》，中華書局，一九八六年一版，二〇一三年六印，1068頁。〔清〕錢大昕著，陳文和主編《潛研堂文集》卷二《論．洛蜀黨論》，鳳凰出版社，二〇一六年一版，54頁。

24 《續資治通鑑長編》卷三九三，9564頁。

25 方誠峰《北宋晚期的政治體制與政治文化》，104-112頁。

26 方誠峰《北宋晚期的政治體制與政治文化》，133-135頁。

27 陳樂素《桂林石刻〈元祐黨籍〉》，《學術研究》一九八六年第三期，63-71頁。

28 《宋史》卷一九，365、368、369頁。

29 朱義群《北宋晚期黨禁的形成與展開（1085-1125）》，北京大學二〇一八年博士論文，169-173頁，189、192頁。

30 杜海軍輯校《桂林石刻總集輯校》，《宋饒祖堯跋刻元祐黨籍碑》，中華書局，二〇一三年版，第268頁。

31 安民故事，見邵伯溫《邵氏聞見錄》卷一六，176頁；李仲寧故事，見王明清《揮麈錄》三錄卷二，中華書局上海編輯所輯，中華書局，一九六一年一版，239-240頁。

32 聶崇岐《宋代府州軍監之分析》，氏著《宋史叢考》，中華書局，一九八〇年一版，70-126頁。

33 《宋史》卷二〇《徽宗本紀二》，375頁。

34 朱義群《北宋晚期黨禁的形成與展開（1085-1125）》，174-175頁。

後記

1 我為「百家講壇」所作的系列講座「司馬光」共分三部，第一部八集、第二部十二集，二〇一三年十二月播出，講稿部分內容包含在《司馬光和他的時代》（北京：生活．讀書．新知三聯書店，二〇一四年版）一書中。